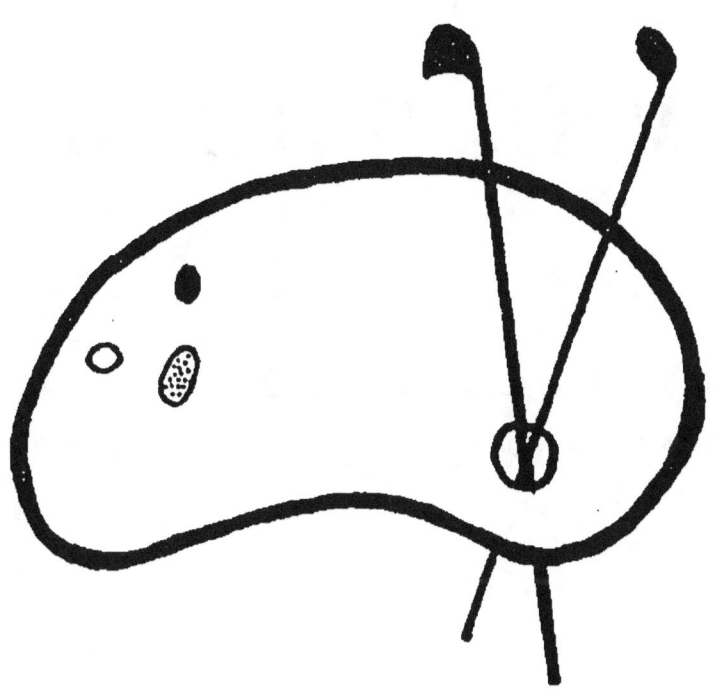

DEBUT D'UNE SERIE DE DOCUMENTS
EN COULEUR

DE L'HISTOIRE

CONSIDÉRÉE

COMME SCIENCE

PAR

P. LACOMBE

INSPECTEUR GÉNÉRAL DES BIBLIOTHÈQUES ET DES ARCHIVES

PARIS
LIBRAIRIE HACHETTE ET Cie
79, BOULEVARD SAINT-GERMAIN, 79

1894

COULOMMIERS
Imprimerie PAUL BRODARD

DE L'HISTOIRE

CONSIDÉRÉE

COMME SCIENCE

OUVRAGES DU MÊME AUTEUR

PUBLIÉS PAR LA LIBRAIRIE HACHETTE ET Cie

Les Armes et les Armures. 4e édit. 1 vol. in-16, avec 60 grav..   2 fr. 25

Le Patriotisme. 1 vol. in-16, avec gravures. . . . .   2 fr. 25

Petite histoire d'Angleterre, depuis les origines jusqu'à nos jours. 2 vol. petit in-16 avec 6 cartes. . . . .   1 fr.

L'Angleterre. 1 vol. petit in-16, avec 9 gravures et 1 carte . .   50 c.

Petite histoire du peuple français. 6e édit. 1 vol. in-16. . .   1 fr. 25

A LA LIBRAIRIE LECROSNIER ET BABÉ

La Famille dans la société romaine.

Coulommiers. — Imp. Paul BRODARD.

DE L'HISTOIRE

CONSIDÉRÉE

COMME SCIENCE

PAR

P. LACOMBE

INSPECTEUR GÉNÉRAL DES BIBLIOTHÈQUES ET DES ARCHIVES

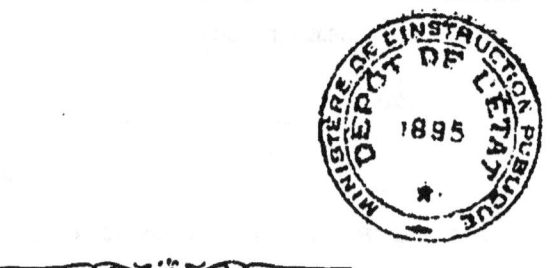

PARIS
LIBRAIRIE HACHETTE ET Cⁱᵉ
79, BOULEVARD SAINT-GERMAIN, 79
—
1894

A

MAURICE LA CHESNAIS

PRÉFACE

L'érudit est pour nous, comme pour tous, l'homme qui découvre les faits du passé, les rapproche, les rétablit dans leur ensemble et leur suite. Lorsque les faits assemblés par l'érudit sont importants, ou mieux encore quand l'érudit a du style, on l'appelle assez souvent historien. Cette distinction n'est pas très fondée, la fonction de cet historien et celle de l'érudit restant en somme la même.

La différence sérieuse commence avec ceux dont les œuvres constituent ce qu'on a nommé la philosophie de l'histoire [1]. Ceux-ci ont en effet assumé une tâche nouvelle. Des faits constatés, de la réalité historique établie, ils ont voulu dégager une chose qui domine les faits, bien qu'elle soit fondée sur eux : je veux dire la vérité historique, similitude plus ou moins large que les faits, envisagés d'une certaine manière, laissent apercevoir. Aux auteurs de cette tentative, qui nécessite une fonction nouvelle, il faudrait réserver le titre d'his-

---

[1]. Il est bon, pour préciser le genre, de donner quelques noms. Je citerai, en France, Bossuet (dans une partie de son *Discours sur l'histoire universelle*), Montesquieu, Turgot, Condorcet, Comte; en Angleterre, Buckle, Sumner-Maine; en Allemagne, Leibnitz, Lessing, P. Schlegel, Krause.

torien, sans y joindre l'épithète de philosophe, qui ne me paraît pas juste.

Entre la philosophie de l'histoire et notre sociologie moderne, la différence paraît profonde, à première vue. Pourtant elle est purement superficielle. Montesquieu, le Montesquieu de l'*Esprit des lois*, et Spencer se ressemblent quant à la visée fondamentale.

Puisqu'il n'existe à nos yeux que deux ordres de travaux, répondant l'un à la recherche de la réalité, l'autre à la recherche de la vérité, érudition d'une part, histoire ou sociologie d'autre part, nous aurions pu mettre ici partout, à la place d'histoire, le mot sociologie, d'autant mieux qu'il semble destiné à prévaloir. Nous avons cependant résolu de conserver le terme d'histoire. Par des causes inutiles à dire ici, les sociologistes, jusqu'à présent, ont étudié avec une prédilection un peu exclusive les peuples sauvages et barbares. A l'égard de ces peuples, ils possèdent une érudition abondante et exacte autant qu'elle peut l'être. Mais quand ils en viennent aux peuples civilisés, aux nations historiques, leur enquête est visiblement insuffisante. Avec le titre de sociologie, mon ouvrage courait risque d'éloigner tout d'abord les hommes qui font de l'érudition ou de l'histoire dans le sens ordinaire du mot. Or, c'est à ces derniers plus encore qu'aux sociologistes que ce livre me semble précisément destiné à rendre quelque service.

Puisque j'ai en quelque manière opposé à la réalité de l'histoire la vérité historique, je suis tenu à les définir l'une et l'autre. Je ne puis mieux le faire que par des exemples.

Un érudit constate que pendant des siècles il y a eu en France des hommes qui s'attribuaient le pouvoir de bouleverser l'ordre de la nature. L'existence de la sorcellerie est ce que j'appelle de la réalité historique. Après l'érudit voici venir le sociologiste. Celui-ci constate que non seulement la

France, non seulement tous les peuples européens, mais cent autres peuples ont eu également des sorciers. La méthode comparative amène le sociologiste à dire : « Presque tous les peuples ont connu la sorcellerie ». Cette proposition, qui est sûrement une généralisation, ne contient-elle que de la réalité historique ou mérite-t-elle le nom de vérité? Les sciences physiques, qui doivent toujours être présentes à notre esprit, offrent une analogie qui va nous fixer. On trouve chez elles de ces résultats généraux, équivalents à notre proposition; mais ils n'y passent encore pas pour être des vérités : on les appelle des généralisations empiriques. Le titre de vérité est réservé aux résultats généraux expliqués au moyen de leurs causes. Nous voilà bien avertis. Le règne quasi universel de la sorcellerie, s'il était rattaché à ses causes, en même temps que démontré en fait, serait une de ces vérités que nous cherchons.

M. Fustel de Coulanges, dans son livre *la Cité antique*, établit, par des textes probants, l'existence chez les Grecs et les Romains de quelques coutumes fort intéressantes pour nous : le culte du feu et du foyer; la vénération des ancêtres, et des ancêtres mâles exclusivement; la possession complète des enfants par les pères; la possession à peu près complète de la femme par le mari : voilà encore de la réalité historique. Spencer nous apprend que des institutions présentant le même fond essentiel ont existé ou existent encore dans des pays et parmi des races très différentes, notamment chez les Chinois; cela reste de la réalité historique, tant que la question des causes n'est pas résolue.

En résumé, une vérité historique se compose d'abord d'une réalité qui se présente en divers lieux, divers temps, puis de sa connexion démontrée avec les causes qui l'ont produite.

Il est clair que la réalité historique doit être établie

d'abord. C'est l'ouvrage propre à l'érudit. Celui-ci fournit la base sur laquelle la vérité historique s'élève, et la solidité de la construction dépend de lui. L'érudit est préalable à l'historien; il lui est, si je puis ainsi parler, fondamental; c'est un beau rôle [1].

L'érudition et l'histoire sont deux moments distincts d'un même ouvrage. Sans érudition, pas d'histoire; mais sans l'histoire finale, l'érudition ressemble à une bâtisse inachevée, à qui il manque ce qui la justifie, la possibilité d'être habitable.

De quoi nous sert la connaissance simple des faits bruts? Quel profit y a-t-il à savoir, par exemple, qu'un Macédonien du nom d'Alexandre a battu les Perses, à tel endroit, en telle année? ou que c'est réellement tel rhéteur qui a composé ce discours attribué faussement à Démosthènes? Il est vraiment permis de se le demander, si on n'en tire pas finalement ou de la vérité, ou de l'émotion. J'expliquerai tout à l'heure cette dualité.

Non seulement, sans l'histoire, l'érudition serait une chose assez vaine, mais elle peut devenir un danger pour l'esprit humain.

La réalité historique, qui s'étend devant nos regards, illimitée à tous les points de l'horizon, est fort inégale comme objet de connaissance. En trop d'endroits, certes, nous apercevons à peine quelques traits épars du paysage, l'ombre couvre presque tout, une ombre qui ne se dissipera pas; ailleurs, les lignes générales sont saisissables; ailleurs, une lumière abondante montre une infinité de détails; il n'y a qu'à les recueillir. Là est le danger.

A mesure que la masse de la réalité historique augmente,

---

[1]. Ce qui ne veut pas dire que l'historien et l'érudit ne puissent pas coexister dans une même personne. Ils ne sont pas incompatibles, mais ils sont séparables.

la part que chacun des érudits peut s'assimiler devient un fragment plus petit, une parcelle plus étroite du tout. Toujours plus éloigné de la conception d'ensemble, le savoir de l'érudit baisse graduellement en valeur. On aboutit ainsi à des notions absolument vaines, qui n'avancent aucunement la connaissance du monde et de l'homme.

Cependant chaque jour accroît l'énorme réalité. De l'antiquité on ne perd plus rien, et on découvre toujours quelque chose. L'événement d'hier passe à l'état historique, par l'effet du temps qui nous emporte sans cesse plus loin. Les faits consignés aujourd'hui sur la surface de la terre, et destinés à devenir de l'histoire demain, forment à eux seuls un monceau d'une épouvantable grandeur.

Pour explorer complètement une toute petite région, il faut dès à présent vouer son existence entière à cette tâche. Que sera-ce dans un siècle, dans deux siècles et au delà?

Tenter la constitution de l'histoire science est un ouvrage qui s'impose à notre temps; il s'agit non seulement d'utiliser des matériaux en nombre immense, dont jusqu'ici le profit est presque nul; mais il y a surtout urgence à alléger l'esprit humain d'un faix qui devient écrasant. On ne diminue le poids des phénomènes recueillis dans l'esprit qu'en les liant, et ce lien ne peut être qu'une généralisation scientifique.

J'ai hâte de le dire, la *réalité* historique se prête encore à d'autres fins que celle de constituer une science : on peut en tirer d'autres utilités. A côté des travaux d'érudition, à côté de l'histoire science, il y a à faire l'histoire artistique. Il ne s'agit pas, dans ma pensée, de romans historiques ou de personnages historiques façonnés en héros de roman. Je pense à des récits tout à fait exacts, à des caractères fidèlement rendus. Mais, de même que le romancier vise *avant tout* à produire des émotions et qu'il veut faire *sentir* au lecteur ses héros plutôt que les lui démontrer psychologiquement, l'historien artiste se proposerait d'émouvoir avant tout, quoique par le moyen du réel. Les bons endroits de Michelet donneraient une idée du genre à créer, si Michelet avait voulu faire avec système et en pleine conscience ce qu'il a fait par instinct et tempérament. Je cite Michelet; je pourrais alléguer quantité de passages dus à d'autres historiens. Ce que je reproche à ces morceaux d'art, c'est d'être mêlés à des récits et à des considérations qui ont le caractère scientifique ou y prétendent. L'histoire ainsi faite est une œuvre hybride, au point de vue de la logique. De cette œuvre, il ne faut rien perdre; ce serait certainement un recul, un retour à la barbarie que de rejeter absolument la peinture des héros historiques : il faut tout garder, mais tout démêler. L'art et la science sont des fins si différentes. Le héros historique, ce riche trésor d'émotions pour l'art, est justement pour l'histoire science l'obstacle et l'écueil, du moins à mon avis, comme on le verra dans ce livre.

Pour créer le genre de littérature que j'imagine, il faudrait deux choses : avoir pleine conscience du but artistique, c'est-à-dire vouloir avant tout communiquer des émotions au moyen des hommes vrais, et enfin être assez artiste pour tirer bon parti de la réalité.

L'histoire artistique est d'autant moins à délaisser qu'elle serait plus à la portée de la masse des hommes et leur profiterait plus que l'autre.

En devenant chaque jour plus circonstanciée, plus détaillée, plus minutieuse, l'érudition seconde, sans y viser, la création de l'histoire artistique. Qu'est-ce que l'art cherche? Au rebours de la science qui poursuit la généralité de plus en plus large, l'art cherche à saisir l'objet tout à fait concret, le caractère, l'individu absolument distinct des autres; l'érudition minutieuse tend précisément à le lui fournir. Il est vrai qu'elle le lui livre, à l'état neutre et froid, si je puis dire. L'artiste y infuserait la vie et la chaleur.

Ainsi l'érudition serait à la fois la pourvoyeuse, l'intendante de l'histoire science et de l'histoire artistique, qui constituent les deux modes, je dirai volontiers les deux pôles, de l'impression que le passé fait sur l'homme, l'un répondant à la partie intellectuelle, l'autre à la partie sentimentale de notre nature.

Un avertissement sur lequel je ne saurais trop insister, c'est que je ne prétends pas du tout dans cet ouvrage constituer réellement l'histoire science : ce serait une ambition exorbitante. Je ne prétends pas davantage à constituer une partie quelconque de cette science dont la construction graduelle réclamera des légions de travailleurs. Quel est donc mon dessein formel? En premier lieu montrer que l'histoire peut être constituée sur un pied scientifique et secondement qu'elle ne sera ainsi constituée qu'à la condition de choisir certains matériaux, d'en éliminer d'autres; à la condition d'employer de préférence certains procédés méthodiques, de reconnaître la portée insuffisante de quelques autres procédés précisément plus accrédités; bref je veux montrer par quel chemin, à mon sens, il faut passer pour aller au but, je veux surtout détourner des voies fausses et des impasses.

Si à quelque degré j'ai réalisé mon dessein, ce livre pourra profiter à l'érudit et au sociologiste.

Convaincu qu'il y a une hiérarchie entre les divers ordres de faits historiques, l'érudit ne recueillerait plus tous les reliquats du passé avec une égalité d'intérêt vraiment trop parfaite; il saurait que certaines connaissances sont plus urgentes à acquérir que d'autres et, ajournant des recherches qui sont secondaires ou inutiles pour le moment, il ferait effort dans des directions choisies et privilégiées. Le sociologiste, lui, est dans la bonne voie ; mais il ignore parfois que le point où d'ordinaire il arrête son investigation, n'en est pas le terme acceptable.

Cette observation ne s'applique pas, ai-je besoin de le dire, aux esprits de haut vol, comme Comte, Spencer, Mill. Ceux-là savent jusqu'où il faut aller ; ils savent la distance qu'il y a encore d'une vue comparative ou généralisation empirique à une vérité scientifique. Cette notion importante, c'est d'eux que je la tiens moi-même, j'ai plaisir à le déclarer.

Le lecteur verra que dans le cours de mon livre il est des points où je suis en désaccord avec ces hommes illustres et encore avec d'autres hommes dont je reconnais cependant l'autorité ; c'est que la science n'admet pas le principe du *Magister dixit* ; le devoir de recherche personnelle et de sincérité passe avant tout. J'ai d'ailleurs à ce sujet une conviction, fondée au moins en ce qui me concerne : je tiens qu'on est le disciple des hommes que l'on contredit, autant que celui des hommes que l'on répète. Aux endroits où je débats et finalement je récuse l'opinion d'un de mes maîtres, c'est encore lui qui m'a muni, qui m'a armé contre lui-même ; sans ce qui est chez lui une erreur, à mon sens, je n'aurais pas trouvé ce que je crois être la vérité ; et, s'il y a réellement vérité, c'est à lui d'abord que j'en suis redevable.

DE L'HISTOIRE

considérée

COMME SCIENCE

CHAPITRE I

LE DOMAINE DE L'HISTOIRE SCIENCE ET SES LIMITES

I

L'histoire est un amas de faits hétérogènes. Il se pourrait donc qu'elle contînt à la fois des éléments propres à la connaissance scientifique et des éléments réfractaires. Qu'est-ce que la connaissance scientifique ou science ? La science est d'abord la constatation de similitudes constantes entre des phénomènes d'un certain ordre. S'il n'y a aucune similitude reconnaissable dans la conduite des hommes, peuples ou individus, l'histoire ne se prête pas à la connaissance scientifique. Examen de cette question. Tout homme ressemble aux autres hommes et en diffère aussi. Tout être humain contient à la fois un homme général, un homme *temporaire* et un individu singulier. Et chacun de ses actes est marqué au coin de cette triplicité. Les actions historiques, comme les actes ordinaires, peuvent être considérées, soit par l'aspect qui les rend semblables à d'autres, soit par l'aspect qui les fait uniques. Dans le premier cas, ce sont des *institutions*; dans le second cas, ce sont des événements. L'événement est en soi impropre à devenir l'objet d'une connaissance scientifique, puisqu'il ne se prête pas à l'assimilation, qui est le premier pas de la science.

Si on demandait aux hommes : qu'est-ce que l'histoire ? la plupart répondraient : c'est tout ce qui a été fait, à notre connaissance, par nos devanciers. Par ce mot d'histoire, la langue désigne donc une réalité, composée de phénomènes innombrables. Un autre mot, un seul, dépasse celui-ci en compréhension : le mot nature.

D'autre part, la simplicité du signe nous trompe. Parce que le mot est unique, la réalité désignée nous fait l'effet d'être homogène, tandis qu'elle est disparate autant qu'énorme.

Quand on a reconnu que le mot histoire est une étiquette commode mais trompeuse, la question de savoir si l'histoire est ou peut devenir une science apparaît sous un jour nouveau. La réalité historique étant hétérogène, on se dit que telle de ses parties pourrait bien se prêter à la connaissance scientifique et telle autre partie s'y refuser. Et on comprend qu'il faut examiner désormais l'histoire en se plaçant à ce point de vue.

Puisqu'il s'agit de démêler dans l'histoire les parties qui comportent le savoir scientifique, d'avec d'autres parties qui ne le comportent pas au moins par hypothèse, il faut d'abord se faire une idée nette de ce que nous appelons science.

On appelle science un ensemble de vérités, c'est-à-dire de *propositions énonçant qu'il y a une similitude constante* entre tels et tels phénomènes. Exemple : toutes les chutes de corps, à la surface de la terre, se ressemblent en ce point que le corps tombe suivant la verticale du lieu. Par opposition, savoir que tel corps, la flèche de la cathédrale de X, est tombée en écrasant plusieurs maisons, n'est pas de la science : c'est simplement notion ou connaissance de réalité.

Cependant constater une similitude n'est pas la fin dernière de la science. Une similitude, en effet, n'est encore que de la réalité. Pour que la similitude monte au rang de vérité, il faut une nouvelle condition. Reprenons l'exemple précédent : la chute similaire des corps devient une vérité quand on découvre le lien qui l'attache à un phénomène plus général, l'attraction universelle.

D'après cette brève explication, il est clair que quantité de choses qu'on nomme de l'histoire ne sont pas de la science. Ces guerres, ces alliances, ces révolutions, ces événements artistiques et littéraires, qui remplissent tant d'ouvrages historiques, sont évidemment comparables à la chute de flèche dont nous parlions tout à l'heure ; comme elle, ce sont des phénomènes singuliers, des accidents ; et ces accidents ont avec l'histoire scientifique, que nous cherchons, le même rapport qu'il y a entre une chute dramatique d'édifice et la théorie de la pesanteur.

C'est parce qu'ils pensent uniquement à ces accidents historiques que la plupart des esprits envisagent l'histoire comme un simple genre de littérature et la déclarent étrangère au cercle des sciences. Ils ont absolument raison en restant à ce point de vue ; mais ils pourraient avoir tort s'il y a dans l'histoire autre chose que ce qu'ils y voient.

Je rappelle en mon esprit la définition de la science, et je me dis :

Si les hommes, dans leurs actes, dans leur conduite, ont jamais présenté quelque similitude, celle-ci pourra faire l'objet d'une proposition générale. L'histoire sera une science possible, dans la mesure où ces similitudes s'offriront. Par contre, si l'humanité n'a aucune ressemblance avec elle-même, si la conduite de chacun des hommes qui ont passé a parfaitement différé de la conduite des autres, l'histoire ne sera jamais une science.

Y a-t-il dans l'humanité quelque consonance de conduite qui réponde à ce que nous appelons l'ordre dans la nature, lequel n'est en effet qu'une consonance de la nature avec elle-même ? telle est la question.

Il est évident que corporellement un homme ressemble à un autre homme et qu'il en diffère aussi. Chacun, pour parler comme les médecins, a son idiosyncrasie : mais la forme, la disposition et le jeu essentiel des organes sont pareils chez tous les hommes. Cette similitude a une grande étendue ; et la preuve, c'est qu'on a pu constituer, d'après cette similitude, une anatomie et une physiologie, dont les vérités forment des ouvrages assez volumineux.

La similitude essentielle des organes détermine celle des besoins et des volontés. Quant aux objets qu'ils poursuivent tous les jours et partout, les hommes se ressemblent. En dépit du temps et de l'espace, les visées capitales de l'humanité restent les mêmes; les besoins inéluctables du corps ne permettent pas, ne permettront jamais, qu'elles diffèrent, sinon dans d'étroites limites. L'identité de l'appareil nerveux dans tous les hommes nous donne encore une ressemblance capitale. Tous les hommes forment leurs sensations, leurs perceptions, rappellent leurs souvenirs et construisent enfin leurs imaginations, suivant des modes uniformes. Il y a donc de larges similitudes psychologiques, de même que de larges similitudes corporelles. Aussi a-t-on pu constituer une psychologie générale de l'homme dont les constatations forment aussi des volumes, comme par exemple l'ouvrage de Bain.

Attachons-nous à présent à remarquer les différences, et nous aurons une contre-épreuve. Je ne parle plus que des différences psychiques. Donnons un nom commode, et d'ailleurs consacré, à ce qui fait qu'un homme diffère d'un autre; appelons cela le caractère. Qu'est-ce que le caractère? Une observation sur laquelle on s'accorde doit être énoncée d'abord. Parmi les sentiments humains que la psychologie générale constate, il n'en est pas un qui soit absolument étranger à un homme quelconque, et réciproquement cet homme n'éprouve aucun sentiment qui soit étranger au reste de l'espèce. De même les facultés intellectuelles, d'un homme à un autre, ne diffèrent jamais que par le degré. Le caractère consiste donc en une combinaison particulière d'éléments communs, combinaison où les proportions réciproques des éléments sont, si l'on veut, uniques dans le monde, mais c'est tout. Essayez de dépeindre un caractère, vous êtes obligé d'employer des expressions désignant d'abord les éléments communs, ambition, orgueil, sympathie, etc., et puis vous indiquez, pour ainsi dire, la dose de chacun d'eux. Finalement, une peinture de caractère est faite avec des expressions générales, modifiées par des termes qui reviennent à plus et à moins.

Retenons ce premier résultat : Il y a entre les hommes des traits communs, une sorte de nature humaine générale; cela est prouvé d'abord par la possibilité d'énoncer des propositions qui se trouvent vraies de tous les hommes, et prouvé encore par l'impossibilité d'énoncer ce qui fait différer les hommes autrement qu'en usant d'un langage où précisément les traits communs sont impliqués.

Nous avons posé en face l'un de l'autre l'homme général, l'homme singulier, irrévocablement enfermés en tout individu, mais nous avons ainsi mutilé la réalité, dans l'intérêt de l'exposition. Rétablissons à présent, entre les deux termes, un nouvel élément qui importe particulièrement à nos études : il y a, en tout individu, l'homme d'une époque et d'un lieu (cela va toujours ensemble), l'homme qui a des manières de penser, de sentir et d'agir, ni singulières, ni générales, mais communes à un groupe plus ou moins large : nous appellerons celui-ci l'homme temporaire ou historique.

Notre siècle a réagi contre le précédent; celui-ci avait beaucoup spéculé sur l'homme général; le nôtre n'a voulu admettre que l'homme temporaire et local. Quelqu'un a dit : Je connais des Grecs, des Romains, des Anglais, je ne connais pas d'homme général. Le propos a fait fortune. Si naïvement on veut parler de la réalité objective, on a raison, trop timidement même. En ce sens, l'individu seul existe; l'Anglais ou le Grec n'a pas plus de substance que l'homme général. Mais il s'agit de vérité, et dès lors le propos n'a pas de sens.

Si un biologiste venait nous dire : « Je connais des Anglais, des Français; je ne connais pas l'homme général », on lui répondrait de toutes parts : « Mais c'est le contraire; tu ne sais un peu que l'homme commun, tu serais bien en peine de dire avec précision en quoi consiste l'Anglais ou le Français ».

Il y a, moralement parlant, un homme général, aussi incontestable que l'homme général biologique, car l'existence de celui-ci commande impérieusement l'existence de l'autre; ils sont comme l'endroit et l'envers d'une même étoffe.

L'homme temporaire, le Français ou l'Anglais, a pour substratum l'homme général, et celui-ci est de beaucoup plus solide que l'autre. C'est aisé à démontrer. Considérez au hasard une des modalités de l'activité humaine. Par exemple, le sexe mâle recherche partout le commerce avec l'autre sexe; c'est là une visée qui représente l'homme général. Mais les formes qu'affecte le commerce des deux sexes sont, suivant les lieux et les temps, très différentes. Ces formes représentent l'homme local et temporaire. L'Anglais n'a qu'une femme. Le Thibétain vit avec une femme dont il n'est que l'un des maris. Un Turc de Constantinople pratique la polygamie. Cependant prenez ce Turc, faites-le pauvre, de riche qu'il était, il devient monogame. Faites-le chrétien, ce sera le même résultat. En changeant quelques conditions de la vie sociale, nous pouvons donc abolir l'une de ces formes qui constituent l'homme d'un lieu et d'un temps. Serait-il aussi facile d'abolir l'homme général, c'est-à-dire l'instinct sexuel qui porte notre Turc à rechercher le commerce de la femme? Il est vraiment curieux que ce qui persiste, sous les modalités passagères, soit précisément ce qu'on s'obstine à méconnaître.

Aussi la méthode préconisée en histoire est-elle juste le contre-pied de la méthode employée par les savants. Il y a sans doute des biologistes qui cherchent à s'expliquer pourquoi telle peuplade présente des traits physiques spéciaux, comme le prognathisme ou la microcéphalie, et ils font sur ces sortes de questions des livres qui équivalent aux ouvrages d'érudition. Mais avant d'aborder ces problèmes particuliers, ils ont pris soin d'acquérir une connaissance profonde de l'organisation commune et régulière. Ils savent que c'est à force de connaître l'homme commun qu'ils arriveront peut-être à comprendre cet homme local. Ils savent que, dans les sciences complexes, l'explication des particularités est insoluble directement, et qu'à vouloir pénétrer le secret du restreint et du rare autrement qu'en descendant par l'escalier des vérités plus larges, on s'expose à un échec certain. Les érudits au contraire s'enfoncent dans le spécial, sans aucune connaissance générale qui soit l'analogue de la biologie.

Nous connaissons les Grecs, les Romains, les Égyptiens, dit-on, bien mieux que ne les connaissaient nos prédécesseurs : c'est vrai en un sens. L'archéologie, la linguistique, l'exégèse des textes ont fait de grands progrès. Nous savons mieux le matériel de l'histoire. C'est pourquoi nos historiens sont bien plus pittoresques. Ils ont plus de couleur que ceux des deux derniers siècles. Mais quant à avoir mieux saisi le fonds psychique, à avoir pénétré l'homme plus avant, et surtout pris sa juste mesure, c'est fort contestable. Les historiens, les érudits voués à l'étude particulière d'un peuple, nous apportent généralement cette conclusion, tantôt expresse, tantôt et plus souvent diffuse, que leur peuple a été exceptionnel ; qu'il eut des façons de penser, de sentir à lui, et qui ne se comprennent que par l'existence d'une nature, d'un génie propre. Le Romain, s'il est question des Romains, — le Grec, s'il s'agit des Grecs, — sont dans nos érudits tellement Grecs et Romains, qu'ils ne sont plus humains. Ils ne ressemblent pas à ce que nous voyons et touchons ; or, je le fais observer, l'humain général qui agit sous nos yeux est plus sûr que cette humanité spéciale et lointaine dont on nous berce.

Tout acte humain porte, comme l'individu même qui le produit, le triple sceau du général, du temporaire et du singulier. A se marie avec B, le 19 septembre 1890, à Rome, en présence de C, D, E, etc. Si je relève les circonstances dont ce mariage est constitué, j'en trouve d'absolument uniques, mais j'en aperçois aussi d'autres d'une généralité large, jusqu'à devenir quasi universelle. Ce mariage, en tant que célébré à Rome, d'après un cérémonial propre à cette ville, ressemble déjà à beaucoup de mariages. En tant que célébré catholiquement, il a des similaires dans le monde entier; en tant qu'union d'une femme et d'un homme, constituée avec dessein de constance, il rappelle des faits sans nombre, accomplis dans tous les temps et pays qui ont pratiqué l'institution du mariage. Enfin, par la visée sexuelle qui est au fond, il est absolument général. Distinguons, par contre, ce qui est unique : c'est la circonstance du temps précis, considérée en conjonction avec la circonstance du lieu précis, avec le concours des acteurs et des témoins, considérés eux-mêmes comme individus distincts. Examiné par ce côté, l'acte ne s'était jamais vu avant et ne se verra plus.

Les actes qui entrent dans l'histoire, telle qu'on la fait ordinairement, portent-ils aussi le triple cachet du général, du temporaire et du singulier? A première vue, il semble qu'ils soient uniques : il n'y a qu'un Clovis qui se soit fait sacrer à Reims; qu'une Jeanne d'Arc qui ait délivré Orléans; qu'un Napoléon qui ait été vaincu à Waterloo. En regard de l'acte à exemplaire unique, comme Waterloo, nous avons l'acte multiplié, l'acte tiré à un grand nombre d'exemplaires, ou, si l'on veut, formé sur un type, sur un mode commun : par exemple, le fait d'acheter et de vendre avec de la monnaie de métal; ce fait est accompli aujourd'hui par des milliers de personnes; réitéré demain par les mêmes ou d'autres, et cela pendant des années ou des siècles. Il semble donc que nous soyons devant une différence de nature affectant les deux actes; et je crois que les historiens d'un côté, les sociologistes de l'autre, sont parfois disposés à croire qu'ils traitent effectivement des actes profondément différents. C'est là une illusion qui se dissipe quand on y regarde de près. On aperçoit alors que, dans tous les ordres de l'activité humaine, l'aspect général et temporaire se retrouve dès qu'on le cherche. Une bataille précise, Waterloo, dont je parlais tout à l'heure, unique quand on la considère par un certain côté, n'en contient pas moins des modalités communes, plus ou moins étendues dans le temps et l'espace, selon lesquelles les troupes furent formées, classées, commandées, dirigées, enfin présentées à l'ennemi et conduites dans le combat. Inversement l'acte de vendre, abstractivement considéré, est une institution de l'ordre économique commune à tous les peuples de la terre; mais si je fais attention seulement aux circonstances du temps, du lieu, de la personne qui vend, de celle qui achète, du prix, du gain ou de la perte, et à la conjonction de tout cela, j'ai devant moi un fait absolument singulier.

On s'aperçoit finalement qu'entre historiens et sociologistes il s'agit non pas d'objets différents en espèce, mais des mêmes objets vus par des aspects différents : différence de point de vue, et toutefois différence capitale, quand il s'agit de constituer la science historique.

Pour la clarté, la commodité des explications, je crois utile, désormais, de dénommer différemment l'acte vu comme unique, et le même acte vu dans sa similarité avec d'autres. Nous appellerons l'un : Événement, et l'autre : Institution.

Ce qu'on appelle une institution est bien réellement constitué par des actes humains. L'ordre de Saint-Benoît, par exemple, mérite à coup sûr le nom d'institution; en quoi consiste-t-il essentiellement? En des moines qui accomplissent des pratiques communes; cela revient en somme à une similarité de conduite. Le jour où cette similarité faillirait, l'ordre pourrait exister de nom, mais pas de fait; il n'y aurait plus que des individus produisant des actes particuliers.

Lisez les historiens — je dis ceux de l'histoire ordinaire, narrative, — il semble qu'il n'y ait dans l'histoire que des événements; lisez les sociologistes, il semble qu'il n'y ait que des institutions. Cependant le tissu de l'histoire présente partout les événements et les institutions profondément croisés et entrelacés; notre esprit seul les sépare.

Une institution, quelque durée qu'elle puisse présenter, a

un commencement et une fin, des limites dans le temps, de même que dans l'espace ; par exemple, ce mariage romain dont je parlais tout à l'heure ou même le mariage monogamique.

L'institution débute par un homme qui commence à pratiquer la chose nouvelle ; puis graduellement l'uniformité s'étend. C'est là un processus attesté par l'histoire et en dehors de l'histoire, indiqué par la psychologie comme inévitable. Il n'est pas possible qu'un nombre d'hommes, même assez petit, aient une même idée nouvelle et une même volonté au même moment précis. A la première heure, l'institution qui va se former se présente donc comme un fait individuel — c'est-à-dire comme un événement. De même, elle ne meurt pas tout d'un coup, mais va se rétrécissant et finit, comme elle a commencé, par être un acte individuel, un événement. On est donc autorisé à dire : l'Institution est un événement qui a réussi.

Nous verrons que les institutions et les événements ne sont pas seulement enchevêtrés, mais toujours actifs à l'égard les uns des autres. Exemple : la légion romaine, institution militaire, agit sur les événements de guerre postérieurs à son invention, et en revanche les événements amènent dans cette institution des modifications qui peu à peu l'altèrent jusqu'au point de la détruire. On citerait des millions d'exemples de cette réciprocité d'influence.

Nous pouvons à présent conclure : l'événement, le fait historique vu par l'aspect qui le rend singulier, est réfractaire à la science, puisque celle-ci est d'abord constatation de choses similaires. Mais d'un autre côté toute institution a pour point de départ un événement — bien que les événements n'aient pas tous cette fortune. L'événement qui engendra une institution possède de ce chef le droit évident d'entrer dans l'histoire. Mais alors même qu'il est dénué de toute suite institutionnelle, l'événement peut être encore de bonne prise ; les hommes qui le firent s'y portèrent en partie par des mobiles temporaires, dont l'ascendant devient ainsi manifeste. Or la connaissance de ces mobiles, dans tous leurs effets, relève de l'histoire science.

L'histoire science embrasse donc : 1° les institutions, lesquelles constituent son principal objet; 2° les événements dans la mesure où ils ont causé quelque institution nouvelle, dans la mesure encore où, étant l'effet de l'homme temporaire, ils révèlent le pouvoir des institutions régnantes. Il n'y a, je le répète, de décidément rebelle que le fait considéré par le côté qui le rend unique. Celui-ci est matière de pure érudition.

« Distinguer les institutions d'avec les événements n'est pas une idée neuve. » Sans doute : mais a-t-on conçu cette idée avec la netteté désirable? Si la différence a été faite, ses conséquences rigoureuses, en tout cas, n'ont pas été aperçues. Quand nous aurons exposé quelques autres idées, dont la connaissance préalable est nécessaire, nous montrerons que la philosophie de l'histoire a échoué dans ses tentatives pour n'avoir pas compris le caractère antiscientifique de l'événement et l'avoir voulu expliquer au même titre que les institutions.

II

La seconde opération de la science est la recherche des causes. La cause, entendue scientifiquement, ne peut être en histoire que l'homme général ou temporaire. L'individuel ne peut être une cause. L'individuel étant toujours présent, l'histoire contient des éléments qui ne se prêtent pas à la recherche de la cause, de même qu'elle contient des éléments réfractaires à l'assimilation. La philosophie de l'histoire a méconnu l'existence de ces éléments réfractaires, et c'est pour cela qu'elle a échoué.

L'histoire nous présente donc partout des similitudes à recueillir, des particularités à éliminer. Ce travail, bien fait, constituerait déjà l'histoire sur le pied d'une science commencée. Mais en toute science il y a une seconde et suprême opération, qui est la recherche des causes.

Lorsqu'un fait A se présente, toujours immédiatement avant un autre fait B, nous disons que A est la cause de B et que B est l'effet de A. Il est bon de le remarquer, c'est là encore une similitude, la similitude dans l'ordre des successions.

L'esprit humain s'intéresse particulièrement aux similitudes de ce genre, parce qu'en expliquant le passé elles permettent toujours de plus quelque espèce de prévision pour l'avenir.

La cause, comme la comprend l'histoire science, n'est pas de même nature que la cause entendue au sens de l'érudition. Quand il peut avec certitude nommer les hommes qui ont coopéré à tel événement, fondé ou modifié telle institution, l'érudit a trouvé sa cause; et, à ses yeux, l'ouvrage est vraiment parfait s'il a de plus déterminé les mobiles intimes des agents.

Les agents réels de l'histoire sont assurément des individus; il n'y a à la base de l'histoire que des actions individuelles. Ces grands êtres fictifs, que nous nommons peuple, nation, armée, corporation, se résolvent finalement en individus; leur activité se résout elle-même en actes individuels, plus ou moins concertés ou similaires. Tel est l'aspect extérieur des choses. Mais, il faut le rappeler, l'individu contient en soi de l'individuel, du temporaire et du général, un triple acteur.

Quand il agit par son côté individuel, l'acteur historique est par définition même un antécédent qui n'apparaît qu'une fois. Il est impossible de dire d'un antécédent qui se présente une seule fois, qu'il est toujours suivi du même conséquent. L'individuel n'est donc pas apte à devenir une cause, dans le sens scientifique du mot.

Lorsqu'il agit par ce qu'il a de général au contraire, un acteur historique a tous les autres hommes pour équivalents. Et, par suite de cette équivalence, les hommes qui ont vécu avant lui constituent pour la recherche de la cause autant de fois le même antécédent.

D'un antécédent qui se présente tant de fois, il est possible de constater s'il sort ou s'il ne sort pas quelque effet toujours semblable; autrement dit, l'homme général est apte à devenir une cause.

Nous pouvons en dire autant de l'homme temporaire. Il a assez d'étendue pour cela, bien qu'il en ait moins que l'homme général [1].

Les hommes agissant toujours de cette triple manière, l'accident produit par le principe individuel se trouve mêlé toujours parmi les causes scientifiques de l'histoire.

On remarquera l'analogie de ce résultat avec celui obtenu dans le premier chapitre. L'histoire conçue à la façon ordinaire comprend, dans son cercle mal fermé, des éléments rebelles à la recherche des causes, de même qu'elle contient des éléments rebelles à l'assimilation.

En résumé, il n'y a que les actes communément accomplis par un nombre d'hommes plus ou moins grand qui aient une cause, au sens scientifique du mot.

Cette vérité a été méconnue par tous ceux qui ont fait de la philosophie historique; et ils l'ont méconnue pour n'avoir pas distingué suffisamment les actes accomplis communément, c'est-à-dire les institutions, d'avec les événements.

III

Démonstration de son insuccès par l'exemple de Montesquieu.

Comme preuve de ce que j'avance, je prendrai Montesquieu [2]. Il n'y a qu'à ouvrir le livre des *Considérations* pour

---

1. Autrement dit, les hommes en tant que généraux s'équivalent absolument. En tant que temporaires, il est visible qu'ils s'équivalent encore sur une aire plus ou moins étendue. Leur similitude fait de ces hommes une sorte de cause unique, plus ou moins large. On a dit : l'humanité est comparable à un homme qui vivrait toujours. En ces termes absolus, c'est une erreur qui a produit de très faux raisonnements; cela est vrai uniquement de l'humanité considérée d'une certaine manière, de l'humanité générale. Ajoutons : l'humanité, vue dans ses actes temporaires institutionnels, est comparable à un homme qui vivrait ordinairement plusieurs siècles.
2. Il y a, logiquement parlant, dans Montesquieu, l'auteur des *Considéra-*

voir que Montesquieu spécule sur les événements comme sur les institutions, c'est-à-dire qu'il cherche également la raison des deux. Par exemple il se pose la fameuse question : pourquoi, dans son duel avec Carthage, Rome a-t-elle été victorieuse et Carthage vaincue [1] ?

Suivons Montesquieu sur ce terrain et montrons comment, ayant cru pouvoir chercher la cause d'une série d'événements, et de leur issue finale, il a été par cela même induit, malgré son beau génie, à une argumentation sans solidité.

A la question qu'il se pose, Montesquieu se répond : « Les Romains ont dû la victoire finale à la supériorité de leurs mœurs et de leurs institutions ». Et, généralisant, il ajoute la maxime tant de fois répétée : « Il y a dans les États une allure générale qui emporte tout ».

Selon Montesquieu, les hommes historiques, ceux qui conduisent les autres, les chefs de peuple, les chefs d'armée ne font rien de solide; l'allure générale emporte et noie dans son courant irrésistible les effets de leur génie ou de leur médiocrité, de leurs vertus ou de leurs vices, de leurs défaillances ou de leurs inspirations. Il n'importe pas que Miltiade commande à Marathon, Thémistocle à Salamine, Annibal à Cannes, Scipion à Zama, César à Alaise et à Pharsale; que Périclès gouverne dans la guerre du Péloponnèse, etc. Mettez qui vous voudrez, ici et là, le plus inepte à la place du plus capable, telle bataille sera gagnée tout de

---

tions et l'auteur de *l'Esprit des lois*. En ce dernier ouvrage, Montesquieu, uniquement occupé des effets permanents, réguliers, des institutions, se montre tout à fait dans la bonne voie. Dans les *Considérations*, au contraire, il applique aux événements la méthode de *l'Esprit des lois*, laquelle y convenait et ne convient plus ici. Notons bien que dans sa pensée le livre des *Considérations* resta longtemps un simple chapitre de *l'Esprit des lois*; c'est la preuve qu'il ne parvint pas à distinguer nettement l'accidentel et le régulier de l'histoire. Si le chapitre de la fortune romaine fut détaché finalement, ce ne fut qu'à raison de son ampleur, qui dans *l'Esprit des lois* eût paru disproportionnée. En résumé, Montesquieu a fait dans les *Considérations* de la philosophie historique, et dans *l'Esprit des lois* de la véritable sociologie.

1. Bossuet, avant lui, avait agité cette question. De nos jours, M. Littré soulevait un problème analogue, en se demandant par quelles causes l'islamisme avait failli à la tâche de prendre l'hégémonie du monde. De Bossuet à Littré, on le voit, la tentative est continue.

même ou, si elle est perdue au lieu d'être gagnée, le finale de la guerre restera le même.

Montesquieu a réussi à démontrer en effet que certaines institutions tendaient à rendre les Romains victorieux. Mais quel est l'esprit assez absurde pour dénier aux institutions toute efficacité? qui ne va avec Montesquieu jusqu'au point où sa démonstration s'arrête? Ayant prétendu davantage, ayant affirmé l'efficacité exclusive des institutions, la nullité des agents individuels, Montesquieu avait à faire beaucoup plus. Il ne s'en est pas aperçu. Après avoir indiqué quelles sortes d'influences les institutions avaient dû exercer, il a passé sans plus tarder à la conclusion; et il n'a pas vu qu'entre les preuves prétendues et cette conclusion il y avait encore un intervalle énorme à remplir, c'est-à-dire que le problème essentiel, celui de la nullité des individus, en tant que causes, restait encore à démontrer.

Concentrons encore la discussion sur un point précis, exemplaire. Montesquieu a dans l'esprit un théorème qu'on pourrait formuler ainsi : « Des soldats citoyens doivent vaincre forcément des soldats mercenaires ». Sans alléguer que le contraire est arrivé souvent, je montre ici du doigt les batailles du Tessin, de la Trébie, de Trasimène, de Cannes, et je demande pourquoi sur ces champs de bataille la supériorité morale des Romains n'a pas agi. Elle s'est retrouvée à Zama, me dira-t-on. Mais où est la preuve que leur victoire à Zama fut l'effet de la supériorité morale, non d'une autre cause? Des causes étrangères à la supériorité morale du soldat ont fait les victoires carthaginoises; ces mêmes causes, passant du côté des Romains, peuvent avoir fait Zama. Nous sommes certains que de telles causes existent et même qu'elles peuvent l'emporter sur la supériorité morale, puisque les victoires carthaginoises sont incontestées.

Il reste un argument auquel on recourt : les batailles comme Cannes ne sont pas décisives, les Zama le sont. « Il y a eu des raisons profondes pour cela. » Or la tradition antique est qu'Annibal, après Cannes, eut une défaillance de volonté. Il voulut jouir de sa victoire, au lieu de la pousser à bout. Cette faute aurait sauvé Rome, au dire de Tite-Live.

Tite-Live aurait tort, que je n'en serais pas étonné. Annibal fut peut-être contraint de faire ce qu'il fit. Pour lui Rome était probablement imprenable, à raison de sa population et de ses remparts.

Montesquieu s'écrie : « Rome fut un prodige de constance ». Cette expression excessive trahit d'abord la complaisance. Montesquieu d'ailleurs se fonde sur ce que Rome ne voulut pas racheter les captifs, ni demander la paix. On ne voit pas pourquoi Rome aurait demandé la paix, si elle était imprenable pour une armée comme celle d'Annibal, qui ne put pas prendre des villes moindres; ni pourquoi elle aurait désespéré, quand visiblement Annibal, chef d'une armée mercenaire, si loin de son propre pays, était dans les plus mauvaises conditions politiques, ne se soutenant qu'à force d'audace et de talent militaire. Il pouvait vaincre en rase campagne, ravager à la manière d'un orage; mais rien de plus, à moins de détacher de Rome des alliés. Mais Annibal n'était pas fait pour tenter les défections. Son armée de bandits, qui se livrait évidemment à toutes sortes d'excès, effrayait les peuples latins; Carthage était au delà de la mer, tandis que Rome était proche. Tout le monde devait sentir l'instabilité de la victoire entre les mains d'un général tellement hasardé et hasardeux. Si Carthage avait été à la place de Tarente par exemple, si Annibal avait eu derrière lui, à portée, son peuple, alors les choses eussent été bien différentes. Probablement Rome était perdue. Quant à la résolution de ne pas racheter les prisonniers, Tite-Live dit : « Le chiffre de la rançon effrayait; on venait de dépenser beaucoup pour racheter et armer les esclaves; on ne voulait pas épuiser le trésor, ni enrichir Annibal d'argent, c'est-à-dire de ce dont il avait le plus de besoin ». A la manière dont Annibal recrutait son armée, les Romains, en achetant 8 000 prisonniers, lui auraient peut-être donné de quoi acheter à son tour 20 000 soldats; ces calculs firent le fond de la fameuse fidélité aux vieilles maximes, si nous en croyons Tite-Live lui-même. Mais Montesquieu n'a garde de prendre dans Tite-Live ce qui n'est pas de la supériorité morale.

Les militaires eux aussi ont leurs théorèmes. Parmi les causes de victoire, ils mettent au premier rang l'énergie du commandement, ou plutôt ce qui en est l'effet, la discipline. Puis, le talent militaire du chef. Puis, dans une hiérarchie qui n'est évidemment pas tout à fait établie, l'instruction professionnelle du soldat, le nombre, l'armement, l'organisation technique; enfin les conjonctures, le hasard. Les plus grands militaires ne sont pas ceux qui font au hasard la part la plus petite. Frédéric II disait « Monseigneur le hasard ». Les militaires savent par expérience ce que trop d'historiens ignorent : le peu de solidité du courage, l'instabilité du caractère humain devant le péril. L'histoire si nombreuse des paniques, avant et pendant le combat, est présente à leur mémoire et les persuade justement que les dispositions les mieux prises et le combat le mieux commencé, le mieux soutenu, peuvent tout à coup être annulés par la fuite de quelques hommes qui, placés à un endroit décisif, ont donné le mauvais exemple, suivi de proche en proche, et qu'il n'est pas impossible que la perte d'une bataille soit due à une poignée d'hommes et peut-être même à un seul. Ils savent que toute armée a ses défaillances; qu'une troupe bonne hier, et qui le redeviendra demain, peut se montrer misérable aujourd'hui. Et cependant une bataille perdue par ces hasards sera la raison suffisante d'une seconde défaite, qui en détermine plus fortement encore une troisième.

Ils savent encore bien d'autres choses, parmi lesquelles on trouverait peut-être réponse au fameux argument : Cannes ne fut pas décisive, et Zama le fut. Ils vous diront qu'il y a grande différence entre une défaite et une autre. Des circonstances immédiates et militaires peuvent faire qu'une bataille perdue ne soit presque rien ou qu'elle soit la ruine irrémédiable; cela dépend du lieu, du moment, de la distance de la capitale, de l'état physique des soldats, de la nature du pays, du génie des deux généraux. Entre les mains de Napoléon, la journée de Iéna-Auerstaedt suffit pour que la conquête totale de l'État prussien soit déterminée. C'est pourtant le même peuple, avec les mêmes institutions, qui sous Frédéric a perdu tant de batailles sans encourir sa ruine, et qui a montré une force invincible de relèvement. Mettez Frédéric à la tête des Prussiens vaincus à Iéna, et ôtez-nous Napoléon, qui croira que le train des choses va rester le même? — Pas un militaire, à coup sûr.

Établissons nettement notre situation à l'égard de cette philosophie historique. Nous sommes parfaitement d'avis que les institutions, ou le public, ou le milieu, c'est tout un, agissent grandement. Mais nous tenons que par leur caractère particulier, bon ou mauvais, par leurs facultés, grandes ou petites, les personnages historiques, qui manient les institutions et les font valoir, ont aussi une part d'action, et que cette action n'est pas toujours annulée, qu'elle ne reste pas nécessairement sans effet; autrement dit, qu'il n'est pas indifférent qu'Annibal, que César, commandent ici et là, au lieu d'hommes plus ordinaires.

Faisons d'abord une distinction négligée : l'acteur historique agit à l'intérieur, sur ses concitoyens; ou il agit au dehors, comme représentant officiel de ses compatriotes, dans les conflits avec les nations voisines, conflits à forme guerrière ou politique. Je commence par le second cas, précisément celui pour lequel on a plus particulièrement allégué la nullité des acteurs historiques. Ici, l'acteur et son public, son milieu, se trouvent d'accord au moins sur la fin essentielle à atteindre. César et Rome veulent vaincre les Gaulois. Rome met au service de César, pour cette fin, des institutions ou des moyens, c'est même chose, qu'il opposera à des moyens antagonistes, employés par l'adversaire. On nous accordera, je pense, que César a jusqu'à un certain point une manière à lui de faire valoir les moyens remis en sa main; qu'un autre général à sa place en tirerait un profit différent, supérieur ou inférieur. Supposons inférieur, si c'est Varus qui commande au lieu de César. La question est celle-ci : les Gaulois ayant certainement des institutions civiles et militaires moins propres à procurer la victoire, et les institutions romaines étant supérieures à ce point de vue, la Gaule sera-t-elle conquise par Varus, quoi qu'il arrive d'ailleurs; quel que soit le général ennemi, Vercingétorix ou tout autre, et quels que soient les incidents de la lutte? On répondra, je crois, par un doute; mais on dira : « Si Varus vient à être vaincu, Rome enverra une nouvelle armée, un nouveau général, et celui-ci, ou un troisième, vaincra ». Je pourrais répondre : « Ce n'est pas si certain que vous le supposez », mais, en tout cas, il n'est pas égal que la Gaule soit conquise en dix ans par Jules César et que l'œuvre soit terminée à une certaine date; ou que cette conquête ait coûté l'armée de Varus, nécessité plusieurs campagnes après celle-ci, et enfin ait été achevée trente ou cinquante ans plus tard. Les rapports de la Gaule et de Rome, le rôle de la Gaule pacifiée dans le mouvement général du monde, peuvent différer beaucoup, par cela seul que le résultat commun aux deux cas et qui paraît les faire égaux, la conquête de la Gaule, tombe ici et là dans des conjonctures d'événements tout autres. Accorder que, César n'existant pas, la Gaule sera tout de même conquise, n'est pas donner gain de cause. Le résultat brut n'est pas tout; la manière dont le résultat s'est produit, les circonstances secondaires et les synchronismes historiques, qui vont avec lui, changent dans une mesure incalculable les conséquences.

J'ai pourtant choisi un exemple favorable à la théorie de Montesquieu, en prenant deux peuples dont l'un est civilisé, l'autre barbare; car il y a en ce cas une grande supériorité d'institutions dans l'un des plateaux de la balance.

Mettez en présence deux peuples dont les états de civilisation s'équivalent à peu près, les personnages historiques, employés de part et d'autre, auront sur la tournure des événements une influence qui croîtra à proportion que la différence des institutions sera moins grande. Lorsque des Anglais font la guerre avec des Zoulous, il est fort possible que la supériorité de discipline, d'armement et d'argent qui est du côté des Anglais annule l'incapacité du chef anglais, ou le génie naturel du chef zoulou: mais lorsque la guerre a lieu entre Français et Anglais, si l'un des généraux est incapable, et si l'autre a du génie, ces qualités individuelles doivent avoir un ascendant considérable sur le résultat. Les plateaux se balançant à peu près, le poids d'un individu, mis sur l'un d'eux, suffit à rompre l'équilibre.

Considérons à présent le jeu des individualités à l'intérieur, dans leurs rapports avec leurs compatriotes.

Traitons d'abord le cas d'un désaccord formel entre le chef et son peuple, ce que j'appelle le milieu. La psychologie m'indique le désavantage qu'a le milieu d'être formé par des hommes en nombre, obligés de se concerter pour résister utilement; l'avantage qu'a le chef d'un vouloir unique, d'une pensée suivie, d'une position centrale et dominante.

L'histoire confirme la psychologie en me montrant une foule de cas où les milieux ont été vaincus, entraînés par des personnalités; on en ferait un long chapitre. Je me bornerai à quelques exemples. Les Papes, avec quelques missionnaires dévoués, ont fini par imposer au clergé catholique le célibat auquel il répugnait énergiquement. Mahomet a commencé par rencontrer autour de lui une hostilité générale et déclarée; il a finalement obtenu la guerre sainte de ce peuple qui ne sentait d'abord aucune ardeur pour elle. Les nouveautés historiques commencent souvent par un, puis par quelques-uns, en dépit de tous. C'est que les hommes sont au fond bien plus indifférents, bien moins constants dans leurs vouloirs, et enfin beaucoup plus enclins à la soumission, même servile, qu'on ne le suppose. Toute l'histoire n'en témoigne que trop. Cent choses insupportables ont été supportées et par des masses étendues, et pendant des siècles. N'imaginons pas que les serfs, les esclaves, les sujets des rois despotiques et avides, se trouvassent bien sous les meules qui les pressaient. Seulement, ils n'avaient pas confiance en eux ; ils sentaient sourdement la difficulté d'une résistance concertée ; et ils s'abandonnaient.

Il y a certainement beaucoup de cas où le milieu est indifférent, neutre ; d'autres où le public mal avisé ne voit pas ce qui le touche réellement. Je n'y insisterai pas. J'aime mieux en venir tout de suite au cas où le milieu et les chefs sont d'accord sur une tâche à accomplir. Toute besogne peut être faite en plusieurs manières différentes, mal, bien et entre les deux. C'est ici que sans conteste les facultés morales et intellectuelles des chefs ont une influence de premier ordre. Les milieux ne résistent plus, ils s'offrent ; le parti qu'on va en tirer dépend de ce que vaut celui qui commande. La France du XVe siècle voulait, désirait arracher son roi national de l'impasse de Bourges, le mettre aux champs, et le conduire au sacre de Reims. Jeanne d'Arc assume la tâche réclamée. Ce qui fut particulier à Jeanne d'Arc, quant aux qualités du caractère, au degré de l'intelligence, n'a-t-il pas opéré, pour donner aux événements une tournure qui aurait été autre avec un autre chef, et qui aurait par suite produit une série différente d'événements ?

J'admets, et ce n'est pas une concession à des idées étrangères, l'existence d'une allure générale provoquant l'apparition d'une Jeanne d'Arc. Veuillez donc admettre que la Jeanne d'Arc réelle a apporté en sa personne quelque chose qui a secondé l'allure, et que peut-être Catherine de la Rochelle, à sa place, n'aurait pas produit un effet tout à fait égal.

L'historien qui voit les événements du passé dans leur aboutissement, avantage que les acteurs de ces événements ne pouvaient pas avoir, est exposé en revanche à une illusion. Il aperçoit que chez tel peuple, à tel moment, il y avait une tâche à faire ; cette tâche a-t-elle été accomplie, il croit que c'était absolument déterminé. Exemple : sous Charles VII, il y avait à sauver la monarchie française. Jeanne d'Arc s'en est acquittée ; tendance à croire que Jeanne d'Arc a été suscitée par quelque chose d'impérieux, de presque inéluctable, l'allure générale, la force des choses, le génie de la France, toutes ces entités reviennent au même.

L'histoire est pleine malheureusement de tâches indiquées qui n'ont pas été remplies. A Rome, au temps des Gracques, il fallait arrêter l'usurpation de la terre et l'extension pernicieuse des latifundia. Cela importait et à Rome et à l'humanité même. Cette œuvre nécessaire a été manquée.

Au début de notre Révolution française, pour passer de la monarchie absolue à la monarchie constitutionnelle, il fallait trouver tout près de l'ancien roi, incapable du rôle, un acteur qui y fût propre. On ne sut pas le trouver. L'histoire logique fut manquée, alors qu'en semblable transition il y a eu réussite en Angleterre par Guillaume d'Orange ; et chez nous-mêmes, par Louis-Philippe. Nous pourrions multiplier ces exemples à l'infini. Nulle part, pour des yeux non illusionnés, ne se montre un cours des choses, une nécessité des choses suscitant précisément tel acteur et amenant tel dénouement.

Après avoir dit : les grands hommes s'agitent, l'allure générale les mène, on n'était pas encore assez sûr d'avoir éliminé la contingence, et on a ajouté : les grands hommes ne sont après tout que les représentants de leur pays ; ils incarnent ses idées, ses aspirations. Ici encore la thèse n'est fausse que parce qu'elle est exclusive. Les acteurs historiques agissent en partie comme les représentants d'un certain milieu, c'est certain ; je dirai plus, ils agissent aussi comme hommes universels ; mais affirmer que rien de particulier, de propre à eux, ne passe dans le rôle qu'ils jouent, c'est aller contre l'évidence. Quoi! il n'y a rien de cette individualité unique qu'on nomme Jeanne d'Arc dans la besogne que Jeanne d'Arc accomplit; rien de Mahomet dans ce que fait Mahomet; et, la logique nous poussant, il n'y a rien de Napoléon dans l'épopée du premier Empire : Napoléon incarnant les idées, les aspirations de son temps; Napoléon représentant purement un je ne sais quoi de commun à tous, un fonds français; n'apportant pas même, dans l'exécution de ces desseins français, une mesure de puissance intellectuelle qui lui soit propre et qui influe! on conviendra que c'est dur à accepter, et cependant il faut aller jusque-là, ou la thèse tombe.

Transportez l'idée de l'allure générale dans la vie ordinaire, appliquez-la au particulier obscur, — et je crois que nous y sommes obligés logiquement, — vous avez cette conséquence : l'individu n'est pour rien dans sa destinée; il y a autour de lui une allure qui l'emporte. Nous verrons tout à l'heure quel est le sentiment général à cet égard.

Caractérisons brièvement l'erreur qui éclate dans Montesquieu et apparaît dans presque tous les ouvrages de philosophie historique. On a voulu faire sur les événements une tentative qui ne peut réussir qu'avec les institutions, je veux dire trouver des causes scientifiques, ou pour parler le langage ordinaire, de grandes causes. Surtout on a voulu éliminer les petites causes. Il faut entendre par celles-ci tous les effets dus à la passion ou l'intérêt privé des acteurs, et par celles-là les effets dus aux sentiments ou idées communes à des masses d'hommes. Ces dernières présentant en effet de l'étendue, de la durée, l'épithète de grandes qu'on leur donne est justifiable. Il est aisé de voir que les grandes causes répondent à ce que nous appelons dans ce livre des institutions.

Il est des historiens, méritant le titre de philosophes, qui ont échappé à l'envie d'expliquer tout par de grandes causes, et su reconnaître la part des petites. Voltaire, par exemple, que pour ce fait bien des gens médiocres ont traité avec hauteur, et Pascal, à qui on a si souvent reproché sa phrase sur le nez de Cléopâtre; mais ni Voltaire, ni Pascal, ni aucun auteur de ce bord, à ma connaissance, ne s'est appuyé de la distinction entre les institutions et les événements, c'est-à-dire entre l'élément régulier et l'élément accidentel mêlés dans l'histoire; non que chez quelques-uns, chez Voltaire par exemple, cette idée fît complètement défaut; mais elle n'avait pas devant leurs yeux la netteté, ni surtout l'importance voulues.

L'erreur où sont tombés les premiers auteurs de la philosophie est d'ailleurs plus qu'excusable. On peut dire qu'elle fut obligatoire, en ce sens qu'elle était déterminée par la nature humaine. Dans une série de faits qui nous touchent personnellement, l'important pour nous, c'est le résultat éventuel, succès ou insuccès, heur ou malheur. Spectateurs désintéressés, nous portons encore nos premiers regards sur ce terme. Tandis que le but, les moyens, parlent seulement à notre esprit, le résultat s'adresse à notre sensibilité; c'est la partie émouvante, comme la pointe dans l'épée. Les historiens ont naturellement porté dans leurs études cette inclination de l'homme privé.

Une autre pente, naturelle aussi, a déterminé la direction finale. Nous sommes disposés à penser que les faits les plus émouvants sont ce qu'il y a de plus déterminé. Qu'une catastrophe imprévue, une mort surprenante frappe un particulier, notre esprit se refuse à l'idée d'un hasard : il suppose presque invinciblement une cause profonde. Nous ressemblons tous à Mme de Sévigné qui voit venir du fond du temps le boulet de Turenne. Lorsque nous contemplons ces catastrophes larges qui sévissent sur des peuples, la tendance naturelle est encore plus forte. Cette cause profonde, que nous désirons toujours, nous semble ici, à l'égard de ces grands êtres, rigoureusement exigible.

Pour ceux qui croient à la Providence, la cause s'offre comme d'elle-même; le dessein de Dieu apparaît, il vient expliquer la chute de Rome à Bossuet, comme il explique à tant de gens leurs infortunes particulières. Ceux qui ne croient plus trouvent bientôt une idée succédanée, celle du mérite; chacun se fait sa destinée, dit-on de toutes parts. Montesquieu, démontrant que Rome a dû vaincre par ses mœurs, ne fait que justifier l'adage populaire.

Providence ou mérite, le même attrait nous attache à ces idées. Il nous déplaît d'être, soit individuellement, soit en corps, le jouet de la contingence. Cela nous rassure, qu'il faille une cause profonde pour nous détruire, en même temps que cela nous flatte.

La fausse voie où s'est engagée la philosophie historique, devient manifeste quand on considère celle que suit, au contraire, la sociologie, cette nouvelle venue. La sociologie ne vise pas à pénétrer le secret des destinées particulières à chaque peuple. Elle cherche à constater les institutions, leur similitude d'un peuple à un autre, ou leur suite chez un peuple considéré. Grâce au choix de son objet, la sociologie est arrivée à établir des généralités empiriques, qui sont bien de la science, au premier degré. En revanche, la sociologie semble trop ignorer les événements, l'accidentel de l'histoire. Elle aura à en tenir plus de compte, à déterminer avec exactitude la part d'influence que les événements exercent sur les institutions.

CHAPITRE II

DES RAPPORTS DE LA PSYCHOLOGIE ET DE L'HISTOIRE

L'homme général est donné par la psychologie. Rapports de l'histoire et de la psychologie. La psychologie fournit à l'histoire les explications, au sens scientifique du mot. Elle fournit encore un critérium pour la véracité des témoignages historiques. L'histoire à son tour livre à la psychologie des faits qui la précisent et qui l'enrichissent. Les relations de la psychologie et de l'histoire ont été souvent ignorées des érudits, et méconnues par beaucoup de sociologistes. Erreurs de Vico, de Krause, de Spencer à ce sujet.

Je dois rappeler des choses déjà dites : l'homme général n'est pas une réalité, il est une vérité. De quoi traitent les ouvrages d'anatomie et de physiologie? est-ce d'individus particuliers, Pierre ou Paul? est-ce même d'individualités nationales, de l'Anglais ou de l'Espagnol? d'individualités temporaires telles que le Français du xviii° siècle ou du xix°? La science biologique ne connaît que l'homme général. Si l'homme général existe, s'il existe même seul, biologiquement parlant, il faut convenir que l'homme général, psychologiquement parlant, a la même solidité d'existence, car le premier nécessite le second; tous deux sont liés ensemble, comme l'endroit et l'envers d'une étoffe.

La connaissance de l'homme général est l'objet particulier d'une science que le lecteur sans doute a déjà nommée, la psychologie. Je ne dis pas que ce soit une science faite; mais quelle est la science dont on pourrait dire qu'elle est faite?

L'existence de la psychologie, comme science distincte, a été niée par Comte. De trop dociles disciples ou des biologistes, trop ambitieux pour la science qu'ils cultivent, suivent encore l'opinion de Comte. Mais après la réfutation de Stuart Mill[1], après les travaux dogmatiques de Bain, de Spencer, de Taine, de Ribot et de beaucoup d'autres, cette erreur devient insoutenable.

Par cela même que la psychologie livre l'homme général à l'histoire, nous concevons déjà l'idée essentielle des rapports qui lient l'une à l'autre ces deux sciences. Nous concevons que la psychologie, science plus abstraite et logiquement antécédente, doit être pour l'histoire un secours permanent, et qu'il y a lieu pour l'historien d'en faire un emploi systématique et constant. Les vérités psychologiques apportent à l'histoire un double secours.

1° Une large similitude historique, constatée, ne sera expliquée, dans l'acception scientifique du mot, et ne deviendra une vérité, ou si l'on veut une loi de l'histoire, qu'après qu'on l'aura rattachée à l'une des vérités toujours plus larges de la psychologie. En un mot, la psychologie renferme d'abord l'explication de l'histoire.

2° La psychologie fournit à l'histoire un critérium, une pierre de touche. Les constantes de l'homme, relevées par la psychologie, permettent de vérifier la possibilité ou la probabilité des assertions que les annalistes nous apportent.

Faute de connaître assez l'universalité de la nature humaine, nos érudits ont parfois des crédulités qui nous rappellent les historiens antiques acceptant sans difficulté l'existence de choses impossibles. Le merveilleux admis par nos érudits n'est pas du même genre, mais il est équivalent : il consiste à attribuer à des peuples entiers des qualités ou des facultés que l'homme en masse n'a jamais connues, du moins au degré indiqué. — C'est ainsi que tel croit aux vertus

---

1. *Logique*, liv. VI, chap. IV et V; — Bain, *les Sens et l'Intelligence, les Émotions et la Volonté*; — Spencer, *la Psychologie*.

des vieux Romains; — d'autres à celles des Germains (respect des femmes, etc.); — d'autres au sentiment artistique commun à tout le peuple d'Athènes; — d'autres à l'universelle charité du moyen âge. — D'autres croient à la sagesse des Chinois, d'autres à la métaphysique des Druides.

Réciproquement, l'histoire a beaucoup servi à fonder la psychologie. Elle a été largement consultée, quand on a voulu dégager les grands traits généraux de l'humanité. Elle continue journellement ses bons offices. Ils consistent surtout à vérifier et à préciser les vérités psychologiques. A l'égard de celles-ci, l'histoire est pierre de touche à son tour; car la psychologie, pas plus que la philosophie des sciences physiques, pas plus que toute autre science, n'est absolument faite; tout est en voie de devenir, tout est sujet à un perpétuel travail d'accroissement ou de correction.

Les rapports de la psychologie avec l'histoire, le parti à tirer de celle-là pour celle-ci, reconnus souvent en principe par des historiens et des moralistes clairvoyants, restent pourtant déniés ou méconnus par beaucoup d'esprits.

Il y a d'abord les érudits. Quand ces érudits bornent de parti pris leur ambition à la tâche méritoire et difficile d'établir les faits, nous n'avons rien à dire; la psychologie leur est inutile. Mais ceux d'entre eux qui, sous les faits, cherchent les motifs de leurs auteurs, ont besoin de cette science. S'ils ne sont pas munis des notions générales que la psychologie renferme et que leur tâche exige, ils sont aussi mal préparés et aussi blâmables que l'érudit, voué aux faits, peut l'être quand il néglige d'apprendre une langue ou de lire des documents indispensables. Il n'y a cependant dans le monde de l'érudition que cette dernière faute qui soit sentie et qui soit reprise. On peut commettre l'autre complètement sans que personne y prenne garde.

Une méconnaissance, d'une espèce plus profonde, est propre aux historiens philosophes et aux sociologistes.

Après avoir constaté des uniformités de conduite, — telles

par exemple que la sorcellerie pratiquée chez tant de peuples, ou l'autocratie du père dans la famille, pratiquée également à Rome et en Chine, — les sociologistes ont eu à se demander s'ils avaient fini leur tâche et acquis déjà des généralisations méritant le titre de lois sociologiques. Instruits dans les sciences naturelles, ils ont compris qu'une uniformité n'est pas encore une loi, mais seulement ce qu'on nomme, en science physique, une généralisation empirique, et que celle-ci ne devient loi qu'à la condition d'être rattachée, par le lien d'effet à cause, à une vérité supérieure, qui l'explique au sens scientifique du mot, c'est-à-dire la domine, lui assigne son étendue, lui marque ses limites. — Exemple illustre : la chute des corps à la surface de la terre, généralisation empirique, passe à l'état de loi, quand on prouve qu'elle est un cas de la gravitation universelle. — Les sociologistes se sont donc demandé à quels phénomènes supérieurs il fallait rattacher les uniformités constatées en sociologie. Ils savaient que ces phénomènes supérieurs devaient se trouver dans une autre science plus générale, de même que, par exemple, la chimie et la physique contiennent les phénomènes explicatifs de la biologie. La question pour eux se posait donc en ces termes : quelle est la science antécédente qui explique les phénomènes sociologiques?

Ce problème a reçu des solutions assez différentes. Je n'écris pas une histoire détaillée de la sociologie, n'ayant besoin pour mon dessein que d'une brève esquisse. Je vais noter les principales solutions, et je le ferai non dans l'ordre de leur succession historique, mais d'après leur progrès théorique vers la fin qui me semble marquée. Je vois d'abord Vico énoncer la théorie du corso et du ricorso; et je reconnais aisément que, raisonnant par simple analogie, Vico va chercher l'explication des phénomènes sociologiques et historiques (pêle-mêle naturellement) dans une science antécédente qui est l'astronomie. Auprès de Vico, je place Saint-Simon; celui-ci en effet admet expressément une sorte de loi d'attraction régissant l'histoire, parallèlement à l'attraction constatée dans le monde physique. Cependant d'autres chercheurs ne remontent pas si haut dans l'échelle des sciences naturelles, et se tiennent plus près de l'homme. Ceux-ci produisent des suppositions, comme celle de M. Huxley, qui voit un rapport sérieux entre la constitution des sociétés humaines et les combinaisons chimiques des corps.

Emprunter à la chimie, c'est déjà mieux que d'emprunter à la physique. Mais, avant la supposition de M. Huxley, en Allemagne on était arrivé à s'adresser à une science encore plus proche, à la biologie.

Les Allemands imaginèrent que l'humanité, considérée dans son ensemble, pourrait bien se développer par la vertu d'une force intime, comparable à celle qui oblige un arbre, ou un animal, à atteindre une certaine taille, à remplir certaines formes, à réaliser son type. Une sorte de profondeur apparente a rendu cette idée chère à beaucoup de penseurs de l'autre côté du Rhin. Parmi eux Krause s'est distingué en exposant l'idée avec une ampleur supérieure. Transportée en Angleterre, la conception de Krause a trouvé, pour l'adopter, un homme de génie, Spencer, et grâce à lui elle a fait dans le monde une très belle fortune. Mais, en l'adoptant, Spencer l'a sensiblement modifiée. Ce n'est plus l'humanité entière qui ressemble essentiellement à un organisme, c'est chaque société en particulier. Sous cette nouvelle forme, l'idée a certainement plus d'apparence; mais, selon nous, elle n'a pas plus de vérité. Je caractériserai d'abord l'erreur qui en fait le fond. Cette erreur est du même genre que celle de Saint-Simon, que celle de Huxley, quoiqu'elle soit moins éloignée de la vérité d'un ou de deux degrés. M. Spencer est allé demander à la biologie les lois explicatives de l'histoire qui ne peuvent se rencontrer que dans la psychologie. Sans doute la psychologie repose sur la biologie, comme celle-ci repose sur la chimie et la physique. Mais relativement à l'histoire qu'il s'agit d'expliquer, la psychologie, science de l'homme abstrait, de l'homme général, est la science immédiate, tandis que la biologie n'est que médiate. Or c'est dans l'étage immédiatement supérieur qu'en bonne méthode, ce me semble, il faut chercher la loi des phénomènes de l'étage inférieur. A passer par-dessus la psychologie on commet un écart moins grand, je le répète, mais du même genre que lorsqu'on va s'adresser à la chimie en passant par-dessus la psychologie et la biologie, comme M. Huxley, ou à l'astronomie, en passant encore par-dessus la biologie et la physique, comme Vico.

Les sociologistes conviendront aisément, je crois, que les besoins fondamentaux de l'homme ont produit la plus grande part des phénomènes, et en outre les phénomènes les plus importants, les plus larges, qui soient dans le tissu de l'histoire universelle. Je vais examiner deux de ces besoins seulement, et montrer sous quel aspect il faut les considérer pour en tirer une valeur explicative au profit de l'histoire.

Les deux besoins en question seront le besoin alimentaire et le besoin génésique.

Qu'est-ce biologiquement que le premier? Une altération des tissus. Il est excellent de savoir cela; et c'est affaire à la biologie de nous l'apprendre, la psychologie s'y tromperait. Mais je ne vois pas que la description la plus minutieuse et la plus exacte des phénomènes biologiques serve à la sociologie et la conduise à s'expliquer une portion quelque peu notable de l'histoire. Le même besoin, psychologiquement senti, c'est la faim. Une étude détaillée de la faim est très profitable au sociologiste. Par exemple, elle lui apprend que les souffrances physiques du besoin non satisfait s'accompagnent de souffrances mentales. Ces souffrances mentales donnent au souvenir de la faim éprouvée un pouvoir de reviviscence qu'il n'aurait pas sans cela. Or la prudence pour l'avenir est en raison de la reviviscence du souvenir des souffrances à éviter. On comprend ainsi que la crainte de la faim a dû être l'aiguillon universel, journalier, sous la pointe duquel l'homme a trouvé tant d'arts, et tant d'inventions pratiques.

Il arrive assez souvent qu'une personne qui aurait, biologiquement parlant, le plus grand besoin de manger ne sent pas la faim; la conscience psychologique du besoin lui fait défaut. Cela va même à ce point qu'elle éprouve le dégoût des aliments. Elle se conduit en conséquence. De ce qui est une exception faisons une situation universelle : supposons que l'homme, ayant biologiquement besoin de manger, ait été dépourvu de la conscience psychologique de ce besoin; que serait-il arrivé? L'homme n'aurait pas vécu d'abord; mais supposez que, par un miracle quelconque, il eût subsisté, il n'aurait pas agi comme il l'a fait; il apparaît clairement que l'histoire eût été tout autre.

Passons au besoin génésique. Pour la biologie, c'est un besoin de sécrétion. Pour la psychologie, c'est la poursuite d'une émotion très courte mais très vive. Étudiez biologiquement ce besoin de sécrétion et tâchez d'en tirer une lumière quelconque pour les faits historiques, vous n'y arrivez pas. Ce que l'étude minutieuse du phénomène, vu par son aspect psychologique, peut donner à l'histoire, à la sociologie, nous le verrons plus tard, au chapitre de la multiplication.

Il advient ici également que le besoin biologique manque parfois de sa conscience psychologique. Des perturbations non seulement dans les inclinations, les goûts, mais même dans les fonctions organiques, sont, disent les médecins, produites assez souvent par le besoin génésique chez des jeunes filles qui ne s'en doutent pas. Faites la même supposition que devant : l'humanité, avec le besoin génésique réel, ne s'en doute pas. Ne croyez-vous pas que l'histoire, par là encore, serait bien changée?

Bref, les besoins agissent dans l'histoire, non comme biologiquement réels, mais comme sollicitations senties. Pour la conduite humaine, un besoin qui n'est pas senti est comme s'il n'existait pas. Il en résulte nécessairement une vérité capitale : ce ne sont pas les traits du besoin biologique qui se retrouvent dans la conduite humaine, ce sont ceux du besoin psychologique.

L'erreur de M. Spencer a eu les conséquences qu'elle devait avoir. Au lieu de découvrir les causes réelles, qui sont les bases vraies des grands groupes de phénomènes historiques, il n'a rencontré souvent que de séduisantes analogies. Des vérités importantes cependant, en assez grand nombre, se trouvent mêlées à ces analogies; mais c'est l'effet de la puissance intellectuelle du penseur, non de sa méthode; ces vérités, il est impossible précisément de les rattacher à l'idée maîtresse qui est censée les avoir produites.

Dès le xviiie siècle déjà, le vrai chemin vers les lois de l'histoire a été découvert, et même on s'y est avancé. Quand Turgot, par exemple, formulait à peu près la loi des trois états successifs de l'esprit, que Comte développa et précisa plus tard sous cette forme : état religieux, état métaphysique, état scientifique, et que Turgot considérait cette loi comme propre à expliquer une vaste portion de l'histoire, que faisait-il, sinon déclarer implicitement la vraie méthode, le recours nécessaire à la psychologie? Au reste, Montesquieu, Voltaire, Turgot, Condorcet, Comte même (qui, chose singulière, ne reconnaissait pas la psychologie), toute l'école historique française a suivi la même voie, qui est la bonne. Comparée à la philosophie allemande, la française a pourtant un air de recherche superficielle, auquel bien des gens se sont trompés. Les Allemands paraissent plus profonds, parce qu'ils sont allés chercher plus loin, trop loin, ce que les autres cherchent à la hauteur voulue.

Les phénomènes objets de l'histoire science sont sans doute conditionnés médiatement et de loin par ceux des sciences primordiales, physique, chimie, biologie. Sans ceux-là ils n'existeraient pas; mais quand on veut les expliquer, il faut passer par l'intermédiaire obligatoire de la psychologie. Les phénomènes sociologiques doivent être traduits d'abord en termes psychologiques, quitte plus tard, si on peut, à traduire les phénomènes psychologiques eux-mêmes en langage biologique. Ce processus méthodique doit être observé, je pense, avec la plus stricte rigueur.

CHAPITRE III

DE L'HOMME GÉNÉRAL DONNÉ PAR LA PSYCHOLOGIE

I

Exposition sommaire de l'homme général. Mobiles universels et constants. L'économique, le génésique, le sympathique. L'honorifique. L'artistique. Le scientifique. Définitions de ces mobiles. Leurs traits distinctifs.

Il faut voir avec quelque précision en quoi consiste cet homme général que la psychologie livre à l'histoire. Ce que nous allons tenter est, en somme, un abrégé des résultats acquis en psychologie, un extrait fait pour les besoins de l'histoire.

Toute fin poursuivie, toute visée humaine, a une cause : c'est, dans l'homme intérieur, un état psychique, auquel nous donnerons le nom de besoin. Tout ce qui sollicite intimement l'homme à agir au dehors sera donc pour nous un besoin.

Les objets vers lesquels se dirige l'activité humaine sont extrêmement divers. Compterons-nous autant de besoins que d'objets? Dirons-nous, par exemple, de l'homme qui poursuit un bison ou élève un mouton, qu'il a en lui le besoin du bison, le besoin du mouton?

Nous emploierons un terme général : nous dirons de l'homme qu'il a le besoin alimentaire. D'où nous vient cette idée? C'est que nous avons aperçu une similitude, essentielle pour nous, entre les objets si divers, viande, pain, fruits, légumes, etc., que l'homme recherche pour se les ingérer.

Les émotions quelque peu différentes, que ces divers objets procurent, ont cependant ensemble une ressemblance capitale, et diffèrent aussi capitalement d'autres émotions, de celle que donne la femme, par exemple. Ainsi, c'est bien entendu, pour connaître les besoins divers que contient la partie appétitive de la nature humaine, nous examinerons soigneusement les émotions, et autant il nous apparaîtra d'espèces tranchées d'émotions, autant nous compterons de besoins.

Une observation avant de commencer la revue des besoins. Quand un besoin est satisfait, il donne une émotion, *sui generis*, d'un caractère plus ou moins agréable; quand il n'est pas satisfait, il donne une émotion, *sui generis*, plus ou moins douloureuse. L'émotion désagréable est à consulter, aussi bien que l'émotion agréable.

Le premier des besoins nous est précisément révélé par l'émotion désagréable, dans le cas de non-satisfaction. Je veux parler de l'émotion de l'étouffement, quand on ne respire pas. Cette émotion constate le besoin de respiration.

Nous venons de signaler le besoin alimentaire. — Je note en troisième lieu le besoin génésique, évident comme les deux premiers. Nos jambes, nos bras, et chacun de nos sens ont des besoins d'activité, qui se font sentir beaucoup plus sourdement, mais qui existent cependant d'une façon incontestable. Nous les réunirons sous une même étiquette : besoin d'exercice. Notre peau elle-même a son besoin, celui d'un certain degré de chaleur et de sécheresse. Voilà le groupe des besoins corporels.

L'homme y pourvoit par des actes infiniment variés, mais auxquels nous pouvons donner une même rubrique. Il est licite et il est commode de dire que l'homme pourvoit à ses besoins corporels par *l'industrie*.

Je trouve de même utilité à réunir, sous un seul nom, d'une part les sollicitations venant des besoins corporels, sauf un, et d'autre part les actes industriels qui y répondent; j'appellerai cet immense groupe, qui a un caractère net et tranché, du nom de l'*économique*.

J'ai dit sauf un : le besoin que j'ai voulu réserver est le besoin génésique, parce qu'il sollicite de l'homme une activité qui a un caractère très différent de ce que nous avons appelé l'industrie. — Ce besoin corporel si spécial, avec l'activité qu'il suscite, formera pour nous le groupe du *génésique*.

Les naturalistes ont dit de l'homme qu'il était un animal grégaire. Nous dirons, si vous voulez bien, que l'homme a besoin de voir autour de lui des semblables. La solitude lui est généralement en horreur. Il faut analyser ce grand besoin, qui contient en effet la recherche d'émotions assez différentes. L'assistance, la coopération du semblable est recherchée par l'homme comme une utilité, et même comme une nécessité indispensable. Je fais observer que le besoin du semblable pour cet objet précis est de la coopération industrielle et appartient à l'économique. Mais l'homme n'a pas seulement besoin de l'assistance du semblable, il a besoin de sa présence en tant qu'objet d'affections. L'homme aime aimer. Il veut voir ses émotions personnelles partagées autour de lui par d'autres hommes, il veut participer aux émotions des autres. L'exercice actif et passif de la faculté si connue sous le nom de *sympathie*, lui est nécessaire. Mais il aime aussi à haïr et jusqu'à un certain point il a besoin de se sentir en antipathie et en lutte. Le spectacle de l'histoire, celui de la vie privée fournissent malheureusement à cet égard des indications trop probantes. Tout ce qui a rapport à ce nouvel ordre, nous l'appellerons le *sympathique*.

Un genre d'émotion apparenté au précédent, mais cependant bien distinct, se présente ici : l'homme recherche, et même passionnément, chez son semblable, une sorte de réflexion de lui-même; il tient absolument à l'estime d'autrui; et il craint l'effet contraire : le mépris du semblable lui est très dur, souvent même insupportable. Pour éviter l'un, pour obtenir l'autre, l'homme fait beaucoup de choses, et des choses très difficiles. Appelons cet ordre de relations l'*honorifique*.

Il semble que les autres besoins que l'homme manifeste dans ses relations avec ses semblables, soient simplement des combinaisons de ceux que nous venons de voir; par exemple, l'amour du pouvoir, dont Bain fait un mobile spécial, semble composé d'intérêt économique, d'amour de l'honneur, de sollicitude sympathique, dans des proportions qui varient selon l'individu.

Il y a des heures, après un bon repas par exemple, où l'on se sent vivre avec intensité : il en résulte une certaine espèce de joie orgueilleuse, parfois un peu brutale. Quelques hommes éprouvent alors un vif plaisir à franchir un fossé, à dompter un animal, à détruire un objet, ce qui atteste leur empire sur la nature : appelons ceci la conscience organique. Une curiosité particulière vient souvent se joindre à ce genre d'émotion. L'individu se compare à lui-même dans deux époques différentes de sa vie, et c'est une première forme du sentiment, si agréable, si puissant, du progrès personnel. Puis il se compare aux autres et il se forme de lui-même une idée qui le réjouit, si elle est avantageuse.

Mais les autres hommes ont sur lui leur opinion; or, quand l'opinion extérieure contrarie l'opinion intime, il en résulte une impression douloureuse; quelques hommes acceptent ce mécompte avec patience; la plupart en sont révoltés.

Maintenir le contentement de soi contre le blâme d'autrui est ce qu'on nomme orgueil. On nomme encore ainsi le contentement de soi quand il ne prend pas soin de se cacher, ou qu'il se manifeste trop; et ce trop, au gré du public, est bien près de la manifestation admise.

On voit en résumé que le contentement de soi est un effet

composé. Il contient une sensation intime, sorte de résultante de la vie physique; et un élément intellectuel, une réflexion sur soi, avec observation comparative des autres.

Tous les jours de sa vie et presque à chaque instant, l'homme consulte, après coup ou préventivement, l'opinion d'autrui; il cherche à savoir l'impression des actes faits ou à prévoir celle des actes à faire. Il se forme donc à chaque instant une conception du public et la porte constamment en soi. C'est là ce que les moralistes nomment la conscience : tribunal imaginaire devant qui l'homme à tout moment plaide sa cause. S'il n'obtient pas toujours son acquittement, c'est qu'il ne construit pas son juge à sa fantaisie. Les idées objectives sont involontaires; la réalité environnante donne au juge des traits que l'imagination est tenue de subir. Souvent ces traits rappellent, en partie, une personne dont l'estime est plus précieuse ou le blâme plus redouté.

Il faut expliquer un phénomène contraire, en apparence, à ceux que nous venons de décrire. On a vu dans l'histoire, on voit dans la vie présente des hommes, seuls de leur opinion, contrecarrer le sentiment public, accepter la haine, le mépris, parfois les châtiments, la mort même. Ceux-ci seraient-ils par hasard dépourvus de l'un des mobiles fondamentaux?

Paradoxal à première vue, ce type exceptionnel peut s'expliquer. Il faut d'abord admettre chez lui une conscience organique très forte, qui le dispose mal à se soumettre. Si on aime à être en accord et en sympathie, on aime aussi à être en antipathie, en lutte. Celui qui se sent du courage est tenté des aventures qui mettront cette qualité en relief. Être persécuté, cela distingue; un traitement singulier, fût-il très dur, plaît plus à certaines natures que l'estime commune qu'on partage avec tous les conformistes.

L'opinion publique a contre elle de se montrer souvent inconstante ou divergente sur un même fait : où l'un loue, l'autre blâme; la foule blâme aujourd'hui ce qu'elle a loué hier. L'esprit le plus ordinaire aperçoit déjà cette versatilité;

mais l'inconstance de l'opinion apparaît encore mieux à l'homme exceptionnel, à proportion de l'étendue de son regard. Sa conscience individuelle en triomphe; il dédaigne le milieu environnant, ne croit plus qu'à soi.

D'ailleurs l'espoir n'est jamais absent d'un accord final où l'opinion vaincue se conformera elle-même à la conscience individuelle. Il n'y a pas de prophète, pas de novateur, qui n'essaye d'abord de recruter des disciples et de faire secte. S'il échoue dans le présent, l'avenir lui reste; sur ce terrain où l'expérience ne peut venir le désabuser, il est invincible; il se voit tant qu'il veut entouré d'une multitude de témoins, qui lui vouent une estime d'autant plus fervente qu'il est actuellement plus bafoué.

Y a-t-il jamais eu un seul homme qui ait accepté la haine et le mépris de ses contemporains, avec l'idée que la postérité, sans exception, lui en réservait autant? La question en fait est insoluble, mais, psychologiquement parlant, l'affirmative paraît bien insoutenable [1].

En somme, la conscience réalise ici une sorte de conciliation avec l'opinion, son antagoniste ordinaire, par la construction d'une opinion idéale. Ce phénomène joue dans l'histoire un rôle immense. L'admiration d'un public, qui n'existait qu'à l'état de projection dans l'avenir, a été le soutien de tous les novateurs, des hommes qui, après tout, ont empêché l'histoire d'être stagnante et l'ont faite évolutive.

Ce grand sujet, en dépit de quelques apparences contraires, appartient encore à l'*honorifique*.

L'homme aime tant à se sentir vivre, il a une telle soif d'émotion, que la vie réelle ne lui suffit pas. Cette source étant trop pauvre à son gré, il se crée en sus une existence imaginaire; ou plutôt il renouvelle par des fictions sa vie réelle; il la mime, il la joue; il la chante, la raconte, non sans l'embellir et l'amplifier. Le sauvage, qui se bat si sou-

---

[1]. Il est à remarquer que les témoins futurs ressemblent toujours aux hommes de quelque période du passé ou de quelque nation étrangère.

vent, danse des combats feints; de même qu'il danse l'amour, la satisfaction génésique. Le civilisé va revoir au théâtre ses actions, ses mœurs, ses institutions, toutes les rencontres réelles mêlées à d'autres qui ne le sont pas. Ce sera là pour nous l'*artistique*, qui pourrait s'appeler le sympathique imaginaire.

Nous arrivons enfin à un besoin qui est primitivement d'une grande faiblesse, mais augmente dans le cours du temps. L'homme ne pare à ses besoins, il n'obtient de vivre qu'à condition de faire à chaque instant des opérations intellectuelles, comme reconnaître les objets similaires, discerner les différents, se souvenir et prévoir; c'est à cela que tout revient. L'appareil cérébral, organe de ces opérations, a comme les autres appareils une certaine spontanéité qui sollicite l'homme par le plaisir de l'exercice même. Voir un objet nouveau, découvrir que deux objets en apparence similaires sont différents, que des objets différents se ressemblent, ramener sur le passé son esprit ou le projeter dans l'avenir, tout cela cherché pour soi, en dehors des nécessités de l'existence, constitue un mobile faible, vacillant, incontestable cependant, qu'on pourrait nommer la curiosité, mais qu'à raison de ses résultats j'appellerai le *scientifique*.

Je dois, en terminant cette revue, ajouter deux observations importantes. Ces besoins divers se fondent dans une sorte de résultante, qui est l'amour de l'émotion, absolument identique à ce qu'on nomme l'amour de la vie. L'horreur de la mort est l'horreur de ne plus rien sentir. D'autre part, c'est la loi de toute émotion, de *baisser en vivacité* à mesure de sa durée ou de sa répétition, jusqu'à ne plus être *sentie*, loi que Bain a nommée la relativité. Il en résulte pour l'homme, qui veut toujours sentir la vie et la sentir le plus possible, un dernier besoin qui plane sur tous les autres : le besoin du changement. Celui-ci a eu trop de jeu dans l'histoire pour être omis.

II

L'homme, sollicité par ces divers mobiles, poursuit ses fins à travers un milieu naturel et un milieu social, qui lui offrent à la fois assistance et résistance. Les circonstances du milieu conseillent une certaine conduite et en déconseillent d'autres. Ces circonstances étant perçues par l'intelligence, il faut connaître les principaux traits de celle-ci. Loi de l'association des idées. Tendance constante à l'association. La simultanéité psychique.

Sous l'ascendant d'une de ces visées, l'homme se dirige vers un but, à travers un milieu naturel, qui détient à la fois les ressources et les obstacles; à travers un milieu social, qui de même offre assistance et résistance à la fois. Les formes de résistance et d'assistance, nous les appellerons du nom général de *circonstance*.

La circonstance suggère une conduite, en décourage d'autres. Voici par exemple la visée alimentaire qui dirige l'homme vers un objet alibile quelconque. Si je la considère dans les prairies de l'Amérique du Nord, une circonstance particulière se présente : l'objet alibile visé ici est le bison. Les mesures à prendre, les armes à employer, les dangers à courir par suite des mœurs du bison, conseilleront une conduite tout autre que ne ferait la chasse au kangurou dans les forêts australiennes, ou la récolte des coquillages sur les récifs de l'Océanie. La circonstance n'agit qu'à la condition d'être d'abord un objet perçu par l'intelligence : par exemple, le bison et ses mœurs, dont je viens de parler. C'est par l'intermédiaire de l'intelligence que la circonstance suscite des vouloirs, indique une conduite. Distinguant donc, comme nous le devons, les facultés intellectuelles de perception et de raisonnement, des forces sollicitantes, bref l'intelligence de la volonté, nous dirons que l'intermédiaire de l'intelligence est une condition universelle et inéluctable.

Nous sommes donc tenus à consulter la psychologie sur les traits fondamentaux qui constituent la partie intellectuelle de notre nature. Cette science nous livre une grande loi parfaitement établie, et connue sous le nom d'*association des idées*.

L'idée d'un objet quelconque a le pouvoir d'attirer, de susciter autour de soi d'autres idées secondaires (j'entends quant au moment de leur production).

Lorsqu'une idée appelle dans notre esprit une autre idée, c'est que la seconde idée remplit l'une ou l'autre des trois conditions suivantes : 1° L'objet réel de l'idée seconde s'est offert une fois au moins dans la vie à côté de l'objet de l'idée première. Ainsi l'image d'une maison tire après elle l'image de la maison contiguë. La visite que j'ai reçue hier à deux heures, me revenant à l'esprit, appelle le souvenir de la lecture que j'ai faite aussitôt après. C'est ici la contiguïté réelle des objets, dans le temps ou dans l'espace, qui fait que leurs idées s'associent. 2° L'objet de la seconde idée présente quelque ressemblance avec l'objet de la première. Le portrait d'une personne suscite en mon esprit le visage d'une autre personne, que je n'ai jamais vue auprès de la première, mais qui lui ressemble. Le lien qui tire la seconde idée après la première est cette fois une similitude intrinsèque des objets. 3° J'ai un sujet présent de chagrin. Si je me livre à la rêverie, d'autres ennuis passés, quoique différents dans leur cause, me reviennent à la file. Suis-je en colère contre une personne pour un motif récent, tous les autres motifs de colère que cette personne a pu me donner, renaissent. Dans un moment de belle humeur qui a une cause actuelle, j'assemble d'autres raisons d'être gai. En ce dernier cas, les objets peuvent n'avoir aucun lien de voisinage extérieur, ni aucune similitude, c'est un sentiment qui les réunit; les souvenirs évoqués sont tous aptes à susciter, à nourrir le même genre de sentiment.

Le trait important à retenir, c'est la tendance constante de l'esprit à l'association des idées. Par elle, toute visée en voie d'exécution court la chance presque certaine d'un compagnonnage : une autre, plusieurs autres visées, se dessinent dans la volonté, auprès de la première. Elles viennent tantôt pour assister, tantôt pour contrarier et combattre. A. rencontre B., une jeune fille très belle ; il désire passionnément l'épouser, voilà la visée première ; mais ce dessein met en jeu des idées d'ordre économique et honorifique. Supposons que A. soit un seigneur vivant à la cour de Louis XIV et B. une grisette ; il y aura un rude conflit entre les visées. Si au contraire B. est une dame d'un rang supérieur, il y aura un concert qui portera au plus haut point la sollicitation première.

Souvent toutes les passions dont l'homme est capable s'éveillent autour de la visée originelle et entrent en jeu ; il est rare, en tout cas, qu'une idée règne seule. Pas de vérité que l'historien ait plus besoin de savoir que celle-ci : quoi que l'homme fasse, si spéciale que soit sa besogne du moment, son être moral est là, toujours prêt à vibrer d'un bout à l'autre, au gré des circonstances extérieures et de l'association des idées. Quand un point de l'homme agit, tout le reste est dès lors en instance d'activité. Ayons toujours présent ce phénomène, — qu'on pourrait nommer la simultanéité psychique.

CHAPITRE IV

L'URGENCE

Les besoins généraux considérés comme pouvoirs de sollicitation. Théorie de l'urgence, inconnue aux historiens. Revue des besoins, et caractéristique de chacun d'eux au point de vue de l'urgence.

Les besoins fondamentaux nous poussent du dedans ; mais on peut sans inconvénient se les représenter comme des forces extérieures qui nous tirent et nous mènent. Ces forces permanentes constituent les causes primordiales de l'histoire. Les voies où elles nous poussent divergent nécessairement, et par suite souvent se croisent. Autrement dit les besoins, par cela même qu'ils diffèrent dans leurs objets, tendent à se contrarier. Il importe donc de savoir si ces forces sont égales, ou si elles ne présentent pas quelque inégalité naturelle en tant que pouvoir de nous solliciter.

On peut constater d'abord que tel besoin se fait sentir à intervalles plus courts que tel autre, le besoin de manger par exemple comparé au besoin génésique. Une observation encore plus frappante, c'est que tel besoin non satisfait inflige plus de souffrance que tel autre ; l'alimentaire a encore cette supériorité sur le génésique ; il a donc plus d'*urgence* au sens primitif du mot. Mettons à côté l'un de l'autre le besoin alimentaire et celui de posséder des objets artistiques, et la différence, au point de vue de l'urgence, devient éclatante.

L'idée de l'urgence différente des besoins humains est familière au biologiste, mais jusqu'ici l'historien n'a pas pensé qu'une vérité si matérielle le regardât. Faisons cependant une hypothèse; elle paraîtra singulière au premier abord, mais, si je ne me trompe, elle avertira notre esprit du rôle que l'urgence pourrait bien avoir joué dans l'histoire. Le premier en urgence de tous nos besoins est celui de respirer : à chaque minute, il revient; et, non satisfait, en cinq minutes il tue son homme; heureusement, l'air abonde et l'on n'a que la peine d'ouvrir la bouche. Il a été jusqu'ici impossible de s'approprier l'air et d'en trafiquer. Supposons le contraire : des hommes ont réussi à s'enrichir d'air; d'autres, en plus grand nombre, sont demeurés pauvres d'air. S'il est quelque chose d'avéré, c'est la dépendance de celui qui n'a pas de provisions à l'égard de celui qui détient les provisions. Il est également sûr que la crainte de mourir de faim a été un terrible stimulant; on lui doit tous les travaux pénibles, répugnants, dangereux. Cependant qu'est-ce que la faim, qu'on peut tromper pendant des jours, auprès du besoin de respirer qu'il faut satisfaire instantanément sous peine d'une mort horrible, l'étouffement? La dépendance du pauvre d'air à l'égard du riche eût été cent fois plus grande à tout le moins; la stimulation au travail cent fois plus vive. Quel déploiement d'énergie! Quelle rapidité d'action! Quel entraînement dans toutes les voies, mais aussi quelle intensité formidable dans tous les sentiments humains! Quelle jalousie, quelle haine du pauvre au riche! Quelles révoltes de l'indigence contre la mort imminente, que de meurtres, quelles luttes sociales, et enfin combien plus atroce et plus sombre le caractère humain, formé dans ces conditions! Félicitons-nous : l'humanité respire gratuitement, avec une aisance dont elle ne se doute même pas.

Qui veut prévoir le rôle historique d'un besoin doit consulter d'abord son degré d'urgence, mais ne doit pas se borner là. Une autre cause influe sur l'énergie du besoin, à un moment donné : c'est la satisfaction qu'il a reçue antérieurement. Tout besoin devient plus fort par sa satisfaction habituelle. Ce phénomène est un effet des lois mentales, l'une des formes de l'ascendant de l'intelligence sur le moral. Une représentation précise, détaillée, de l'objet apte à satisfaire, un souvenir net des plaisirs qui ont accompagné la satisfaction passée, apportent un appoint grave à la force sollicitante. Le besoin de chaleur existe certes en tous les hommes; cependant chez les Fuégiens, qui vivent dans un climat horrible, les voyageurs ont vu des femmes insensibles, en apparence, au givre s'amassant sur leur sein nu. Le manque d'objet apte à les couvrir, l'impossibilité de parer à ce besoin, avaient visiblement produit une sorte d'hébétude. Donnez à ces femmes un vêtement chaud, l'idée d'un objet et la sensation d'un bien-être spécial entrent dans leur mémoire. Que l'objet vienne à manquer de nouveau, le besoin sera bien autrement senti. Les souvenirs, passant d'arrière en avant, se mettront en perspective, et ces femmes ne seront plus si résignées.

Gardons l'exemple, en modifiant quelques circonstances. Les femmes fuégiennes savent que les vêtements n'existent pour elles que sur les vaisseaux européens. Sont-ils partis ces vaisseaux, où sont-ils encore à l'ancre? N'est-il pas clair que le besoin aura moins d'intensité dans le premier cas que dans le second, où ces femmes, des yeux de l'imagination, voient à portée les vêtements qui réchauffent? Généralisant ce résultat, nous dirons : l'intensité du désir croît à proportion que son objet est proche.

L'énergie du besoin est donc en raison combinée de son urgence naturelle, de sa satisfaction passée, de sa satisfaction en perspective.

Nous pouvons maintenant passer la revue des visées humaines, comparées entre elles comme forces sollicitantes.

Aujourd'hui, comme il y a dix mille ans, en Chine comme en France, l'homme est tenu de manger deux ou trois fois par jour. L'air le dévore sans cesse; il faut qu'il se répare, se refasse, ou il sent que la vie décroît et s'en va; aussi, avant tout, il veut manger. Quand son repas est fait, il faut qu'il entrevoie encore le suivant. Quand il se croit certain d'une suite de repas, alors seulement il songe à des satisfactions d'un autre ordre.

Il avise à contenter un besoin qui, dans la plupart des climats, a beaucoup d'urgence : celui de se couvrir d'un toit, d'un vêtement. Le soleil, la pluie, le vent, les mouches rendent cette double satisfaction à peu près indispensable. De ces besoins corporels et de l'industrie qui y pourvoit, nous avons, je le rappelle, déjà fait un groupe sous ce nom : l'*économique*. De par la constitution physique, l'économique, dirons-nous maintenant, précède dans l'homme individuel les autres activités; elle les domine, non pas en une saison de la vie, mais en toutes, et tous les jours. C'est seulement quand l'économique a fait son œuvre que les autres désirs se déploient, et selon que l'économique a atteint son but avec plus ou moins d'effort, il reste plus ou moins de temps, de volonté, disponibles pour tout le reste.

La pression que le désir d'estime et la crainte du mépris exercent sur la volonté, a une vivacité, une force qu'un biologiste ne devinerait pas. La psychologie elle-même n'a à cet égard que des révélations insuffisantes. La coaction de cette force, en son vrai degré, ne nous est découverte que par l'expérience historique. Ce n'est pas le moment de traiter ce sujet avec ampleur; je me contenterai ici de quelques mots. Le besoin honorifique se présente à nous historiquement, comme de taille à lutter avec les besoins les plus énergiques, y compris celui qui résulte de tous, l'amour de la vie. Mais une observation importante doit être faite, en manière de juste compensation. Ce mobile varie beaucoup dans sa force, selon les individus; et pour un même individu, selon les circonstances; en un mot, il est très relatif.

Considéré isolément, en dehors de toute alliance, le besoin

génésique peut être caractérisé en quelques mots; il sollicite vivement, mais par intermittence. L'objet de sa visée est simple, invariable; la conduite qu'il suggère l'est également. En raison de ces caractères, il ne peut introduire dans l'histoire une diversité considérable. Enfin il présente un trait particulier. On ne trompe pas la faim; on peut tromper, éluder le génésique dans son objet naturel.

Par ménagement pour nos pudeurs modernes, je me bornerai à cette indication. Sans ce trait, l'insignifiance de son rôle eût été moindre; l'histoire présenterait encore plus de drames; certaines institutions n'auraient pas eu lieu, ou n'auraient pas duré.

C'en est assez sur ce sujet délicat. J'en ai parlé seulement pour montrer comment les traits fondamentaux de notre nature ont leur projection dans l'histoire. Si on les modifie par supposition imaginaire, — cela ne se peut autrement, — l'histoire apparaît tout autre à l'esprit qui sait induire.

La sympathie est visiblement affectée, comme mobile, d'un caractère d'inconstance et d'instabilité. Dans une même personne et pour une même personne, on la voit grandir, s'éteindre ou se changer en antipathie, et tout cela parfois en fort peu de temps. Si ce mobile est instable, c'est que les autres sont forts contre lui; l'intérêt économique, l'honorifique l'abattent aisément; sauf de rares exceptions, la sympathie ne résiste pas à la contrariété des autres mobiles, leur neutralité est indispensable à sa durée.

La famille est le théâtre naturel, le lieu privilégié de la sympathie; elle s'y déploie avec une constance, une énergie exceptionnelle, parce que la famille renferme l'affection la plus vive que l'être humain puisse éprouver pour ses semblables. Si on veut connaître la sympathie comme force, c'est donc dans la famille qu'il faut prendre sa mesure. Sur ce terrain avantageux, ses défaites sont pourtant nombreuses et éclatantes. C'est d'abord et surtout l'intérêt économique qui est son vainqueur. Partout où l'homme ne répugne pas à se nourrir de son semblable, l'enfant est souvent mangé par ses parents. Il est souvent tué pour les dégâts qu'il a commis; tué encore par économie, ou exposé ou volontairement perdu. Il est vendu, troqué, non seulement contre des objets de première nécessité, mais contre des excitants, alcool, tabac, etc., ou des objets de parure. — Jusqu'ici, il ne s'agit que de peuplades sauvages; mais voici qui est plus convaincant : les Grecs, les Romains, les Chinois, bien d'autres peuples encore, ont conservé jusque dans un état de civilisation avancé la coutume d'exposer ou de vendre l'enfant nouveau-né. Cette barbarie tombait principalement sur les filles. Celles qu'on conservait étaient d'ailleurs traitées avec une insensibilité évidente : mariées toujours sans être consultées; exhérédées absolument ou moyennant une maigre dot.

Si la sympathie avait agi avec force, la conduite parentielle eût été exactement contraire : la fille, comme plus faible, aurait obtenu des avantages sur le garçon; mais la fille se mariait, elle quittait la maison paternelle : l'intérêt économique décida qu'on lui donnerait le moins possible des biens familiaux.

L'enfant mâle lui-même, en Chine, à Rome, en Grèce et en bien d'autres pays, a été pour le père bien moins un objet d'affection que d'intérêt économique ou honorifique. Il semble être purement le successeur aux biens, au nom, et le pourvoyeur des sacrifices funéraires. Longtemps le père a droit de tuer le fils, ou au moins de le maltraiter capricieusement; bien plus longtemps il a le droit de le faire travailler sans être tenu à lui assurer, par une compensation équitable, son héritage. L'exploitation du fils par le père s'est prolongée, chez nous Français, et n'a complètement disparu qu'en 1789.

La situation de la femme, de la mère, appellerait des observations analogues. C'en est assez dire pour notre objet; nous verrons plus tard qu'en somme la famille a été longuement gouvernée, dans ses mœurs, par la solidarité économique ou honorifique, bien plus que par les affections.

Je ne crois pas avoir à prouver ici que le besoin artistique est très faible, par comparaison avec les précédents, et que le besoin scientifique est plus faible encore. En tout cas, la démonstration de cette vérité viendra mieux à sa place dans les chapitres qui traitent de l'évolution artistique et scientifique; elle y est obligatoire, et j'y renvoie le lecteur pour éviter des répétitions.

CHAPITRE V

LES MÉTHODES DE L'HISTOIRE

Pour se servir de l'homme général, et appliquer les données de la psychologie à l'histoire, il faut admettre et comprendre la méthode déductive. Le fondement de cette méthode est la certitude que l'homme général constitue un ensemble de causes indéfectibles qui ont produit des effets indubitables dans leur existence, incertains quant à leur forme. Ces effets sont donc à retrouver. La première phase du travail consiste à former des hypothèses qui doivent être vérifiées. Théorie de l'hypothèse et de sa légitimité. Quelques hypothèses à titre d'essai et d'exemple. La méthode d'induction est, quoique difficile, applicable en histoire, mais à la condition de recourir en fin de compte à la déduction.

Nous voici arrivés au point où il convient de traiter la question de méthode. Les mobiles perpétuels de l'homme, les procédés constants de son intelligence sont les causes primordiales de l'histoire. L'homme général possède dans l'histoire une omniprésence. Il n'est cependant pas, nous l'avons dit, l'objet propre de cette science, puisqu'elle le reçoit de la psychologie. L'objet propre de l'histoire science, c'est l'homme d'une époque et d'un lieu, l'homme temporaire, qu'on pourrait par suite appeler l'homme historique, — tandis que l'homme individuel est dévolu à l'érudition, à l'histoire narrative ou, si l'on veut encore, accidentelle.

Mais l'homme historique n'est au fond que l'homme général façonné dans ses mobiles et dans son intelligence par une combinaison de circonstances particulières à l'époque considérée. Et à supposer qu'il soit quelque chose de plus (nous débattrons ce sujet bientôt), il est cela avant tout.

Les historiens admettraient volontiers notre proposition en n'écoutant que la logique ; ce qui les dissuade, c'est qu'ils sont fort empêchés d'apercevoir dans les réalités historiques la présence et le jeu de l'homme général.

Se servir de l'homme général, appliquer à l'histoire les données de la psychologie, n'est pas en effet chose si aisée.

La psychologie se prête à un double usage : on peut aller d'elle à l'histoire, ou revenir de l'histoire à elle ; pratiquer la méthode inductive et ascendante ou la méthode déductive et descendante. Expliquons-nous d'abord sur celle-ci.

Des causes qui nous sont livrées par la psychologie, nous savons avec certitude une chose importante : c'est qu'elles ont agi toujours et partout, puisque ce sont des forces psychiques auxquelles nul homme n'échappe.

Mais la difficulté est de démêler ces effets, d'ailleurs indubitables.

Nous connaissons en gros le genre d'effets qu'il appartient à chaque force de produire, c'est-à-dire le genre d'émotions qu'elle nous fait poursuivre, le genre d'émotions qu'elle nous porte à éviter. Il n'est personne qui ne puisse dire à peu près ce que, par exemple, le besoin d'estime ou d'honorifique nous pousse à chercher, ce qu'il nous fait craindre et les démarches qu'il nous impose. Mais cette notion générale reste stérile, sans application concevable à l'histoire, si on n'y ajoute un travail d'esprit assez ardu. Pour montrer de quelle nature est ce travail, le meilleur moyen, je crois, est de présenter un essai.

Parmi les mobiles, je choisis d'abord, comme objet de mon étude, l'économique. Il y a de lui, dans toute l'histoire, des effets tellement évidents, qu'ils se font reconnaître sans effort.

Il est trop clair que la création des diverses industries humaines est due, au moins principalement, aux besoins économiques. Si je m'arrête là, il n'y a pas de véritable travail. Mais la réflexion me porte à croire que l'économique peut avoir eu des effets moins apparents. J'examine avec soin, je parcours, pour ainsi dire, tous les caractères de ce mobile. Entre ces caractères, mon regard se fixe particulièrement sur celui qu'il a d'être, je le rappelle au lecteur, le plus urgent de tous les mobiles, et, la logique déductive aidant, j'en viens à penser que si chaque homme s'occupe d'abord de satisfaire au besoin économique, cette primauté doit avoir eu sa manifestation, sa traduction si l'on veut, en phénomènes historiques. C'est une hypothèse qui me vient. Le premier apport de la méthode déductive est donc la conception d'une hypothèse; et j'ajoute tout de suite que cette hypothèse apporte avec elle le devoir rigoureux d'une vérification par les faits.

Justifions l'emploi de l'hypothèse. L'histoire, c'est chose rebattue, ne se prête pas à l'expérience, au sens scientifique du mot. A son égard, le seul procédé possible est l'observation. Il faut s'entendre sur ce mot. On s'imagine assez généralement que l'observation consiste à tenir les yeux fixés sur les flots infinis des phénomènes qui passent, et à attendre qu'en passant les phénomènes vous jettent une de ces idées qui sont la révélation de leurs aspects généraux. Mais l'infinie diversité des phénomènes n'envoie qu'incertitude et doute à l'esprit vide de toute conception. Observer, c'est précisément ne pas regarder tout d'un œil vaguement attentif et expectant. C'est concentrer sa vue sur certaines régions ou certains aspects en vertu d'un principe d'élimination et de choix, indispensable devant l'énorme multiplicité des phénomènes. Une hypothèse formée, un projet préconçu de vérification, fournissent seuls ce principe, qui circonscrit la vue, ouvre l'attention dans un sens spécial, et la ferme dans tout autre. S'il est évident qu'une hypothèse demande à être vérifiée, il est aussi certain, quoique moins évident, que l'observation demande au préalable la conception d'une hypothèse.

Si l'hypothèse a été formée avec justesse, à la longue tout ira bien; la vérification arrivera. Si c'est le contraire, il faut former une seconde hypothèse, puis une troisième, ainsi de suite, jusqu'à ce qu'on tombe juste. Il n'y a pas d'autre moyen. Le tout est de savoir qu'on fait des hypothèses qui restent telles jusqu'à la vérification.

Les personnes qui ne connaissent pas les sciences physiques croient que ces sciences rejettent avec sévérité l'emploi de toute hypothèse. Il n'y a pas d'erreur plus profonde. L'hypothèse préalable est le guide de l'observation physique, guide accepté à titre provisoire et qu'on casse dès qu'il devient suspect, mais pour en prendre toujours un autre. Nous n'alléguerons ici qu'un exemple : il suffira, je pense. Si Newton n'avait pas conçu d'abord l'hypothèse de la chute de la lune vers la terre, nous n'aurions pas la théorie de l'attraction. L'observation, au sens vulgaire, ne lui aurait pas fait voir une chute dans les mouvements apparents de la lune et des autres satellites du soleil.

Ceci dit, je reviens à mon sujet particulier.

Un premier regard jeté sur l'histoire donne une sorte de démenti à notre hypothèse. Je vois d'assez bonne heure des classes d'hommes qui, exempts de tout travail physique, semblent échapper à la loi du besoin urgent. Mais un examen plus attentif me révèle la vérité : si ces hommes paraissent libres du souci économique, c'est que d'autres hommes l'ont assumé pour eux; d'autres hommes les entretiennent de leur labeur. Pour que ces classes oisives puissent exister, il faut que d'autres classes soient en mesure de suffire d'abord à leur besoin économique propre, et secondement à celui des classes oisives. Le peuple total, composé de deux classes, peut être considéré comme un seul individu, qui, après avoir satisfait au besoin urgent, possède un excédent applicable à des besoins plus relevés. J'aperçois donc que la loi d'urgence n'est nullement suspendue, mais que dans l'histoire sa contrainte change d'apparence. Elle n'a plus la forme d'un ordre inévitable donné à tout individu. Elle a celui d'un ordre donné à une collectivité, considérée comme un tout; sous cet aspect, le caractère inéluctable de l'ordre apparaît de nouveau. Je vois enfin qu'aucun peuple ne peut posséder une classe oisive, livrée exclusivement à la guerre ou à la spéculation religieuse, ou philosophique, ou scientifique, qu'à la condition d'avoir atteint un certain degré d'aisance nationale. Autrement dit, la création de la richesse, portée à un certain point, précède nécessairement une culture intellectuelle quelconque. On pourrait appeler cette nécessité, la loi de l'antécédence économique.

Et ici je me souviens d'une formule que les économistes énoncent très souvent, et qui est considérée par eux comme incontestable : la quantité de richesse amassée, ou de capital, qui existe dans une société, commandite le travail; autrement dit, elle décide de la quantité de travail qui sera fait. Le capital social commanditant également le travail intellectuel, spéculation religieuse ou philosophique, recherche artistique ou scientifique, je reconnais que l'histoire me présente en somme une application et une extension de la formule en usage parmi les économistes.

L'existence des classes oisives, entretenues par le reste du corps social, me remémore une autre idée des économistes, qui appartient au chapitre de la répartition des richesses. Étant donnée une société d'une richesse médiocre, cette société peut cependant entretenir, même avec luxe, une classe oisive, si elle fait une répartition très inégale, attribuant beaucoup à la haute classe, très peu au travailleur. Il m'apparaît que c'est précisément les cas de toutes ces civilisations primitives : l'Assyrie ancienne, l'Égypte ancienne, le Mexique avant Colomb. L'influence de la répartition se montre donc ici avec un pouvoir d'opposition à l'égard de la loi d'urgence. La répartition, faite d'une certaine manière, donne entrée à des phénomènes historiques qui n'auraient pas eu lieu si les lois qui règlent la création de la richesse avaient agi seules;

elle suscite des civilisations hâtives, des institutions qu'on peut dire prématurées, eu égard à la richesse générale.

La répartition contrarie donc et limite jusqu'à un certain point la loi de l'antécédence économique, mais ne la détruit pas.

Il m'est impossible d'admettre, fût-ce un instant, que l'urgence supérieure du besoin économique ou l'antécédence économique, suivant mon expression de tout à l'heure, se soit répercutée dans l'histoire uniquement sous les formes que je viens de supposer; elle a dû s'y traduire au contraire par des effets de toute sorte. Une seconde hypothèse — avec laquelle je ne compte pas non plus épuiser le sujet — se présente à mon esprit.

Lorsque l'industrie humaine en progrès trouve pour satisfaire l'un de nos désirs économiques un nouveau moyen, il se peut que cette nouveauté soit en contrariété avec quelque institution non économique. Alors, d'après la supériorité admise de l'économique, un effet doit se produire, sinon constamment, au moins presque toujours : il doit arriver que l'homme ne renonce pas à la nouveauté économique, mais modifie l'institution non économique, c'est-à-dire que celle-ci paye les frais de l'accord.

Nous avons ce spectacle sous les yeux : tout ce qui ne s'arrange pas avec la locomotion à vapeur est en train de disparaître ou d'affecter une autre forme. Il est probable que les faits similaires abondent en histoire.

Inversement, supposons que, dans quelque institution non économique, une forme nouvelle se produise, et que cette forme soit incompatible avec les habitudes économiques du temps : j'imagine que l'innovation non économique ne sera acceptée qu'avec des restrictions qui la rendent supportable à l'économique.

Je crois apercevoir dans l'histoire des faits qui vérifient assez bien notre hypothèse.

On est disposé généralement à donner à l'économique une

rivale qui, de l'avis de bien des gens, lui serait même supérieure en force : c'est la religion. Parmi les formes religieuses, aucune n'a été plus générale, plus ancienne, plus aimée et révérée, partant plus puissante, que le culte des morts. Croyance que le mort continue à vivre, et qu'il a par suite les mêmes besoins que durant sa vie, et notamment les mêmes besoins alimentaires; telle est cette religion à l'origine. Logiquement, si les croyances avaient la force qu'on leur prête, les vivants auraient servi aux morts chaque jour le même nombre de repas qu'ils faisaient eux-mêmes; et non seulement ils les auraient servis au père, au grand-père, mais à chacun des ancêtres dont la mémoire avait été conservée. Mais la logique religieuse a rencontré tout de suite l'antagonisme économique : il eût été excessivement onéreux, il eût été ruineux, d'entretenir les morts aussi bien que les vivants. Tout homme aurait eu ainsi la charge d'une double, triple ou quadruple famille, l'une réelle, les autres imaginaires; la charge l'aurait écrasé. Partout on a tenu à peu près la même conduite. On a négligé les morts anciens complètement ou peu s'en faut, réduit le culte au père, au grand-père (tout au plus). Et ces derniers ont dû se contenter d'un repas annuel ou bisannuel. Comment a-t-on pu croire que cette réfection annuelle suffirait à leur conserver l'existence? Très aisément : quand l'homme a besoin, pour se tirer d'une grosse difficulté, de croire que telle chose est, il détourne ses yeux de l'évidence qui le gêne, les fixe sur ce qui l'accommode et la croyance désirée se forme bientôt.

Il était également conforme à l'idée primitive qu'on pourvût le mort des objets dont il avait coutume de se servir, et on l'a fait parfois dans une large mesure; on a été jusqu'à sacrifier sur son bûcher ou sur sa tombe son cheval, ses esclaves, sa femme, ses armes, ses bijoux. Ces observances scrupuleuses sont propres aux peuples très arriérés; mais il est remarquable que dès qu'il sort de la sauvagerie, tout à fait imprévoyante, l'homme commence à écouter l'écono-

mique : et aussitôt il use de subterfuge à l'égard du mort :
à la place des objets il met leurs similaires, avec un aplomb
qui fait de ce culte une véritable comédie [1].

Je fais à présent un bref retour sur le chemin que j'ai parcouru. L'urgence supérieure de l'économique étant donnée comme cause, je lui ai supposé des effets aussi conformes que possible à sa nature. J'ai ainsi construit plusieurs hypothèses : 1° que les sociétés devaient atteindre un certain degré de richesse avant de présenter quelque développement intellectuel ; 2° que les progrès économiques modifiaient impérieusement le reste de l'état social ; 3° que les progrès non économiques étaient admis seulement dans la mesure compatible avec les intérêts économiques. J'ai jeté sur l'histoire un rapide regard et j'ai cru entrevoir quelque confirmation. Je n'ai garde de penser que ces hypothèses soient dès à présent démontrées. Ce livre, je l'ai déjà déclaré, ne prétend pas à constituer l'histoire science, mais à chercher seulement les voies qui conduisent à cette fin ; c'est pour un homme une tâche qui suffit et au delà. Si, trahi par la pente naturelle du langage, je prends quelque part un ton plus affirmatif que de raison, je prie le lecteur de n'en tenir aucun compte. Quant à répéter les formules dubitatives partout où il les faudrait employer, cela deviendrait absolument fastidieux.

Faisons sur un mobile autre que l'économique un essai du même genre.

Le mobile sympathique nous est décrit par la psychologie ; parmi les traits que la psychologie donne à ce besoin, celui qui me frappe est sa faiblesse relative. En accord avec les intérêts économiques, honorifiques, la sympathie peut devenir un mobile très pressant, elle n'a pas de force contre ces intérêts ; il faut au moins qu'ils soient neutres pour qu'elle subsiste.

---

1. Voir les pratiques de l'ancienne Égypte, ce pays réputé si religieux, dans Maspero, *Archéologie égyptienne*. Nous donnerons ailleurs des exemples nombreux de pratiques analogues, prises dans les contrées les plus diverses.

La réflexion déductrice me suggère quelques hypothèses dont la vérification serait intéressante.

D'une époque à une autre, les hommes seront plus ou moins aptes à la sympathie, selon que les institutions établies exciteront plus ou moins la rivalité économique et honorifique des hommes entre eux. Expliquons-nous par un exemple : Un peuple est adonné à l'agriculture primitive. Chaque famille y possède et y cultive son champ strictement délimité, immuable dans son étendue, son tiaglot. Voilà un état qui doit être défavorable à l'activité économique, mais favorable à la sympathie. Chacun vit en effet de son champ; aucune contrariété économique ne le met aux prises avec le voisin. Supposez que ces agriculteurs deviennent commerçants, se mettent à vendre leurs denrées, se rencontrent sur un même marché, et qu'enfin ce marché ait une aire très petite ce nouvel état excitera la rivalité naturelle : autrement que le premier. Ce peuple sera en progrès économique sur l'autre, et en recul quant aux rapports sympathiques. L'hypothèse est applicable à une institution particulière, comme à un peuple, à la famille par exemple. Si la famille est constituée de manière à poser en rivalité économique les parents et les enfants entre eux, il pourra en résulter des avantages économiques, politiques même; mais les rapports au sein de la famille seront frappés de contrainte et de froideur. Cette supposition rappelle dans mon esprit la famille des anciens Romains, où le père dispose en maître des fruits du travail des enfants; la famille anglaise, où l'aîné hérite seul. Je crois voir en effet qu'il y a là peut-être plus de soumission, de respect, de hiérarchie, mais moins d'affection filiale ou fraternelle qu'ailleurs.

Assurément la sympathie, comme tout mobile, a sa part d'action et d'œuvre dans l'histoire; mais cette cause, que les autres intérêts annulent si aisément, n'a pas dû agir par le commun des hommes, par les masses, trop soumises au joug des besoins et des intérêts. Elle l'a fait plutôt par l'homme exceptionnel, par le puissant, le maître, placé au-dessus des compétitions, ou par des classes relativement désintéressées.

Les institutions inhumaines, odieuses au cœur sympathique, ont été corrigées, en effet, au cours du temps, en général par l'intervention d'un législateur que son omnipotence même ou des circonstances particulières désintéressaient. C'est sous Néron qu'à Rome paraissent les premières mesures prises pour défendre la vie de l'esclave contre la cruauté du maître. Une fois commencé, cet ouvrage continue sous les empereurs absolus, bons ou mauvais. Dans le même temps, on soumet également le pouvoir du père sur ses enfants à des conditions plus équitables.

Il faut que le puissant ne soit pas trop distrait par ses plaisirs, qu'il songe à regarder les misères environnantes ou qu'on l'y fasse songer; mais, cela fait, la réforme salutaire lui coûte peu. La torture traverse tout le moyen âge, en France, personne ne songeant à elle. Au XVII° siècle, au XVIII°, quelques personnes de la classe relativement libre des besoins sont frappées de la barbarie absurde de l'institution; ils réclament contre elle. Turgot obtient son abolition de Louis XVI, à qui elle n'impose pas beaucoup d'effort.

Dans notre siècle, toute l'Europe, qui n'a pas d'esclaves, s'émeut et s'élève facilement contre l'institution de l'esclavage. Il est aboli dans les colonies anglaises et françaises par des assemblées dont les membres en majorité n'avaient aucun sacrifice à faire. Ainsi s'explique comment un mobile si faible a joué pourtant un rôle assez considérable dans l'histoire; si faible qu'il fût, il n'avait pas de concurrent dans l'âme de quelques hommes, armés de la puissance sociale.

J'insiste sur la réflexion déductive et les avantages de son emploi, parce qu'à cet égard la méconnaissance est générale.

Faute de comprendre la nécessité de cette méthode, on marche en histoire sans savoir ce qu'il faut y regarder, quelles observations sont à faire, et quels problèmes sont vraiment à résoudre.

Il y a dans l'histoire des effets réellement produits et qui n'y paraissent pas. Ils sont méconnaissables, à raison des déformations ou des réductions qu'ils ont subies, parce que d'autres effets en sens contraire ou se sont combinés avec eux ou les ont complètement annulés. Ce phénomène est bien connu dans les sciences physiques : il s'appelle l'*interférence*. L'histoire, la plus complexe des sciences, est aussi la plus sujette aux phénomènes d'interférence.

La consultation directe des faits nous tromperait infailliblement ici. Ne trouvant pas des effets apparents, nous ne soupçonnerions pas le jeu d'une cause qui pourtant aura agi. L'esprit, qui part de la cause connue comme indéfectible et marche à la constatation des effets, suspectera la présence de ces espèces de quantités négatives. Il saura que, ne pouvant représenter les effets propres à la cause et portant sa marque, il est tenu de représenter à leur place les effets concurrents qui les ont neutralisés. En résumé, sûr que la cause a agi, il cherchera à retrouver ou les effets propres ou les effets destructeurs. Nous avons donc encore là un nouveau motif qui nous engage à employer avec une préférence marquée la méthode déductive. Préférence non exclusive, il faut le répéter.

La méthode inductive ou ascendante n'a pas besoin d'être préconisée. Beaucoup de personnes ne veulent entendre parler que d'elle, ne se doutant pas que dans les sciences complexes, dans les sciences morales par suite, elle est insuffisante; ce qui ne veut pas dire qu'elle n'y ait pas son emploi. En histoire comme en toute autre science, il y a des moments pour l'une et l'autre méthode. Il est des heures où il faut partir des faits, dégager leur similitude et, la considérant comme un effet, lui supposer une cause, chercher enfin la vérification de cette cause. Mais, ce point atteint, le recours à la méthode déductive s'impose de nouveau, si l'on veut obtenir tout le degré de certitude que l'histoire comporte. Je dois dire sommairement pourquoi, sans répéter ici dans ses détails la théorie de l'induction établie avec tant de netteté par Stuart Mill, à qui je renvoie le lecteur désireux d'une explication plus ample.

Dégagez une similitude historique; puis, l'étudiant comme un effet, cherchez-en la cause. Vous avez à trouver un groupe de phénomènes qui précède avec constance la similitude en question, qui soit présent partout où la similitude est elle-même présente. Voici d'un mot la difficulté contre laquelle vous allez avoir à vous débattre. Des groupes de phénomènes nombreux — et non pas un seul — se présentent comme constamment présents, constamment simultanés avec la similitude donnée. Si l'expérience était possible en histoire, si on pouvait ôter de l'histoire d'abord tel groupe, pour voir si la similitude disparaît avec lui, puis tel autre, on aboutirait à un résultat, avec plus ou moins d'efforts; mais l'observation est seule possible. Comment savoir parmi tant d'antécédents lequel est nécessaire à la production de l'effet, lequel est la cause?

Pour choisir il faut que vous ayez un principe. Vous ne le trouverez que dans la considération des effets que chaque antécédent est propre à produire, qu'il tend à manifester; or cette considération est, à n'en pas douter, une déduction.

Je dois dire ici quelques mots d'une sorte d'expérience qui est seule possible en histoire : l'expérience imaginaire. Supposer par la pensée à une série d'événements une tournure autre que celle qu'ils eurent, refaire par exemple la Révolution française. Beaucoup d'esprits trouveront sans doute que cela constitue un ouvrage vain, sinon même dangereux. Je ne partage pas ce sentiment. Je vois un danger plus réel dans la tendance qui nous porte tous à croire que les événements historiques ne pouvaient pas être autrement qu'ils n'ont été. Il faut se donner au contraire le sentiment de leur instabilité vraie. Imaginer l'histoire autrement qu'elle ne fut, sert d'abord à cette fin. Après cela, les bénéfices secondaires tiennent à la façon dont l'expérience est construite : à la connaissance des hommes qu'on y apporte, à la logique avec laquelle on suit dans leurs conséquences les changements imposés à l'histoire. Un penseur éminent, M. Renouvier, avec qui il est très honorable de se rencontrer, a très bien aperçu l'utilité de l'expérience imaginaire. Il nous en a donné un exemple dans l'*Uchronie*, ouvrage aussi remarquable par l'exécution que louable dans son principe.

M. Renouvier a appliqué l'idée de l'expérience imaginaire à l'histoire accidentelle, aux événements. Je crois le procédé de nature à être encore plus fécond dans l'histoire science. Supposer telle institution autrement qu'elle n'a été, supposer même l'homme général autre qu'il n'est dans quelqu'une de ses parties, je pense hautement que cela est bon à faire; aussi l'ai-je fait. Je rappelle au lecteur les suppositions que je me suis permises au sujet des besoins alimentaires et génésiques qui seraient restés inconscients; de l'air respirable, devenu un objet d'appropriation privée et de répartition, comme le sol terrestre : sans parler d'autres imaginations dispersées dans ce volume. Il se peut que j'aie tiré du procédé un faible parti; mais je tiens toujours qu'en de meilleures mains il pourrait être très profitable.

CHAPITRE VI

REVUE DES INSTITUTIONS

Revue des institutions, laquelle est une application de la méthode inductive. Le dénombrement des institutions doit être complet. Il doit être analytique, c'est-à-dire qu'il faut, pour chaque institution, reconnaître les mobiles psychiques qui, en se combinant ensemble, ont formé l'institution. Exposition analytique : institutions économiques, — institutions morales, — institutions de classe, — institutions mondaines, — institutions politiques, — institutions artistiques et littéraires, — institutions scientifiques, — institutions religieuses.

J'ai suivi quelques-unes des indications de la psychologie aussi loin qu'il m'a paru bon de le faire pour expliquer la méthode déductive. Ayant parlé de la méthode inductive, je tenterai également de pratiquer celle-ci. — Nous allons nous retourner du côté de l'histoire et prendre les faits pour point de départ.

L'histoire est un océan illimité de faits. L'esprit reste d'abord éperdu devant une réalité si énorme et si confuse. Nous possédons heureusement un principe avec lequel nous pouvons diminuer la masse, en éliminant quantité de faits. Ce qui est à éliminer, nous le savons déjà, ce sont les événements. Ce départ fait, il reste un objet encore bien imposant. Il faut se rappeler que nous pouvons et que nous devons, non pas traiter les faits directement, mais relever les similitudes qu'ils présentent. Chaque similitude constatée sera une division qui soulagera encore notre esprit. Nous avons donné à ces similitudes, on doit s'en souvenir, le nom d'institutions.

Ce que nous voulons tenter, c'est donc de faire le tour des institutions humaines. Si la revue en est effectivement complète, le lecteur ne pourra signaler aucun acte, accompli par des groupes d'hommes, qui ne rentre dans l'un de nos cadres.

Cependant l'œuvre à faire n'est pas une simple nomenclature des institutions. Établir des généralités purement empiriques ne suffit pas. La véritable induction va au delà de cette tâche.

Si l'allure déductive, en partant des vérités abstraites, tend à atteindre les faits concrets, l'induction tend à relier les faits aux vérités les plus abstraites. Il faudra donc, après avoir groupé les faits similaires en institutions, essayer de lier chaque institution aux forces psychiques déjà reconnues. Ainsi l'esprit ouvre le siège aux deux bords de l'horizon et pousse ses tranchées l'une vers l'autre.

Une difficulté se présentera certainement. D'après ce que nous savons de l'association des idées et de la simultanéité psychique, attendons-nous qu'un effet institutionnel désigné d'un nom, d'une étiquette unique, par exemple *institution politique* ou *religieuse*, sera loin d'être aussi simple au point de vue de sa genèse. Il pourra être, il sera la plupart du temps, le résultat de plusieurs forces psychiques, entrées en combinaison, peut-être de toutes ces forces à la fois.

A quels signes reconnaîtrons-nous que tel besoin est entré parmi les causes qui ont produit telle institution? Je répondrai en rappelant une chose déjà dite : une espèce particulière d'émotion cherchée décèle chaque besoin. Au reste, l'essai que nous allons faire de ce principe sera la meilleure manière d'expliquer notre pensée.

Institutions économiques. — Il n'y a pas sur la terre de lieu, ni dans l'histoire de temps, où l'homme ait été dispensé de travailler. Il ne pourvoit à ses besoins corporels qu'à cette condition inévitable. Le travail, l'industrie, la création des utilités ou, comme disent les économistes, la création de la richesse, sont des phénomènes absolument universels. Les institutions économiques ont donc un droit incontestable à la première place.

Toutes les formes de travail, toutes les sortes d'industrie, tous les arts de la pratique, dont la nomenclature seule remplirait un volume, dont les détails rempliraient des milliers de volumes, appartiennent à la création de la richesse, qui n'est cependant que la première partie de l'économique.

La création de la richesse comporte en général une coopération d'agents. Plusieurs hommes appliquent leur travail à une même besogne, ou bien, entre eux, l'un fournit le travail, l'autre fournit le capital, les instruments, les idées, la direction. Il y a donc lieu à partager la richesse obtenue : la *répartition* de la richesse constitue la seconde partie de l'économique. Les objets, considérés tout à l'heure comme conquêtes de l'homme sur la nature, sont à présent à considérer comme objets d'appropriation privée, de fortune personnelle. Historiquement nous trouverons sous ce chef le louage de travail, avec ses formes très diverses; le louage de denrées, de bestiaux, d'argent, de terre; les rapports du capital avec le travail physique ou intellectuel.

Une troisième partie nous apparaît formée des phénomènes de la *consommation* et de sa corrélative, l'épargne. Nous rencontrons ici les formes diverses de l'appropriation des choses meubles et du sol terrestre; et l'héritage, prolongement au delà de la vie de l'appropriation individuelle.

Une quatrième partie se compose de l'*échange* et des moyens qui y pourvoient, commerce par troc ou avec monnaie, contrats d'échange, de vente, de location, etc.

Les institutions économiques, quand on les observe dans le but de découvrir leurs causes psychiques, offrent une simplicité relative. J'aperçois que l'homme s'est efforcé de créer de la richesse pour obtenir des émotions agréables, et encore plus pour esquiver des émotions pénibles; et que les unes comme les autres ont trait à son corps. Des aises corporelles à acquérir, des souffrances corporelles à écarter, cela fait une visée qu'on peut considérer comme simple; et une chaîne immense de faits peut être rattachée à un mobile unique que nous nommerons intérêt économique ou même intérêt, sans épithète.

Mais l'homme, désireux de la richesse, n'a pas uniquement recouru au travail pour atteindre cette fin. Par malheur, il a songé à employer la force. Le vol et le meurtre pour vol sont apparus. Opéré d'individu à individu, le vol est un sujet assez important; mais pour l'historien, ce qui importe encore bien plus, c'est l'emploi de la force entre peuples : c'est le militarisme et la guerre. Parallèlement à l'acquisition par le travail, presque tous les groupes d'hommes ont tenté contre leurs voisins l'acquisition par la force, et réciproquement, par une nécessité fatale, ils ont eu à repousser la force. Assurément dans les institutions militaires il entre une part qui ne relève pas de l'intérêt économique, une part qui appartient à l'honorifique, au désir de l'estime d'autrui, ou de la gloire. Il est possible que selon les temps, les lieux, cette part augmente beaucoup. Mais il reste certain que le militarisme relève principalement de l'économique, parce que d'abord il a été créé pour enlever aux autres des utilités enviées, et parce que ce mobile est demeuré en général prépondérant. A quelle partie maintenant de l'économique faut-il rattacher le militarisme? Évidemment la guerre ne crée pas la richesse; elle ne va jamais au contraire sans quelque destruction. La guerre n'opère qu'une dévolution d'objets de celui-ci à celui-là. C'est donc une forme de la répartition.

Le mode guerrier d'acquisition fait pendant et opposition au mode pacifique : c'est de l'économique renversée, mais c'est de l'économique; et la place des institutions militaires, dans une histoire bien classée, est là où nous venons de dire :

dans l'économique, section de la répartition ; quitte à en reparler, comme il convient, en traitant des phénomènes afférents à l'honorifique.

Les institutions militaires nous offrent, pour la première fois, l'exemple d'un bloc historique, homogène en apparence, mais constitué au fond par la combinaison de plusieurs éléments psychiques ; nous avions annoncé ce résultat comme très probable, nous allons désormais le rencontrer partout.

Institutions familiales. — Il est des individus qui ne se marient pas, ou qui n'ont pas d'enfants. Il n'en est aucun qui n'ait été nourri, élevé par quelque personne, qui à son égard constitue une famille ; sans cela il n'aurait pas vécu. Les institutions familiales sont donc, elles aussi, de tous les temps et de tous les lieux où il y a des hommes.

Il est évident que sans l'instinct génésique il n'y aurait eu ni mariage ni famille ; mais ce besoin à lui seul n'a pas dû susciter le mariage, car le mariage n'est pas nécessaire à sa satisfaction. La promiscuité lui va aussi bien, sinon mieux.

Le mariage semble résulter d'une combinaison.

Le sauvage cherche à s'approprier une femme qui ira pour lui puiser l'eau, couper le bois, qui allumera le feu, cuira les aliments ; qui, dans les migrations, portera ses armes, le bâton à feu, les pelleteries, etc. Ce qu'il vise dans la femme, c'est la possession d'une ménagère, d'une esclave, d'une bête de somme. La femme accepte cette situation par force ; et puis parce qu'après tout, si elle n'appartient pas à un homme en particulier, elle est mal protégée et mange mal. Tel est le début dans la voie qui conduit à notre mariage. Et dans ce début les éléments de la combinaison se révèlent avec clarté : l'intérêt économique est venu se joindre à l'instinct génésique ; ils ont fait à eux deux ce que ce dernier, seul, n'aurait pas fait.

On objectera la possibilité d'un troisième élément : le désir d'avoir des enfants. En effet, ce nouvel élément existe, mais s'il n'est pas totalement nul à l'origine, il doit être bien faible. Aujourd'hui encore, en pleine civilisation, l'observation donne les résultats suivants : rarement les deux personnes qui se marient obéissent au désir proprement dit d'avoir des enfants ; d'autres visées plus prochaines occupent leur esprit. Les enfants sont la visée d'autres personnes à côté des époux futurs ; j'entends les parents des époux. Chez ceux-ci le mobile est assez général et assez fort. Mais, pour que ce mobile joue un rôle, il faut évidemment que la famille soit déjà constituée sur la base du mariage ; il est donc effet consécutif et non cause originelle.

En certains temps, certains lieux, la femme n'est pas uniquement pour l'homme un coopérateur économique, ni l'homme pour la femme un protecteur économique ; la femme et l'homme deviennent, l'un pour l'autre, des compagnons d'existence et des objets d'émotions affectueuses. La sympathie, ou selon notre vocabulaire le sympathique, entre dans la combinaison.

On me demandera ici de reconnaître aux idées religieuses une part d'efficacité. Assurément, elles ont joué un rôle ; mais ce n'est pas celui que beaucoup de personnes veulent leur attribuer. Les idées religieuses sont venues après coup consacrer, solenniser le lien ; elles n'ont pas du tout contribué à le former [1].

La femme a élevé d'abord des enfants par une compassion, pour l'être faible et impuissant, qui est de la sympathie, et qui en est même la forme la plus vive qu'on connaisse. L'homme n'a éprouvé à l'origine la même affection qu'à un degré bien plus faible : heureusement pour l'humanité, qui sans cela n'aurait pas duré, ce sentiment s'est développé chez lui par l'exercice.

Bientôt d'autres motifs sont venus en aide au premier. L'enfant a été apprécié comme un coopérateur futur pour la

[1]. Voir la discussion de ce problème au chapitre de la Religion.

chasse et pour la guerre; plus tard comme un coopérateur pour les travaux de la pastoralité et de l'agriculture. Il a été apprécié encore comme un vengeur et un défenseur possible. Le gouvernement primitif n'assure pas du tout, ou assure peu la sécurité individuelle. Le gendarme et le juge n'existent pas; ils sont suppléés par la vendetta familiale. Les parents, et au premier rang parmi eux les enfants, s'acquittent donc d'un office que le gouvernement assumera plus tard.

L'enfant est apprécié comme le futur nourricier du père après sa mort; car, d'après les idées primitives, dans l'existence tombale on a encore besoin de boire et de manger.

Les parents aperçoivent sans doute, dans leurs enfants, des êtres qui leur ressembleront, les répéteront, en qui ils revivront jusqu'à un certain point, alors qu'ils seront morts. Mais c'est là un bloc psychique qui s'est formé postérieurement, par apports successifs. Après que la propriété mobilière a été constituée, après surtout que l'appropriation privée du sol a été établie, les parents ont bientôt considéré, dans leurs enfants, des successeurs aux biens; et ils les ont fort aimés pour cela, d'un sentiment d'autant plus vif qu'il se rapprochait beaucoup de l'égoïsme. Quand les dignités, les pouvoirs, les rangs sociaux ont eu contracté une certaine solidité, les enfants sont encore devenus précieux aux parents comme héritiers du rang, du nom, du pouvoir, et des projets d'ambition. Ces sentiments ont été connus des petits comme des grands. Il n'est guère de personne, si bas placée, qui ne croie voir quelque autre personne au-dessous de soi, et partant ne s'imagine avoir à léguer une supériorité quelconque à ses enfants.

Le lecteur aperçoit aisément que ce dernier trait appartient à l'honorifique.

Ainsi, sur la base du génésique, l'économique, le sympathique, l'honorifique, se sont assemblés et accordés pour produire la vaste série des institutions matrimoniales et familiales.

Institutions morales et juridiques. — Commençons par établir une distinction nécessaire : la morale réclamée est une chose; la morale effectivement fournie en est une autre. La morale pratiquée est souvent fort en arrière de la morale réclamée; en sens inverse, on rencontre des sociétés primitives, incapables de formuler aucune théorie, qui se montrent pratiquement morales (exemple : les Wedhas des bois de Ceylan). Les causes qui font inventer la théorie morale et les causes qui forcent l'homme à fournir des actes moraux, visiblement ne sont pas les mêmes. Nous allons donc, en premier lieu, traiter à part la théorie morale, ou la morale tout court; nous traiterons après de la moralité.

Qu'est-ce qu'un acte moral? Qu'est-ce qu'un acte immoral? L'acte qui nuit à un autre homme est-il par cela même immoral? L'acte avantageux à un autre homme est-il par cela même moral? Rien n'est plus nuisible que le meurtre; cependant le meurtre est en certains cas permis et même recommandé. L'homme qui, en se défendant légitimement, tue, n'a rien à craindre ni de la loi ni de l'opinion. Les juges infligent la mort au criminel avec l'approbation de tous. Le soldat à la guerre est tenu de tuer le plus d'ennemis possible. C'en est assez pour montrer que le caractère moral n'est pas intrinsèque, mais extérieur et surajouté.

Les hommes ne peuvent vivre ensemble qu'à la condition de se demander et de s'accorder réciproquement une certaine conduite. Considérez un groupe humain : s'il n'y est pas établi à quelque degré qu'on ne s'y tuera pas, la société finira bientôt par l'extinction des sociétaires ou plus tôt encore par leur dispersion, chacun fuyant le meurtrier possible.

En tant qu'un groupe d'hommes demande, de chacun de ses membres, une certaine conduite, ce groupe sera pour nous l'opinion publique, ou l'opinion; et nous dirons : aucune société ne peut être conçue sans une opinion quelconque. Cette puissance précède l'organisation du gouvernement, puisqu'il y a des groupes de sauvages qui n'ont pas de gouvernement. Avant la contrainte gouvernementale, il existe donc une sorte de contrainte de tous sur chacun ; avant un gouvernement digne de ce nom, il y a une sorte de gouvernement mutuel. Une observation même superficielle fait voir que, quand le gouvernement existe, l'opinion persiste en dessous. Nous avons beau, nous modernes, avoir des gouvernements à action très étendue, l'action opinionnelle, qui n'a pas cessé, déborde l'influence gouvernementale; elle s'applique à plus de détails dans la conduite, à plus de circonstances dans la vie. Or ce qui est opinion publique, vu d'un côté, est par un autre aspect ce que nous appelons théorie morale. L'existence d'une morale quelconque est donc un fait absolument consécutif à toute société.

On a cru longtemps que, dans les sociétés sauvages, l'homme avait peu ou même point d'obligations, de règles à observer. Dès que les sociologistes y ont regardé de près, ils ont constaté précisément le contraire. Les sauvages ont plutôt sur certains points de la morale en excès. Les devoirs de politesse sont souvent chez eux très multipliés. Les sociétés sauvages prescrivent rigoureusement la conduite de leurs membres en bien des cas où le civilisé jouit de toute la liberté ; par exemple : il faut s'abstenir de manger avec quiconque n'est pas de la tribu ou s'abstenir de telle nourriture; il faut chercher femme d'une certaine manière, etc., etc. [1].

On l'a remarqué il y a longtemps, et avec insistance : d'une société à une autre la morale varie immensément; vérité en deçà des Pyrénées, erreur au delà, dit Pascal; et il est avéré que les actes les plus réprouvés en certains pays, comme le vol, le meurtre, ont été recommandés, loués en d'autres pays. L'homme n'a-t-il donc en morale aucune boussole, aucune

[1]. Il y a de la morale parmi les animaux, dès qu'ils vivent à l'état grégaire. Il ne semble pas qu'une société d'animaux puisse se passer de quelque morale; en tous cas, elle ne s'en passe pas. Dans tout troupeau, il y a, au moins en certains cas, une conduite qui est prescrite par quelque membre du troupeau, investi d'une autorité visible : il y a des injonctions qui paraissent avoir le consentement général : le membre qui manque à observer la conduite prescrite, paraît s'attendre généralement à être châtié.

direction fixe? C'est ce que nous verrons à la fin; bornons-nous pour le moment à l'observation.

Voici un nouveau fait que l'observation nous livre, ou plutôt un fait déjà vu qui se présente sous une nouvelle face : partout l'homme se croit tenu de faire ce que sa société réclame, et ne se croit pas obligé de faire ce qu'elle ne réclame pas. Les règles les plus bizarres ont le pouvoir de causer de la crainte ou du remords (impossible de distinguer) à ceux qui se sont permis de les transgresser. Une voix intime crie au jeune sauvage pour qui l'émou est viande défendue : « Malheureux, tu as mangé de l'émou ! » et il va se livrer à la justice de sa tribu [1]. Les Jésuites avaient imposé aux habitants du Paraguay un code de devoirs très minutieux et très factice. La conscience de leurs sujets s'était, en très peu de temps, moulée sur ce code ; les fautes contre ce code causaient du remords, des regrets pénibles, et finalement des aveux spontanés. En revanche, nous avons des exemples innombrables de crimes suivis de la plus entière tranquillité, parce qu'ils étaient conformes à la morale régnante. Règle générale, la conscience individuelle est absolument concordante avec l'opinion publique du temps et du lieu. La conscience individuelle semble n'être que l'opinion environnante, recueillie dans l'esprit individuel comme dans un miroir ; la voix de l'opinion est, bon gré, mal gré, répercutée dans la voix même du sujet.

J'ai dit règle générale ; il existe en effet des exceptions incontestables. Il y a eu en morale des progrès, des innovations, des inventions. Des préceptes inconnus à une société ont été tout à coup formulés dans son sein par des individus exceptionnels ; assez souvent même ces préceptes étaient contradictoires à l'opinion régnante. Ce fait doit être pris en grande considération ; nous verrons plus tard s'il peut s'expliquer.

En attendant, il faut détruire au passage quelques expli-

---

1. Letourneau, *la Sociologie d'après l'ethnologie*, p. 443.

cations prétendues qui n'ont pas de fondement scientifique. Selon une certaine école, les préceptes moraux sont extérieurs à l'homme; ils viennent d'un être supérieur à lui. Cet être, ayant parlé à certains hommes, pas à d'autres, il y a de la morale là où le dieu a pris la parole, il n'y en a pas là où il s'est tu. Je n'ai rien à dire contre cette opinion, sinon qu'elle appartient à l'ordre des croyances, mais qu'elle est en dehors du domaine scientifique. Suivant une autre opinion, l'homme a été doué d'une sorte de sens apte à reconnaître le caractère moral et immoral des actes : ce sens ferait discerner la couleur éthique des choses, comme la vue fait discerner les couleurs matérielles. Tout homme serait pourvu de cet œil intime, comme il l'est de l'autre. Cette hypothèse de l'existence d'un sens spécial est une explication commode, mais l'expérience ne la confirme guère. Les hommes varient extrêmement dans la perception de la couleur éthique : les uns voient noir ce que les autres voient blanc, et inversement. On croit répondre en avouant que le sens moral n'a pas à beaucoup près la rectitude, la certitude du sens visuel. Cette concession, forcée d'ailleurs, ne remplace pas la preuve absente. Il est visible qu'on a imaginé tout simplement une analogie et créé une expression métaphorique. Si les hommes variaient sur les formes et sur les couleurs aussi gravement qu'ils le font sur la moralité des actes, la vue ne figurerait certes pas parmi ce que nous appelons les sens.

Nous ne savons pas encore si d'un groupe humain à un autre il y a quelque accord moral ; mais nous savons déjà que dans un même groupe il y a toujours des points sur lesquels on est d'accord, bien mieux, souvent unanime. J'appelle l'attention sur cette différence saisissante que présente le monde moral, suivant qu'on fixe ses regards sur les hommes de groupes divers ou sur les hommes dans un même groupe. Il y a là une indication que nous allons suivre.

L'homme, en présence d'un événement qui tombe sur son

semblable, a la faculté involontaire de se mettre à la place de ce semblable, et de se représenter que même chose lui arrive. Il se peut qu'en présence d'un meurtrier et d'une victime un sauvage se mette plutôt à la place du meurtrier; de même qu'aujourd'hui le lecteur qui lit dans un journal le récit d'un duel, sympathise parfois d'abord avec le vainqueur. Mais le jeu de la sympathie est rarement constant, et toujours, à quelque moment, l'esprit de l'homme se met à la place du vaincu dans le duel, de la victime dans le meurtre. L'intérêt personnel entre alors en scène; des prévisions prudentes se formulent. Soit A un sauvage quelconque. Il est indubitable que A désire n'être pas tué par son voisin B. Il n'importe pas que A soit lui-même un bandit, fort disposé à supprimer B à la première occasion. On n'a jamais vu que pour cela A cessât de réclamer de B l'abstention du meurtre. De son côté B désire et réclame la même chose de A. Autour de ces deux hommes qu'y a-t-il ? D'autres A et B qui désirent également n'être pas tués. On nous fera sans doute cette observation : le désir de A ne peut le conduire qu'à trouver cette formule : « Tu ne me tueras pas », et non cette autre : « Tu ne tueras pas ». Permettez que je continue. Si A, dans sa crainte de B, n'avait jamais compté que sur soi, n'avait jamais conçu l'idée de s'assurer l'appui des voisins, on aurait raison. Mais A au contraire a toujours visé à mettre les voisins dans son parti. L'assistance qu'il leur demande ne lui sera accordée, il le sent bien, qu'à charge de retour; pas de secours sans réciprocité. A est donc tenu de stipuler pour les autres, en même temps que pour soi. Quelle que soit son indifférence pour les voisins, il faut qu'au moins des lèvres il dise, sous forme générale, à B : « Tu ne tueras pas ».

Ce précepte existe donc dès la première heure, quoiqu'il n'ait pas dans l'esprit de l'homme sauvage ni la même inflexibilité, ni surtout la même extension que parmi nous. Au début il ne s'applique qu'à de très petites collectivités;

il est familial ou tribal, ce qui revient au même. Plus tard, à mesure que les groupements deviendront plus considérables, à mesure que la tribu deviendra nation, et que le gouvernement s'organisera, le précepte couvrira une surface de plus en plus large. Par des causes que nous verrons ailleurs, il affectera aussi un empire plus régulier; il subira moins d'exceptions, de restrictions. Mais, quoi qu'il en soit, nous venons d'assister à son origine; elle n'a aucun caractère mystérieux. Je ne vois pas en quoi il est nécessaire qu'un dieu intervienne ici. Il suffit d'admettre que l'homme ne se soucie pas d'être tué, et qu'il sente toujours à quelque degré la nécessité de l'aide des autres. Les confirmations expérimentales ne manquent pas au reste. Que plusieurs assassins, décidés à guerroyer contre la Société, se lient, s'unissent, forment une société particulière, aussitôt il y aura entre eux convention expresse de ne pas se tuer réciproquement. Pour ces gens qui font profession du meurtre, le précepte : « Tu ne tueras pas » surgit de nouveau. Il renaît infailliblement d'une nécessité clairement aperçue. Imaginez, d'autre part, un homme qui serait invulnérable, insaisissable, qui n'aurait aucun besoin du secours des autres hommes pour se protéger, et demandez-vous si vous aimeriez à avoir un tel personnage pour voisin.

Les désirs de l'homme ne se bornent pas à ce point capital : « n'être pas tué ». Ils impliquent nombre d'autres choses : n'être pas amputé de quelque membre, n'être pas blessé, roué de coups, n'être pas insulté, n'être pas dépouillé, etc. Sur tous ces points l'intérêt personnel suggère de même, facilement, autant de prohibitions, autant de préceptes correspondants. Il est bien entendu qu'on donne à ces préceptes une rédaction non personnelle, non égoïste, mais toujours générale. Nous en savons le motif. Tous les jours donc, sous nos yeux, la morale s'invente ou se réinvente. L'intérêt de chacun, uniforme en tous, édicte la conduite nécessaire pour qu'on puisse vivre ensemble avec sécurité.

« Passe encore pour les préceptes d'abstention, pour ces règles qui constituent le gros essentiel de la morale. Mais les préceptes d'assistance, de charité, de morale active, bref pour ces belles et délicates fleurs du moral humain, je ne puis admettre qu'elles poussent sur le terrain de l'intérêt bien entendu. » Cela tient à ce que vous confondez la pratique avec la théorie, la moralité avec la morale. Celui qui pratique la charité est un bel et rare exemplaire de l'homme; et ce n'est pas l'intérêt qui le meut. Mais celui qui recommande, qui prêche la charité, peut être un individu fort ordinaire : il n'est pas besoin d'être libéral, d'être généreux, pour voir que soi-même on se trouvera bien d'avoir des voisins doués de ces qualités; il n'est même pas besoin d'être exceptionnellement intelligent. La nature la plus vulgaire, sous le double rapport du cœur et de l'esprit, n'a qu'à réfléchir un peu pour inventer, à l'usage des autres, le caractère moral dont ces autres doivent être pourvus pour faire des concitoyens utiles, commodes ou agréables. Nous avons sous les yeux, tous les jours, la reproduction du phénomène. Cette partie de la morale que vous jugez si relevée, s'invente donc ou se réinvente comme l'autre, tous les jours, autour de vous. Vous n'avez qu'à ouvrir les oreilles pour entendre des avares faire l'éloge, non de l'avarice, mais de la générosité, et des fripons s'émouvoir en traçant très exactement le portrait de la bonne foi [1].

Ceux qui craignent que la morale théorique soit parfois mise en péril par certaines théories, peuvent se rassurer : la morale ne périra pas, tant du moins que l'homme ne désirera pas être tué, volé, rançonné, démembré, trompé, et délaissé sans secours dans ses misères. Je conviens que le jour où il contracterait autant de goût pour ces maux qu'il a aujourd'hui d'aversion à leur endroit, la morale serait bien menacée.

---

[1]. Ce qui ne veut pas dire que les moralistes éloquents, persuasifs, soient des hommes ordinaires.

Les injonctions qui tendent à écarter les actes nuisibles au corps de l'homme ou à ses biens, celles qui réclament les actes utiles sous ce double rapport, relèvent évidemment de l'intérêt économique. A la même classe nous devons également rapporter un grand nombre de prescriptions édictées par les exigences de nos divers sens. La vue, l'ouïe, l'odorat, peuvent être choqués par la conduite du voisin. Ils ont des répugnances, des dégoûts très énergiques. L'ivrogne, par exemple, nous blesse triplement; on réprouve plus l'ivrognerie à cause de ses laideurs immédiates qu'en raison de ses conséquences économiques, familiales ou intellectuelles. — Ce sont les sens qui ont réclamé et obtenu lentement, au cours des siècles, la propreté d'abord, puis cette politesse fondamentale qui supprime les manifestations antipathiques de la vie organique.

L'homme n'a jamais été un utilitaire pur; il s'en faut de beaucoup. Par suite, il s'en faut que toute la morale dérive de l'intérêt économique : nous allons le voir. — L'animal grégaire manifeste déjà de l'amour-propre [1]. A moins qu'il ne soit totalement abruti par la misère, le primitif montre un vif besoin de considération. Au contraire de ce qu'on imaginerait, l'existence du sauvage est très cérémonieuse. Le sauvage est avide d'égards, de témoignages de respect et même d'admiration.

L'homme ne vit pas seul; il vit au milieu de groupes concentriques de plus en plus larges, famille, tribu, caste, classe, nation, etc. Les groupes dont il fait partie sont, aux yeux de chacun, comme des extensions de sa propre personne. De même qu'il est jaloux de sa dignité personnelle, l'homme est jaloux de celle des divers groupes concentriques où il se trouve placé : il peut donc y avoir, et il y a généralement pour un même homme l'amour-propre de famille, de pro-

---

1. Voir Spencer, *Sociologie*, part. II, chap. I.

fession, de caste ou de classe, de nationalité, de sexe. Il y a même un amour-propre de l'espèce humaine.

Je ne crois pas qu'il soit nécessaire de prouver l'existence de l'amour-propre national, de l'amour-propre de famille, de celui de caste ou de classe. Ils sont assez visibles dans l'histoire. Mais je crois devoir dire quelques mots de l'amour-propre du sexe et de l'espèce.

Le premier n'a pas laissé d'interdire aux mâles, comme inconvenants et indignes de leur sexe, un certain nombre d'actes, de manières d'être ou de penser. Il a joué notamment un rôle fâcheux en confirmant le sexe mâle dans sa paresse, et l'empêchant d'aider la femme dans les travaux du ménage et même de l'agriculture, au début. Il a prescrit d'un autre côté certaines qualités, par exemple le courage. Sans doute, le courage était déjà commandé à l'homme par son utilité même; mais l'orgueil du sexe est venu à son tour le prescrire. Partout on a jeté au lâche cette injure : « Tu n'es qu'une femme ». Chez les sauvages, chez les barbares, les Arabes par exemple, les femmes suivent leurs maris à la guerre, se tiennent près des combattants, toutes prêtes à les insulter s'ils reculent : elles savent bien que l'aiguillon entre leurs mains pique cruellement, et qu'il n'y a rien de plus dur pour un guerrier que d'être traité de femme par sa femme.

L'amour-propre de l'espèce a promulgué quantité d'interdictions. Il a aussi, comme l'amour-propre de sexe, confirmé, renforcé des devoirs déjà prescrits d'un autre côté. Une foule de dictons, de proverbes, dans tous les pays, témoignent que l'opinion a parfaitement reconnu l'existence de cet amour-propre, et s'en est fréquemment servi au profit de la moralité. On a comparé partout l'ivrogne au porc, l'obscène au chien ou au singe. En Algérie, on dit lâche comme une hyène ou un chacal. On a dit, il est vrai, brave comme un lion, agile comme la gazelle; mais il n'y a dans ce fait aucune contradiction. Montrer l'animal à l'homme comme un rival, qu'il a peine à égaler par certains côtés, ce n'est qu'une autre manière de piquer l'amour-propre de l'espèce. En général, et sauf exception, l'homme n'aime pas qu'on le compare à la bête; et les moralistes le savent bien, car ils ont usé et abusé de ce fouet.

En résumé, tous les actes, extrêmement divers, dont on dit : « c'est inconvenant ou c'est indigne », appartiennent, sans conteste, à cette vaste portion de la morale qui a été créée par l'un ou l'autre de ces amours-propres de l'homme. Une partie de la morale, conséquemment, relève de l'*honorifique*.

Le trait caractéristique des actes enjoints par l'amour-propre, c'est d'être douloureux et difficiles à faire. Il se peut que certains de ces actes soient en même temps utiles, bienfaisants. C'est qu'alors ils sont simultanément commandés par l'intérêt social et par l'amour-propre de l'espèce. Mais la plupart sont purement douloureux et difficiles, sans profit pour personne; ou bien ils infligent à l'acteur une souffrance hors de proportion avec le résultat bienfaisant pour les autres. Donnons à ces actes un nom général : celui d'*ascétisme*. L'ascétisme occupe une grande place dans l'histoire; il est infiniment plus cher au cœur de l'homme et il y tient plus fortement qu'on ne l'imagine. Le fait mérite explication.

Tout individu qui en voit un autre faire une chose difficile, éprouve un sentiment complexe. Il y a là de l'estime, parfois poussée jusqu'à l'admiration pour cet autre; mais il y a aussi une sorte de retour sur soi : on se voit imaginairement faisant l'acte; on arrive à une persuasion, plus ou moins forte, que soi-même on ferait l'acte. Toute action difficile dont nous sommes spectateur, tend à augmenter notre estime et notre confiance en nous. De là les vives sollicitations que l'opinion adresse à l'individu pour lui faire produire des actions difficiles [1].

Ces sollicitations sont souvent écoutées, à cause du prix

---

[1]. Plus vives selon que l'individu nous est plus proche, parent, ami ou compatriote.

offert. L'homme payé de l'admiration de ses semblables se trouve fort bien payé. On peut voir ici que dans la morale il n'y a pas que du bon; il y a du beau, et ce beau c'est le difficile.

J'ai déjà observé que dans une multitude de cas où l'utilité générale semble commander exclusivement, il y a, à bien regarder, une proportion d'ascétisme : par exemple dans le courage militaire. A présent je vais dire toute ma pensée : très souvent la part contributive de l'ascétisme est la plus forte.

L'homme sent avec peu de vivacité les utilités générales, celles qui ne le touchent pas personnellement, ou, si vous voulez, celles qui ne le touchent qu'à titre d'unité dans un tout. Si le sauvage ne voyait dans le courage que le côté utile à sa tribu, il n'aurait pour lui qu'une considération assez froide. Ce qui l'échauffe à l'égard de cette qualité, c'est bien sa difficulté suprême. La mort est en horreur à l'homme; c'est l'ennemi commun à toute l'espèce. Le membre de notre espèce qui, dans sa rencontre avec la mort, ose la regarder fixement et faire bonne contenance, devient aussitôt l'objet d'une fervente estime; c'est plus qu'un homme, c'est presque un dieu. Pour comprendre à cet égard les vrais sentiments de l'humanité, il ne faut qu'observer ce que pense encore le peuple chez les nations civilisées, où l'intelligence humaine, plus prévoyante, est cependant plus utilitaire qu'elle ne l'est chez les sauvages. Le peuple des nations civilisées aime encore la guerre; il ressemble sur ce point à l'enfant, toujours guerrier. Il aime la guerre comme le théâtre où la vertu capitale se déploie; car, entre peuples civilisés, la victoire ne profite plus ni au simple soldat, ni aux hommes du peuple; elle ne les enrichit plus. Quel bien leur revient d'une annexion de territoire? La popularité de la guerre ne repose donc plus ici que sur l'ascétisme (auquel se joint, je le reconnais, l'amour-propre national). L'idée d'utilité est parfaitement absente. Nombre d'esprits distingués sentent à cet égard comme le peuple; et ceux-ci sont précieux pour le sociologiste, parce qu'ils savent faire la théorie de leur sentiment. Écoutez de Moltke en Allemagne, et Renan en France. Tous deux s'accordent pour nous dire : « Conservons avec amour l'habitude de guerroyer de temps à autre, parce que la guerre est l'occasion et le lieu nécessaires à la manifestation de la force morale ».

Ce que j'ai avancé à propos du courage, il faut le répéter pour les épreuves douloureuses que chez les sauvages on trouve, en plus ou moins grand nombre, imposées aux jeunes adultes. C'est à peu près toute l'éducation. En apparence, elle n'a d'autre fin que de former des guerriers; mais, à mon avis, l'ascétisme, au fond, joint son influence à cette visée utilitaire. Le tatouage, pratique si générale, recèle également, si je ne me trompe, l'influence en question. Autant j'en dirai encore de ces mutilations qui, à première vue, paraissent uniquement inspirées par le désir d'honorer les morts, arrachement d'une ou plusieurs dents, incision des joues, section d'une phalange des doigts, etc.

La sympathie réclame des actes qui procurent à nos semblables des émotions agréables, et plus souvent encore elle réclame des actes qui suppriment les souffrances. On pourrait peut-être prouver que, dans le passé et jusqu'à nos jours, la sympathie, en tant que cause de réclamations morales, ne s'est montrée vraiment exigeante que là où l'idée de la famille, de la communauté de sang, la surexcitait.

L'antipathie a eu une influence plus large : je parle ici d'une forme spéciale de l'antipathie, celle qui est si connue sous le nom de jalousie, d'envie.

Cette cause en général se dissimule, se dérobe. A mon avis, l'invention d'un certain nombre de pratiques ascétiques est due à l'envie, au chagrin, que trop souvent inspire à l'homme le bonheur de son semblable, dès surtout que la jouissance se manifeste sans ménagement. Le bonheur qui exulte, insulte. C'est le sentiment de presque tous les hommes. La jalousie a donc joué le rôle d'auxiliaire de l'amour-propre d'espèce dans la création de la morale ascétique.

La sympathie, réclamant des actes qui soulagent la misère d'autrui ou ses souffrances, produit des actes utiles, de même que l'intérêt; on pourrait donc, en considérant certains actes, se tromper sur la source d'où ils partent. Une remarque suffira peut-être à prévenir la confusion. L'intérêt demande qu'on fasse des actes sans lesquels l'association ne tiendrait pas, et surtout qu'on s'abstienne d'actes qui tendraient à dissoudre l'association. Réciprocité, équité (nous définirons tout à l'heure ces termes) sont le caractère de la conduite réclamée par l'intérêt; sans réciprocité, sans équité, en effet (à quelque degré du moins), pas de société possible. La sympathie commande des actes d'assistance, de charité, qu'on peut faire pour un individu, pas pour un autre, qui n'ont pas le caractère d'une application générale et nécessaire. Une société suffisamment équitable, sans charité, pourrait très bien durer.

L'homme, on le voit, invente la morale avec presque tout son être, intérêt, amour-propre, sympathie, exigence artistique.

Au sujet de l'intérêt, une explication est nécessaire. L'intérêt qui contribue à faire la morale d'un pays, est bien ordinairement un intérêt général sur lequel les particuliers se rencontrent; cependant il n'en est pas toujours ainsi. Dans un peuple à classes, — et quel peuple n'en présente pas? — les classes puissantes tendent à faire passer leur intérêt de classe pour l'intérêt général de la nation et y réussissent souvent. Dans la classe même, l'individu puissant par la fonction qu'il y remplit, tend à faire passer son intérêt pour celui de la classe. Deux exemples : la morale sexuelle consiste essentiellement dans ces deux principes : l'infidélité de la femme est tout ce qu'il y a de plus grave; l'infidélité du mari est une peccadille. Dans la morale familiale, les devoirs de l'enfant ont toujours été déterminés avec précision et rigoureusement exigés. Les devoirs corrélatifs du père sont restés souvent mal définis.

Considérez l'humanité présente, immédiate, vous apercevrez une vérité importante. Quand l'homme traite seul à seul avec un de ses semblables, il est absolument utilitaire; ce qu'il demande à cet autre, c'est de fournir des actes qui soient agréables ou avantageux pour lui réclamant. Mais quand l'homme demande avec son groupe, il tend à négliger l'intérêt économique et ce qu'il réclame, surtout, c'est l'acte convenable ou difficile. Plus le groupe grandit, plus l'homme devient ascétique, plus il oublie l'intérêt proprement dit pour les intérêts de l'amour-propre. Cela constitue déjà dans l'homme individuel deux dispositions, deux tendances générales, allant en sens contraire. Nous ne sommes pas cependant au bout. Dans ce très complexe et difficile sujet, les principes de divergence abondent. Saisir au moins les principaux est absolument nécessaire.

L'opinion, que nous avons vue dans l'attitude active, a une attitude passive. L'opinion se laisse impressionner, comme l'individu même qui la compose, par les avantages naturels ou sociaux, force, beauté, courage, éloquence, naissance, fortune, rang. L'émotion subie peut avoir deux caractères assez opposés. Devant tout avantage, le public, comme l'individu encore, flotte entre l'envie et l'admiration sympathique. Signalons un effet résultant de cette disposition à s'incliner devant toutes les supériorités. Dès lors que l'individu est jugé d'après ses actes d'un côté, d'après ses avantages d'autre part, il y a deux principes de jugement, dont l'un peut contredire l'autre. Cette contradiction éclate largement dans l'histoire. On y voit souvent un homme condamnable et condamné en effet, par l'opinion, pour ses fautes personnelles, recevoir simultanément, pour sa situation sociale, des égards qui compensent, et au delà, les sévérités du même juge. Les codes, échos de l'opinion, portent des traces fort nombreuses de cette contrariété, aux articles qui règlent les privilèges des classes nobles. Quelque crime qu'il ait commis, un brahme dans l'Inde est, selon Manou, exempt de la peine de mort. Ne croyons pas qu'en ce genre la force ait tout imposé : les peuples souvent ont été de connivence.

On arrive à constater, au fond de ce sujet, une contrariété théorique vraiment curieuse : les hommes parfois semblent s'attacher à l'idée de la responsabilité et du mérite personnels, comme à une base sans laquelle il n'y aurait plus de morale. Cependant la même humanité montre une préférence d'estime universelle pour les dons naturels, qui n'ont rien coûté.

Celui qui, avec de grands efforts de volonté, s'est rendu savant, ou brave, ou probe, n'obtient pas toute l'estime accordée à celui qui paraît avoir eu peu ou point d'effort à faire pour posséder les mêmes qualités. Voici un homme riche : est-il parti de la pauvreté? ou sa fortune est-elle due à des ancêtres? Dans le dernier cas, la fortune vaut à son possesseur un respect bien plus complet.

Nous dirions volontiers que la morale sort de sources diverses et que chacune a sa couleur, qui n'arrive pas toujours à se bien fondre avec celle de la source voisine. Mais l'image n'est pas assez forte. En réalité, entre les morales, dérivées des divers fonds psychiques, il y a des contrariétés, des annulations réciproques. Ainsi, la morale ascétique et la morale de l'intérêt sont, l'une avec l'autre, sur le pied d'une opposition presque fondamentale. La morale de l'intérêt veut que la considération des hommes aille à celui qui, en observant exactement la justice, fait aux autres le plus de bien; la morale ascétique veut qu'on admire avant tout l'homme qui sait se faire à lui-même le plus de mal; elle prône Siméon Stylite ou Benoît Labre, tandis que l'autre recommande Bentham.

Rien que par la diversité foncière de l'âme humaine, il se produirait des contradictions dans la morale d'une société, quand même celle-ci serait absolument homogène. Une telle société n'exista jamais.

Traçons le schéma d'une société quelconque. Il y a d'abord des gouvernants et des gouvernés. Il y a des maris et des femmes. Il y a des pères et des enfants. Il y a des hautes et des basses classes. Il y a des militaires et il y a des civils, ou, ce qui revient au même, là où tout le monde sert, on est tantôt à l'armée et tantôt dans ses foyers. Économiquement parlant, chaque homme est tantôt consommateur, tantôt producteur, aujourd'hui vendeur, demain acheteur. Il y a des métiers et des professions de toute sorte. Il y a, ou il peut y avoir des esclaves, des serfs; en tout cas, des domestiques et des maîtres.

Les obligations convenues des gouvernants et celles des gouvernés ne sont jamais, ne peuvent pas être les mêmes. Il faut en dire autant des obligations corrélatives du mari et de la femme, du père et de l'enfant, du maître et du serviteur. Les situations opposées de vendeur et d'acheteur, de consommateur et de producteur, ne font pas des différences si tranchées, non plus que les diverses professions; mais les unes et les autres ne laissent pas que de modifier le fonds commun de la morale. Ces modifications sont très souvent de véritables altérations. Les devoirs spéciaux se mettent souvent en contradiction formelle avec les devoirs généraux. Par exemple, la soumission, l'obéissance, sont des vertus pour le gouverné; tandis que la volonté inflexible, impérieuse, est une qualité indispensable chez le gouvernant. Les basses classes doivent se tenir modestement, humblement à leur place, tandis que les hautes classes doivent exiger avec fermeté les respects, les déférences, que les conventions leur ont attribués. Cela va jusqu'à former des concepts de caractère tout à fait opposés, que l'opinion publique recommande simultanément.

Là où la théorie morale n'est pas scindée ainsi jusqu'à constituer deux codes en opposition formelle, il y a toujours au moins concurrence sourde entre les devoirs spéciaux et les devoirs généraux. Par exemple, voyez la morale professionnelle : un charpentier, outre ses obligations communes de père, d'époux, de sujet, etc., a des obligations particulières qui se peuvent résumer en un mot : être bon ouvrier. A première vue, cette obligation ne paraît pas devoir nuire aux autres. Toutefois elle leur nuit nécessairement dans une certaine mesure, par cela seul qu'elle réclame une part de la volonté de l'homme et de sa force de coaction sur soi-même. Elle leur nuit encore d'une autre manière. L'homme qui est mauvais mari, s'il est bon ouvrier, ne perdra pas tout à fait son procès devant l'opinion, surtout devant celle qui lui importe, qui le touche presque exclusivement, l'opinion des gens de son métier. Peut-être même ce milieu spécial préférera-t il le bon ouvrier, mauvais mari, au bon mari, mauvais ouvrier : c'est même assez probable. On voit qu'en somme il y a combat pour la vie entre les diverses qualités de l'homme et que posséder l'une, c'est avoir jusqu'à un certain point dispense pour une autre. Cette loi est tout à fait éclatante quand on regarde la classe des militaires. Là le courage dispense de beaucoup d'autres mérites, et si, quittant notre temps où le militarisme a baissé, nous nous reportons aux armées de l'ancien régime, aux soldats du xvie siècle par exemple, nous serons autorisés à dire plus. Alors, un bon soldat avait à peu près le droit, dans l'opinion de ses pareils, et même dans l'opinion de son général, d'être débauché, ivrogne, sans foi et sans ménagements avec les civils, pourvu qu'il fût courageux et discipliné jusqu'à un certain point. Avec ces deux qualités seulement, on le tenait pour parfait dans son genre. Son type n'en comportait pas davantage.

Cet exemple nous montre avec netteté comment une morale spéciale fait diversion et échec à la grande morale. Rien n'a plus énergiquement opéré dans ce genre que la religion. Toutes les religions se ressemblent en ce point essentiel qu'à côté des devoirs de l'homme envers autrui, elles mettent les devoirs de l'homme envers la divinité. J'ai dit à côté, en atténuant volontairement la vérité : mettre des devoirs nouveaux à côté d'autres, c'est déjà, nous le savons, donner à ces derniers une concurrence qui les affaiblit. Mais voici maintenant la vérité tout entière : il n'est pas de religion qui, au moins interprétée par ses prêtres, n'ait mis ce qui est dû à la divinité bien au-dessus des devoirs envers l'homme. La plus parfaite des religions, le christianisme, n'a pas plus failli que les autres à cette loi universelle. Dans sa doctrine, le fidèle qui mange gras le vendredi commet un péché mortel, et s'expose à la même peine que celui qui tue son semblable.

Il est une autre cause dont les effets diversifs surpassent ceux de la religion : c'est le militarisme, c'est la guerre. Nous en parlerons ailleurs fort amplement. Disons ici seulement que c'est le rebours de toute morale, le monde tournant à l'envers. Tu ne tueras pas, tu ne voleras pas, tu ne violeras pas, ces commandements et tous les autres sont, avec une parfaite tranquillité de conscience, échangés pour leurs contraires : tu tueras, tu voleras, tu violeras (exception faite pour les temps tout à fait modernes), tu seras orgueilleux, tu seras impitoyable, tu feras tout le mal possible. Cette morale à rebours n'est, dit-on, que pour l'ennemi : mais il est naïf de s'imaginer que le concitoyen ne s'en ressent pas. Ce n'est que tout récemment qu'on a recommandé aux soldats quelques devoirs envers l'ennemi, et ils sont encore bien mal observés.

La théorie morale tend à toute époque à varier, sur les divers points d'une aire considérée. Si nous en restions là, nous n'aurions qu'une des faces de la vérité. Une tendance contraire existe au sein de ces phénomènes. A partir d'un point, qu'on ne peut déterminer avec précision, le mouvement se produit en sens inverse. L'opinion tend à redevenir homogène, à réclamer de tout le monde les mêmes devoirs essentiels, au détriment d'anciens devoirs spéciaux, qui sont subalternisés ou tout à fait effacés. Il semble qu'on soit ici en présence d'une loi en contrariété avec la première. Cela fait comme une large oscillation dont on est vivement sollicité à chercher la cause.

Nous recevons, rien qu'en ouvrant les yeux, l'idée du semblable. Notre semblable nous entoure. Ce n'est pas encore l'idée de l'égal (bien que les moralistes disent souvent à l'homme « ton semblable » pour dire ton égal), mais c'est la racine de cette idée. Un Louis XIV a beau se regarder comme une manière de divinité, les besoins animaux à satisfaire, les maladies, les chagrins, et la mort, l'avertissent qu'il est de l'étoffe commune.

Il n'y a qu'à considérer le sauvage et l'enfant pour voir combien la nature humaine est jalouse de l'égalité, je dis l'égalité de traitement. Malheureusement, l'homme ne se contente pas d'être égal; ceci est le moins qu'il veuille. Aussitôt qu'il y a moyen, il prétend être supérieur. Distinguons bien les deux attitudes de l'homme : la passive et l'active. A l'encontre d'autrui qui tend à lui imposer sa supériorité, l'homme réclame l'égalité; l'attitude de résistance s'arrête à ce point. Mais quand il peut se déployer lui-même, ce point ne lui suffit plus; il veut passer bien au delà. Il provoque à son tour l'attitude passive des autres. L'égalité est une conciliation forcée, comme toutes les conciliations. Mais elle a pour elle la connivence involontaire de l'esprit humain.

Pour mesurer une distance, il faut une unité de mesure, un mètre quelconque. Il y a en morale un analogue de cela : c'est l'idée de l'équivalence des hommes. Voici une horde de sauvages : à coup sûr les femmes n'y sont pas les égales de l'homme, ni les enfants les égaux des individus adultes; mais ceux-ci sont égaux entre eux. Je ne dis pas en fait. Je dis que c'est la théorie obscurément formulée dans les esprits. La première loi qui s'établit est celle du talion : dent pour dent, etc. Elle implique nécessairement cette idée sourde qu'un individu en vaut un autre. Considérons une société plus avancée, où il se soit formé une hiérarchie sociale. Nous avons des hommes libres, des nobles et des princes. J'observe que cela constitue des égalités étagées, car les hommes de chaque classe sont tenus pour égaux entre eux. Quand la procédure qu'on appelle composition ou whergeld, vient s'ajouter à celle du talion, vous apercevez qu'au sein de la classe, la composition est la même pour tous ; l'idée de l'égalité se retrouve donc ici.

Si je considère attentivement le droit civil français ou celui des Romains, j'aperçois, sous la complexité des prescriptions, deux grands courants, distincts, pour ainsi dire, par leur couleur, qui ont l'air de sortir de deux sources différentes. Voici d'abord les contrats : vente, échange, louage, société. Les règles relatives à ces contrats ont, pour un œil pénétrant, quelque chose de commun qui, en dépit des différences superficielles, les joint et les assemble. Elles partent d'une même inspiration, d'un même trait psychique. Ces règles ont été cherchées et trouvées par des esprits qui sciemment, ou d'instinct, visaient à établir l'égalité.

Prenons un exemple : Une vente met en présence A et B. A veut acheter ; B veut vendre ; A et B ont des situations, ou, si l'on veut, des fonctions économiques différentes et en quelque manière opposées. Cependant dans les règles que le législateur édicte au sujet du contrat de A et de B, en quoi consiste essentiellement sa tentative? A trouver pour A d'un côté, pour B de l'autre, deux traitements qui soient et restent équivalents, à travers la diversité ou la contrariété des situations. B a livré immédiatement à A cette terre qu'il vendait, tandis que A a demandé du temps pour payer le prix. Le législateur voit là une inégalité à réparer et, à moins de déclaration expresse de la part des contractants, il décide que A payera à B l'intérêt de la somme constituant le prix. Prenez une à une toutes les règles concernant la vente, elles ressemblent essentiellement à celle-ci : elles rétablissent, dans la mesure du possible, l'égalité entre les deux contractants.

Toute cette partie du droit concernant les contrats est une véritable géométrie, fondée sur un axiome primitif : l'axiome de l'égalité. Chaque incident qui peut se présenter entre les contractants, donne lieu à un problème qui est nouveau en un sens, mais toujours le même essentiellement : il s'agit de retrouver l'égalité, en dépit de la diversité des situations.

Comparez maintenant les règles qui concernent les étrangers et leurs rapports avec les nationaux, celles qui sont relatives au mariage, à la paternité et à la filiation ; celles qui instituent la capacité de transmettre par testament, et celles qui disposent des biens laissés par un homme mort intestat ; cette seconde partie du droit, si considérable, si compliquée, est marquée d'un tout autre sceau que la première. Ici l'idée d'égalité, loin d'être le principe général d'où tout se déduit, est totalement absente, ou n'apparaît que bien faiblement. D'autres visées que celle de l'égalité ont dirigé l'esprit du législateur. Mais, parmi ces visées cependant, il en est une qui d'ordinaire l'emporte par la force et la généralité de son ascendant, à ce point que toutes les règles principales lui appartiennent : le législateur a eu en vue un grand intérêt, celui de la conservation et de la prospérité du groupe social auquel il donnait ses lois. Au fond, cette partie du droit est donc de la politique, et elle en a toutes les imperfections.

L'utilité sociale n'est pas un objectif aussi simple que l'égalité entre deux hommes. On se trompe aisément sur ce qui est utile à la société ; aisément on arrive à prendre pour l'intérêt général ce qui n'est que l'intérêt d'une classe ; et quand cette erreur primordiale n'a pas été commise, quand le but a été clairement et justement aperçu, on peut se tromper encore sur la valeur des moyens adoptés pour aller au but. Aussi cette partie du droit est-elle, en tous pays, plus ou moins faussée par des partialités, des injustices ou des maladresses. Elle ne se développe pas régulièrement comme la partie relative au contrat ; son processus consiste plutôt en des rectifications, des annulations, des abolitions réparatives. C'est ce qui la rend toujours temporaire, c'est-à-dire variable pour une même société, d'une époque à une autre. Et d'autre part elle est aussi infiniment variable d'une société à une autre, parce que chacune de ces sociétés, se trouvant dans des conditions plus ou moins spéciales, a conçu son intérêt, son utilité, d'une façon nécessairement particulière. Prenons un exemple : A Rome, pendant bien des siècles, il a semblé utile, indispensable même à la société, que le père exerçât sur son fils un droit de gouvernement absolu; que le père pût disposer despotiquement du bien acquis par le fils et même de la personne de ce fils. Nous pensons aujourd'hui que ce droit était inique. D'où vient ce changement dans l'opinion? De ce que nous avons en somme retrouvé l'idée de l'égalité entre père et fils. Un esprit romain était là-dessus prévenu par certaines idées, celle-ci par exemple : le père était un créateur; il avait le droit du créateur sur la créature : on trouve encore ce singulier sentiment exprimé par Montesquieu dans *l'Esprit des lois*.

A présent que l'équité est rétablie entre père et fils, nous pensons que la société s'en trouvera aussi bien, sinon mieux. Mais, remarquons-le, ce n'est pas une meilleure conception de l'utilité sociale qui a amené l'abolition du vieux droit, c'est le sentiment plus net de l'égalité dans les deux fonctions diverses de père et de fils. La date seule de la réforme, chez nous, suffirait à le prouver. C'est la révolution de 89, ce grand mouvement égalitaire, qui en a fini avec l'exploitation du père. La loi romaine, attribuant aux pères la disposition de l'argent gagné par le fils, 1800 ans après Jésus-Christ, 1300 ans après la chute de l'empire romain, était encore en vigueur.

Les grosses immoralités, les grosses injustices qui figurent dans l'histoire, l'esclavage, la domination cruelle ou fiscale d'une classe sur une autre, se sont toujours appuyés sur l'idée d'une fausse inégalité. Dès qu'on tient un homme pour inférieur à soi, on est en danger de lui faire tort. Une des preuves les plus saisissantes de cette tendance nous est fournie par l'histoire des relations entre civilisés et sauvages. Les civilisés, entre eux, ont certes une moralité qui, par sa constance au moins et par sa solidité, l'emporte sur la moralité des sauvages entre eux ; mais, vis-à-vis du sauvage, le civilisé était trop sûr de sa supériorité économique, guerrière, intellectuelle, morale : qu'en est-il résulté? De civilisé à sauvage, ce n'est pas le sauvage qui s'est le plus mal conduit. A cet égard les témoignages des voyageurs ne sont que trop concordants ; les sociologistes concluent de même, depuis Spencer jusqu'à Letourneau.

Nous avons vu le droit civil gouverné — dans sa meilleure partie — par la recherche de l'égalité à travers la diversité des situations personnelles qui la masquent. Le droit criminel n'est de même — dans sa meilleure partie aussi — que la recherche de l'égalité, diminuée par les démérites personnels. Le criminaliste s'efforce de trouver ce qui reste d'égalité dans le criminel ; et il règle ses pénalités d'après ce reste. Quand il estime l'égalité tout à fait perdue, il n'a plus d'égards pour la personne et le supplice devient la solution obligée. J'ai dit la meilleure partie : le droit criminel en effet admet, lui aussi, des visées étrangères à l'égalité, telles que l'utilité sociale ; il se préoccupe notamment d'effrayer, de faire des exemples.

On peut affirmer qu'en suivant cette vue il s'est souvent égaré dans des pénalités excessives, cruelles jusqu'à l'absurdité [1]. Pour le droit criminel, comme pour le droit civil, les peuples civilisés tendent de plus en plus à consulter uniquement l'égalité, l'équité. Dans le droit français, l'utilité sociale a été presque absolument répudiée ; presque tout est réglé d'après le démérite personnel tel que le législateur croit le voir et le mesurer.

---

1. Exemple : les deux *questions* qui existaient encore sous Louis XVI, la question préparatoire et la préalable.

L'idée de l'égalité théorique a été suggérée à l'homme par la nécessité pratique. Il a entrevu qu'il fallait cette idée pour établir quelque constance dans les rapports sociaux [1]. La distribution de la justice est effectivement facile à proportion que l'égalité règne sur des portions plus étendues de la société. Toute inégalité crée une difficulté pratique. Quand il y a une certaine abondance d'inégalités, les difficultés deviennent inextricables; c'est le cas de l'Inde avec toutes ses castes.

Supposez une société telle qu'il n'en exista jamais, où chaque individu aurait sa valeur différente et ferait ainsi une classe sociale à lui tout seul. Par suite, chacun aurait son taux de composition ou son traitement particulier. Ce serait à s'y perdre.

En résumé, l'homme réclame l'égalité de traitement, c'est son minimum de prétention. Puis cet intérêt trouve assistance dans une idée. L'égalité est un concept que les nécessités de la vie pratique introduisent dans l'intermédiaire intellectuel, et qu'elles y maintiennent. — Même au sein d'une société inégale, ce concept est encore présent. Il arrête l'inégalité sur les confins de chacun des groupes dont cette société est formée, et il ne lui permet pas de pénétrer à l'intérieur du groupe. On pourrait à la rigueur considérer chacun de ces groupes comme un peuple mêlé avec d'autres peuples sur un même sol, ce qui ne serait pas très éloigné de la vérité, car il n'y a de société complète qu'entre égaux.

Le sentiment égalitaire, le concept égalitaire, toujours présents, et invincibles au fond, nous expliquent ce mouvement qui ramène la moralité vers l'uniformité. Contrariée par des mobiles politiques et économiques, retardée par des événements tels que la guerre, l'esclavage ou l'usurpation du sol, la tendance égalitaire, la démocratie, pour la nommer d'un seul mot, profite de tout ce qui bouleverse l'ordre dans

---

[1]. Sans préjudice, bien entendu, des causes sentimentales indiquées plus haut.

une société à castes et à classes. Dès qu'un événement quelconque vient à briser un groupe, à le dissoudre en poussière individuelle, l'égalité s'étend à la place, comme l'eau s'étendrait dans un vase à compartiments, si on les brisait.

Nous voici peut-être en mesure de résoudre la question soulevée dès le début. Y a-t-il quelque chose de fixe ou de général dans la morale? On peut prouver qu'aucun précepte, même le plus essentiel, comme ne pas tuer, ne pas voler, etc., n'a jamais eu la chance de régner universellement chez tous les peuples. Un groupe peut se trouver dans des conditions telles, que, pour lui, l'utilité sociale commande réellement ou, ce qui revient au même, semble commander une pratique immorale. Mais voici une condition inéluctable. Pour qu'un groupe dure, il faut convenir d'une réciprocité de conduite entre les membres du groupe; sinon il se dissout. Mais si celui-ci se dissout, un autre se reforme aussitôt, l'homme ne pouvant pas absolument vivre seul. Au-dessus de tous les préceptes particuliers qui varient, il y a donc un précepte qui ne varie pas, et ce précepte c'est : réciprocité, c'est-à-dire égalité entre les membres du groupe. Le principe constant universel qui était demandé, le voilà; et, pour mon compte, je n'en vois pas d'autre.

L'idée du devoir a fait dire quantité de paroles obscures et prétentieuses. Tâchons d'éviter ce défaut.

S'il n'y avait pas sur la terre d'autre homme que moi, je n'aurais aucun devoir.

Les devoirs vis-à-vis de moi-même n'existeraient pas sans les autres. Les devoirs envers Dieu sont matière à croyance, non à science. Ce qui me crée un devoir, c'est l'existence d'un autre, d'un semblable, d'un égal. Cette dernière idée est absolument essentielle. Un autre a beau coexister avec moi, s'il n'y a de moi à lui aucune parité, je vous défie de montrer que je lui dois quelque chose. Je ne dois qu'à l'égal et ce que je lui dois, c'est la réciprocité de conduite : Fais à autrui, etc.; c'est la réciprocité positive recommandée; — Ne fais pas à autrui; c'est la réciprocité négative commandée. Toute la morale fixe, commune, éternelle, tient dans ces deux préceptes.

Mais ici, je le répète, autrui est synonyme d'égal. La preuve, c'est que ces injonctions n'ont plus aucun effet sur la conscience de l'homme dès qu'il ne croit plus avoir devant lui un égal. Voici un individu qui a commis un crime; on l'emprisonne, on le condamne à la mort ou à toute autre peine. Les juges manquent-ils à son égard au précepte : « Ne fais pas à autrui »? — On me répond unanimement non. Le précepte demeure sauf, parce qu'il n'a pas ici d'application. Et pourquoi n'en a-t-il pas? Cherchez bien, je vous prie; cherchez laborieusement; et il vous faudra venir à dire : c'est que par son crime cet homme a perdu le bénéfice de l'égalité.

En fait, les hommes sont très inégaux de par la nature, qui a distribué la force, la beauté, l'intelligence, etc., à doses très diverses. Ils se rendent de plus fort inégaux par leur conduite. Et cependant, l'idée de l'égalité abstraite, théorique, demeure comme une donnée nécessaire, comme une règle dont on s'écarte à chaque instant, soit par passion, soit par d'autres règles, par exemple celle de la responsabilité individuelle, mais à laquelle on revient toujours parce que sans elle on ne saurait vivre. Égalité, équité, réciprocité, devoir, termes nuancés qui rendent une même chose fondamentale.

Il y a une thèse tout à fait contradictoire à la nôtre. — On a dit : « Je sens que rien d'humain ne m'oblige; il me faut un supérieur, un être surnaturel qui me donne l'ordre de respecter la vie, les membres, les biens des autres hommes ». C'est une manière de penser dont le principe est clair : l'homme qui parle ainsi ne connaît qu'une vertu, le respect de la puissance et de la force. Au lieu d'être une thèse de civilisé, comme certains le croient, c'est la thèse primitive du sauvage — qui reparaît et se donne des airs nobles. — Imaginez un homme comme certainement il y en eut sous Louis XIV, capable de faire l'aveu suivant : « Si je ne tue pas, si je ne vole pas, c'est que ces actes déplaisent au roi, dont la volonté est tout pour moi », et mettez-le en comparaison avec un autre homme qui vous dirait : « Si je ne fais pas du mal à autrui, c'est que mon intelligence et mon sentiment y répugnent. Autrui est mon équivalent, voilà pour l'esprit. Puis je me figure ses souffrances, je me mets à sa place, voilà pour la sensibilité : cela fait que je ne peux pas. » — Il s'agit, il est vrai, d'obéissance à un souverain surnaturel, à un Louis XIV éternel, mais cela ne change pas la qualité de la morale, qui reste celle d'un courtisan.

Nous avons essayé de saisir les causes qui ont présidé à la formation des codes de morale. Nous allons examiner quelles forces coactives ont contraint l'homme à fournir effectivement de la *moralité*. Un même phénomène se rencontre dans les deux sujets, *c'est l'opinion*, mais vue sous deux aspects différents. Nous avons considéré l'opinion tout à l'heure dans sa fonction d'inventer les préceptes; nous allons à présent la considérer comme puissance contraignante et l'examiner dans les modes et les degrés où elle exerce sa puissance. Il nous arrivera forcément de rappeler quelques idées déjà présentées.

Nous sommes accoutumés à lier avec l'opinion l'idée de punitions et de récompenses simplement morales; et l'idée est à peu près exacte, aujourd'hui que les gouvernements ont une existence séculaire. Mais quand il n'existait pas de gouvernements réguliers, l'opinion publique employait des moyens matériels de contrainte, peu constants, peu mesurés, très efficaces cependant; ce qu'on appelle la loi de Lynch dans l'ouest des États-Unis est un équivalent actuel de ce qui fut partout, dans la période prégouvernementale. Peu à peu les gouvernements ont dépouillé l'opinion de la contrainte matérielle et l'ont concentrée entre leurs mains. Depuis que les gouvernements ont pris pour eux la contrainte matérielle et réduit l'opinion à l'exercice de la contrainte morale, deux agences, bien distinctes, contraignent l'homme à fournir de la moralité : 1° l'opinion publique; 2° les gouvernements. Nos observations doivent porter d'abord sur la première en date, et qui en sus est la plus étendue, je veux dire l'opinion.

Même aujourd'hui elle n'est pas si dépourvue de coaction matérielle qu'il pourrait sembler. Quand un homme est mis quelque part au ban de l'opinion, il est difficile que la loi puisse le protéger absolument contre les sévices réels. Il faut voir cela dans un village. Ce paria est plus battu, et surtout plus volé, que le législateur, dans sa sphère élevée et lointaine, ne l'imagine.

Quoi qu'il en soit, l'opinion agit surtout par des peines et des récompenses purement sentimentales. L'homme a le besoin impérieux de se sentir en accord, en *conformisme*, avec ses voisins; il a besoin de leur considération. C'est à ces deux endroits que l'opinion le frappe ou le flatte. On a peine à saisir d'abord comment elle peut être si puissante; elle n'a à sa disposition, après tout, que des mines et des paroles, choses vaines en apparence. Mais c'est qu'elle agit sur des endroits très sensibles et avec une réitération de coups incessants. Voyez un individu méprisé : il est comme baigné dans un fluide qui, du matin au soir, à chaque minute, vient le frapper sur une plaie ouverte; parents, voisins, passants, hommes, femmes, enfants, tous les sexes et tous les âges, par gestes, propos, procédés, lui font sentir ce qu'il est. En sens inverse, l'homme admiré sent à chaque minute la caresse du flot bienveillant; c'est vraiment irrésistible.

La force de l'opinion éclate partout dans l'histoire; c'est elle qui a amené des milliards d'êtres humains à la guerre pour y affronter une mort possible; — d'autres, moins nombreux, y ont, par elle, accepté une mort certaine. Elle a surmonté chez le sexe mâle l'instinct si fort de la conservation;

et chez le sexe féminin, l'instinct sexuel. Ce qui fait la dignité du mariage lui est dû, chasteté de la jeune fille, fidélité de la femme. Les actes les plus précieux pour l'humanité, les plus difficiles à faire, n'ont jamais été payés qu'en considération; on ne les a pas faits pour de l'argent. Nous décorons le soldat qui monte le premier à l'assaut. Les Romains ne faisaient pas autrement. Les inventions, même lucratives, n'auraient pas été poursuivies avec une ténacité égale si l'image de la renommée n'avait hanté l'esprit de l'inventeur. Combien de découvertes d'ailleurs sont invendables? Révéler aux hommes la circulation du sang ou la méthode algébrique, cela ne donne pas un sou.

L'opinion fait des hommes ce qu'elle veut; elle change le caractère personnel; elle fait plus, elle change les âges et les sexes, donnant à l'un les qualités et les vices propres à l'autre. On n'exige pas de l'homme la chasteté ordinairement; et aussi en général il ne s'inquiète guère d'en fournir; mais qu'il se forme un milieu où une opinion spéciale lui demande de la chasteté, il en fournira. — On ne demande pas du courage à la femme, elle n'en a pas; elle va même jusqu'à affecter la faiblesse; mais si, par exception, l'opinion veut qu'elle soit brave, elle le devient à l'égal de l'homme. Voyez les Amazones du Dahomey. Rien n'est probant à cet égard comme la coutume des suttées indiennes. Là, l'opinion demandait naguère que la femme, d'une certaine classe, se brûlât à la mort de son mari; et cette femme se brûlait. Plus vous réfléchirez, plus vous sentirez l'horreur de cette destinée, et l'empire prodigieux de l'opinion. On a cru longtemps que cette coutume était particulière à l'Inde. Mais les femmes veuves paraissent avoir de même accepté la mort en beaucoup de pays. Aujourd'hui encore, chez les Chinois, si l'opinion ne réclame pas impérieusement le suicide, elle l'encourage; et cela suffit pour qu'un certain nombre de veuves se pendent publiquement (voir Sinibaldo de Mas, p. 55, Tablettes d'honneur).

On simplifierait un peu trop l'histoire sans doute, mais on ne la fausserait pas, en disant qu'elle est la lutte incessante entre l'intérêt économique et le besoin d'estime. Si fort que soit le premier, l'autre lui tient tête et souvent l'abat.

Ce vaste sujet de la moralité fournie par l'homme dans l'intérêt de son honneur n'est pas épuisé par le peu que nous avons dit. Nous aurons lieu d'y revenir.

La contrainte morale obtenue par la seconde agence, le gouvernement avec ses lois, ses codes, demande moins d'explication. La crainte des peines gouvernementales, qui reviennent toutes à la privation de la vie, des membres, de la liberté, des biens, des avantages ou honneurs sociaux, relève évidemment de l'intérêt économique, ou intérêt tout court — exception faite pour la privation des honneurs, qui appartient évidemment à l'honorifique.

Nous venons de voir les deux agences extérieures.

Il y a un troisième agent de coaction morale : c'est la sympathie. Lorsque quelqu'un s'abstient d'agir envers son semblable par la prévision des souffrances que son action infligerait, il cède à l'ascendant de la sympathie. Cette faculté que nous avons d'imaginer en autrui des états moraux, auxquels nous participons ensuite avec plus ou moins de vivacité, faculté involontaire contre laquelle nous protestons même souvent, sera considérée sans doute par nombre de mes lecteurs comme la puissance morale par excellence. Je n'y contredis pas. C'est en tout cas le plus aimable des pouvoirs moraux. C'en est aussi hélas! le plus faible et le plus intermittent.

Nous arrivons enfin à une coaction, considérable au moins par sa qualité : celle qu'on nomme la conscience. Ce que celle-ci nous paraît être en somme, de quels éléments elle nous semble formée, nous l'avons déjà dit; nous nous contenterons de répéter ici la conclusion essentielle : la Conscience est une forme idéale de l'opinion publique, une conception propre aux natures exceptionnelles, assez rare par conséquent, mais qui a agi historiquement toutefois avec une grande importance, parce que les natures exceptionnelles sont en histoire le point de départ des changements de toute espèce.

Il y a une morale qu'on appelle religieuse; il y a également une moralité religieuse. Nous ajournons ce double objet, pour en parler au chapitre des institutions religieuses. Nous estimons qu'il y aura profit à traiter en une fois, sous toutes ses faces, le vaste sujet de la religion.

Institutions de distinction ou de classe. — On peut dire que jusqu'à un certain point la nature a fourni à l'homme le modèle des classes, par le sexe et l'âge. Chez les primitifs la division naturelle en femmes et en hommes d'une part, en vieillards et en jeunes d'autre part, donne lieu à des différences de traitement, régulières et fixes, qui annoncent déjà l'esprit futur des classes.

Énumérer toutes les espèces de classes qu'on peut rencontrer dans l'histoire, n'est pas de mon sujet; mais je dois indiquer les principes divers de leur formation. Il est des classes qui se sont établies sur la tête des autres, grâce à des avantages acquis ou concédés, dont elles ont tiré un parti plus ou moins abusif. Telles sont la classe des nobles, qu'on trouve en tant de pays, celle des sorciers ou des prêtres. Il est forcé que ces classes privilégiées soient les premières formées; quand quelques-uns se mettent à part de tous, c'est pour avoir un lot meilleur. Celles-ci produisent dans la société l'effet d'un cristal dans un liquide : elles causent autour d'elles une cristallisation générale. La société se précipite, si je puis ainsi parler, en classes inférieures.

On distingue les hommes adonnés au travail de l'agriculture, les ouvriers des métiers non agricoles, comme les forgerons dans une grande partie de l'Afrique [1], les hommes

---

1. Voir aussi l'équivalent chez les Hindous.

livrés à des professions artistiques, comme les griots encore en Afrique, comme les musiciens et les bayadères dans l'Inde. Plus tard, avec l'existence des villes, on a les marchands, les commerçants. C'est la fonction économique qui, on le voit, fournit l'occasion extérieure, le prétexte pour classer chaque individu; mais il y a bientôt ici des phénomènes surajoutés que l'économique ne fournit pas et qui deviennent le vrai ciment de l'institution.

La classe devient en beaucoup d'endroits héréditaire, le métier passe du père au fils. En tous cas, nul ne peut quitter son métier sans tomber aussitôt dans une espèce d'ostracisme; cela tient à ce qu'il s'est établi entre les classes une sorte d'interdit. D'une classe à une autre, aucun rapport d'assistance, de sympathie, de sociabilité même; on ne se marie pas, c'est défendu; il n'est pas même permis de manger ensemble. Dans l'Inde, on peut voir cet esprit d'antipathie porté à un degré vraiment étonnant. On a beau s'adresser à ceux des historiens qui connaissent et exposent le mieux ce singulier sujet, Dubois ou Lyall, on ne comprend pas (ils ne comprennent pas eux-mêmes) comment l'humanité a pu en venir là, si on n'admet pas chez l'homme un besoin foncier de se distinguer, de se parquer dans des groupes où l'on s'assiste, où l'on sympathise vivement d'une part, tandis que d'autre part, à l'égard de tout ce qui n'est pas le groupe, on méprise et on déteste, avec une vivacité égale. Ces tendances une fois reconnues, on conçoit que l'exemple parti d'abord des classes privilégiées ait été si bien suivi. On comprend même que la tendance aille s'accentuant, c'est-à-dire que, dans les classes primitives, on arrive à faire des sous-classes, dans les castes des sous-castes, parce que les émotions sympathiques et antipathiques deviennent plus vives à mesure que le groupe se rétrécit, et que l'homme cherche toujours à accroître la vivacité de ses émotions. C'est le spectacle étrange que nous offre l'Inde.

Il y a donc dans le phénomène des classes, des castes,

après que la contrainte des classes supérieures a opéré, une part d'action considérable à attribuer à la spontanéité même des basses classes, une part de volonté et de penchant naturel. C'est par là que finalement les castes et les classes sont à rapprocher des sectes, des partis religieux, philosophiques, politiques, littéraires, artistiques, scientifiques même, que l'humanité a formés partout et en tout temps. Ceux-ci expliquent ceux-là; car ceux-ci manifestent un penchant à la séparation, à la scission très universel, très fort et qui se sert pour cela de tous les prétextes.

Aux États-Unis d'Amérique, il y a à la fois des classes vaguement dessinées par la fortune, la position sociale ou le métier; des églises diverses; des sectes nombreuses pour une même église; des partis politiques, économiques, sociaux, littéraires, artistiques; des associations pour suivre des intérêts réels, des associations pour atteindre des fins désintéressées, au moins en apparence, telles que propager la tempérance, réunir des documents archéologiques, etc., etc. Il ne s'agit pas en ce moment d'exposer avec détail une face si large et si variée de toute société, mais de démêler les causes psychiques de ces manifestations.

Il est clair d'abord que nombre de groupes sont dus à l'intérêt proprement dit, à l'intérêt économique. On se concerte pour atteindre une fin utile, qui est au-dessus des forces de l'individu. Ceux-ci mis à part sans difficulté, les autres groupes, en tant qu'ils ont été librement formés, relèvent des mêmes forces psychiques : 1° l'amour-propre; 2° la sympathie. Avide de se distinguer, l'homme ne peut pas toujours obtenir ce résultat à lui seul; il le cherche collectivement. Il a également besoin d'aimer et de haïr, aimer des gens qui pensent ou sentent comme lui, détester des gens qui pensent autrement. Le parti, la secte, lui donnent satisfaction à ce double égard. C'est pourquoi on voit les hommes se mettre en partis, en sectes, tout le long de l'histoire, sous prétexte de croyance, de dissidence politique, religieuse, littéraire, etc.;

et que de fois la dissidence est tout ce qu'il y a de plus futile !

Chez les Hindous, la classe est fondée tantôt sur la communauté du sang, tantôt sur celle du métier, tantôt sur celle d'un culte, tantôt sur celle d'un simple rite ou d'une habitude singulière. Tout prétexte est bon pour former une caste (voir Lyall).

Voici une observation que je trouve chez presque tous les sociologistes (mais notamment chez Spencer et Letourneau) : l'opinion publique dans une tribu de sauvages, ou un clan de barbares, a une force de contrainte remarquable : il est rare qu'on transgresse ses ordres ; et, d'autre côté, la moindre transgression est infailliblement et durement punie.

Nous savons tous que l'opinion publique dans un village, une petite ville, a une inflexibilité particulière : elle est plus impérieuse, plus redoutée et plus obéie là qu'elle ne l'est dans un grand centre.

L'étude sommaire que nous avons faite des classes, des castes, des sectes, des partis, nous a conduit à remarquer le joug dur et gênant de l'opinion dans ces milieux étroits.

Tous ces indices divers concordent pour nous faire soupçonner l'existence d'une loi dont la formule serait la suivante :

L'opinion, régnant dans un milieu, exerce sur l'individu un empire, inversement proportionel à l'étendue du milieu, — ou encore, l'opinion régit l'individu d'autant plus que le groupe est moins nombreux.

Cette loi, comme tant d'autres, a, bien entendu, sa limite. Le milieu trop réduit n'est plus un milieu, et la force opinionnelle disparaît.

En attendant une vérification complète que je sollicite, je présenterai quelques raisons *a priori* tirées du fond psychique.

Prenons d'abord le cas d'une caste où l'on entre par choix. Celui qui vient s'y faire admettre peut avoir été poussé par des mobiles assez divers ; mais, en tout cas, son action implique toujours, à quelque degré, sympathie pour les hommes du groupe spécial, apathie, sinon même aversion, pour le grand milieu. Or on obéit mieux aux injonctions des personnes sympathiques qu'à celles des personnes indifférentes. Inconsciemment d'ailleurs, ou consciemment, l'homme tient bientôt à sa secte, par ce motif qu'elle constitue une distinction dans le tout; ou pour mieux dire, l'homme se fait une distinction d'appartenir à sa secte. Ne pas obéir aux injonctions de la secte, c'est mettre en péril l'existence de ce petit groupe et par suite ruiner la base sur laquelle on élève une satisfaction d'amour-propre.

L'entrée dans le petit groupe est ordinairement suivie d'un changement d'habitudes : on néglige les anciennes relations; on se livre à la fréquentation presque exclusive des personnes du petit groupe. Le blâme et l'éloge de celles-ci sont seuls entendus, ou peu s'en faut. Le groupe étant petit, son opinion est plus homogène, plus unanime. Aucune discordance n'invite l'esprit à la révolte ou au doute critique.

D'après les lois connues du moral et du mental humain, l'individu est donc disposé à plus de docilité, de soumission vis-à-vis de l'opinion, dans le milieu étroit. A cet individu plus docile, l'opinion fait d'autre part des injonctions plus impérieuses; c'est encore indiqué par les mêmes lois. L'existence du milieu étroit et son maintien sont fondés sur le désir d'éprouver, d'exercer au plus haut degré possible diverses émotions, la sympathie d'un côté, l'antipathie de l'autre, l'orgueil à l'extérieur, la vanité collective à l'intérieur, le sentiment de l'assistance et de la défense mutuelles. Tout cela constitue un ensemble de motifs très forts, qui vous attachent au maintien du milieu étroit. Tout manquement aux règles spéciales du milieu, tout défaut d'observance, tend à ruiner cet édifice factice, qui n'a justement d'être visible que par ses observances spéciales. Chacun sent que si les fautes se multipliaient, il en serait bientôt fait de l'institution, en laquelle il a mis des espérances très vives de distinction, d'assistance, et de sympathie; chacun est révolté, et son indignation naturelle s'accroît par le concert des autres.

Quand le milieu étroit est une caste héréditaire où l'individu a été placé par le sort, non par son libre choix, quelques-unes des conditions indiquées ci-dessus manquent évidemment; les plus importantes cependant subsistent; en tout cas, la plus importante : la satisfaction que le milieu étroit donne à l'amour-propre. On s'accommode éternellement mieux d'être membre d'une partie distincte que d'être membre d'un grand tout confus.

Des religions qui embrassent maintenant, ou qui ont embrassé des multitudes humaines, ont commencé à l'état de secte; le christianisme, le bouddhisme, l'islam, et dans le christianisme la réforme. Il est visible, et d'ailleurs reconnu, que les adhérents de la première heure avaient une ferveur, une obéissance, une observance, qui ont baissé plus tard, à l'heure où la secte est devenue une grande religion. On attribue la ferveur première à la *nouveauté* des idées : comme si l'idée du christianisme ou du bouddhisme n'est pas neuve aujourd'hui autant qu'à la première heure pour tout homme qui vient au monde! La nouveauté alléguée n'a rien de réel.

On se laisse toujours tromper par l'imagination qui vous représente l'humanité comme un même être qui dure et vieillit; on ne voit pas la réalité, les générations successives qui renouvellent chaque fois la jeunesse du monde.

Il me paraît que les faits historiques s'expliquent mieux par la loi que nous venons d'énoncer : on a été plus sérieusement, plus activement chrétien, ou bouddhiste, ou protestant, quand tout le monde ne l'était pas.

Institutions mondaines. — Les hommes, qui ont des réunions pour gérer des intérêts industriels, politiques, militaires, religieux, en ont aussi pour le plaisir. Ces réunions, nous les appelons : institutions mondaines. Elles semblent avoir souvent pour objet des amusements fixes, la danse, le jeu;

mais par delà cet attrait visible, il en est un autre plus profond, qui existe toujours : elles mettent en jeu les rivalités d'amour-propre, les émotions sympathiques et antipathiques. Le monde, au sens étroit, est un théâtre tout disposé pour ces passions. Les plaisirs auxquels on se livre sont employés donc pour eux-mêmes et comme occasion d'exercer les mobiles honorifiques et sympathiques.

Quand les réunions assemblent les deux sexes, elles relèvent encore d'un troisième principe. Ce mélange leur donne une saveur, des mœurs, des règles, des suites particulières. Or tout cela est dû à l'action plus ou moins sourde du génésique, qui, lorsque les deux sexes sont mis en présence, n'est jamais tout à fait absent.

Comme le présent chapitre a pour dessein l'analyse psychologique des institutions, et que ce dessein est rempli à l'égard des institutions mondaines, je n'en dirai pas plus pour le moment. Toutefois je tiens à avertir le lecteur que je considère les institutions mondaines comme un sujet dont l'importance a été singulièrement méconnue. On verra l'ascendant qu'elles exercent, à notre avis du moins, non seulement sur les mœurs, mais sur les institutions politiques et sur les beaux arts, la littérature.

Observons-le d'ailleurs, ce sujet embrasse des éléments qu'on en sépare à tort. Les fêtes publiques des villes et des nations lui appartiennent, quand on considère ces solennités par un certain côté, comme des occasions recherchées par les hommes de se donner en spectacle réciproquement les uns aux autres, de se voir mutuellement agir, penser et sentir. Il faut en dire autant des cérémonies religieuses, des pompes d'un culte. Religieuses par un aspect, elles sont civiles, ou humaines, ou mondaines, c'est même chose, quand on les regarde par un autre aspect.

Institutions politiques. — Il y a des hommes à un tel degré d'hébétement, causé par la misère, qu'ils n'ont aucun gouvernement : tels les Fuégiens, et tels certains groupes australiens. Ces groupes d'ailleurs sont formés d'un très petit nombre d'individus. Dès que le groupe grandit un peu, dès que l'intelligence prévisionnelle se manifeste à quelque degré, les sauvages suivent un chef. S'il s'agit de guerre, ils suivent le plus brave; s'il s'agit de chasse, le plus alerte ou le plus avisé. En cela chacun obéit à l'intérêt personnel : il espère, grâce au chef, réussir mieux, soit à vaincre l'ennemi, soit à capter le gibier. Le premier gouvernement n'est donc pas fondé sur la force : il ne peut pas l'être; la seule force dont l'homme dispose alors est la force des muscles. Un homme peut avec elle ravir à un autre homme sa femme ou son boomerang, mais il lui est bien impossible de contraindre cinq ou six individus à le suivre et à exécuter ses ordres.

Plus tard, grâce à des genres de force artificiellement créés, le gouvernant pourra beaucoup plus.

Ce que veut un groupe qui se donne un chef, c'est donc quelque résultat qu'il n'atteindrait pas sans cela ou qu'il atteindrait difficilement : vaincre l'ennemi, capturer une grosse bête. Pour atteindre le résultat voulu, il est nécessaire de coordonner les efforts de chacun, de donner à ces efforts réunis une certaine unité, un certain concert. Les hommes s'aperçoivent vite que le concert est chose mal aisée à établir, et qu'en réalité il ne s'obtient que par la démission des idées, des volontés de chacun au profit d'une volonté particulière et supérieure, qui fait du groupe comme un seul homme en train d'agir.

J'ai montré l'intérêt du gouverné.

Il faut maintenant regarder du côté du gouvernant. Il serait superflu de prouver que l'homme a intérêt à gouverner, intérêt d'orgueil et intérêt tout court. Jusqu'à un certain point, gouvernant et gouverné s'accordent donc l'un pour avoir un chef, l'autre pour être le chef. Le gouverné entend charger le gouvernant d'une fonction, le gouvernant demande naturellement, sous formes diverses, le prix de sa peine. Jusqu'ici c'est au fond un marché comparable à celui d'une location d'ouvrage, mais avec cette observation toutefois qu'ici le prix consiste en honneur, aussi bien qu'en valeur économique.

Vu du côté du gouvernant, cette institution appartient donc à la fois à l'économique et à l'honorifique; vu du côté du gouverné, il relève de l'économique, exclusivement dans ses débuts; et toujours, dans la suite, c'est son facteur de beaucoup le plus important.

Ce sont là les agences tout à fait primitives. De bonne heure d'autres causes psychiques sont entrées en concert. D'abord le pouvoir concédé s'est fait craindre. Puis, quand les pauvres gouvernants de peuples sauvages sont devenus les monarques fastueux des peuples demi-civilisés, les avantages visibles, et manifestés d'ailleurs avec ostentation, que procurait le gouvernement, richesse territoriale et mobilière, luxe et plaisirs de toute sorte, pouvoir arbitraire sur les hommes, pouvoir de libertinage sur les femmes, tout cela a opéré pour inspirer au gouverné cette révérence qui suit les supériorités extérieures; et ici, proportionnée à sa cause, la révérence a été profonde. Transmise de génération en génération, inculquée au jeune, la soumission est devenue un article de foi civile, à laquelle les sacerdoces ont enfin, dans la plupart des pays, surajouté des craintes et des respects d'un nouveau genre.

Institutions artistiques et littéraires. — Un potier sauvage pétrit de la terre argileuse et façonne un vase. Voilà le vase achevé, parfait, c'est-à-dire tout à fait propre à l'usage qu'on en veut faire. Le dessein utilitaire est rempli. Cependant notre potier, avec une pointe de bois, trace sur l'argile molle de l'extérieur un ensemble de guillochis, qu'il contemple ensuite avec une complaisance visible. Cette émotion cherchée et trouvée, en dehors des vues utilitaires, appelez-la comme vous voudrez, recherche du joli, du beau, du symétrique, ou de l'étrange, c'est l'émotion artistique. Mais l'artiste ne s'en tient pas là. Il faut que d'autres hommes voient son vase, témoignent du plaisir devant son ornementation, et renouvellent ainsi l'émotion de l'artiste. Remarquons-le, ils lui donnent en même temps une émotion spéciale, la joie d'obtenir l'approbation d'autrui.

Considérons à présent le spectateur. Il semble à première vue que le spectateur participe seulement à l'émotion désintéressée de l'art. Nous verrons que, même chez lui, l'honorifique entre ordinairement en jeu, mais avec une intensité moindre.

Nous l'avons dit ailleurs : l'homme renouvelle, agrandit par artifices et imaginations son existence réelle et accroît ainsi singulièrement la quantité des émotions à éprouver. Lions ces idées à celles que nous venons d'énoncer. On ne voit pas à première vue comment ce potier qui guilloche un vase renouvelle, répète la vie réelle. Et cependant cela est vrai. Tout ce que l'homme, en fabriquant un objet, en bâtissant, sculptant, ou peignant, met dans son œuvre au delà des dispositions utiles, est destiné à donner le plaisir artistique par le rappel de quelque chose de réel. Cela ressemble toujours, quoique parfois de bien loin, à un objet réel. Souvent ce n'est qu'une sorte d'allusion presque insaisissable, comme ici, par exemple, où ces guillochis ont été tracés par la main de l'artiste, tandis que vaguement, obscurément, l'image des branches d'un arbre hantait son esprit. Mais à mesure que l'œuvre artistique s'élève dans l'échelle des productions, l'allusion aux réalités devient plus claire ; et le rappel enfin, dans la littérature, est indéniable.

Le mot *littérature* sert à désigner un groupe de productions extrêmement différentes : c'est une étiquette infidèle, posée sur un ensemble hétérogène. Weber, dans son histoire de la littérature hindoue, traite de la science hindoue ; Schœll, dans sa littérature grecque, Godefroy, dans sa littérature française, font le même amalgame. On ne va pas toujours si loin dans la confusion, mais personne n'hésite à mettre dans le groupe étiqueté littérature la poésie lyrique ou le drame, à côté des historiens et des moralistes. C'est là une confusion déplorable, une grossière indistinction, malgré laquelle on peut faire de l'érudition, même excellente, mais qui ne permet pas l'histoire scientifique. Les productions de l'esprit, quand elles sont dues à des visées bien distinctes, doivent être séparées.

Quand l'homme, parlant ou écrivant, a pour visée principale (je ne dis pas exclusive) d'énoncer qu'une chose existe de telle façon, bref d'énoncer une vérité, de quelque ordre qu'elle soit, il fait de la science. Que je dise : « la terre tourne » ou : « un tel est fou », si mon dessein principal est d'apprendre au public la réalité d'un fait, mon œuvre a toujours le caractère scientifique.

Quand l'homme se propose principalement de susciter chez ses auditeurs une émotion, de quelque genre qu'elle soit, il fait de la littérature ou de l'art; peu importe qu'il emploie à son but des fictions ou des faits vrais ou un amalgame.

Quand l'homme énonce que telle chose est à exécuter, à accomplir de telle manière, il fait une œuvre très distincte des précédentes. Remarquons-le, une règle, un conseil, un ordre, sont nuances d'une même visée intellectuelle. Un nom commun est à trouver pour cette opération de l'esprit; je propose de l'appeler l'art pratique. Cet homme fait alors de l'art pratique ou, si vous voulez, simplement de la pratique.

J'ai démêlé trois visées; j'ai beau m'efforcer, je n'en vois pas une quatrième. En résumé, l'homme parle pour dire le vrai, pour émouvoir, pour ordonner ou conseiller. Ajoutons-le tout de suite, dans la bouche de l'homme, ces trois langages se succèdent rapidement; on peut rencontrer même, dans une œuvre très courte, la succession rapide des trois tons. Il n'y a pas un discours, par exemple, qui ne contienne à brèves distances une vérité énoncée pour elle-même, un énoncé émotionnel, un conseil pratique. S'il y a beaucoup d'œuvres mixtes, il en est d'autres qui sont marquées cependant au sceau d'un dessein unique.

Les productions humaines doivent être classées d'après la visée qui a principalement inspiré leur conception et conduit leur accomplissement : un traité de physique sera rapporté à la science, ai-je besoin de le dire? un poëme épique ou un roman sera rapporté à la littérature, bien qu'il contienne assurément quelque règle de morale ou de savoir-vivre. En revanche, et c'est ce sur quoi j'appuie, on ne mettra pas dans la littérature un livre d'histoire, ni pas davantage l'ouvrage d'un moraliste. Le premier figurera légitimement parmi les productions scientifiques, le second parmi celles de l'art pratique.

On voit la relation fondamentale qui existe entre la littérature, communication émouvante au moyen du langage, et la sculpture, la peinture, communication au moyen des formes matérielles; et la musique, qui se sert à même fin des sons non articulés et de leur mouvement. On aperçoit, du même coup, que la littérature et les beaux-arts relèvent principalement du sympathique, et que nombre de vérités doivent leur être communes.

On n'aperçoit presque que l'émotion sympathique quand on regarde du côté du public, tandis qu'on voit, du côté de l'artiste, le désir honorifique entrer concurremment en scène, avec un rôle important. Bien qu'infiniment moins apparent chez le public, le mobile honorifique existe pourtant de ce côté, comme de l'autre. A méconnaître sa présence, on court risque de mal interpréter des phénomènes importants; nous en donnerons des preuves un peu plus loin.

Institutions scientifiques. — L'homme ne vit que parce qu'il sait quelque chose du milieu environnant. Tout à fait ignorant, il périrait sur l'heure.

Si on donne au mot science un sens large, si on lui fait contenir toutes les idées de l'homme qui sont conformes à la réalité, on peut affirmer que la destinée de notre espèce dépend avant tout de la science. Cependant nous emploierons deux termes différents : nous appellerons *science* la connaissance systématisée et constituée pour elle-même, sans visée pratique, et *savoir* tout ce qui n'est pas encore connaissance systématisée. Cette distinction, assez conforme d'ailleurs à l'usage général, est nécessaire, parce qu'en histoire le savoir et la science relèvent de mobiles différents, et par suite n'ont pas les mêmes lois [1].

Le savoir précède longuement la science : il appartient au mobile économique. L'homme observe et apprend d'abord pour agir sur les choses et s'en emparer. Il n'y a pas au début de savoir désintéressé. Cela est aussi vrai du savoir réel que du savoir imaginaire, car il y a des savoirs imaginaires. On compte les objets pour se les partager ou pour les échanger; on mesure le sol pour se le diviser; ce sont là les débuts incontestés de l'arithmétique et de la géométrie. La magie pratiquée par tant de peuples, l'astronomie particulière aux Égyptiens et aux Chaldéens, n'échappent pas à cette loi. Si les Chaldéens observent les astres, c'est parce qu'ils croient que leurs mouvements influent sur la destinée individuelle. Ce qu'on veut tirer de l'observation des mouvements sidéraux, c'est le présage, l'avertissement utile. Cette apparente astronomie n'est d'abord que de l'astrologie. Quant aux magiciens, aux sorciers, partout ils cherchent dans les minéraux, dans les substances animales, de quoi nuire, empoisonner, de quoi se donner de la force, du courage, de l'excitation, de l'ivresse, des hallucinations, pour dominer les autres, ou les étonner.

On pratique d'abord à tâtons tous les arts utiles, tous les métiers, chasse, pêche, agriculture, élevage, architecture,

---

[1]. Ce qui est né sous l'ascendant d'un mobile tel que la curiosité, unie à l'honorifique, et ce qui est né sous l'ascendant de l'intérêt, ont nécessairement, au dehors, des causes d'excitation différentes. N'oublions pas cette vérité capitale : que chaque mobile psychique a ses lois, et que le secret des lois plus étroites de l'histoire est enfermé dans la loi des mobiles.

poterie, etc. Les échecs et les réussites, qui se mêlent, excitent l'homme à revenir sur ses actes, à considérer comment il s'y est pris dans les deux cas. La théorie de la pratique commence, presque sans qu'on y songe, et elle se forme encore sous l'ascendant de l'intérêt économique. On ne fait de la théorie que pour réussir plus sûrement dans la pratique.

Cependant l'homme, en présence d'un objet nouveau, peut, si l'objet n'est pas effrayant, éprouver une émotion qui est, somme toute, agréable; c'est la curiosité, nuance d'une émotion plus étendue, l'étonnement. L'homme trouve quelque plaisir non seulement à faire connaissance avec un nouvel objet, mais à reconnaître, dans des conditions ou sous des formes nouvelles, un objet ancien. Le choc mental de la reconnaissance constitue une émotion assez agréable pour qu'on la recherche. Ce mobile étant distinct, nous lui avons déjà donné un nom particulier, le *scientifique*.

Bien faible, et bien rare est d'abord le jeu du scientifique. Et il serait sans doute resté tel, s'il n'y avait eu combinaison entre le scientifique et d'autres mobiles beaucoup plus forts.

Toute découverte d'objet nouveau, toute reconnaissance ne va jamais sans un certain contentement de soi. C'est une réussite, c'est un succès. Le succès, même inutile économiquement parlant, ne laisse pas que de flatter l'homme de l'idée obscure d'un accroissement de pouvoir.

Celui qui possède un savoir réel comme l'arpenteur primitif des Romains, ou en partie réel comme le médecin primitif, ou tout à fait imaginaire comme le sorcier ou le prêtre, a barre sur les autres hommes, qui attendent de lui des effets très désirés ou très redoutés et même souvent des effets illimités. Partout le savoir, vrai ou faux, mais surtout faux, il faut bien le dire, parce qu'alors il n'a pas de bornes dans l'imagination des hommes, procure à celui qui le détient des récompenses positives, d'abord, et puis une considération qui présente tous les degrés et toutes les nuances, depuis l'admiration jusqu'à la terreur. Il y a bien là de quoi solliciter l'homme à acquérir le savoir ou à le feindre.

Cependant ce savoir, sollicité par les récompenses pécuniaires ou honorifiques du public, ne conduit pas à la science désintéressée; il est trop tenu d'être utile ou de le paraître.

Mais au sein du grand public, bientôt les savants primitifs se multipliant, ont formé des classes ou des castes : prêtres, devins, sorciers, médecins, astrologues, comme les prêtres d'Égypte, les mages de Chaldée. Là, dans ces milieux étroits et spéciaux, est née, je pense, l'estime particulière pour le savoir, sans considération de son utilité, et pour la supériorité intellectuelle en soi. Ce n'est pas un phénomène douteux. Voyez les gens d'un métier quelconque. Parmi eux, l'habileté professionnelle, la question des profits mise à part, arrive toujours à être appréciée pour elle-même : et ces hommes finissent toujours par se classer entre eux, suivant les degrés de leur capacité spéciale.

Nous voici donc en présence d'un excitant nouveau, auquel correspond un mobile nouveau : obtenir l'estime des gens de sa caste ou de sa profession. C'est ce mobile qui, venant se combiner avec la curiosité, avec le sentiment de la puissance intellectuelle, a formé une force sollicitante d'une énergie inférieure généralement à celle de l'intérêt économique, mais cependant, en certaines conjonctures heureuses, très effective. Ainsi, la science, proprement dite, a dû son existence à une combinaison de la curiosité ou du scientifique avec un point d'honneur spécial, qui est de l'honorifique.

Montrons que ces analyses psychologiques ne sont pas des hors-d'œuvre, mais qu'elles sont au contraire propres à diriger l'historien dans ses investigations. Tout ce que nous venons de dire aboutit en effet à cette conséquence importante : la formation d'un milieu spécial est une condition absolue pour qu'il existe des savants.

Institutions religieuses. — Les religions ont un fonds commun ; il y a un sujet réel d'étude qu'on peut appeler la religion. Mais ce fonds commun est lui-même complexe et, pour en parler avec précision, il est bon de le soumettre à une analyse, qui en distingue les éléments.

Il faut considérer dans une religion : 1° la croyance ou le dogme, partie intellectuelle du phénomène total ; 2° le sentiment excité par le dogme ; 3° les actes qui résultent des deux précédents ou le culte ; 4° il y a souvent, mais pas toujours, un quatrième élément : l'intervention entre le croyant et son dieu d'un autre homme, prêtre, magicien, ou sorcier. Cet intermédiaire peut être isolé, sans liens corporatifs, ou faire partie intégrante d'un corps, d'un clergé.

En général, les actions de l'homme sont des réactions à l'égard d'un milieu qui le gêne ou le sollicite ; c'est la réplique à quelque circonstance extérieure. L'action religieuse de l'homme fait exception ; celle-ci ne répond à rien de réel, rien de réel ne la sollicite, puisque l'homme n'a jamais eu l'expérience de ses dieux. C'est le caractère étonnant de la religion. Je dis étonnant à première vue.

Commençons par examiner l'idée dogmatique. Croyance en l'existence de l'esprit, sans corps, ou du moins sans corps perceptible pour les organes des hommes vivants, telle est l'idée essentielle et commune à toutes les religions. Le vrai nom de la religion, en tant que dogme, serait donc l'animisme, croyance à l'être invisible. Comment est-on arrivé à cette persuasion ?

Qu'est-ce que le sauvage attend en traversant un lieu inconnu, muet, forêt sombre, savane immense, ou gorge obscure ? Il attend avec appréhension la brusque saillie d'une bête ou d'un autre homme, et si sa crainte devient très vive, il arrive à la certitude que l'ennemi, bête ou homme, est là, quoique invisible. La croyance est ici donnée non par l'extérieur, mais par l'émotion intime, d'après des expériences antérieures, il est vrai : tel jour, en tel lieu, un ennemi était bien réellement présent, alors que rien ne faisait soupçonner son existence. Voilà le début naturel de la foi à l'invisible.

Il y a un phénomène qui touche vivement l'esprit du sauvage : c'est le cadavre humain. Qu'est devenue la force de cet homme qui ne remue plus? Où sont passés la chaleur qui était dans ses membres, le souffle qui était dans sa poitrine? Ces questions intéressent-elles le sauvage parce qu'il fait un retour sur lui-même, et qu'il s'attend à pareil sort? Peut-être, mais ce n'est pas sûr, tant il a la réflexion courte. En tout cas une préoccupation plus prochaine le domine. L'homme immobile est un parent, un voisin avec qui il était en rapport journalier, et dont il avait à attendre du bien ou du mal, suivant qu'on était ami ou ennemi. Si le cadavre est là, l'ancien vivant est quelque part, pas bien loin. Il va désormais mener une forme d'existence nouvelle. Ce qui frappe, ce qui saisit le sauvage dans cette forme, c'est que le mort est invisible, insaisissable, invulnérable, pour lui vivant. Voilà un terrible avantage. Le sauvage l'estime d'après son expérience de la vendetta, où la victoire est toujours à celui qui se rue sur l'autre à l'improviste.

Ce n'est pas ici le lieu de développer la conception du sauvage; j'en ai assez dit pour faire comprendre ses sentiments à l'égard du mort : celui-ci est un être très redoutable, s'il est ennemi; un être dont l'assistance est précieuse, s'il est ami. Il faut dans le premier cas le fléchir ou l'effrayer; l'invoquer dans le second; le ménager surtout, parce que l'amitié des gens est capricieuse. En somme, dans cet état mental, la défiance et la peur dominent.

Spencer, à qui on doit une étude très ample et très détaillée de ce sujet, a tenté une explication. Divers phénomènes très réels ont, selon lui, pu conduire l'homme à la croyance que le mort n'était pas mort, mais particulièrement les phénomènes du rêve. Historiquement, la question est insoluble. Nous ne saurons jamais avec certitude le début original. Il est permis de flotter entre deux opinions très opposées. Il se pourrait que l'existence animique du mort fût une trouvaille, une invention individuelle qui s'est répandue, parce que, flattant l'homme à deux endroits très sensibles, la peur et l'espérance, elle est de nature à se faire adopter avec une extrême aisance. Il se pourrait au contraire que cette croyance se formât spontanément dans l'esprit du sauvage, placé en de certaines conditions sociales. Nous jugeons mal de ces choses, quand avec notre logique moderne nous apercevons des difficultés d'inférence, là où, pour l'homme primitif, il n'y en avait aucune. L'homme croit tout ce qui fait le compte de sa peur ou de son espérance. — Voici cependant le nœud. L'homme a vu le cadavre se décomposer, se dissoudre. Il aurait dû se dire : le mort n'est plus rien. Il a persisté au contraire à penser : « le mort est quelque chose ; il est, quoique sans corps ». Évidemment l'idée se réduit d'abord à cela. La conception nette de l'*esprit* s'est formée plus tard, et c'est alors que l'ombre ou le souffle de l'homme aura peut-être en effet fourni une comparaison explicative. L'idée assez vague du premier moment pourrait bien procéder d'une tendance fondamentale. Supposons qu'en quelques hommes la crainte très vive inspirée par un guerrier redoutable n'ait pas complètement cessé après sa mort ; que la mémoire de ces hommes leur ait reproduit, avec un certain degré de force, les appréhensions antérieures — phénomène de reviviscence très commun : ces hommes ont pu arriver à penser obscurément ce qui suit : « Tel chef est encore à craindre, puisque nous le craignons ; il existe donc ». Ce que l'*homme primitif* ne peut concevoir, je crois, parce qu'il y faudrait un don d'observation psychique qu'il n'a pas, c'est la persistance d'une émotion forte, sans objet réel. Pour lui, toute émotion, à un certain degré, garantit suffisamment l'existence de l'objet, dont l'image hante l'esprit, simultanément avec l'émotion. Ce que j'ai dit de la peur s'applique également à l'émotion contraire, au regret, au désir que le mort ne soit pas mort.

Quoi qu'il en soit de cette hypothèse, le dogme de l'esprit du mort, que j'appellerais volontiers la religion du revenant, présente une extension géographique extraordinaire — on la trouve presque partout — et une persistance temporelle non moins frappante. Les religions postérieures l'ont recouverte, non détruite. Sous toutes les religions polythéistes ou monothéistes, on retrouve, comme une couche plus profonde et première, la religion du revenant. Sous le panthéon grec ou romain, règne le culte des mânes et des lares. La religion la plus strictement monothéiste qui soit, celle de Mahomet, n'a nullement étouffé la foi au revenant, qui est encore très vivace; plus vivace même, chez beaucoup de musulmans, que la foi dans le grand dieu unique. Tout le moyen âge catholique a professé la croyance à l'esprit des morts et éprouvé à un haut degré la peur ou l'espérance du revenant.

Après l'animisme humain, vient l'animisme naturel, c'est-à-dire la croyance qui place des volontés, des sentiments à peu près humains, à l'intérieur ou à côté de certains corps (à cet égard la pensée du croyant est souvent obscure, indécise ou variable). L'homme a doté d'esprit, d'âme, les arbres, les sources, les montagnes, les forêts, les astres, les météores, la terre, le ciel. M. Spencer veut que cet animisme soit de l'animisme humain, finalement méconnu; exemple : pour lui, Zeus, l'esprit du ciel, de la voûte céleste, chez les Grecs, serait primitivement un esprit ancestral, logé au ciel, et devenu peu à peu, par oubli de son caractère originel, maître et gouverneur de son habitat, dieu céleste. Ce processus que M. Spencer applique à toutes les divinités terrestres et célestes ne me paraît pas démontré. Sa thèse toutefois contient, je crois, une part de vérité, dont il faut faire notre profit. L'animisme de Zeus n'est pas de l'animisme humain, mais sans ce dernier l'animisme naturel de Zeus n'aurait peut-être pas existé. La mort humaine a dressé l'homme à concevoir l'existence de l'esprit. L'homme a fait ensuite à l'égard de cette invention ce qu'il a fait pour toutes : il en a étendu l'usage à des cas nouveaux. Les faits sociologiques semblent donner raison à l'hypothèse qui fait de l'animisme humain l'antécédent obligé de l'autre. Il y a des peuples qui ne connaissent que le dogme du mort. Et il ne paraît pas y avoir un seul peuple polythéiste ou monothéiste chez qui on ne trouve le dogme du mort au-dessous des autres (voir Spencer, Lubbock).

Comte, avec bien d'autres, explique l'animisme naturel en disant : « L'homme ne connaît qu'une cause de mouvement, c'est lui-même. Il a dû prêter par suite un esprit à tout ce qui présentait du mouvement. » Spencer a répondu très justement : « Le sauvage distingue très bien l'inanimé de l'animé ». Entrons à notre tour dans ce même sujet. Comte suppose implicitement que l'homme a créé l'animisme naturel, en voulant s'expliquer les mouvements, la vie apparente de certains corps. C'est à notre avis de la psychologie erronée. Quand le mouvement des corps est sans conséquence utile ou nuisible pour lui, l'homme primitif n'y fait aucune attention, et pas plus que lui le paysan même, qui vit au milieu de nous. Ce sont les conséquences utiles, mais surtout les nuisibles, qui dissipent l'insouciance de l'homme; et la question qu'il se pose alors a trait uniquement à ces conséquences. Pourquoi sont-elles ainsi? d'où viennent-elles? C'est là que se place une suggestion sourde, involontaire de notre esprit : « ce qui me fait du mal a une volonté malveillante ». Chaque jour le phénomène se passe sous nos yeux. On a beau être civilisé, on bat une chaise qui embarrasse les jambes, une ronce qui a mordu notre main. L'idée qu'une chaise puisse être malveillante paraît si absurde, si inconvenante dans un esprit civilisé, que le lecteur doutera de son existence. Effectivement, elle ne dure pas; c'est un éclair; la conscience a peine à l'apercevoir, car aussitôt la raison proteste avec succès; mais la colère, qui a besoin pour se justifier de la croyance absurde, ne l'a pas moins imposée à l'esprit, pendant la durée d'un éclair. Au lieu d'un esprit d'homme mûr et civilisé, prenez un enfant ou un sauvage. La pensée absurde, qui n'avait tout à l'heure qu'un moment, pourra durer. Mettez cet enfant ou ce sauvage aux prises, non plus avec un objet aussi net, aussi connu qu'une chaise, aussi visiblement inanimé, mais avec une fièvre, un orage, une tempête, une peste, la croyance à une malveillance extérieure prendra une force extrême ; et comme il n'y a de malveillance que dans les personnes, la fièvre, l'orage, la peste, seront personnifiés. Je veux dire qu'on mettra une personne dans ces phénomènes, ou à côté ; la nuance n'est pas importante ; ce qui importe, c'est de remarquer le processus.

On ne s'observe pas assez, et on ne sait pas assez combien souvent une émotion impérieuse impose à notre volonté, à notre raison, des idées que celles-ci repoussent, mais que l'autre maintient pour sa justification. Plus brièvement, on méconnaît en général l'existence des conceptions formées sous le joug du sentiment. La religion constitue la manifestation historique la plus éclatante de cette loi de l'esprit que nous avons définie plus haut : l'association par similarité émotionnelle. Et c'est cette loi qui explique, ce qui nous a paru étonnant à première vue : la formation et le maintien séculaire d'un grand ordre de conceptions, de croyances, qui n'ont pourtant jamais obtenu de la réalité extérieure aucun appui expérimental. Nous nous sommes assez expliqués sur les sentiments qui ont créé le dogme animique : la peur, l'espérance. Il faut voir les sentiments consécutifs à cette création, et les développements ou les modifications que le dogme lui-même reçoit. Je commence par ces derniers.

Nous avons signalé après l'animisme humain, après la religion du mort, la survenue de l'animisme naturel, autrement dit le polythéisme. Une opération intellectuelle, dont nous jugerons plus loin le mérite, transforme l'animisme multiple en un animisme unique ou à peu près, c'est-à-dire en monothéisme. Dans ce chapitre, où nous visons seulement à constater les racines psychiques, nous n'avons qu'une chose à dire du monothéisme : son invention ne nécessite le jeu d'aucune nouvelle cause sentimentale. Mais nous devons appuyer sur une autre nouveauté.

Le sauvage, dans la mort, ne voit guère que le mort même, à l'état d'être invisible. Plus tard, quand l'homme a plus de capacité prévisionnelle, une idée se présente à son esprit et une préoccupation inconnue jusque-là. L'homme se voit lui-même d'avance à l'état de mort, d'être invisible et d'esprit. Ceci met en jeu un intérêt nouveau, et un grand intérêt, composé de tous les autres, l'amour de la vie. Vivre toujours, quelle surexcitation de l'espérance ou de la crainte, selon la forme imaginée pour l'autre vie! Rien d'étonnant si, parallèlement aux dogmes qui concernent les dieux ou théologie, se développent, avec une ampleur et une diversité égales, les dogmes relatifs à l'existence post-mortelle ou l'eschatologie.

Comme le premier dogme est celui de l'esprit du mort, le premier culte est celui qui consiste en des soins accordés et des objets livrés au cadavre : on nourrit et on entretient l'esprit du mort. Ces objets coûtent au vivant; c'est de sa part un sacrifice. Il ne le fait pas pour rien; il demande en retour la protection, l'assistance de l'être qu'à raison de sa nature invisible il estime plus puissant ou plus avisé que lui-même. Le premier culte est propitiatoire : c'est un point incontesté[1].

Tous les cultes qui ont suivi celui-là ne présentent pas un autre caractère. Le dieu a beau s'élever dans l'empyrée, bien loin au-dessus de l'homme, s'amplifier, grandir, embrasser le monde, le croyant qui l'adore lui demande toujours la concession de quelque bien ou l'exemption de quelque mal. A cet égard, le sentiment a bien peu changé dans les masses. On se fait sur ce point des illusions inacceptables.

Il se peut sans doute qu'une âme pieuse demande pour une

---

1. Nous savons par les récits de voyages ce que les primitifs demandent à leurs dieux : ce sont des biens temporels, l'abondance, la santé, la victoire. Les documents religieux, là où nous en avons, témoignent de même : par exemple les prières contenues dans le Rig-Véda.

autre que pour soi; mais l'intérêt de nos affections est encore un intérêt; et l'attitude du croyant vis-à-vis du dieu n'en reste pas moins celle d'un demandeur. Il se peut qu'au lieu de demander pour cette vie, on demande pour l'autre vie, pour l'existence d'outre-tombe; le temps de la satisfaction est ainsi reculé; mais ce n'est pas un ajournement qui peut changer la nature psychique du désir; cela est évident.

Sautez par-dessus les temps, allez à Lourdes ou à la Salette, à Paray-le-Monial, ou à Sainte-Anne d'Auray, et enquérez-vous de ce que la foule vient demander à la divinité; vous verrez que ce sont, comme chez les primitifs, des biens temporels : la guérison d'une maladie, la prolongation de l'existence, le succès d'une entreprise. Examinez, pour confirmation, les ex-voto, témoignage de la gratitude du croyant, dettes promises et acquittées par lui : les ex-voto vous apprendront de quels bienfaits il remercie la divinité; par conséquent ce qu'il avait demandé, et ce qu'il demandera encore, à l'occasion, avec un redoublement de foi : il remercie d'avoir survécu à un naufrage, à une bataille, d'être sorti à son avantage d'une entreprise difficile, ou d'une maladie réputée incurable.

Si vous faites un retour sur l'antiquité, vous apprendrez que le sanctuaire de la déesse Tanit en Afrique, ou le fameux temple de Delphes en Grèce, étaient décorés de milliers d'ex-voto, attestant les miracles de la bienveillance divine, exactement comme la basilique de Rocamadour ou de Sainte-Anne d'Auray. La similitude des signes trahit le même fonds psychique.

Il y a, je n'ai pas envie de le nier, des âmes délicates et charmantes qui demandent à Dieu de leur accorder des vertus et des qualités de caractère; qui le prient de leur donner courage, patience, humilité, soumission sans colère, force pour aimer et pour se dévouer. Mais d'abord ce sont des natures exceptionnelles, sur qui il n'est pas permis de fonder une généralité sociologique, et ce sont des résultats que toute l'élaboration intellectuelle et morale des siècles a réussi à produire, grâce à la rencontre d'un fonds exceptionnellement heureux. Nous dirons tout à l'heure comment la religion s'est alliée à la morale, comment l'homme a fini par supposer dans la divinité le désir de voir ses créatures se faire du bien les unes aux autres. La faveur divine a été ainsi mise à des conditions nouvelles et l'homme, qui désire tant cette faveur, a été amené, par une logique naturelle, à demander parfois la force morale nécessaire, pour remplir les conditions. Dans une âme bien douée, l'idée de la condition, du moyen moral, devenue une fin en soi, peut prendre assez d'importance pour reculer dans l'ombre, pour effacer momentanément l'idée du salut personnel et final; mais cette idée n'est jamais tout à fait absente et ne peut pas l'être.

Est-ce tout? avons-nous touché au point le plus élevé, à la sommité du sentiment religieux? Pas encore.

Conçue, comme elle l'est presque toujours, sous une forme personnelle, la divinité peut devenir et devient pour les natures tendres ou exquises un objet qui met en jeu les facultés d'estime, de sympathie, ainsi que le fait la personne humaine. Pour la faculté honorifique du croyant, Dieu devient un sujet d'admiration extrême, c'est-à-dire d'adoration, et en même temps un témoin de qui on redoute par-dessus tout le blâme, de qui on désire l'estime avec la ferveur la plus vive. — Pour le besoin sympathique, il est objet d'amour, ou au moins d'un effort d'aimer. En même temps le croyant souhaite et espère d'être pour Dieu l'objet d'une sorte d'affection paternelle, d'une sollicitude infiniment imposante, qui à la fois rassure et confond. Nous voyons que, vis-à-vis du dieu, le moral entier de l'homme vibre, ou est au moins en instance de vibrer. Intérêt, amour-propre, sympathie, tout cela entre en exercice dans la religion. Relevons cependant le trait essentiel. L'aspect primitif que présente le sentiment religieux, celui qu'il continue toujours d'offrir le plus généralement, est celui d'un sentiment intéressé. Et comme c'est la santé, le pouvoir, la richesse, la vie, bref, le succès de l'un de nos besoins physiques qu'on demande ordinairement, la religion vue de ce côté appartient logiquement à l'économique : elle est de *l'économique imaginaire*. L'expérience historique vient, après la logique, justifier ce rapprochement.

En effet, dans le cours de l'histoire, l'homme fait parallèlement usage des deux économiques; mais c'est surtout au point où les moyens de l'économique réel font visiblement défaut, que l'homme a recours à l'économique imaginaire; par exemple, dans une maladie que la science du temps ne guérit pas, dans un naufrage où toute assistance humaine est impossible. L'homme ne se résigne qu'à la dernière extrémité. Là où son pouvoir d'écarter le mal cesse, où les moyens pratiques se terminent, plutôt que de désespérer, il embrasse la foi à un pouvoir invisible et indémontrable.

L'économique réel et terrestre, et la religion, prise d'une certaine manière, qui est de beaucoup la plus générale, sont donc à l'égard l'une de l'autre dans un rapport de suppléance ou de supplémentation.

Nous sommes par là avertis de plusieurs choses : l'homme tiendra à sa religion de toute la force d'aversion qu'il éprouve pour un sentiment aussi amer que le désespoir. Il ne sera pas difficile sur les preuves d'un pouvoir surhumain qui flatte tant sa faiblesse; il croira, avec une facilité inconcevable pour l'observateur qui regarde seulement la logique et ne voit pas les passions humaines.

Enfin, nous sommes amenés à une conjecture dont la vérification peut avoir une importance considérable en histoire.

Puisque l'économique vrai et l'économique imaginaire sont dans le rapport de se suppléer mutuellement, il doit en résulter un balancement continuel : quand l'un descend, l'autre monte. La richesse économique, soit dans un peuple, soit dans une classe, soit dans un individu, diminue, par hypothèse, le recours à la religion. L'historien qui voudra vérifier cette supposition, fera bien de ne pas comparer des peuples différents; il raisonnera plus serré en comparant un même peuple à deux états différents, quand il est pauvre et quand il devient riche. Mais il faut prendre garde que la richesse est impuissante contre certains maux. Elle n'en préserve pas, et elle les rend plus sensibles. On a beau être riche, on peut être atteint par la peste, le choléra, la guerre, la révolution. Les temps de calamités doivent être des temps de recrudescence religieuse.

Certains historiens ont déjà énoncé cette observation. A mon tour j'appelle l'attention sur une proposition réciproque : si la religion augmentait dans les calamités publiques, ce serait une vérification qu'elle a sa principale racine dans l'intérêt.

La science accroît le pouvoir économique de l'homme. Par ce côté, la science opère comme une force indirectement réductrice de la religion. On a relevé souvent les contradictions de la science à l'égard des dogmes : c'est la forme la plus apparente de leur conflit; mais la religion est bien moins atteinte par cette contrariété théorique de la science que par ses effets économiques; du moins nous devons logiquement former cette conjecture.

L'erreur fréquemment commise par les historiens, quand ils énoncent un jugement philosophique sur la religion, c'est de la considérer uniquement dans ses manifestations les plus hautes, qui sont aussi les plus rares. C'est d'après celles-ci qu'ils rédigent la formule générale; ils disent de tous les hommes ce qui n'est vrai que des meilleurs : complaisance singulière, qui efface tout le grand côté de ces phénomènes et le tient pour non avenu, parce qu'on ne le trouve pas assez noble.

Je conviens que la rhétorique en profite, que la phrase s'en trouve bien et l'auteur lui-même n'y perd pas, dans l'esprit du lecteur.

L'humanité, présentée ainsi, n'est plus en religion ce qu'elle est dans les autres ordres d'activité; c'est à ne plus la reconnaître[1].

Aujourd'hui, après une longue évolution, la religion, vue d'un certain côté, se présente comme une sorte de science qui complète et achève la science proprement dite, en donnant réponse à des questions que la science ne résout pas. Qu'est-ce que l'existence générale, qu'est-ce que le monde? d'où vient-il, où va-t-il? et nous, humains, pourquoi vivons-nous? — Cet aspect intéresse à la religion non seulement les croyants, mais même un grand nombre des hommes qui n'y croient pas. Entre ceux-ci, beaucoup s'imaginent que la religion est née précisément du besoin de résoudre le problème du monde et l'énigme de la destinée humaine. La religion prend ainsi, dès l'origine, un caractère élevé qui la recommande, même aux yeux du non-croyant. Cette conception de l'origine commune des dogmes est flatteuse pour la nature humaine, mais elle n'est pas vraie. Consultez ceux qui connaissent le mieux l'homme primitif, Lubbock, Spencer, Tylor, Letourneau, lisez les voyageurs, et vous découvrez que le sauvage manque absolument de curiosité spéculative. Le monde ne l'étonne pas du tout; ce qui l'étonne, ce sont nos questions à ce sujet. Nos outils, nos instruments, une montre, un vaisseau, un fusil (un fusil surtout) l'intéressent. Il sent parfois très vivement le désir de posséder un clou, un couteau de fer, parce qu'il est frappé de l'utilité immédiate; mais c'est tout. Encore y a-t-il des sauvages assez hébétés pour ne s'émouvoir de rien. Et cependant l'idée du dieu existe déjà chez ces sauvages. Elle est là à son premier stade, et c'est là qu'il faut l'étudier pour en découvrir la source psychique.

Il n'en reste pas moins que la religion, dans sa partie dog-

---

[1]. M. Renan en vient dans certains passages à employer les mots de religion et de dévouement comme synonymes. Avec ce vague, cette indistinction absolue, toute histoire scientifique devient impossible. Le public applaudit volontiers à l'optimisme des auteurs qui, par une généralisation illégitime, étendent à la religion des masses ce qui n'est vrai que dans un saint Louis, une sainte Élisabeth, une sainte Thérèse. L'amour-propre d'espèce y trouve son compte.

matique, présente une tendance à devenir une sorte de science imaginaire, en rapport de supplémentation, à l'égard de la science proprement dite, de même que par un autre aspec elle supplémente les pouvoirs pratiques de l'homme, son économique du moment. Chère à l'homme pour la satisfaction idéale qu'elle donne à ses côtés intéressés, la religion l'attache donc encore par les solutions offertes à son envie de connaître, de pénétrer jusqu'aux causes premières.

CHAPITRE VII

L'HOMME TEMPORAIRE OU HISTORIQUE

L'homme temporaire ou historique est l'homme général, affecté d'une façon spéciale dans sa sensibilité ou dirigé intellectuellement d'une façon spéciale, par des circonstances propres à un temps et à un lieu. Il y a à étudier en lui : 1° un certain degré de civilisation, c'est-à-dire de richesse, de moralité et d'intelligence ; 2° des modalités institutionnelles.

Une institution donnée, quand on la considère à deux moments éloignés de sa durée, présente toujours quelques traits communs aux deux temps, et d'autres traits qui diffèrent de l'un à l'autre temps : les formes institutionnelles sont toujours plus ou moins passagères.

Si c'est l'ensemble des institutions que l'on regarde à deux moments différents, en un même pays, on aperçoit encore que les rapports de diverses institutions entre elles, leur équilibre, pour me servir d'un mot unique, n'est pas le même. Par exemple, les institutions militaires ont à telle époque, par comparaison avec les institutions industrielles, une vitalité, une énergie tout à fait supérieures ; à telle autre époque, l'équilibre est rétabli au profit des institutions industrielles.

Ces équilibres différents, ces formes différentes, il incombe à l'érudition de les reconnaître et de les constater avec toute la précision possible. A l'histoire science, il incombe d'en chercher les causes : ce sont là les problèmes qui intéressent l'historien d'une façon particulière.

La cause, à généralement parler, c'est l'homme d'une époque et d'un lieu, l'homme historique ; mais se borner à cet énoncé serait ne rien dire. En quoi l'homme historique consiste-t-il ?

Nous sommes obligés de le concevoir comme l'homme général, affecté par un ensemble particulier de circonstances ou, si l'on veut, par un milieu spécial. Sans doute, on peut faire à ce sujet une hypothèse différente ; on peut supposer à chaque époque une sorte de génie ou de caractère propre, de même qu'on a supposé à chaque race et même à chaque peuple un génie particulier, persistant à travers les temps : nous discuterons plus loin, en meilleure place, les preuves dont on prétend appuyer cette hypothèse. Ici je dirai seulement qu'elle est inutile. Fût-il vrai qu'à une époque donnée tous les individus apportent quelque chose d'inné, que les hommes antérieurs n'avaient pas, et que les successeurs n'auront plus, il nous serait impossible de saisir directement ce quelque chose, de reconnaître en quoi cette innéité consiste, quelle est l'étendue de son action, comparée à celle des circonstances extérieures. Il n'importe pas du tout pour la méthode que les circonstances, en façonnant l'homme général, fassent tout, ou seulement une part des choses ; il faut toujours que nous commencions par étudier les circonstances extérieures, et par suivre leur influence aussi loin que possible, *parce qu'elles seules sont saisissables*. Après cela, si nous sommes sûrs d'avoir relevé toutes les circonstances, puis d'avoir pour chacune d'elles épuisé toutes les conséquences, nous pourrons, au cas où quelque trait resterait mal expliqué, attribuer ce trait au génie de l'époque, que nous atteindrions ainsi par voie indirecte. Mais arrivera-t-il souvent que nous soyons en droit d'avoir cette double certitude ? C'est assez peu probable. Quoi qu'il en puisse advenir plus tard, nous sommes obligés, je le répète, de procéder d'abord comme si les hommes des divers temps venaient soumettre un même fond de nature à l'empire de milieux divers.

Rappelons-nous que toute institution est l'effet d'une composition de forces psychiques. L'historien qui cherche la raison des formes diverses, court donc à un échec certain s'il part de cette idée que la circonstance agit sur un principe psychique simple. Car d'abord il peut arriver, et c'est le cas le plus fréquent, que la circonstance agisse sur l'un des éléments sans toucher aux autres. A supposer qu'elle les frappe tous à la fois, il y a, en tous cas, une diversité inévitable dans l'effet, à raison de la nature différente du fond. Cela est comparable à ce qui arrive quand un boulet de canon choque une surface hétérogène, faite, par exemple, de fer, de bois et d'étoffe.

Voici encore une vérité qu'il importe de reconnaître : une circonstance quelconque agit d'abord sur le for intérieur. Avant de modifier l'activité extérieure, elle change l'état moral ou mental de l'homme.

Prenons un exemple : Chez un peuple donné, les hommes achetaient leurs femmes; aussi les traitaient-ils à la maison sur le même pied que leurs autres esclaves. Par suite d'événements connus ou inconnus, peu importe ici, le même peuple épouse des femmes qui apportent une dot; la condition domestique des femmes apparaît après un certain temps très modifiée. Nous dirons que l'invention de la dot a produit une forme nouvelle de mariage et de famille : mais ne soyons pas dupes du langage, et sous les rapports intérieurs sachons retrouver les rapports intimes qui les précèdent.

Les sentiments et les procédés des maris à l'égard de leurs femmes ont changé parce que l'intérêt économique en ces mêmes maris a été frappé, excité, si vous voulez, par la circonstance de la dot tout autrement qu'il ne l'était jadis par la circonstance de l'achat; et je me souviens à cette occasion qu'en effet la visée économique est l'une de celles qui coopèrent généralement avec le principe fondamental du génésique pour constituer les institutions familiales. Je vois donc en somme qu'ici l'institution a changé de forme parce que l'une des visées composantes a été excitée d'une manière nouvelle, ou, si l'on veut, dans une direction nouvelle. Supposant, au moins à titre provisoire, que le phénomène constaté ici se trouvera encore ailleurs, je retiens la formule ci-dessus énoncée : une institution change de forme lorsqu'une des visées composantes est excitée différemment.

J'aperçois un peuple qui pendant des siècles s'est alimenté au moyen de la chasse ou de l'élevage des vaches ; le voici qui néglige ces deux moyens antiques et s'adonne à la culture d'une céréale ; c'est une forme nouvelle de l'économique. Évidemment ce peuple a acquis la persuasion récente que le dernier moyen l'emporte en efficacité sur les anciens. Peu nous importe en ce moment qu'il se trompe ou non. Nous ne cherchons pas non plus d'après quelles circonstances il s'est formé cette croyance. Ce que nous relevons, c'est qu'il y a eu changement dans la croyance, c'est-à-dire cette fois dans l'intermédiaire intellectuel. De là pour nous une seconde formule : les institutions changent de forme quand les hommes conçoivent, pour satisfaire à leurs visées fondamentales, un moyen qu'ils jugent meilleur, bref quand ils changent de croyance [1].

Nous sommes conduits à agiter ici une question fort importante. Les idées ou croyances des hommes, entendues comme on le fait d'ordinaire, en un sens qui n'est pas le nôtre, au sens de vues spéculatives et générales sur le monde, sur l'espèce humaine et son destin, ont-elles le pouvoir de modifier la conduite et les institutions ? Ont-elles du moins ce pouvoir au suprême degré ? Ou autrement dit, les concepts religieux et philosophiques sont-ils, par leurs variations propres,

---

[1]. Observons en passant que l'occupation principale étant changée, la journée de l'homme est autrement remplie. Les conséquences s'en feront peut-être sentir dans toutes les directions. Par exemple, la chasse tenait les deux sexes séparés pendant tout le jour ou même pendant de longues périodes ; la culture fait travailler hommes et femmes côte à côte. Le sentiment sympathique, le génésique même, seront désormais excités d'une autre manière qu'auparavant. Je fais remarquer au lecteur que cet effet rentrerait dans la première de nos formules.

la cause capitale des diversités qui se présentent dans toutes les autres régions de l'histoire? L'affirmation a été soutenue par de très grands esprits, dont c'est la thèse expresse, par Turgot, Comte, Stuart Mill. La même idée est reconnaissable au fond d'une quantité d'ouvrages, sans que leurs auteurs peut-être aient jamais conçu la thèse sous sa forme générale. Je citerai, par exemple, la *Cité antique* du regrettable Fustel de Coulanges. Enfin cette idée est certainement conforme à une sorte de désir public; si elle n'est pas vraie, on voudrait qu'elle le fût. A la question de savoir si elle est vraie en effet, ce livre d'un bout à l'autre est une réponse.

Nous avons à considérer les mêmes choses que nous venons de voir, sous un aspect nouveau. Ces variations que nous avons nommées des formes, et que nous avons examinées froidement, pour elles-mêmes, présentent le plus souvent une face qui intéresse notre sensibilité : elles sont profitables ou dommageables; elles améliorent notre condition, ou elles l'empirent. Nous touchons là aux questions émouvantes du progrès et de son contraire.

Les hommes qui font les formes institutionnelles n'aperçoivent pas toujours le caractère avantageux ou dommageable du changement. D'autres fois, ils s'y trompent. Mais ils cherchent trop souvent à réaliser le mieux, à écarter le pire; la qualité bonne ou mauvaise des choses, à leur point de vue, les fait agir trop généralement pour qu'il soit permis de négliger ou d'éliminer systématiquement les considérations de progrès et de décadence, comme quelques sociologistes l'ont fait. C'est s'exposer à ne pas comprendre les phénomènes, assurément très nombreux, qui ont eu pour cause l'espoir d'améliorer notre sort.

Du point de vue où nous sommes maintenant placés, l'homme historique est pour nous l'homme en possession d'une condition meilleure ou pire que celle où nous le voyons vivre dans un autre temps et un autre pays. Mais la condition générale se compose en fait de bien des conditions particulières. Il peut être difficile de décider que, finalement et tout compte fait, un temps a été plus avancé, c'est-à-dire plus avantagé ou plus heureux que tel autre. Nous nous expliquerons plus loin sur cette difficulté. En tout cas, on ne peut approcher d'une solution qu'au moyen d'une analyse qui décompose la condition générale et sépare ses éléments principaux, pour faire de chacun d'eux l'objet d'un examen particulier.

Tous les biens que l'homme recherche, quoique d'une diversité très grande dans leur forme, peuvent cependant être distribués en classes et désignés par un petit nombre de termes. Ils sont ou de la richesse, ou de la moralité, ou de l'intelligence. Nous préciserons plus loin le contenu de ces termes. L'homme temporaire est donc, à notre point de vue présent, l'homme considéré comme plus ou moins riche, moral et intelligent, par comparaison avec ce qu'il fut en un autre temps ou un autre pays. Nous avions tout à l'heure des modalités à examiner ; ici nous avons des degrés à distinguer et à compter.

La considération du degré atteint par l'homme à un moment donné dans les trois genres d'acquisition me paraît devoir précéder celle des modalités institutionnelles, même les plus importantes. On peut pratiquer une même institution en bien des manières différentes, et ces manières, qui changent singulièrement le résultat, dépendent avant tout du degré atteint en fait de richesse ou de moralité ou d'intelligence. Donnez la religion catholique, ou le régime parlementaire, ou le mariage monogamique, à pratiquer aux nègres de la Papouasie, ou aux Barbares germains qui envahirent la Gaule, assurément ils en tireront des résultats différents de ceux que réalisent avec les mêmes institutions le peuple anglais et le peuple allemand.

Il y a ici une autre vérité dont il faut encore tenir plus de compte : le degré de richesse, de moralité, d'intelligence, atteint à un moment donné, est ce qui façonne capitalement l'avenir.

Nous voilà suffisamment fixés sur ce qui constitue l'homme temporaire : 1° un degré particulier de civilisation; 2° des formes institutionnelles particulières. Et nous savons que méthodiquement il faut constater d'abord son degré de civilisation, c'est-à-dire de richesse, de moralité et d'intelligence.

CHAPITRE VIII

DES DIVERS DEGRÉS DE CIVILISATION

I

Constatation du degré de civilisation, difficultés de cette opération. — La richesse, au sens des économistes, est impossible ou très difficile à constater. Il faut donner à ce terme une autre signification. Pour nous, la richesse est le pouvoir ou la facilité de faire un acte qui était impossible ou malaisé auparavant.

La conception que l'économiste se forme de la richesse, suffisante pour l'économie politique, science générale et abstraite, doit être modifiée pour les besoins de l'historien. L'économiste déclare que la richesse d'une société est égale à l'ensemble des *utilités* que cette société possède, et il a raison : c'est la richesse brute, c'est le phénomène extérieur et matériel qui est son objet; mais pour nous, en histoire, l'objet est l'homme vivant et sentant. Ce n'est pas la richesse en soi, dans sa consistance matérielle qui nous importe, c'est l'effet psychique qui en résulte. Nous cherchons, par exemple, jusqu'à quel point, en une époque donnée, les hommes ont joui de cette partie du bonheur que nous appelons le bien-être.

Il se peut que, pour une société, la richesse, au sens économique, reste égale ou même augmente, tandis qu'en réalité le bien-être décroît. Il suffit pour cela que la population ait augmenté plus vite que la richesse.

En second lieu, il faut tenir compte de la quantité de travail exigée, eu égard à la quantité de richesse créée. Le travail, en effet, vu historiquement ou psychologiquement, ce qui revient au même, est une peine, une sorte de quantité négative qu'il faut déduire à chaque moment de la somme du bien-être. Le travail, nécessaire pour un résultat, augmente lui aussi ou diminue d'une époque à une autre.

D'ailleurs, connaître approximativement la richesse d'une société, au sens des économistes, n'est possible qu'avec le secours d'une statistique assez avancée. Or, en histoire, la statistique n'existe que pour quelques peuples d'Europe, et encore depuis un siècle environ.

A défaut de la statistique, les historiens ont cherché des signes indirects auxquels ils pussent reconnaître la richesse d'une époque. Tel a adopté pour signe le chiffre de la population, tel autre le prix de certaines denrées comparé au salaire, ou la diffusion de certains objets dans les basses classes.

Un nombre de population quelconque prouve assurément que la société possède de quoi faire vivre ce nombre. Mais l'estomac humain est très élastique ; les hommes peuvent durer en vivant fort mal. Or, savoir si un nombre donné d'hommes vivait passablement ou vivait misérablement est précisément la question à débattre. Un chiffre quelconque de population ne la résout pas. Ainsi, pour le moyen âge, le fait que la France aurait eu 25 ou 30 millions d'habitants, n'a pas la signification optimiste qu'on lui prête. Sur ce nombre, combien vivaient de châtaignes, de blé noir, de raves, bref, d'une alimentation insuffisante? Quelle était la proportion des hommes mûrs à celle des enfants? Voilà ce qui nous édifierait. Nous voyons de nos jours, en certains pays pauvres et malheureux, une population assez dense ; seulement les hommes âgés y sont rares, et il y a une forte proportion d'enfants, destinés à ne pas vivre longtemps. Dans ce milieu, on meurt beaucoup; on fait aussi beaucoup d'enfants, et cela maintient assez haut le chiffre des vivants qui vivent mal et passent vite. La question est de savoir si la France du moyen âge ne ressemblait pas à ces populations.

Tout homme qui naît est un copartageant pour les autres. Il est vraiment singulier de prendre le chiffre élevé de la population pour un signe de bien-être réel, surtout quand on n'a pas le chiffre corrélatif de la production. « Les Français sous les Valois étaient aussi nombreux qu'à présent; donc ils avaient autant de bien-être. » Voilà au fond le raisonnement, qui n'est pas du tout raisonnable.

Je n'aime guère mieux les autres essais d'inférence. « Prouvons, a-t-on dit, que les basses classes jouissaient de tel degré de bien-être, et nous aurons par cela même prouvé que la société totale avait atteint un degré estimable de richesse. » Pour obtenir la preuve demandée, on s'est adressé au taux du salaire ou au prix du blé et à la comparaison de l'un avec l'autre. On est arrivé par cette voie à des résultats peu concluants. Ce qui semble ressortir de plus clair, c'est que le prix du blé éprouvait jadis de plus larges oscillations qu'aujourd'hui. Cela rend très difficile, sinon même insoluble, le problème de l'aisance du travailleur. L'année où le blé tombait très bas, il est évident que le travailleur, avec son salaire de l'époque, pouvait s'en procurer une quantité supérieure à celle obtenue en moyenne par le travailleur moderne. Mais l'année où le blé s'élevait aux prix extrêmes, le travailleur du moyen âge devait mourir de faim, ou endurer des souffrances que le travailleur moderne, en moyenne, ne connaît pas. La question fort délicate est donc celle-ci : l'abondance relative d'un moment était-elle une compensation équivalente au dénuement d'un autre moment? Et puis, l'homme ne vit pas que de blé.

Il faudrait au moins comparer le salaire avec le prix des vingt ou trente objets nécessaires à tout homme, logis, mobilier, viande, légumes, boisson, luminaire, objets de chauffage, habits, souliers, remèdes en cas de maladie, médecin, etc. Ainsi élargi, le problème présente des difficultés presque insurmontables.

On a beaucoup abusé à ce sujet de cette expression : le pouvoir de l'argent. Il est sûr qu'en ayant le salaire d'un côté, le prix du blé de l'autre, on a le pouvoir de l'argent sur la denrée considérée; mais sur celle-ci seulement. Pour une autre denrée, le pouvoir peut être différent.

En général, au moyen âge le pouvoir de l'argent paraît être plus grand à l'égard des produits agricoles. On obtenait plus de blé, plus de viande, avec une somme moindre. Mais, d'autre part, tous les produits de l'industrie paraissent plus chers; le pouvoir de l'argent, à leur égard, était donc moindre. Il faut balancer, peser ces deux choses contraires, avant de se prononcer. Ce n'est pas encore toute la difficulté : les prix n'ont ni la quasi-universalité ni la constance relative qu'ils présentent aujourd'hui. Cela variait beaucoup d'un canton à un autre, surtout d'une année à une autre. Je viens de le dire, le blé bon marché telle année, en tel lieu, l'année suivante atteint des prix excessifs. Essayez, au milieu de ces variations, de mesurer avec certitude le pouvoir de l'argent!

Le pouvoir de l'argent dépend encore de ce qu'on veut obtenir. Quel est le pouvoir de l'argent au moyen âge pour celui qui veut voyager vite et avec commodité? Pour celui qui est malade et qui veut guérir? etc., etc.

On a bientôt fait de dire : l'argent valait trois ou quatre fois plus qu'aujourd'hui. Mais cette expression, d'une simplicité extrême, est bien loin de répondre à la complexité réelle.

Enfin, on a cru arriver à une conclusion en constatant la présence de certains objets chez un fermier, un valet de ferme, un artisan : des bijoux par exemple, des chemises, des instruments de récréation. Supposons que ce soient des bijoux. Cela peut tenir à ce que les pauvres répartissaient alors leur maigre budget entre les diverses dépenses à faire dans un tout autre esprit que nos pauvres : par exemple, à ce qu'ils donnaient plus aux apparences extérieures. Personnellement, les recherches auxquelles je me suis livré m'ont donné en effet cette impression, qui, j'en conviens, aurait besoin d'une confirmation.

Si intéressantes d'ailleurs que soient les classes pauvres, il ne faut pas exclure des recherches économiques les classes riches et les classes aisées ; on doit maintenir le problème dans sa généralité et se demander quelle était la richesse des riches, l'aisance des aisés, en tel temps, par comparaison avec tel autre. On avouera que les procédés d'investigation employés éliminent *a priori* toute cette part du problème.

Il y a des choses que l'homme d'un temps ne peut pas faire, et que celui d'un autre temps peut faire. Il y a des choses que l'homme peut faire en tel temps, avec difficulté, et que l'homme d'un autre temps fait avec une facilité relative.

Possibilité ou impossibilité, facilité ou difficulté des actes, qui ont pour visée de satisfaire à nos besoins, à nos désirs essentiels, voilà ce que nous allons considérer :

1° Exemple : Il s'agit d'obtenir de la lumière la nuit. Un homme du moyen âge se lève, écarte la cendre du foyer, y enflamme une brindille sèche, avec laquelle il allume une torche de pin, de sapin, ou une chandelle de résine ; de nos jours (dans la classe équivalente) il enflamme une allumette et allume sa lampe de pétrole. Je tiens l'homme de nos jours plus riche de toute la commodité que le second procédé présente, comparé au premier.

2° Il s'agit de se rendre de Paris à Marseille. Au dernier siècle encore, par le procédé le plus expéditif, le voyage durait huit jours ; c'est à présent une affaire de vingt heures au plus. Je tiens l'homme moderne plus riche de tout le temps et de tous les frais épargnés, et des commodités plus grandes du voyage. Ce n'est pas tout. En certains cas, il s'agit non d'arriver à Marseille, mais d'y être rendu dans les vingt-quatre heures sous peine de manquer la fin désirée (de voir un mourant). L'homme ici est beaucoup plus riche qu'autrefois, plus riche de toute la possibilité qu'il a d'arriver en vingt-quatre heures, et qu'il n'avait pas.

Relever toutes les facilités et les possibilités qui existent à une époque et pas à une autre, est chose facile à faire, au moins en gros et relativement.

Voici cependant une objection : Les hommes vivent en fait de la quantité qu'ils possèdent de certains objets, pain, viande, légumes, habits, etc. Si nous écartons cette manière de voir, serons-nous encore dans le réel?

Examinons une possibilité, une facilité spéciale : celle de labourer par exemple. L'Australien, ayant pour tout outil un bâton pointu, ne laboure pas du tout; il creuse un trou où il dépose une graine. L'homme du moyen âge fait un labour superficiel avec l'ancien araire des Romains. Le moderne, muni de la charrue Dombasle, a la faculté de labourer profondément. Voilà un aspect des choses; mais il en est un autre, connexe à celui-ci. On ne laboure pas pour labourer, mais pour certains résultats : obtenir du blé, je suppose, et en obtenir le plus possible. Et ce n'est même que dans cette vue que l'araire antique a remplacé le bâton, que la charrue Dombasle a remplacé l'araire antique. Nous sommes sûrs que le dernier outil a donné une quantité de blé supérieure[1], comparé au second outil; et de même le second outil comparé au premier. Donc toute possibilité, ou facilité nouvelle de faire, a, pour envers, un accroissement de produits matériels, de richesse au sens des économistes.

L'endroit du phénomène nous garantit l'envers; mais l'endroit a l'avantage, en histoire, d'être constatable. En réalité,

---

[1]. Ou la même quantité avec moins de travail; cela revient au même, car. en ce cas, il y a eu du travail disponible pour quelque autre production d'objets, qui s'est effectivement accrue. Admettons qu'il n'y ait eu que du travail épargné et non utilisé (ce qui n'est pas probable); en tout cas, la somme de bien-être s'est accrue par la diminution de peine.

l'endroit est la cause, et l'envers est l'effet. Voyez où cela nous conduit. Vous m'affirmez qu'au moyen âge on était aussi riche qu'à présent; ce qui implique qu'on avait, entre autres choses, autant de blé. Je sais cependant que l'outil du labourage était plus imparfait; je veux bien que, dans l'effet, c'est-à-dire la production du blé, l'outil soit seulement l'une des causes. Reste cependant que, cette cause étant moins efficace, je dois conclure à un effet moindre, tant que vous ne me montrez pas une compensation dans l'activité plus grande d'une autre cause. Qu'est-ce qui compensait au moyen âge l'infériorité de la charrue? C'est cela qu'il faut nous dire; et si vous n'en dites rien, ma conclusion reste jusqu'à nouvel ordre la plus probable.

Entendue à la manière historique, la richesse présente quelques caractères que la richesse, au sens des économistes, ne présente pas et qui méritent d'être relevés. La richesse des économistes, somme des objets utiles, à un moment donné, est atteinte par la multiplication dans son résultat final, dans sa puissance de satisfaire aux besoins. S'il y a plus d'hommes, la somme des objets a beau rester la même, la satisfaction est diminuée. Mesurée à notre manière, par la possibilité et la facilité de faire des actes utiles, la richesse est plus indépendante de la multiplication. Soit la faculté donnée par le chemin de fer d'aller de Paris à Marseille en vingt heures, la population peut augmenter sans que cette faculté soit atteinte. Il serait aisé de multiplier les exemples analogues.

Les objets utiles sont sans cesse détruits, les uns plus tôt, les autres plus tard. La richesse, au sens des économistes, se présente donc comme une masse flottante, sans cesse absorbée, reformée, variable dans ses contours. La richesse entendue au sens historique consiste finalement dans des types intellectuels, des idées de machines qui procurent les facultés de faire. Il n'est pas impossible, mais il est rare que ces idées se perdent. Généralement, elles sont transmises d'une génération à une autre sans déperdition, et tout intellectuel, tout idéal qu'il soit en somme, cet héritage apparaît comme le plus solide de tous.

Conçue à notre manière, la richesse d'une époque est également constatable pour les riches, les aisés et les pauvres. On peut répondre jusqu'à un certain point à des questions comme celle-ci : Samuel Bernard, le richard du temps de Louis XIV, était-il moins riche que tel banquier de nos jours et de combien? Je réponds : Il n'aurait pu, même au prix de toute sa fortune, se rendre de Paris à Marseille en vingt-quatre heures; se renseigner par la lecture quotidienne d'un journal allemand; se faire opérer de la fistule sans douleur, etc., etc. En sens inverse, on pourrait et on devrait chercher si du temps de Bernard il y avait quelque possibilité de faire qui n'est plus à notre disposition. Entre les deux colonnes, on ferait finalement une comparaison qui demanderait un esprit assez philosophique et on arriverait à une solution approximative; le problème malheureusement n'en comporte pas d'autre.

Quand, après avoir défini la richesse comme nous venons de le faire, on considère largement le cours des choses, une conclusion ressort : de l'humanité sauvage à l'humanité civilisée, la richesse s'est accrue d'une quantité saisissante. Si on compare l'un des anciens peuples civilisés, la Chine, ou l'Égypte, ou le Monde gréco-romain avec la civilisation moderne, la supériorité de cette dernière ne permet guère le doute, même à l'érudit spécialement voué à l'étude et par suite au culte de l'antique. A mesure que la comparaison porte sur des peuples plus voisins dans le temps, la contestation tend à se produire. La question à débattre d'ailleurs n'est pas seulement si nous sommes plus avancés que nos ancêtres contigus, mais de combien. Alors, suivant les opinions politiques et religieuses, suivant les affections littéraires, artistiques ou érudites, l'un élargit la distance, l'autre la rétrécit et la réduit à rien.

La controverse sur ce point en général n'aboutit pas, parce que les contendants n'ont pas une mesure sur laquelle ils s'accordent. En proposant une nouvelle manière de comprendre la richesse, nous avons essayé de satisfaire à cette condition préalable.

II

Constatation du degré de moralité. Elle n'est possible que par voie indirecte, par l'examen de certaines circonstances et de leurs effets probables.

Il est impossible de mesurer avec précision la moralité d'une époque comparée à celle d'une autre. Ici, plus encore que pour l'économique, la statistique fait défaut.

Il serait imprudent de s'en rapporter à la morale professée ou aux croyances religieuses. Les règles convenues nous font connaître assez imparfaitement l'état de l'opinion. Elle peut être très rude ou très indulgente à l'égard des transgressions; et c'est cela qui agit. Quand les transgressions deviennent nombreuses, l'opinion s'accoutume et se blase.

La fréquence d'un méfait dans une société dépend d'une conjonction de circonstances, et cet ensemble varie selon l'espèce du méfait considéré. Je m'explique : S'il s'agit de moralité économique, le degré de misère, d'ignorance, de guerre extérieure, de police et de répression régulière à l'intérieur, de stabilité et d'obéissance politique, sont à consulter. Cela constitue une sorte de mètre compliqué et d'un maniement difficile. Un historien judicieux peut cependant s'en servir de manière à obtenir des résultats valables. Pour la moralité sexuelle, il doit composer son mètre différemment; il doit notamment tenir compte de l'état des relations ondaines, des fêtes publiques, de la réclusion ou de la liberté des femmes, du régime de la domesticité, etc.

L'enquête en outre est obligée de distinguer les classes diverses.

Ce que je tiens à faire observer, c'est la méthode qui s'impose, méthode indirecte, allant des conditions constatées aux effets probables de ces conditions. Un érudit qui n'est que cela ne manque pas en pareil problème de procéder autrement. Il collige péniblement quelques faits individuels et en tire une généralisation dépassant infiniment la base exiguë qui la porte. Cependant l'érudit croit avoir été fidèle à ce qu'il nomme la religion des faits, et il s'en sait bon gré : il ne voit pas que les conditions générales d'un temps sont aussi des faits, moins bien délimités que les siens, mais suggestifs ; tandis que les siens n'ont aucune valeur, à moins qu'ils n'atteignent, par le nombre et la précision, le caractère d'une statistique, ce qui n'arrive jamais pour l'histoire, en dehors de notre siècle. Il n'y a pas de milieu : statistique à la moderne ou logique déductive.

Éclaircissons ce sujet par un exemple. On propose la question suivante : Y avait-il au xiii° siècle en France plus d'assassinats commis ou moins qu'à présent, pour un nombre d'habitants égal ? Par la méthode des faits, le problème est complètement insoluble. A lire certains chroniqueurs, il semble bien que ce crime était plus fréquent qu'aujourd'hui ; mais ce sont des indices qui nous laissent loin d'une certitude. Sans y atteindre jamais, nous en approcherons davantage par la considération de quelques circonstances générales. En voici d'abord une dont nous sommes certains : l'assassin avait alors plus de chance d'impunité qu'aujourd'hui. C'était l'effet de plusieurs causes : le territoire divisé en une multitude de juridictions ; la facilité pour le criminel d'échapper à son juge naturel et de passer chez un voisin indifférent ou mal renseigné ; la pauvreté ou la gêne économique d'un grand nombre de ces justiciers qui, incapables d'entretenir ce qu'il aurait fallu en fait d'agents, regardaient par économie à poursuivre le criminel pauvre, dont la confiscation ne valait pas les frais.

Plus on étudierait minutieusement les conditions de la

répression publique au siècle donné, plus, je crois, apparaîtrait l'impunité relative dont nous avons parlé. On est tenu d'en conclure que plus de crimes étaient commis, à moins qu'il n'existât alors quelque cause, aujourd'hui absente, de nature à contenir le criminel et à balancer l'impunité relative. Je ne prétends pas, je le répète ici, à donner des solutions définitives et prouvées; je cherche à trouver la voie qui y conduit.

III

Constatation du degré d'intelligence. Elle est moins difficile que les deux autres, à condition de distinguer : 1° la science de l'art; 2° et dans la science l'acquisition des connaissances d'avec celle des méthodes.

A l'égard du degré intellectuel, nous sommes dans une situation plus favorable. Il faut cependant porter dans l'examen du sujet des distinctions nécessaires. La première et la fondamentale consiste à séparer l'activité intellectuelle qui porte l'homme à la connaissance des choses ou activité scientifique, et celle qui vise à produire des émotions par l'imitation, par la reproduction plus ou moins fidèle de la vie, l'activité artistique et littéraire.

Dans la science elle-même, il y a lieu de distinguer l'acquisition des vérités, et celle des procédés, des méthodes d'investigation et de preuve.

A un autre point de vue, il est bon de se rappeler l'énorme simplification que le langage fait subir aux réalités. Quand on parle d'un temps, ce qu'on en dit de juste ne l'est encore que pour une partie des contemporains, surtout quand il s'agit de science : celle-ci est partout le privilège d'un très petit nombre. Cependant, à cet état même, elle agit sur le grand nombre.

L'esprit de l'homme n'est pas une page blanche où les vérités viennent successivement s'inscrire. C'est au contraire une page chargée d'erreurs. La vérité ne s'y installe qu'en chassant un préjugé et se mettant à sa place. Ceux qui ont fait l'histoire des sciences n'ont pas toujours saisi combien il leur importait de faire, simultanément, l'histoire des erreurs que la vérité a dû raturer dans l'esprit avant de pouvoir s'y introduire. Sans l'étude parallèle des préjugés humains, il est malaisé pourtant de s'expliquer les difficultés, les retards, les éclipses de l'évolution scientifique, puisque tout cela tient, en partie, à la paresse ou à la maladresse de l'esprit, en partie à son état de préoccupation par des idées erronées.

Le progrès intellectuel, consistant dans la perte d'un préjugé, est ce que nous nommons aujourd'hui le progrès de l'esprit critique. Si l'on considère l'humanité dans ses masses, on voit qu'elle ne participe guère qu'aux résultats critiques. La science, acquise par quelques-uns, se répand dans la masse sous la forme d'une négation qui annule une erreur antécédente : nouvelle raison pour faire, dans l'histoire des vérités, une part considérable à l'étude des erreurs.

Nous avons à regretter, pour toute époque, des ouvrages perdus. Mais, somme toute, l'état des connaissances, à une époque, est déterminable, avec une précision bien supérieure à celle que comportent les recherches sur la richesse (comme on l'entend généralement) et sur la moralité. A ce point de vue, la comparaison et le jugement final, entre deux époques, même peu éloignées, sont des opérations non pas aisées, sans doute, mais possibles, si l'on a soin de résoudre la science totale en sciences distinctes et hiérarchisées. La philosophie des sciences est aujourd'hui assez avancée pour qu'on puisse s'entendre sur cette hiérarchie.

Les types de raisonnement dont les hommes d'un temps se servent, les preuves dont ils se contentent, dans chaque genre de recherches, sont à coup sûr moins aisés à définir et à juger. Toutefois il n'y a pas impossibilité : c'est une question d'observation réfléchie et de logique personnelle chez l'historien.

Je prends un exemple, non avec l'intention de résoudre pleinement une question de cette espèce, mais de montrer la possibilité d'une solution. On peut se demander si les plus avancés d'entre les hommes de l'antiquité (Aristote, je suppose) étaient ou non inférieurs à un savant distingué de notre temps, quant à la conception de la méthode et de la preuve. Je pourrais choisir dans les divers ouvrages d'Aristote, notamment dans ceux qui sont relatifs à l'histoire naturelle et à la politique, des types de raisonnement que son esprit, et à plus forte raison celui de ses contemporains, trouvait satisfaisants ou probants. Peut-être convaincrai-je le lecteur qu'aucun savant n'est aujourd'hui exposé à produire de tels raisonnements et à se contenter de pareilles preuves; mais ce travail, trop long, ne serait pas ici à sa place.

Contentons-nous de résumer sur ce sujet quelques pages substantielles de Stuart Mill : « Il fut un temps, dit-il, où tous les cygnes que les hommes connaissaient étaient blancs, sans exception. Jamais on n'avait vu un cygne noir. De même on n'avait jamais rencontré d'homme ayant la tête enfoncée au milieu de la poitrine. Était-on pour cela autorisé à émettre, avec la même certitude, ces deux propositions : tous les cygnes sont blancs; tous les hommes ont la tête placée sur les épaules? Et si deux voyageurs étaient venus affirmer, l'un qu'il avait vu des cygnes noirs, l'autre des hommes ayant la tête à la poitrine, aurait-il été raisonnable d'accueillir leurs dires avec la même incrédulité? ou, en sens inverse, avec la même facilité de créance? » Stuart Mill explique pourquoi de ces deux propositions, également fondées sur une expérience universelle, l'une était pourtant très peu solide, et l'autre l'était infiniment plus; pourquoi l'assertion d'un voyageur aurait pu suffire à ruiner la première, tandis que les témoignages les plus nombreux auraient à peine ébranlé la seconde. C'est que le premier des deux faits appartient à un département de la nature où ses lois ont très peu de constance, le département de la couleur, tandis que, dans l'ordre des arrangements organiques, la constance naturelle est très grande. Et il ajoute : « Pourquoi un seul exemple suffit-il en quelques cas pour une induction complète, tandis que, dans d'autres, des myriades de faits concordants, sans une exception, sont de si peu de valeur pour établir une proposition universelle? Celui qui peut répondre à cette question en sait plus en logique que le plus savant des anciens. » Rien n'est plus vrai. Tous les anciens, sans en excepter Aristote, tous les hommes, jusqu'à Bacon, ont été capables de croire fermement qu'aucun cygne ne pouvait être noir, et de croire facilement qu'il y avait des hommes ayant la tête au milieu de la poitrine, comme cela a été, par exemple, le cas de Pline. Avant Stuart Mill, Bacon au reste avait très bien exposé la manière de raisonner des anciens, par *énumération simple des faits*, qu'il qualifie avec justesse de « mera palpatio ». Le jour où l'on voudra connaître à fond l'esprit antique, il y aura à faire, en partant des indications fondamentales de Bacon, un livre où l'on mettra en regard la logique purement syllogistique des anciens et l'ensemble des idées méthodiques de notre époque d'après Comte, Mill, Bain, Spencer, Claude-Bernard, etc.

Et si la *querelle des anciens et des modernes* était quelque jour reprise, c'est sur ce terrain qu'elle devrait commencer : car il est la position dominante, la clef du champ de bataille [1].

Il est en revanche une tentative dont il faut s'abstenir avec soin, parce qu'elle est condamnée d'avance à l'insuccès : c'est de vouloir déterminer le mérite relatif des époques. Comme cette erreur a été commise surtout par les historiens littéraires, nous nous en expliquerons un peu plus loin, en traitant de l'activité artistique.

---

[1]. Le livre de Rigault, fort intéressant d'ailleurs, fait sentir toute l'insuffisance d'un littérateur, fût-il éminent, devant cette grosse question.

CHAPITRE IX

ROLE PRIMORDIAL DE LA RICHESSE

L'évolution progressive s'est opérée sous l'ascendant de forces probablement inégales. L'une d'elles a dû agir plus que les autres ou avant les autres. Hypothèse sur la précédence de l'économique. Essai de vérification. Effets de la richesse sur la moralité et l'intelligence.

Le degré de richesse, de moralité, d'intelligence atteint à un moment détermine, nous l'avons dit, le moment qui suit, plus que toute autre cause.

Il est *a priori* peu probable que la richesse, la moralité, l'intelligence aient exercé un ascendant tout à fait égal: Le contraire paraît plus vraisemblable. L'une des trois a donc primé les autres; mais laquelle?

Ce que nous savons de la loi d'urgence nous porte à croire que la richesse a tenu le premier rôle. La richesse a dû précéder et — dans une large mesure — promouvoir les deux autres, quitte à éprouver en retour leur influence.

Et d'abord le cours général de l'histoire fournit en faveur de notre hypothèse une présomption qui a beaucoup de poids.

L'homme primitif ne poursuit, soit par l'industrie, soit par la guerre, que la première des trois fins, la richesse. Il ne vise pas à développer son intelligence et encore moins sa moralité. A cet égard l'état primitif se prolonge dans la sauvagerie, la barbarie et même à travers les divers degrés de la civilisation. Et cependant, malgré l'insouciance générale des hommes pour leur progrès moral et intellectuel, ce progrès s'est produit, au moins en quelques parties de notre habitation, dans une mesure étonnante, et je dirai volontiers, paradoxale, eu égard aux observations précédentes.

Il faut qu'en visant la richesse l'homme ait atteint, sans y songer, des résultats de l'ordre moral et de l'ordre intellectuel, soit que ceux-ci fussent liés comme des conséquences naturelles à la richesse obtenue, soit que les moyens nécessaires pour obtenir la richesse fussent aptes à procurer les autres résultats, sans que l'homme les voulût expressément.

Le faix si lourd que le besoin économique impose à l'homme primitif, aurait dû, ce semble, le clouer éternellement sur le même degré. Cet homme s'est élevé cependant : il y a bien encore là de quoi nous étonner. On en vient à penser que l'obligation de créer d'abord la richesse, faix d'un côté, a bien pu être d'autre part une assistance.

Nous allons essayer de voir, d'entrevoir tout au moins, ce que la richesse, obtenue à un degré quelconque, peut faire pour le progrès de la moralité et de l'intelligence.

Voici de la richesse créée. Il se peut qu'on la consomme; il se peut qu'on l'épargne. En cet état d'attente, la richesse est propriété, si on la considère dans son rapport de dépendance à l'égard de l'individu; capital, si on la considère dans l'emploi qu'on en fait pour payer un nouveau travail; aisance enfin, si on la considère comme pouvoir de satisfaire aux besoins. C'est ce dernier aspect qui seul nous importe.

L'espèce d'immoralité qui s'attaque au bien d'autrui, l'immoralité économique, qui forme la plus grosse part de la malfaisance humaine, est dans une dépendance visible du besoin. La misère, c'est-à-dire le besoin à un certain degré d'urgence, joue le rôle d'une force immense agissant à l'encontre des mobiles moraux, sympathie, prudence, estime de soi. Ceux-ci peuvent lutter contre la force du besoin et la vaincre, mais ils ne la suppriment pas. Il appartient à la richesse de supprimer en partie la force du besoin, et par suite le conflit même du besoin avec les mobiles moraux. Ceci est une induction tirée de l'expérience journalière. Le monde offre autour de nous des gens qui pratiquent la probité économique la plus absolue, et qui la pratiquent sans effort, parce que leur situation économique satisfait pleinement à leurs besoins. L'influence du bien-être éclaterait à tous les yeux si le besoin était chose absolue, la même pour tous; mais il est chose relative. Une situation économique qui comble les vœux de l'un, reste fort au-dessous des désirs d'un autre. Les habitudes prises, les exemples reçus, l'orgueil, la vanité, ajoutent au besoin réel le besoin imaginaire. C'est ce qui fait qu'on voit des pauvres honnêtes et des gens riches qui deviennent coquins. Il n'en demeure pas moins vrai que c'est le besoin réel ou imaginaire qui fait faillir : on ne manque pas à la morale économique pour le plaisir d'y manquer. Si vous supposez un homme satisfait de son sort, vous trouverez contradictoire d'imaginer que cet homme tue ou vole son semblable.

La conduite des hommes atteste la conviction sourde qu'ils ont des effets moralisateurs de la richesse. Partout on se confie aux riches et on se défie du pauvre, et souvent à ce double égard on tombe dans l'excès. Si j'énonçais la proposition suivante : « L'homme misérable n'est pas plus sollicité à mal faire que l'homme qui a toutes ses aises », le lecteur recevrait dans l'esprit ce choc qu'on éprouve toujours devant un démenti donné à l'évidence.

De ces considérations résulte pour l'histoire une hypothèse à peu près forcée : toujours, en quelque mesure, la richesse, accrue chez un peuple, a dû diminuer la somme de l'immoralité économique, en allégeant pour un plus grand nombre d'individus le poids du besoin. Gardons-nous de croire cependant que cette tendance règne sans partage : ce qui est vrai des individus l'est des générations successives; pour elles, comme pour eux, le besoin est chose relative : pendant que d'un côté la richesse accrue satisfait mieux les anciens besoins, les besoins d'autre part augmentent. C'est un grand et délicat problème que de savoir si l'un de ces effets balance l'autre exactement : *a priori* ce résultat paraît peu probable. Il semble bien d'ailleurs que le besoin, dans sa partie additionnelle, si je puis ainsi parler, est toujours un peu moins pressant que dans sa partie élémentaire et primitive : notre ouvrage ne comporte pas la vérification historique d'une tendance si large, et si profondément diffuse dans les faits. Je dois me contenter de montrer les problèmes et de suggérer les recherches.

Le bien-être procure du loisir. Il faut avoir du loisir, et par conséquent du bien-être, pour pouvoir s'instruire. Il y faut de plus un maître, qui généralement demande à être payé ; et par ce côté encore le bien-être devient une condition préalable pour l'instruction. Constater les effets immédiats de l'instruction, c'est en somme reconnaître l'influence indirecte de la richesse.

Je ne surferai pas l'instruction ; de tout temps, je pense, on a inculqué à la jeunesse un savoir qui était en partie faux ou vain ; mais toute instruction, alors même que son objet n'a en soi aucune valeur, implique l'exercice des facultés intellectuelles, au moins l'exercice de la mémoire. Or la contention d'esprit par laquelle on revoit son passé, sous quelque forme que ce soit, a très probablement pour effet corrélatif d'étendre toujours à quelque degré la faculté par laquelle on prévoit.

La prévision est elle-même en rapport étroit avec la moralité ; ce qui ne veut pas dire que l'une soit uniquement proportionnelle à l'autre : il y a des scélérats très prévoyants, mais l'imprévoyant d'autre part ne peut être moral. L'idiot ou l'enfant, incapables de se représenter les suites de leurs actes, font le bien et le mal au hasard. Donc la prévision est à la fois une condition qui est indispensable et qui ne suffit pas. Par l'intermédiaire cependant de cette condition, l'instruction agit déjà sur la moralité.

Ce qui empêche de nuire à autrui, c'est la crainte de faire souffrir, laquelle relève de la sympathie, et la crainte de souffrir soi-même par la répercussion des conséquences. Celle-ci relève de l'économique, si on craint pour sa vie ou ses biens; de l'honorifique, si on craint pour sa considération [1].

Mais, pour éprouver une crainte, encore faut-il se représenter quelque objet qui paraisse redoutable. Pour leur éveil et leur excitation, les mobiles sont soumis aux concepts de l'esprit. C'est pourquoi il y a, répondant aux deux motifs de moralité que nous avons indiqués, deux sortes de prévision : la prévision sympathique et la prévision prudente. La dernière au moins est en partie proportionnée à la culture intellectuelle, qui exige des maîtres pendant notre jeunesse, des livres et du loisir dans le reste de la vie : or maîtres, livres, loisirs relèvent également de la fortune.

Il n'est pas prouvé que la richesse ait l'effet direct d'accroître la faculté sympathique. Mais la misère, en concentrant l'intérêt de l'individu sur lui-même, est sans aucun doute une condition défavorable. La richesse qui supprime cette condition rend à l'action de la sympathie une sorte de liberté.

Les peines légales auxquelles le méfait expose, à part la mort, dont l'horreur est probablement égale pour toutes les classes, inspirent une crainte plus grande quand on a plus à perdre. La prison n'ôte au pauvre que la liberté; elle enlève au riche, avec la liberté, l'usage de la fortune et toute sorte de jouissances.

L'opinion publique a ses peines, qui tantôt s'ajoutent à celles de la loi, tantôt y suppléent. C'est ici que le riche l'emporte certainement sur le pauvre en prévision prudente. — Vivant davantage de la vie de société et du plaisir des relations mondaines, il est plus sensible au mépris qui empoi-

---

1. Je sais qu'il y a aussi le respect de soi; je ne méconnais pas cette forme de la moralité, qui est la plus haute. Mais le respect de soi n'est pas un motif distinct du besoin de la considération; je me suis expliqué sur ce sujet.

sonne ces relations. Comme, grâce à son instruction, à l'usage d'un langage plus nuancé, il analyse mieux les autres et lui-même, aucun signe de mésestime ne passe inaperçu pour lui : toutes les aiguilles de l'opinion le percent.

Nos réflexions ont porté jusqu'à présent sur les crimes de l'intérêt. Il y a les crimes de l'instinct sexuel ou du génésique, ceux de l'ambition ou de l'honorifique, ceux de la haine ou de l'antipathique. Contre les tentations de ces derniers mobiles, la fortune est un préservatif beaucoup moins efficace. Il n'y a guère que les classes riches qui commettent des méfaits d'ambition. On a signalé depuis longtemps les fâcheuses influences de l'oisiveté; et il apparaît bien par l'histoire des classes riches, dans tous les pays, que l'oisiveté, qui est leur partage, les livre souvent au libertinage. L'oisiveté annule en partie les bons effets de la richesse. On ne peut cependant pas dire que les pauvres l'emportent en retenue. S'ils ont moins de loisir dangereux, ils ont en revanche moins de dignité personnelle. Mais en bon compte les riches devraient avoir des mœurs supérieures.

Remarquons-le, ce libertinage n'est pas un effet direct de la fortune, mais de l'une des suites de la fortune, suite séparable, quoique ordinaire; on peut concevoir un état social où l'aisance ne serait pas toujours accompagnée de l'oisiveté.

Les méfaits de l'antipathie sont moins nombreux et prennent une forme moins aiguë chez les gens aisés. L'aisance calme, de même que la misère irrite. Un sujet particulier de colère tombe chez le misérable sur un fonds général de mécontentement et d'aversion qui répercute l'émotion haineuse, la prolonge et en fait une passion. La haine croît mal au contraire sur un sol heureux; le contentement habituel, les distractions, les plaisirs, rendent l'oubli facile.

Il ne faut pas se surfaire la richesse comme pouvoir moralisateur; toutefois l'aspect général de la société a quelque chose de frappant : l'individu, selon qu'il appartient à l'étage élevé ou à l'étage bas de la société, présente ordinairement des différences intellectuelles et morales si profondes, qu'elles effacent à peu près les diversités natives; l'individu, sauf exception rare, est avant tout de sa classe : il a la moralité de son étage. La différence est si marquée, que souvent les personnes du haut étage se laissent aller à regarder les autres comme des membres d'une humanité inférieure. C'est là un sot orgueil, et une contradiction, puisque justement la classe ferait dans les unes ce qu'il peut y avoir de supérieur, comme dans les autres ce qu'il y a d'inférieur; mais cette injustice montre jusqu'à quel point est visible et saisissante l'influence de la condition économique.

Les effets heureux pour la moralité et l'intelligence que la richesse possède à l'état de tendances, il faut se les rappeler lorsque, dans l'histoire, on considère des nations diversement riches, ou les diverses phases d'une nation qui s'est enrichie. Ces phases ou ces nations, de plus en plus riches, sont assimilables aux classes d'une société, étagées l'une sur l'autre. Ce que nous avons constaté tout à l'heure au sujet des classes est vrai, selon nous, d'une nation à une autre et d'une époque à une autre.

Quand la richesse augmente quelque part, il y a un grand être au-dessus des particuliers, qui profite de ce progrès : c'est le gouvernement.

L'efficacité qu'ont les peines pour prévenir le crime dépend moins de la force avec laquelle elles frappent, que de la sûreté avec laquelle elles atteignent. Si quelque part le public était tout à coup convaincu qu'aucun méfait ne restera impuni, avec les mêmes peines on aurait un progrès moral. Cette hypothèse rencontrera, je crois, peu de contradicteurs.

Comparez, à ce point de vue, les siècles précédents avec le nôtre; vous reconnaîtrez aisément que la pénalité au xv° siècle, et même au xviii°, atteignait le coupable avec moins de régularité, de constance, qu'aujourd'hui, bien que certes nous n'ayons pas réalisé la perfection. Ce changement est dû à des causes diverses, parmi lesquelles je vois saillir la cause économique.

L'inquisition patiente et habile du criminel encore inconnu, sa poursuite, sa recherche, son arrestation, sa conviction devant les juges, tout cela est affaire d'organisation administrative et judiciaire, de police abondante, adroite, de juges, de gendarmes, de geôliers, c'est-à-dire affaire de budget. Il n'y a qu'une société riche, qu'une justice bien rentée, qui puisse faire ce que nous avons vu récemment dans le procès Gouffé. On est allé retrouver à Londres l'un des instruments du crime, reconstituer à Lyon l'un des épisodes; on est allé arrêter le coupable en Amérique. On aurait fait venir des témoins de l'Océanie si c'eût été nécessaire. Sans doute, au moyen âge, des obstacles d'ordre politique auraient resserré cette procédure; mais ces obstacles supposez-les absents, la procédure aurait encore fait défaut. Le budget de la justice, je dis même de la justice royale, n'était pas assez riche : on eût reculé devant les frais.

Ce que je viens de dire de la justice répressive est encore plus vrai de la police préventive; j'appelle de ce nom tout ce qui, sous une forme ou une autre, rend le méfait plus difficile à commettre et l'arrête souvent à l'état de simple projet. La création, l'entretien de cette police, sont coûteux, soit qu'il s'agisse d'agents humains ou d'arrangements matériels, tels que l'éclairage des villes la nuit.

CHAPITRE X

LE TRAVAIL, LE SAVOIR, L'ÉPARGNE
CONDITIONS DE LA RICHESSE ET LEURS EFFETS

Suite de la vérification. Effets sur la moralité et l'intelligence des conditions qui accompagnent la création de la richesse : travail, savoir, épargne.

La richesse se produit sous certaines conditions; après avoir cherché quels effets sortent en ligne droite de la richesse, il convient d'étudier les conditions mêmes sans lesquelles la richesse n'apparaît pas, parce que ces conditions peuvent avoir en propre des conséquences qui se mêlent aux effets de la richesse.

La première condition qui s'offre, absolument générale, c'est le travail. Pour qu'un objet naturel nous devienne utile, il faut toujours du travail qui le façonne ou qui le transporte; ou se transporter soi-même vers l'objet, ce qui est équivalent. Dirigé par l'intelligence, à travers des obstacles, vers les objets propres à servir, le travail par une réciprocité inévitable exerce l'intelligence. Le travail implique également la connaissance d'objets extérieurs.

Considéré sous un autre aspect, le travail est une cause d'émotions désagréables : il est une peine à soutenir. Il implique donc une contrainte de l'homme sur soi-même, ou l'exercice de la volonté.

Tout le temps que le travail dure, la volonté humaine ne peut se soutenir et ne se soutient en effet que par la prévision du résultat et le pressentiment (au sens exact) des émotions que ce résultat doit procurer. Une construction idéale d'effets matériels et moraux est donc également dans les tendances du travail ; et c'est bien ce qu'on appelle de l'imagination.

En résumé, les tendances du travail sont de procurer des connaissances, d'exercer l'intelligence, la volonté et l'imagination.

Le travail économique de l'homme primitif peut être violent ; il est peu diversifié, partant peu instructif. Cependant, au cours des temps, le travail vise un nombre d'objets toujours plus grand ; il s'exécute dans des conditions toujours plus variées. A mesure que cette diversité se produit, le travail mental, inséparable du travail physique, en subit naturellement le contre-coup. L'intelligence varie ses opérations, en même temps que l'acquis augmente. Il faut voir cela avec quelques détails. Il faut surtout reconnaître l'agence à laquelle l'homme est redevable de la circonstance première, la variation du travail physique. L'agence bienfaisante, dont je veux parler, c'est d'une part l'invention des machines, d'autre part la division du travail.

La division du travail a été souvent expliquée et célébrée, depuis Adam Smith, qui le premier la mit en lumière. Historiquement, il est le plus souvent impossible de constater, pour une époque donnée, à quel point en est la division du travail ; impossible par conséquent de suivre avec certitude le progrès de cette cause dans l'histoire. La division du travail est assurément louable, au point de vue de notre sujet présent : elle libère de l'activité humaine, permet d'appliquer cette activité à des œuvres nouvelles : donc varie le travail général, et procure tout ce qui s'ensuit ; mais d'autre part elle tend à abaisser l'instruction et l'intelligence de chaque travailleur particulier, en le confinant dans des besognes de plus en plus parcellaires. Par ces diverses raisons, je négligerai ici la division du travail, et concentrerai mon attention sur le machinisme.

Voici un agriculteur qui labourait son champ avec un bâton pointu, comme fait l'Australien. Arrive un inventeur qui pourvoit cet homme d'une charrue. Cela lui fait d'abord deux modes de labourer, au lieu d'un. — Petite acquisition au point de vue intellectuel. Mais ce qui est d'une autre importance, c'est que la seconde forme offre plus de complication que la première. L'action de labourer avec une charrue et des bœufs renferme, comparée au labourage par le bâton, une série considérable de moments divers. Il faut atteler les bœufs, conduire l'attelage et la charrue sur le théâtre du travail, engager la charrue dans le sol, la régler, faire tirer droit les animaux, tourner au bout du champ, débarrasser la charrue des herbes, etc. Chacun de ces moments de l'opération totale, constituant une fin particulière à atteindre, demande un ajustement spécial de mouvements, et autant de fois un apprentissage particulier. Et observez quelle variété il y a dans les objets mêmes : des bœufs, un aiguillon, des roues, la charrue avec ses diverses parties très distinctes pour le laboureur, age, soc, coutre, versoir, etc. Chacun de ces objets, chaque partie des objets n'est pas seulement une image nouvelle dont l'esprit de l'homme s'enrichit; chacun de ces objets peut aller mal ou bien, satisfaire à la fin voulue ou n'y pas satisfaire, et chacun suscite en conséquence dans l'esprit un rapport de convenance ou d'inconvenance, qui est certes bien une idée, mieux encore un jugement. Je n'ai pas noté cependant les diverses manières que l'action de labourer comporte suivant la qualité du sol, la configuration du terrain, les résultats qu'on vise à obtenir. N'importe, allons plus avant.

Avec la charrue, il y a les bœufs. Il faut les élever, les dompter, les dresser, les nourrir, les soigner dans leurs maladies, connaître leurs dégoûts, leurs caprices, disons le mot, leur caractère à chacun, les bien apparier pour le travail, que sais-je? Combien d'observations et de jugements cela nécessite! L'art de bien choisir un bœuf est assez difficile, car parmi les paysans si nombreux qui s'en occupent, on cite les gens qui y excellent.

A présent, voyez l'agriculture se développer; la domestication d'un animal s'ajouter à celle d'un autre; la culture d'une plante à celle d'une autre : cheval, porc, mouton, poule, canard, oie, dindon, blé, maïs, sarrasin, trèfle, betterave, sainfoin, luzerne, etc., etc., chaque invention nouvelle a augmenté dans la tête du cultivateur la somme des représentations précises, détaillées, des observations à faire, des décisions à prendre, des ajustements à opérer entre les moyens et les fins.

L'esprit du paysan n'est pas un esprit vide, comme trop de gens du monde se l'imaginent. Si on voulait mettre dans un livre ce qu'un paysan avisé peut et doit savoir, on ferait (et on a fait) un très gros livre.

Portez vos regards autour de ce métier fondamental sur les professions voisines : charpentier, briquetier, charron, forgeron, qu'on trouve dans le plus humble village; quelle diversité d'actions déjà! que de détails, que d'objets, que d'outils! Et nous le savons maintenant, autant d'objets, autant d'idées. Du village, passez à la petite ville, puis à la grande, vous vous trouverez en face d'une complication qui croît jusqu'à accabler l'esprit par la multiplicité infinie des détails pratiques, des procédés, des objets, des instruments. Cette complexité est l'effet incontestable, non de la spéculation religieuse ou philosophique, mais d'un nombre plus ou moins grand d'inventions qui ont multiplié les métiers, et dans chacun d'eux multiplié les opérations. Sans doute tout homme vivant dans ce milieu si complexe n'embrasse pas toute la pratique; il ne porte pas dans son cerveau toutes les notions, toutes les idées résultant de tant de métiers : ce serait un terrible savant. Ce savant n'existe qu'idéalement, si l'on veut bien considérer l'humanité vivante comme un seul être. Idéale, cette existence n'est pourtant pas tout à fait vaine. Chacun des hommes vivants, si spécialisé qu'il soit dans une profession, se ressent, à quelque degré, de la société compliquée où il vit. Aucun homme ne marche dans la vie les yeux et les oreilles fermés.

Par la vue, entrent dans l'esprit une multitude de notions, superficielles pour la plupart des hommes, profondes pour quelques-uns. Mais ces quelques-uns sont très à considérer. L'oreille donne encore plus que la vue : je veux dire le langage. Avant la spéculation, et plus qu'elle, ce qui forge le langage humain, allongeant, étendant chaque jour le vocabulaire, c'est la pratique. A chaque métier nouveau correspond une création de mots, ou de nouvelles acceptions. L'enfant qui naît, après cet accroissement de vocabulaire, a chance de posséder quelques idées de plus que s'il était né auparavant. Les mots, oh! sans doute, quand on les entend prononcer, on ne recherche pas exactement leur sens; on ne court pas pour voir l'objet ou l'action qu'ils désignent; mais, à les entendre plusieurs fois (comme il arrive toujours) et dans des contextes différents, sans effort perceptible, on arrive à avoir quelque notion des actes ou des objets. Ce n'est qu'une connaissance commencée, soit, mais un homme qui possède beaucoup de connaissances commencées, regardez-y bien, c'est un civilisé; il y a une grande distance entre lui et le sauvage.

Étudions plus à fond encore le phénomène. Les mots ne désignent pas que des objets et des actions; il en est qui sont le résultat d'une abstraction, qui connotent une classification, qui impliquent une induction. Le langage véhicule avec lui, non seulement des images d'actes et d'objets, mais les vestiges d'opérations intellectuelles. Et ces vestiges entrent dans l'esprit de qui les écoute et les répète, opérant sourdement pour pousser à l'imitation. La langue d'une société civilisée, non seulement instruit celui qui la parle, mais dresse toujours, dans une certaine mesure, son esprit aux opérations élémentaires, comparaison, abstraction, induction, déduction. C'est ce qui fait que l'homme, né dans un milieu civilisé, sans aller à l'école, sans savoir lire, sans avoir jamais fait aucun effort apparent pour s'emparer de la civilisation environnante, n'est pourtant pas un sauvage, mais, ce qui en diffère beaucoup, un civilisé ignorant, apte à devenir tout à fait civilisé.

Non seulement la pratique des arts et métiers a donné tout ce qu'il y a de solide, de valable dans cette partie du langage qui peint le monde réel, mais le vocabulaire du sentiment lui-même, des affections, des passions n'est la plupart du temps que le vocabulaire de la pratique, entendu au sens figuré. Prenez une page au hasard chez un écrivain, un poète, un orateur, examinez les termes qui lui servent à nous communiquer la connaissance de l'homme intime et moral, ce sont tous des termes métaphoriques. L'image que le mot présentait est parfois effacée, comme la tête du souverain sur une vieille monnaie ; mais elle y fut bien visible à l'origine. Il n'en peut être différemment : le phénomène psychique est inexprimable autrement que par une analogie empruntée à la vie extérieure, à la pratique.

Le travail, quand il est habituel, quotidien, régulier, est accompagné de quelques circonstances dont l'influence naturelle est fort importante. D'abord une circonstance évidente : le travail occupe les heures, emploie le temps ; par suite le dérobe à d'autres emplois qui pourraient avoir des suites moins heureuses. Ici vient à point le proverbe : « l'oisiveté est la mère de tous les vices », expression excessive d'une vérité fondamentale.

La fatigue physique qui suit le travail, l'habitude, forcément attachée au travail, de rester des heures sans émotion agréable, pour ne pas dire plus, font que l'homme laborieux n'éprouve plus cet appétit d'émotion, ce besoin de plaisir qui est si dangereux. Un rien agréable lui suffit, parfois même c'est assez du repos : or nous voyons journellement autour de nous ce que le besoin d'émotion, trop vif, peut produire de méfaits ou de désordres chez ceux qu'on appelle des oisifs. L'enfant éprouve plus que l'homme fait le besoin de se sentir vivement ému. On peut dire la même chose du sauvage, comparé au civilisé [1].

Travailler, c'est accepter une peine immédiate en vue d'un bien postérieur; nous l'avons dit, le travail implique nécessairement contrainte sur soi-même, exercice de la volonté.

Les actes dits moraux, consistant dans la limitation volontaire de nos propres plaisirs par égard pour ceux d'autrui, nécessitent la contrainte sur soi; entre le travail et la moralité il y a donc une similitude essentielle. Mais c'est le travail, toujours inévitable à quelque degré pour pouvoir vivre, qui nous a dressés le premier à la contrainte. Et comme il reste le lot du plus grand nombre, il reste aussi l'école journalière et universelle de la volonté.

Peine ou ennui actuel, accepté pour un bien futur, le travail ne se soutient que parce que l'homme se remet à chaque moment devant les yeux le bien à atteindre; cette prévision, si elle était purement intellectuelle, n'agirait pas; il y faut la chaleur de l'émotion préventive, une sorte de prégustation du plaisir que le bien conquis doit procurer. Il n'y a pas d'évolution plus profonde que celle qui fait de la brute, uniquement sensible au bien présent et réel, un être prévoyant et présensible au bien futur, au bien imaginaire. D'autant qu'il se produit ici consécutivement un résultat de la plus haute importance. L'homme s'habitue à jouir imaginairement. La jouissance imaginaire, ainsi liée aux moyens qu'on emploie, au travail, à l'activité physique et mentale, rend ceux-ci moins pesants, puis agréables ou désirables en eux-

---

[1]. Mais toutefois avec des restrictions. Il y a à cet égard de grandes différences parmi eux. Les sauvages qui vivent d'une chasse très laborieuse, comme les Peaux-Rouges, manifestent un flegme particulier, dû à la même cause que celui de nos paysans.

mêmes. On en arrive à travailler en partie pour le travail, comme on arrive à voyager à la fois pour le terme final et pour la route même. Ce qui fut d'abord un moyen pour un but, devient un but en soi, une fin intermédiaire. L'humanité va à ce résultat par des voies diverses sans doute; mais ici encore la grande voie, la voie ordinaire, est celle du travail économique. (Voir ce que nous disons ailleurs du rôle des fins intermédiaires.)

L'épargne est si souvent la compagne du travail, que j'en dois parler ici; c'est d'ailleurs à propos d'un effet qui se combine avec ceux notés par nous tout à l'heure.

Sentir qu'on accumule de la richesse, qu'on ajoute chaque jour une somme à d'autres sommes, est une émotion ignorée de certains hommes, faible chez un grand nombre, puissante chez quelques-uns. L'empire du plaisir d'accumulation n'est pas niable, quand on voit ce plaisir devenir parfois une jouissance exclusive de toutes les autres, capable de les remplacer toutes, et même de balancer des privations ou des douleurs positives : c'est le cas extrême que nous présente l'avare.

Pour l'homme qui a goûté le plaisir de l'épargne, il importe peu que l'épargne soit petite; l'essentiel, c'est qu'il se sente en progrès d'accumulation. L'humanité à ce point de vue débute par le sauvage insouciant, imprévoyant, toujours en quête d'émotions guerrières, religieuses, génésiques, sympathiques et antipathiques, et aboutit au paysan français, économe, serré, prévoyant, qui rumine sans cesse l'épargne accomplie, y joint celle à accomplir, grossit en idée son trésor, arrondit imaginairement son champ, majore son dépôt à la caisse d'épargne. Je ne donne pas ce paysan comme l'idéal, bien entendu. Ce qui fait le prix véritable de la vie, l'émotion intellectuelle et l'émotion sympathique, manque ici vraiment trop, mais, cependant, je ne crois pas qu'on conteste la supériorité morale du paysan sur le sauvage. Cette supériorité tient en partie (non pour le tout assurément) à l'influence de l'épargne, à l'habitude prise des émotions que l'épargne donne, et qui en remplacent d'autres, moins favorables au bien social.

Comparée à la barbarie, la civilisation présente cette supériorité : on y fait quantité de travaux à longue échéance dont le bénéfice se fait attendre des années; la barbarie ne connaît guère que les travaux à échéance courte; et ce serait un assez bon mètre à mesurer les civilisations que de comparer les travaux d'une durée maxima exécutés dans les divers pays. Ces travaux ont pour condition nécessaire le capital, combinaison de la richesse et de l'épargne. En général, ils sont plus productifs de richesse que les travaux courts; en tout cas ils sont productifs d'effets moraux que les travaux courts ne peuvent donner : plus l'intervalle est long entre le début d'un ouvrage et son couronnement, plus l'agent doit employer de volonté, de pouvoir sur soi-même. Il faut aussi que la faculté de prévoir, et celle de jouir imaginairement des résultats futurs, s'étendent dans la même proportion.

CHAPITRE XI

AUTRE CONDITION : L'OUTILLAGE

Suite de la vérification. Autre condition particulière : l'outillage, les inventions. Classification des inventions. Caractère général des résultats qu'elles donnent.

Avant tout, ai-je dit, un peuple est tenu de se procurer un certain degré de richesse; faire de la richesse, c'est, personne ne l'ignore, façonner un objet naturel ou le transporter; cela revient toujours à vaincre une résistance de la nature; nous pouvons donc dire : avant tout, il s'agit de vaincre la nature. Ce n'est qu'une variante de la formule employée plus haut; mais cette variante suscite de nouvelles idées.

Quels sont en général les moyens par lesquels l'homme triomphe du milieu naturel? Ce qui est matériel ne se laisse dompter que par des objets également matériels. Toute la puissance de l'esprit humain est nulle si elle n'a un intermédiaire corporel. Cet intermédiaire indispensable, nous l'appellerons d'un nom général : l'outil.

(Les institutions sociales n'agissent pas directement sur la résistance du milieu naturel; elles ne peuvent donc suppléer les moyens propres à vaincre cette résistance. Voici une monarchie très forte, un roi très absolu, Louis XIV; toutes les institutions de son temps seront impuissantes à lui donner la faculté de se rendre de Paris à Marseille en vingt-quatre heures, chose faisable aujourd'hui pour le plus infime ouvrier.)

Nous pouvons légitimement considérer le corps humain comme un outil que la nature a mis au service de l'intelligence humaine, ou, mieux encore, considérer chacun des appareils de ce corps comme un outil particulier; et tout de suite la suprême influence de l'outil apparaît : que serait devenu l'homme, s'il n'eût pas eu la main prenante et la langue capable d'articuler les sons? Sans la main et la langue, ni la civilisation, ni l'histoire, ni l'humanité même, proprement dite, n'existent; tout cela reste dans les limbes.

Son corps est d'abord le seul outil que l'homme possède. Changez notablement cet outil, par hypothèse, et votre imagination vous suggérera des effets nécessairement consécutifs. Cet homme, qui en marchant enjambe un mètre à peine, prêtons-lui des enjambées de 100 mètres. Il soulève à peine un poids de 100 kilogrammes; supposons qu'il puisse soulever 10 000 kilos. Il lance une pierre à 100 mètres, supposons qu'il la projette à un kilomètre. On avouera que sa destinée va être singulièrement moins difficile; il peut prendre les daims à la course, briser le crâne des lions, entasser des montagnes de pierre pour sa demeure, etc.

Continuons en modifiant les sens de cet homme. Ses perceptions sont incertaines; son œil ne sait ni mesurer ni compter. Sa main ne sait pas peser exactement. Son oreille ne saisit pas nettement le degré d'élévation des sons. — Attribuons à son œil la faculté de percevoir, dans une distance totale, des distances plus petites, égales entre elles, et de les compter; à sa main la faculté de diviser un poids en portions égales et de les compter, etc.

Je pourrais multiplier ces changements hypothétiques; par exemple, supposer que chaque sens est muni d'un pouvoir supplémentaire d'enregistrer exactement ses opérations. Ce que j'ai dit suffit à nous donner l'idée d'une humanité qui aurait marché avec une vitesse singulière dans les voies de la civilisation.

Ce que la nature n'avait pas accompli dans son corps, l'homme se l'est procuré par l'outillage. Les moyens que nous avons imaginairement placés au début et incorporés à l'homme, ont été réalisés au cours de l'histoire, artificiellement et extérieurement.

Si j'appelle *travail nu* celui qu'un homme exécute avec les ressources exclusivement fournies par la nature, avec ses membres, je dis que le travail nu est déplorablement peu productif. Il l'est si peu, qu'on a peine à concevoir l'existence de l'homme dans cette situation; l'existence de l'homme forcé de saisir le gibier, de capter le poisson, d'extraire les racines du sol, d'atteindre les fruits sauvages des arbres, rien qu'avec ses mains. En fait, à l'heure actuelle, nous ne connaissons pas de peuplade, si dégradée qu'elle se présente à nous, dans les conditions du travail nu. Le dernier des sauvages se sert, s'aide de pierres et de bâtons qui sont comme des allongements de ses bras, des pièces de renfort pour ses mains. — Bref, dès le premier stade, l'*outillage* apparaît avec les effets essentiels, avec le caractère qu'il conservera dans son immense développement postérieur.

Le travail d'un homme peut augmenter d'une double façon. L'ouvrier peut le faire durer plus longtemps, ou l'exécuter avec une énergie supérieure. Mais, dans sa double forme, cet accroissement s'arrête bientôt; la journée n'a que vingt-quatre heures, la limite des forces physiques de l'homme d'autre part est bientôt atteinte.

Prenez, dans les conditions du travail nu, deux hommes; prenez-les aussi inégaux que vous voudrez, comme force et comme ardeur au travail, mettez-les tous deux à la même besogne, celle, par exemple, d'extraire des racines. Certes, entre la journée de l'ouvrier faible que nous supposons être en même temps le paresseux, et la journée de l'ouvrier fort et vaillant, il y aura une différence au point de vue des résultals, mais cette différence ne franchira pas certaines limites assez étroites. Elle n'égalera pas, par exemple, celle qui résultera de l'arrangement suivant : nous prenons deux ouvriers égaux en force, égaux en bonne volonté; nous laissons l'un d'eux dans les conditions du travail nu; nous munissons l'autre d'une charrue Dombasle, attelée d'une paire de bœufs. Il est indubitable qu'à la fin du jour, entre les résultats obtenus par l'ouvrier pourvu de la Dombasle et ceux obtenus par l'ouvrier qui a gratté la terre avec ses mains, la différence sera énorme, écrasante pour ce dernier. Cet exemple simple suffit à démontrer que le travail, considéré comme pouvoir productif de la richesse, est dans la dépendance de l'état de l'outillage, plus que de toute autre cause. Considéré à un autre point de vue, l'outil, ou la machine, est une invention. Je n'ai pas à faire ici une véritable histoire des inventions. Je parlerai d'un petit nombre d'entre elles qui me paraissent exceptionnellement importantes.

Un examen attentif de ces inventions capitales me fait voir qu'il y a entre elles des différences sur lesquelles on peut fonder une classification qui nous sera utile. Il y a : 1° les inventions qui augmentent le pouvoir de nos membres, comme le marteau, la pioche, la charrue; 2° celles qui augmentent notre pouvoir de transporter les corps, y compris le nôtre, comme la barque, le char, l'animal de trait. J'observe que ces deux premiers genres répondent à ce que les économistes appellent la création de la richesse, puisque ce travail de création consiste en deux opérations : façonner un objet naturel pour le rendre utile, transporter cet objet à l'endroit utile ou se transporter vers l'objet.

Nous rencontrons ensuite 3° les inventions qui étendent la portée de nos sens, comme la lunette, le télescope, le télégraphe, etc., ou qui précisent nos perceptions visuelles, tactiles, etc., comme les mesures, les poids, le thermomètre; 4° les inventions qui accroissent notre pouvoir de communication avec nos semblables, comme le langage ; enfin 5° celles qui sont à la fois des moyens de communication et d'enregistrement, comme l'écriture, l'imprimerie. Les trois derniers genres n'augmentent pas directement notre empire sur la nature ; mais nous aurons à examiner s'ils n'ont pas finalement opéré, avec puissance, dans le même sens que les inventions des premiers genres.

L'énergie, le zèle de l'ouvrier restent sans doute fort à considérer dans un atelier privé ; mais en grand, dans l'histoire, d'une époque à une autre, il n'en est plus ainsi. Il est d'abord impossible de constater que l'ouvrier d'une époque est plus laborieux que celui d'une autre époque. Si nous pouvions le constater, nous verrions encore que la différence de l'outillage influe sur les résultats avec une puissance bien supérieure.

Dans l'atelier privé, la différence du bon ouvrier au mauvais paraît importante, parce que, l'outillage étant le même pour les deux, la cause capitale de supériorité est par le fait mise hors considération.

Une autre cause agit aussi très efficacement : c'est l'état de ce qu'on nomme la *division du travail*. — Malheureusement, d'une époque à une autre, l'état et le degré de la division du travail sont peu aisés à mesurer. Tout au plus peut-on induire vaguement quelquefois de certains indices que la division du travail a été poussée plus loin en tel endroit qu'en tel autre.

Pour connaître les divers degrés du pouvoir effectif du travail, de son rendement aux diverses époques, reste donc ce mètre à peu près unique, l'état de l'outillage. Les inventions successives d'outils sont généralement très constatables en histoire. On sait que telle chose, la charrue par exemple, n'existait pas à tel moment, bien que souvent on soit en peine de la date juste de l'apparition, des circonstances et des auteurs de l'invention ; mais ce qu'on sait est par bonheur ce qui importe à notre sujet. Pour vérifier expérimentalement notre proposition, le mieux est de résoudre le travail humain en ses divers genres et de suivre l'histoire de chaque genre. On la verra se diviser aisément en périodes tranchées, chacune ayant, comme une sorte d'étiquette, le nom d'un outil qui est venu changer les conditions du travail.

Prenons l'agriculture. Nous aurons une période avant tout outil, — une période avec l'outil de bois ou de pierre, — une période avec l'outil de métal, pioche, bêche, — une période avec l'outil mû par des animaux, c'est-à-dire avec la charrue primitive et simple, — une période avec la charrue améliorée, la charrue à versoir, — une période avec l'outil mû par une force inanimée, l'outil à vapeur.

Prenons le travail de transport par terre et par eau. Nous avons la période du transport à bras d'homme, — la période de transport avec la bête de somme, — la période du traîneau, sans roue, — la période du charriot avec la roue, — la période du charriot ou de la voiture avec ressorts, — la période du charriot mû par la vapeur. Si vous considérez la navigation, vous la voyez avant la voile, après la voile, avant la boussole, après la boussole, avant la vapeur, après la vapeur.

Il n'y a pas dans le travail de branche si modeste, si menue, où nous ne puissions aisément découvrir, en la suivant, ces espèces de nœuds après lesquels la branche se trouve très modifiée, et qui sont des inventions de machines.

Ces inventions rendent le travail beaucoup plus productif, soit en donnant plus de résultats pour la même somme de labeur, soit le même résultat avec une somme de labeur moindre; soit même en donnant la possibilité d'exécuter des actes qui auparavant étaient impossibles, comme par exemple d'aller de Paris à Marseille en moins de vingt heures. Il n'importe pas à notre thèse d'appuyer sur les diverses manières dont l'effet essentiel se produit; il suffit de relever cet effet, l'augmentation du rendement du travail, l'accroissement de la somme des utilités ou de la richesse publique par le machinisme.

L'aspect sous lequel nous venons de considérer le machinisme est celui qui frappe tout le monde. Ce que nous venons de dire n'a en conséquence rien de neuf. La conclusion, énoncée par nous, est devenue une sorte de banalité incontestée. — Il fallait pourtant l'énoncer, avant de passer à des observations moins vulgaires et à des conclusions moins évidentes.

Puisque l'outillage est la circonstance qui influe principalement sur l'effet utile du travail, sur la création de la richesse, le développement de l'aisance, il est légitime de rapporter finalement à l'outillage, comme à une cause très réelle, quoique médiate, les conséquences favorables de la richesse pour l'intelligence et la moralité humaines. — Le rôle de l'outillage dans l'évolution apparaît déjà très relevé par cette observation.

Cependant le but du présent chapitre, je le rappelle, est de montrer que l'homme a atteint, en poursuivant certaines fins, d'autres résultats qu'il ne cherchait pas. Je vais donc, dans cette revue rapide des inventions principales, appuyer de préférence sur ceux de leurs effets que nul homme ne visa, que nul ne prévit, qui se produisirent pourtant dans toutes les directions, se diffusèrent largement, se répercutèrent, pour ainsi dire, dans des inventions moindres; et surtout pénétrèrent profondément les sociétés.

CHAPITRE XII

LES INVENTIONS CAPITALES ET LEURS EFFETS

Revue des inventions capitales, et esquisse des effets divers, imprévus, indélimités qui sortent de chacune d'elles : 1° le langage; 2° le feu; 3° la bête et la plante domestiques; 4° l'écriture; 5° l'imprimerie et autres machines d'enregistrement ou de communication; 6° machines de précision.

I

Le langage. — Supposons qu'un navigateur découvre dans quelque parage inexploré de l'océan Pacifique une île restée inconnue; qu'il trouve dans cette île des êtres physiquement conformés comme des hommes, dépourvus d'art, de science, et de vêtements comme tant d'autres sauvages, mais présentant cette particularité en sus, de n'avoir pas même un langage articulé, ces êtres ne s'exprimant que par des cris et par des gestes abondants, comme font les singes. Les naturalistes ne laisseraient pas pour cela de classer ces êtres dans le genre humain; mais un *sociologiste* ou, si vous voulez, un historien philosophe hésiterait, et il aurait raison.

Pour l'historien, l'homme qui ne parle pas encore n'a pas franchi l'animalité; il n'est pas entré dans le cycle des destinées humaines. Eût-il la peau parfaitement blanche et glabre, ce n'est qu'une manière de singe. Une peuplade telle que nous venons de l'imaginer, n'existe nulle part à l'heure présente; partout les êtres à forme humaine ont dépassé la frontière animale, ils sont tous en possession d'un langage plus ou moins riche. Plus ou moins pauvre, serait mieux dit. Il est, en effet, nombre de peuples dont le vocabulaire ne renferme encore que quelques centaines de mots. Ce n'est pas tout, et pour donner une idée exacte de leur extrême dénuement en fait de langage, il faut ajouter d'autres traits. Leurs mots sont des monosyllabes; ils répondent tous à des objets concrets, presque individuels; aucun n'est un terme abstrait, désignant une classe, une généralité d'objets, ou au moins cette généralité est-elle singulièrement étroite. — Expliquons-nous par un exemple : Les Choctaws, habitants de l'Amérique septentrionale, ont des mots pour désigner le chêne noir, le chêne blanc, le chêne rouge; mais il n'y a pas chez eux de terme pour dire le chêne en général, et à plus forte raison sont-ils incapables d'exprimer cette abstraction plus large : voici un arbre (Lubbock, *Origines de la civilisation*, p. 427). Les Tasmaniens, aujourd'hui disparus, en étaient restés au même point. Ils étaient fort empêchés pour exprimer les qualités d'un objet quelconque, car ils ne connaissaient pas du tout l'usage de l'adjectif. Telle tribu sauvage ne peut compter que jusqu'à cinq, ou même jusqu'à trois, faute d'avoir su inventer plus de trois ou quatre mots exprimant les idées de nombre. Nous sommes vraiment là en présence du langage à peine commencé. D'autre part, ils sont si peu avancés dans la construction de la proposition, si inhabiles à indiquer les rapports des termes, simplement juxtaposés dans leurs phrases, que leur langage n'a pas d'existence indépendante. Sans l'expression du visage, sans les gestes, sans la mimique dont ils l'accompagnent et le soutiennent, leur langage reste incompréhensible, même entre compatriotes. La preuve en est que les Bojesmans qui causent assez facilement pendant le jour tant qu'ils se voient, ne se comprennent plus dans l'obscurité. Quand chez eux on veut à toute force s'entretenir après le coucher du soleil, on allume du feu, et on se tient dans le cercle de sa lumière. Le langage à cet état n'est qu'un appendice de la mimique.

Toutes les variétés d'hommes ont passé par cet état, dont les Tasmaniens, les Bojesmans ne sont pas encore sortis.

Les peuples civilisés d'aujourd'hui, les Français, les Anglais, les Allemands, ont beau posséder actuellement des langues admirablement organisées et nuancées au point de pouvoir exprimer les abstractions les plus larges et les sentiments les plus fugitifs, ils ont beau avoir des vocabulaires à 70 000 ou 80 000 mots, ils n'en sont pas moins descendus d'ancêtres qui furent, à un certain moment, incapables de parler dans l'obscurité, comme les Bojesmans, et, plus haut encore, d'ancêtres incapables de parler même en plein midi. Ce que nous savons des premiers Égyptiens, ce qui nous reste du langage des Aryas, la langue actuelle des Chinois et des Mongols, ce que nous voyons chez les peuples sauvages, bref des milliers d'indices parfaitement clairs et concordants démontrent que le langage est une invention humaine, la plus lente, la plus progressive de toutes; à vrai dire, toutes les langues, même les plus avancées, changeant et s'enrichissant sans cesse, c'est une invention qui partout va se continuant, et n'est jamais finie.

On a beaucoup raisonné, et quelquefois même un peu déraisonné, sur ce qui avait dû se passer dans l'esprit de l'homme commençant à parler; les suppositions les plus ingénieuses, mais aussi les plus contradictoires, ont été émises à ce propos. Il n'entre pas dans notre sujet de hasarder ici de nouvelles conjectures. Ce qui importe, c'est de constater que le langage est la première invention de l'homme; la première par la date, par l'ancienneté réelle; la première aussi au point de vue logique. J'entends par là qu'il était nécessaire que celle-ci fût faite, pour pouvoir passer à d'autres. Le langage est l'anneau indispensable auquel se rattache tout ce qui a été trouvé depuis. Sans le langage, tout le reste manquait, toute l'histoire; l'homme était destitué de tout progrès, de tout avenir.

Il est évident que, dépourvus de l'expression verbale, réduits à la mimique, les hommes auraient pu, comme les animaux, se communiquer des impressions, des émotions, la joie, la crainte, la colère; ils auraient pu s'entendre encore sur des actions à faire, pourvu que celles-ci fussent immédiates et simples; mais jamais ils ne se seraient communiqué une véritable idée.

Assurément l'homme perçoit des différences et des similitudes [1] avant d'inventer les mots; sans cela il ne trouverait pas les mots exprimant justement ces similitudes et ces différences. Mais le mot est une espèce d'outil, qui fixe ce travail, que sans lui on recommencerait chaque fois, avec des variations plus ou moins heureuses. L'esprit flotterait ainsi et n'avancerait pas vers des similitudes de moins en moins superficielles, comme il l'a fait grâce au langage.

En même temps qu'il est outil de communication, le langage est outil d'enregistrement; et c'est par ce caractère moins évident, moins aperçu que l'autre, qu'il produit peut-être ses effets les plus importants. Ce qu'il enregistre et conserve, ce sont des résultats et des traces d'opérations intellectuelles. Un idiome qui possède simultanément les mots *chêne*, *frêne*, *peuplier*, etc., et le mot *arbre*, témoigne qu'on a distingué d'une part, assimilé de l'autre, par le moyen d'une abstraction. Mais la coexistence des termes particuliers et d'un ou plusieurs termes généraux est bien mieux qu'un témoignage : c'est une leçon, un modèle; modèle d'analyse, de synthèse, d'abstraction, de généralisation, qui entre dans l'esprit sans qu'il s'en doute, et qui le prépare à faire les mêmes opérations en des sujets toujours plus difficiles.

(Des linguistes, comme M. Renan, ont imaginé de placer au début de l'humanité une sorte de miracle, une aptitude exceptionnelle pour la synthèse ou l'assimilation; c'est mal qualifier le caractère vague et lâche que l'homme met au

---

1. Les animaux perçoivent les différences et les similitudes; c'est le fond essentiel de toute intelligence.

début dans ces deux opérations toujours parallèles de l'esprit, assimiler, distinguer. L'homme inculte fait des classes d'objets infiniment trop larges, de même qu'il fait des distinctions sans solidité ni intérêt. C'est là ce qu'on a voulu appeler une fécondité exceptionnelle pour la création des mots abstraits.)

Pour beaucoup d'esprits, et de grands esprits même, c'est la religion, prise au sens général, c'est-à-dire la conception d'un être ou de plusieurs êtres supérieurs à l'homme et celle d'une vie extra-terrestre qui aurait été le grand facteur du progrès. Dans cette invention primordiale du langage, il apparaît avec évidence que la religion n'a joué aucun rôle, exercé aucune action. On n'est pas passé du cri animal au langage articulé sous l'influence de l'amour ou de la crainte des dieux, mais simplement sous la pression des besoins et des nécessités de l'existence.

Pour d'autres théoriciens, le grand facteur du progrès, c'est le gouvernement, le pouvoir de surveillance, de répression et de direction exercé par quelques hommes sur leurs compatriotes. Répétons au sujet du gouvernement ce que nous avons dit au sujet de la religion. Il apparaît avec évidence que le gouvernement n'est pour rien dans le premier pas, dans ce grand pas de l'invention du langage.

Il y a mieux : c'est que la religion et le gouvernement apparaissent ici, tout au contraire, dans un état de subordination et de dépendance à l'égard de cette invention. Ce n'est que quand les hommes ont parlé pendant des siècles, et par le langage développé un peu leur faculté d'entente, de concert, qu'ils en arrivent à former le système religieux le plus infime et à constituer le gouvernement le plus défectueux.

II

Le feu. — La nature, en certaines occasions, produit spontanément du feu : les volcans vomissent des matières ignées ; la foudre, le vent entrechoquant les branches, allument des incendies dans les forêts. L'homme a inventé, non pas seulement de conserver le feu spontané, mais d'en produire lui-même par artifice. Quand on considère les résultats de l'invention du feu, la file en paraît si longue, et si ramifiée, que l'on renonce bientôt à une énumération complète : contentons-nous du principal.

Le feu a dû servir d'abord à effrayer, à tenir en respect les bêtes féroces. Il a accru ainsi de beaucoup la sécurité de l'homme. Encore aujourd'hui, dans les déserts, il rend aux voyageurs cet important service. Il a constitué le premier éclairage. Le foyer allumé dans la grotte fut longtemps sans doute le seul luminaire en usage. Puis une branche, empruntée au foyer et fichée dans quelque fissure de roche, fit la première torche. C'est de là qu'on est parti pour arriver à la lumière électrique, qui, sans le point de départ, n'existerait pas. Le feu a créé la lumière. Écarter la bête, dissiper le malaise, l'horreur de l'obscurité, ce sont les deux bienfaits primitifs pour lesquels l'homme s'est attaché d'abord au feu.

Quelque homme exceptionnel, capable de curiosité, a dû essayer, d'une façon tout enfantine, les effets du feu sur toutes les substances qui lui tombaient sous la main. C'est ainsi qu'on a dû trouver la cuisson des viandes, celle des légumes et des grains. Manger sa viande cuite, au lieu de la dévorer crue, cela ne paraît pas très important à première vue ; nous verrons toutefois ce qu'il en faut penser. En revanche, le pouvoir de faire cuire les végétaux constitue un progrès dont l'importance est manifeste. La plupart des végétaux sont, à l'état cru, si indigestes, qu'à peine peut-on les considérer comme alibiles. En fait, sans le feu, l'homme n'aurait jamais essayé de se nourrir d'une multitude de racines et de graines dont il se sert à présent; ou, après avoir essayé, il les aurait rebutés, à moins d'un besoin extrême. L'invention du feu commande donc l'agriculture, au moins celle qui s'applique à la production des racines et des grains.

Et comme la nature offre, du côté des végétaux, une table bien plus abondamment servie et en outre plus aisée à pourvoir que du côté des animaux, on peut dire que le feu a singulièrement augmenté les ressources alimentaires de l'homme.

Le feu a une puissance sans égale pour modifier toutes les substances ; aucune que nous connaissions ne lui résiste parmi les plus subtiles ou les plus dures : ni le gaz, ni le fer ou le diamant.

Du moment que l'homme tient le feu sous sa main, il tient du même coup toute l'immense puissance modificatrice dont le feu dispose : ce n'est plus qu'une question de pratique et de maniement exercé. Tous les arts pratiques, depuis la cuisine jusqu'aux arts d'expérimentation, de vérification qui secondent la construction des théories scientifiques, tels que l'industrie de l'opticien et du chimiste, bref dix mille opérations deviennent désormais possibles, existent virtuellement avec le feu, et le temps les amènera.

L'homme primitif, un peu frugivore là où le climat s'y prêtait (et il ne s'y prêtait pas partout, tant s'en faut), mais principalement carnivore, et, ajoutons-le tout de suite, carnivore mal pourvu, indigent, fut presque nécessairement conduit par là à l'anthropophagie. Sans l'énorme appoint de l'aliment végétal, qui a été procuré par le feu, l'homme serait resté probablement anthropophage. Le feu a introduit des conditions nouvelles qui ont facilité à l'homme l'abandon de cette coutume.

Il me semble que l'homme qui ne mange plus son semblable, doit le regarder d'un tout autre œil que l'homme qui voit en lui un mets des plus succulents. Le ton des relations entre les hommes, pendant l'anthropophagie et après, a dû être notablement différent; j'espère qu'aucun moraliste ne nous déniera cette inférence.

Sans le feu, la cuisine de l'homme est bien imparfaite. Ce qui l'est aussi, c'est le lessivage, la faculté de nettoyer son corps, ses vêtements, ses ustensiles. Le feu a compliqué, perfectionné ce que nous appellerons d'un mot le « ménage ». Or le ménage, ne nous y trompons pas, c'est le noyau solide de cette institution qu'on nomme la « famille ». Si la femme n'avait jamais été pour l'homme qu'une femelle, il n'y aurait pas eu de famille. L'homme eût fait comme beaucoup de bêtes : il eût sailli la femme au hasard de ses besoins; il ne l'aurait pas associée avec constance à sa vie. Mais la femme a été regardée par l'homme comme une « ménagère » indispensable à la commodité de l'existence; c'est la ménagère que l'homme a épousée, très imparfaitement d'abord, puis de mieux en mieux. En perfectionnant, en compliquant le ménage, le feu a agi pour le progrès de la famille; il a fait sentir à l'homme, plus vivement chaque jour, le prix de la présence et la valeur du rôle de la femme au foyer domestique [1].

Ce qui se passe encore chez les Australiens, ce que l'histoire nous apprend des Indiens, des Grecs, des Latins, nous autorise à une hypothèse : c'est que, tout de suite, la femme fut préposée à l'entretien du feu. Encore aujourd'hui, en France, dans certains pays, quand il naît une fille à l'homme du peuple, il dit : « Voilà un garde-feu ou un souffle-feu ». Autour du foyer, autour de la femme, chargée de veiller à la conservation du feu et d'en tirer toutes les utilités domestiques, peu à peu, par un progrès que nous décrirons plus amplement ailleurs, la société des deux sexes s'est constituée,

---

[1]. Je ne nie pas pour cela les autres causes, et notamment l'influence de la sympathie; mais ces causes sont postérieures.

affermie, moralisée, jusqu'à devenir le mariage des peuples civilisés. Le législateur politique ou religieux n'est venu qu'après coup édicter ses règles de fidélité, de constance; il a simplement donné la théorie du fait accompli; sans les habitudes contractées auprès du foyer, sans le feu par conséquent, en tant que cause originelle et point de départ de toute cette série de faits, les règles du législateur n'auraient pas existé, car il n'aurait même pas pu en concevoir l'idée.

Aucune des révolutions religieuses, aucune des révolutions politiques accomplies depuis le commencement de l'histoire, n'est comparable pour l'ampleur des résultats à cette invention du feu. Mais parce que c'est la première (dans son genre), en même temps que la plus efficace, faut-il voir dans cette espèce d'accord l'indice d'un ordre secret, d'un plan ou d'une harmonie cachés? Gardons-nous de cette tendance anthropomorphique, et voyons les événements historiques avec leurs caractères vrais. Il fallait, de par la nature des choses physiques, que cette invention eût lieu tout d'abord, ou qu'il n'y eût aucune invention, celle-ci étant nécessaire, indispensable pour faire les autres. Et c'est effectivement ce qui s'est manifesté durant une période de temps qui a duré des centaines de siècles, d'après toutes les probabilités, et peut-être des milliers de siècles. Cela indique que cette invention était peu nécessitée, et qu'en somme elle aurait pu ne pas se produire.

Comment est-elle arrivée? Nous ne le saurons jamais avec certitude. Il y a eu peut-être deux moments bien distincts, deux pas successifs. L'incendie se produit spontanément sur la surface de la terre, nous l'avons dit. Nous pouvons supposer qu'un homme, en vue d'étonner, de faire peur, un sorcier, comme tous les sauvages en ont, a dérobé un tison à l'un de ces incendies naturels et conservé le feu. Plus tard, beaucoup plus tard peut-être, le choc plein d'étincelles d'un caillou contre un autre, la vue d'une branche d'arbre froissée contre une autre sous le souffle du vent et s'allumant, comme il arrive, ont pu livrer à l'homme le secret des deux manières de produire artificiellement le feu. Quoi qu'il en soit, voici une remarque très importante : cette découverte si nécessaire à toutes les autres, si capitale, n'a pas exigé beaucoup de science, si tant est qu'on puisse dire même qu'elle en a exigé.

Cette espèce de désaccord entre l'importance d'une invention au point de vue des résultats et sa difficulté, sa profondeur scientifique, ce désaccord, dis-je, constaté dans l'invention primordiale du feu, se retrouve dans la plupart des inventions postérieures. Embrassez-les toutes d'une vue générale, et vous reconnaîtrez que rien ne lie la grandeur des résultats à la difficulté scientifique de la découverte; entre ces deux termes, il n'y a nulle connexion, nulle proportion nécessaires. Pour prendre un exemple assez près de nous : la photographie était assurément plus difficile à trouver que l'imprimerie; elle demandait des connaissances chimiques dont les contemporains de Gutenberg étaient dépourvus : ce qui n'empêche pas que l'imprimerie ne soit, du côté des résultats, une découverte d'une grandeur bien supérieure à celle de la photographie.

Autre exemple : l'invention du traitement de la rage a sur la société une influence bien moins étendue à coup sûr que l'invention du télégraphe; elle exige pourtant un savoir très approfondi dans l'ordre des faits biologiques, lequel est plus complexe et plus difficile que la physique.

Voici maintenant à quelles conclusions tend notre remarque.

Il est extrêmement heureux, au point de vue pratique, que cette espèce de loi soit résultée de la nature des choses terrestres. Si les inventions les plus effectives, les plus nécessaires, avaient été les plus difficiles, l'humanité était évidemment condamnée à une éternelle barbarie. Mais à un autre point de vue, très important pour l'historien, il n'en est pas moins fâcheux que les choses soient ainsi faites. La disproportion visible qui existe entre le mérite des découvertes et leurs résultats, mécontente l'esprit humain. Elle fait malheureusement plus que le choquer : elle le dispose à méconnaître l'ascendant tout à fait capital des inventions qu'il estime superficielles ou matérielles. A cette cause plus qu'à toute autre il faut attribuer cette inclination si fréquente chez les historiens et les philosophes à se tourner vers les religions, les systèmes métaphysiques et les institutions gouvernementales pour leur faire honneur de nos progrès, alors que ces agents y ont peu ou point contribué.

III

La bête et la plante domestiques. — L'homme, à l'état de chasseur, pourvoit à son alimentation, à son habillement et logement par un travail dont le caractère saillant est qu'il vise des résultats immédiats. La forme de la richesse à laquelle ce travail aboutit, est la prise de possession d'un animal, qu'il faut consommer à bref délai. Il s'ensuit cette conséquence capitale que la richesse n'est pas accumulable, au moins celle qui vient par ce travail. Mais, d'autre part, ce travail occupe presque absolument l'homme, parce qu'il est très fatigant, qu'il donne des résultats très inégaux, aléatoires, et en somme médiocres. La propriété se réduit à quelques objets, plus durables que le gibier, hutte, armes, engins de pêche, couvertures. Voilà toute l'épargne et tout le capital.

Nécessairement l'héritage a une insignifiance proportionnelle ; le prêt ne peut être qu'un mutuum de peu de valeur et à courte échéance. L'inégalité économique entre les hommes est très peu profonde, et surtout sans fixité. Tel, plus rapide, plus fort ou plus adroit, rapporte plus de gibier que le voisin. Il en résulte seulement qu'il mange davantage ou plus régulièrement. Cette supériorité naturelle est à la merci d'une blessure, d'une entorse, du progrès de l'âge, du hasard de la chasse.

Très souvent le chasseur a plusieurs ménages, un dans tous les endroits où la chasse le conduit; mais ce n'est pas là un résultat absolument déterminé. Le chasseur peut fort bien être monogyne. Je ne vois pas non plus rien qui détermine un degré particulier de liberté au profit de sa femme, ou d'indépendance au profit de ses enfants. Ne forçons pas les rapports des choses. Ce qui en revanche m'apparait très déterminé, c'est la faiblesse de la population. Dans ce milieu où l'alimentation est très irrégulière, s'il naît par hasard beaucoup d'enfants il en doit mourir beaucoup. En fait, aucun peuple chasseur ne présente de la densité. Et ceci a les conséquences les plus importantes [1].

Le peuple chasseur peut avoir et a en fait ordinairement un chef. Celui-ci est élu pour conduire une guerre ou une expédition de chasse. De retour au foyer, ses pouvoirs finissent avec la cause qui les lui donna. Il peut être réélu pour une nouvelle expédition, si la supériorité naturelle et personnelle, qui le fit choisir une première fois, est encore incontestée; mais les accidents, une maladie, l'âge, un rival plus jeune peuvent en décider autrement. Il est très faiblement déterminé en tout cas qu'un fils ou qu'un parent succède à une autorité qui est intermittente et fondée sur le mérite personnel. Les institutions gouvernementales n'ont donc pas de solidité.

Là où, faute de capital, chacun doit trouver de quoi vivre dans le délai du jour ou de quelques jours au plus, il n'y a pas d'industrie un peu compliquée qui soit possible; il ne peut se former non plus une classe supérieure, plus ou moins oisive, entretenue par les tributs d'une classe inférieure. Or ce n'est qu'à ces deux conditions que les beaux-arts se développent. A la rigueur, un chasseur né artiste sculptera

---

1. Voir plus loin.

grossièrement quelque tête d'animal sur un manche de massue. Il pourra y avoir des contes, des légendes. Il y aura surtout des discoureurs, qui pourront être émouvants et même s'élever jusqu'à une certaine éloquence.

Il n'y aura pas de science proprement dite, puisqu'elle est une théorie faite après coup, d'après une pratique déjà avancée.

Il pourra y avoir, et il y a souvent en cet état, des sentiments de solidarité, de sympathie, des idées d'assistance réciproque, et même de respect réciproque, qui constituent un état de moralité très estimable. Seulement, sentiments et idées ne s'étendent que sur le groupe dont on fait partie, et cessent totalement à sa limite, pour faire place à une absence complète ou presque complète de moralité à l'égard des étrangers.

Mais voici qu'on domestique la bête : ici le cheval, là le bœuf, ou le chameau ou le lama. — Chez le peuple pasteur, le travail consiste à conduire au dehors, à maintenir ensemble, à préserver des bêtes fauves, des voleurs et des accidents, le troupeau, à lui trouver les bons pacages, les abreuvoirs. Au dedans de la maison, on surveille la reproduction, on soigne les jeunes; on prépare, on façonne les produits, tels que le lait, le poil, la peau des bêtes mortes, et les déjections mêmes, comme les argols chez les Tartares.

L'objet alimentaire étant plus sous la main, on mange, sauf accident, avec une régularité bien plus grande.

Le troupeau pouvant être maintenu et même accru par les jeunes, la richesse est accumulable. Le troupeau, propriété vivante, est par cela même exposé à bien des hasards; il manque de solidité, mais enfin il est susceptible de durée, et il est transmissible. L'héritage prend de l'importance. Il y a là un capital qui permet le prêt. En fait, on voit naître, sous la forme du cheptel, cette institution qui joue dans l'humanité un rôle si considérable, le prêt à intérêt [1]. Le

---

[1]. Phénomène visible surtout chez les anciens Irlandais. Voir d'Arbois de Jubainville, *Études sur le droit celtique*.

peuple encore aujourd'hui dit du prêt d'argent : Les écus font des petits. — Si les écus font des petits, c'est peut-être dû à ce que le premier capital prêté faisait réellement des petits.

Comme l'entretien, l'accroissement du troupeau demandent le concours de la femme, des enfants, des parents, le troupeau est généralement la propriété commune et indivise de cette petite société. La prévoyance, l'habileté, l'énergie, des connaissances élémentaires et du bonheur chez un groupe, peuvent rendre ce groupe peu à peu maître d'un grand troupeau, alors que des conditions contraires diminuent ou annulent la fortune d'un autre groupe. L'inégalité économique devient ou peut devenir très profonde.

On peut dire que la cohésion des membres de la famille entre eux s'est accrue à proportion de la régularité plus grande de la coopération dans le travail. Il ne s'agit plus pour les membres d'un groupe de concourir temporairement à une expédition de chasse ou de guerre. La coopération est constante, journalière. Le gouvernement, toujours nécessaire pour régir la coopération, devient constant, parce qu'elle l'est elle-même. Comme elle aussi, il a le caractère familial.

La femme, la fille, l'enfant, le vieillard, l'homme faible ou timide, d'une incapacité au moins relative pour la chasse et pour la guerre, ont désormais un rôle utile : nourrir, soigner, mener paître les animaux, traire le lait, fabriquer le beurre et le fromage. Or l'homme primitif n'est amené à avoir quelque considération, quelque égard et enfin quelque affection pour son prochain, qu'à proportion des services qu'il en reçoit et du besoin qu'il en a. Ce qui constitue avant tout la famille, ce sont certaines idées, certains sentiments. Par suite de la nouvelle économie domestique qui rend la ménagère plus utile, plus nécessaire, partant plus précieuse, qui trouve un emploi au vieux père incapable de chasser et à l'enfant lui-même, les sentiments familiaux, affection pour la femme et pour l'enfant, respect pour le vieillard, prennent un nouveau degré de force. Nous pouvons donc affirmer que la constitution de la famille, ébauchée par le feu, contracte une solidité considérable sous l'ascendant du régime pastoral.

Aux peuples pasteurs effectivement il appartient de manifester une forme de la famille inconnue des peuples purement chasseurs. Cette forme, que la Bible a fait connaître à tout le monde, c'est la famille patriarcale. Sans doute, dans cette famille, la femme est encore bien asservie, plus asservie peut-être même qu'auparavant, parce qu'en général elle a été achetée par le mari aux parents; sans doute encore, elle est tenue de vivre avec d'autres épouses ou des concubines, le patriarche étant polygame. Cependant, au point de vue de la force du lien familial, il y a ici un progrès incontestable. La femme ne connaît qu'un seul homme; la vertu, la pudeur féminine prennent donc naissance ici. Les enfants que la femme procrée n'appartiennent qu'à un seul père, et ce père est aussi certain de sa qualité qu'il est possible de l'être. Quelles que soient, du côté de la liberté féminine, les défectuosités momentanées de ce régime, il produira dans l'avenir d'excellentes conséquences : c'est la voie qui mène au mariage monogamique moderne.

Maintenant, pourquoi le patriarche a-t-il acheté une femme? pourquoi la garde-t-il chez lui avec un soin jaloux, tandis que le sauvage purement chasseur procède autrement en général : qu'il a un commerce désordonné avec les femmes dans sa tribu ou au dehors, s'accouplant, faisant l'amour au hasard dans les bois, ou tout au plus allant vivre tantôt chez l'une, tantôt chez l'autre (ce qu'on appelle le matriarcat par opposition au patriarcat)? C'est que le sauvage chasseur ne voit dans la femme qu'une femelle, alors que le patriarche vise surtout à épouser une ménagère. Et quelle cause a fait prédominer cette dernière considération sur l'autre dans l'esprit du patriarche? C'est, je le répète, le nouveau régime économique, la complication de l'existence ménagère, amenée par la bête domestique.

Les familles pastorales, amplifiées jusqu'à être des clans, vivent souvent à l'état sporadique, sans liens réciproques; mais d'autres fois elles sont confédérées, forment une tribu et même quelque chose de plus vaste. Au-dessus du gouvernement du patriarche sur chaque clan, il y a un gouvernement sur tous les clans. Délégué pour une migration en masse ou pour une guerre, ce pouvoir tout d'abord rappelle celui qu'on voit chez les chasseurs; il a le même caractère temporaire et intermittent. Bientôt un phénomène nouveau se produit, par suite de la fortune accumulée dans une famille. Ce n'est pas une autorité officielle qui est accordée à la famille la plus riche; c'est un ascendant non déclaré que cette famille exerce sourdement. Cet ascendant a la constance, la durée qui sont dans sa cause même. Sans doute la fortune d'une famille peut se perdre, disparaître parfois brusquement; mais, en général, elle est moins instable que les qualités personnelles qui donnent le commandement militaire.

L'ascendant dont nous parlons est dû d'abord à un effet psychique, au respect inné que l'homme éprouve pour la fortune; mais il a en plus une base matérielle : ce sont les largesses, c'est l'hospitalité pratiquée, c'est surtout le prêt. L'homme riche a bientôt, dans sa tribu, un nombre plus ou moins grand de débiteurs. Dans le monde primitif, — nous montrerons cela amplement ailleurs, — la dette asservit toujours plus ou moins. Cette clientèle du riche contient toute sorte d'hommes, y compris des guerriers. Le riche a donc tout avec sa fortune, même ce qui diffère tant en nature de la fortune : je veux dire la force des armes.

Ainsi apparaît de très bonne heure cette loi qui, dans le cours de l'histoire, soumet généralement les supériorités personnelles, courage, vertu, génie, aux supériorités réelles (dans le sens juridique) dérivant de la possession des choses, fortune, naissance, rang, etc., puis soumet celles-ci mêmes à la fortune; car sans cette dernière les autres perdent bientôt la meilleure partie de leur prestige.

La seule influence personnelle qui semble conserver presque toute sa force, en dépit du manque de fortune, c'est l'influence du sorcier. Je marque le fait en passant; je reviendrai sur le sorcier en son lieu.

Ainsi la famille, la propriété, le gouvernement, atteignent, dans le régime pastoral, un degré d'extension et de solidité très supérieur à celui qu'elles ont chez les peuples chasseurs. Et à ces changements visibles de l'extérieur correspondent naturellement, dans l'intérieur de l'homme, des modes de penser et de sentir entièrement nouveaux.

Telles sont les conséquences de la domestication des bêtes dans l'ordre des faits pacifiques; mais l'ordre des faits guerriers subit lui-même une modification très importante, et pleine de conséquences pour l'avenir. L'anthropophagie diminue en raison de l'accroissement des ressources alimentaires, elle tend à disparaître [1].

On ne guerroie plus, au moins principalement pour manger son voisin après la victoire, mais pour s'enlever des troupeaux. C'est la razzia, encore si fréquente chez certains peuples arabes. Sans doute on tue encore souvent pour tuer, pour couper la tête de l'ennemi et la rapporter comme un trophée; mais une coutume autre commence. On a besoin, à la maison, de serviteurs qui secondent ou suppléent les femmes dans les soins à donner au troupeau. On enlève donc des hommes vivants : on fait des prisonniers, on fait des esclaves. Immense événement, aux points de vue les plus divers, que cet adoucissement de la guerre, l'invention de l'esclavage [2].

---

[1]. Les peuples pasteurs semblent avoir de bonne heure perdu les habitudes de cannibalisme. J'inclinerai à penser que les peuples passés de l'état *chasse-pêcheur* directement à l'agriculture ne les perdent pas si vite. Le végétal donne une nourriture plus abondante sans doute, mais la chair reste toujours l'aliment préféré par l'homme. Les Polynésiens sont encore cannibales, moitié par religion, moitié par gourmandise. On comprend que le régime pastoral supprime ce dernier motif, ce que ne fait pas l'agriculture.

[2]. Ce n'est pas qu'on ne trouve des esclaves chez les peuples chasseurs; mais d'abord nombre de peuples chasseurs ne font pas du tout d'esclaves.

Voici à présent la culture du végétal. Elle donne, nous l'avons reconnu, une alimentation plus abondante que la zooculture. Rien de mieux établi d'autre part que la tendance de l'homme à multiplier son espèce jusqu'à la limite du possible. L'effet immédiat de l'agriculture est que, dans un groupe quelconque, la population atteint un certain degré de densité.

Ce n'est pas un facteur peu important que la densité; nous allons le voir tout à l'heure. Mais à celui-ci joignons-en d'abord un autre qui est comme son coopérateur naturel et que nous appellerons la *fixité*, également due à la forme nouvelle du travail.

Les peuplades que la chasse nourrit, celles mêmes qui sont adonnées à la vie pastorale, non seulement restent toujours clairsemées, incapables d'atteindre un certain degré de densité; mais de plus elles sont nomades tant qu'elles le peuvent, c'est-à-dire tant qu'elles ne rencontrent pas dans leurs voisins une résistance supérieure à leur effort d'expansion. Le gibier s'épuise assez vite, le pâturage naturel de même; et, en conséquence, l'alimentation devient difficile, si l'on n'a pas la faculté de changer de résidences et d'errer entre de très larges limites. Le vagabondage s'impose donc aux chasseurs, et aux pasteurs eux-mêmes, à moins de circonstances exceptionnellement favorables.

La fixité et la densité sont des conditions d'une nécessité évidente pour que l'humanité puisse fournir une nouvelle étape industrielle. L'existence des villes est indispensable au progrès des métiers et des arts. Il est facile d'en comprendre la raison. Pour qu'un ouvrier parvienne à travailler habilement, il faut qu'il s'adonne exclusivement à un seul métier, celui pour lequel il se sent le plus d'aptitude. Il faut même

---

Ceux qui en ont en ont fort peu; le fait n'a pas assez d'étendue pour être considéré comme une institution; enfin il ne paraît pas spontané : c'est, ce semble, une imitation, un emprunt fait par les chasseurs à des pasteurs voisins, avec qui ils sont en relation, tantôt commerciale, tantôt guerrière; il apparaît même au fond une idée de représailles contre ces pasteurs qui recrutent leurs esclaves chez les chasseurs.

parfois qu'il se réduise à quelque détail dans le métier; mais pour que la division du travail, cause première de toute habileté, soit elle-même possible, un certain nombre d'ouvriers est d'abord nécessaire, et en second lieu un grand nombre de consommateurs. Voyez ce qui se passe encore aujourd'hui dans un village écarté, sans communications aisées avec le reste du pays : le cordonnier y fait toute espèce de chaussures, le forgeron y forge toute sorte d'objets; aussi tous les produits sont-ils imparfaits et grossiers. Encore ce village arriéré a-t-il, sur les tribus et les clans d'un peuple nomade, l'avantage que ses habitants sont au moins *sédentaires*. Lorsqu'à l'indivision du travail, à la confusion de plusieurs métiers dans une seule main, s'ajoute l'habitude de changer de lieu, d'errer sur une surface de pays plus ou moins vaste, de rompre avec ses habitudes pour en contracter de nouvelles, bientôt abandonnées, tout progrès devient presque impossible. Il est évident que, dans un tel milieu, un long apprentissage pour l'ouvrier n'existe pas; les expériences se transmettent mal, et ne s'accumulent pas, de maître en maître; ce que l'on a trouvé ou imaginé est même toujours en danger de se perdre.

Les nomades sont, en somme, des villageois ambulants, constamment dépaysés.

Beaucoup de peuples, déjà agriculteurs, n'en restent pas moins à demi nomades. Pour qu'ils deviennent tout à fait sédentaires, il faut une nouvelle invention. Il faut que quelqu'un, après avoir observé l'effet des déjections animales sur les végétaux et sur leurs graines, ait conçu l'idée de recueillir les déjections avec soin et de les concentrer sur les champs cultivés; bref, qu'on ait inventé la fumure. Alors l'état demi-nomade ne tarde pas à prendre fin, car ce qui causait des migrations, c'est que le sol, cultivé et non fumé, s'épuisait au bout d'un temps plus ou moins court, et que cet épuisement forçait les hommes à aller chercher ailleurs une terre vierge. Du moment que l'homme sait refaire le sol épuisé, l'émigration n'est plus obligatoire; l'homme demeure, il s'attache au lieu où il naquit et qu'il contempla dès l'enfance. On peut dire à présent qu'il a une patrie. Nous avons montré combien la fixité était nécessaire pour qu'une vraie civilisation puisse se développer. La plante cultivée ne procure qu'à moitié fixité et civilisation : c'est la fumure qui achève l'œuvre. On a dit de la civilisation qu'elle était une belle plante poussée dans le fumier. Cette proposition doit être prise au sens réel. Sans le fumier, il n'y a qu'une demi-agriculture, et il n'y a guère non plus qu'une demi-civilisation [1].

L'invention de la fumure ne demandait pas une grande contention d'esprit : elle n'a rien de profond; ses conséquences néanmoins ont été des plus considérables; elle a, de ce chef, droit à figurer parmi les inventions capitales.

Aux conséquences industrielles qui se produisent dans les villes par le fait même de leur existence, il faut joindre des effets d'un tout autre ordre. Entre Paris et un village, ou même une petite ville, il y a au point de vue non pas seulement des métiers, des arts, mais de toutes les manifestations de l'intelligence, une distance bien reconnue. Demandez-vous à quoi tient la supériorité de Paris : vous trouverez la question très complexe, et les causes vous paraîtront assez délicates à saisir. Cependant vous pourrez immédiatement avancer au moins une proposition négative, qui a son importance : Paris n'est pas peuplé d'une race exceptionnelle; il recrute constamment sa population dans le fonds provincial, qui lui paraît si inférieur. Sa supériorité tient donc à ce qu'il constitue par lui-même un milieu favorable. Qu'y a-t-il précisément de favorable dans ce milieu? Cela serait malaisé et surtout long à dire avec détail. Toutefois il apparaît que Paris est avant tout un milieu très diversifié. Cent provinces ou *pays* (au sens moyen âge du mot), mille villes ou villages

---

[1]. Demi-agriculteurs, demi-nomades, il y en a beaucoup, soit dans la géographie, soit dans l'histoire; exemple : les Helvètes de César.

sont mis ici comme en présence les uns des autres, avec une variété infinie de nuances dans le caractère, les idées, les habitudes et les pratiques des individus qui les représentent. Il en résulte forcément pour chacun une certaine proportion de détachement de soi, de scepticisme ou, comme l'on dit aujourd'hui, de criticisme, ce qui est l'avant-coureur nécessaire de tout progrès. Puis il se fait, entre toutes ces idées et ces pratiques différentes, des transactions, des combinaisons, ou même encore des sélections. Ajoutons-y une cause qui n'est pas négligeable, l'influence des individus exceptionnels que les grandes villes ont toujours attirés.

La supériorité de Paris sur les provinces, et ce que nous apercevons des causes de cette supériorité, nous édifient sur le rôle qu'ont joué dans l'histoire du progrès non seulement les villes célèbres, Thèbes, Memphis, Babylone, Athènes, Alexandrie, Rome, Florence, Venise, mais les villes en général.

Jusqu'ici nous avons considéré la densité produite par la multiplication naturelle, par le nombre des êtres procréés et *conservés* grâce aux ressources nouvelles procurées par l'agriculture; c'est là ce que Spencer appelle la croissance *interstitielle*. Il y a, pour tout peuple, une autre manière de croître. Cette autre manière, appelée par Spencer croissance extérieure, tient à ce qu'un peuple en conquiert d'autres, les enferme avec lui dans le cercle de l'action exercée par un gouvernement, qu'il les intègre (suivant la forte expression de Spencer).

La croissance extérieure, l'intégration de provinces considérables au profit d'une peuplade victorieuse, donnent toujours indirectement de la densité, autrement dit, elles amènent toujours la formation d'une ou plusieurs villes extrêmement peuplées; elles secondent ainsi la croissance interstitielle ou même la suppléent. Si Athènes a dû peut-être son existence principalement à la croissance interstitielle, Rome l'a due surtout à l'intégration.

Maintenant affirmons cette proposition : Il est possible, et cela s'est vu, qu'un peuple pasteur intègre des peuples agriculteurs, et forme ainsi un État assez vaste ; mais de pasteurs à pasteurs, le résultat serait impossible. Il faut toujours que l'une des deux parties, au moins la partie vaincue, soit parvenue à la période de l'agriculture ; nous allons en voir les raisons.

Les pasteurs entre eux se font la guerre pour s'enlever du bétail, des femmes, des esclaves. Quand une peuplade a décidément le dessous, elle fuit loin de son vainqueur : elle échappe ainsi à la destruction ou à l'oppression. Un peuple définitivement agriculteur ne peut pas fuir. Il se peut que le vainqueur, n'ayant rien à ménager, supprime le vaincu et prenne les terres et les repeuple de ses propres membres ; il se peut qu'il conserve les vaincus sur le sol, à titre de serfs ; il se peut, à la suite d'une victoire incomplète, qu'il soumette le vaincu à lui payer un tribut annuel, ou même simplement à avouer son vasselage ; peu nous importe cette diversité. Mais voici ce qui nous importe : L'annexion d'un peuple, opérée d'abord par la force, perd à la longue le caractère de contrainte et aboutit à la constitution d'un état dont le maintien est voulu et la prospérité désirée par tous les sujets. L'histoire nous l'enseigne par de nombreux exemples. Dans un excellent chapitre de sa *Sociologie* auquel je renvoie le lecteur (§ 448 et suivants), M. Spencer fait parfaitement saisir les conditions de ce phénomène historique.

Les populations pastorales vivent forcément à l'état sporadique, ayant entre elles de vastes pacages, de grands espaces séparatifs. Or, en cet état, elles ont beau provenir d'une souche commune, la divergence se produit bientôt sous toutes les formes, politique, religieuse, linguistique. Ces frères ne se reconnaissent plus ; leurs dieux semblent ennemis ; leurs langages, qui ne sont pourtant que des dialectes, sont inintelligibles de l'un à l'autre[1]. Pour que la communauté

---

[1]. Fait remarqué surtout en Amérique, où souvent les habitants de deux villages voisins ne se comprennent pas.

originelle reste sensible, il faut que la race ait peuplé le pays à la manière d'un peuple agriculteur, très différente de celle du peuple pasteur. Celui-ci projette au loin et brusquement son trop-plein, son excédent d'hommes. L'autre s'étend graduellement. Les grands espaces séparatifs n'étant plus ici nécessaires, les villages s'élèvent à des intervalles relativement étroits ; et les villes mêmes, d'abord simples *oppida* ou refuges temporaires d'un cercle de villages, plus tard résidences permanentes, se forment à des distances modérées. Le rattachement à chacune de ces villes d'une banlieue, plus ou moins large, est un premier degré de coordination qui prépare la coordination postérieure en provinces et finalement en un seul État[1].

En résumé, les premiers grands empires, ceux de l'Égypte, de l'Assyrie, de l'Inde, de la Chine, du Pérou, du Mexique, se sont fondés sur une condensation d'hommes, obtenue en partie par la multiplication naturelle, en partie par l'annexion. Mais multiplication et annexion ont dépendu également de l'agriculture, introduite elle-même par l'invention de la plante domestiquée[2].

La grandeur de l'Égypte est née autour du froment et du sorgho, celle de la Chine et de l'Inde autour du riz, celle du Pérou autour de la pomme de terre, et ainsi des autres.

IV

L'écriture. — Le dessin, la sculpture, la peinture, sont une écriture avant l'écriture. La peinture est une sorte d'abstrac-

---

[1]. La plus vaste « intégration de l'antiquité », l'Empire Romain, est partie de la domination d'une ville sur une campagne, le Latium, semée de villages et de villes assez rapprochés, dont les habitants appartenaient à une même race et, ajoutons, tout à fait agriculteurs.

[2]. *Observation importante* : La chasse persiste dans l'état pastoral ; la chasse et la zooculture persistent dans l'état agricole. Il y a plus de diversité dans le travail, dans l'industrie humaine, et, comme suite, plus de diversité sociale ; enfin, plus de diversité intellectuelle, morale.

tion relativement à la sculpture ; le dessin a le même caractère à l'égard de la peinture. Le dessin, pratiqué assez longtemps, conduit lui-même à une nouvelle abstraction, dont la portée sera immense : l'écriture.

La première écriture n'est que la représentation des objets ; la seconde est l'image des syllabes qui forment le nom des objets ; la dernière, la vraie, celle des sons élémentaires qui sont dans ces noms. C'en est assez dire, à ce point de vue, pour notre sujet.

Nous n'avons pas non plus à exposer ici comment, sous la pression d'un besoin universellement senti, celui de conserver la mémoire des événements importants, l'humanité s'est essayée de diverses manières à résoudre le problème de l'écriture.

Il nous suffira de dire que l'Égypte seule a pleinement réussi, et il semble bien que la gloire de cette invention devait lui échoir, plutôt qu'à tout autre pays, à raison de ses efforts exceptionnels dans l'architecture et la sculpture, de sa constitution à la fois aristocratique et cléricale, avec une prépondérance marquée au profit du clergé. Ce dernier trait n'a pas dû influer médiocrement ; on peut avancer qu'entre tous les hommes c'est au prêtre qu'il appartient de sentir davantage le besoin de l'écriture, car le prêtre, par métier, enseigne les autres hommes. Qui dit enseignement dit forcément dans une certaine mesure conservation et remémoration des événements du passé [1].

Passons aux conséquences de cette invention. Elles vont si loin, si avant dans les institutions, si profondément dans l'esprit humain, qu'on est, par cela même, embarrassé de les mettre en relief. Après la parole, après le feu, l'écriture, au point de vue des résultats, occupe incontestablement la

---

1. Les Phéniciens ont eu le mérite, ce semble, de dégager l'élément que j'appellerai analytique d'entre les données fournies par l'Égypte. Au reste, il plane encore sur ce sujet des ombres partielles. — Voir l'ouvrage de M. Berger, *Histoire de l'écriture dans l'antiquité*.

première place. Sans elle, l'humanité ressemble à un homme qui ne se souvient pas du tout, ou, ce qui est pis peut-être, se souvient inexactement de ce qu'il a fait la veille. L'écriture constitue la mémoire solide du genre humain.

Sachant ce qu'on fait et d'où on vient, on pourra un jour savoir où l'on va et ce qu'il y a à faire. La conservation désormais possible des faits politiques est bien quelque chose ; mais ce qui est infiniment plus influent, c'est la possibilité de conserver les observations, les découvertes ou les réflexions des hommes exceptionnels dans les sciences et dans les arts. L'humanité est maintenant en mesure de commencer son encyclopédie, qui jamais ne sera close.

L'écriture n'a pas seulement cet effet de conserver les idées acquises, elle aide singulièrement à la production même des idées. Tout homme, celui-là même qui est le plus capable d'accroître le trésor intellectuel de la race, commence par être le disciple des prédécesseurs. Ceux-ci, communiquant ce qu'ils savaient à celui-là, l'ont mis à même d'acquérir un savoir nouveau.

Avant l'invention de l'écriture, l'homme ne peut entendre que la parole prononcée à courte distance ; les communications qu'il reçoit se bornent à celles du milieu tout à fait immédiat où il vit, à moins qu'il ne se déplace, voyage sans cesse, ce que peu d'hommes peuvent faire. D'ailleurs, il y a une parole dont il est forcément privé : celle des morts.

Voici qui n'est pas indifférent : grâce à l'écriture, le disciple attentif peut entendre la parole des prédécesseurs, non pas une fois, mais autant de fois qu'il lui plaît, la méditer, s'en nourrir à volonté.

Réciproquement, avant l'écriture, l'homme n'exerce d'action sur ses semblables que dans le cercle limité de ceux qui vivent réellement avec lui. L'écriture ouvre à l'action humaine une sphère indéfinie. Une sorte d'omniprésence commence pour l'homme qui pense ou sent fortement. Jésus-Christ, Mahomet, ont changé, à ce qu'on dit, la face du monde, mais on oublie trop à quoi ils le doivent. Les auteurs inconnus d'une invention matérielle leur ont mis en main un levier sans lequel ces grands acteurs de l'histoire n'eussent remué qu'un petit groupe d'hommes immédiats, bientôt disparus, et n'eussent été que des prophètes locaux.

Si l'écriture n'existait pas, n'avait jamais existé, l'amas, le trésor de nos connaissances, serait incomparablement plus pauvre : c'est reconnu, incontesté ; mais, ce qui est moins bien aperçu, c'est que l'esprit humain, en soi, dans ses puissances et ses virtualités, serait bien inférieur. Les grands penseurs n'auraient certainement pensé qu'à un degré de profondeur, d'ampleur et de précision beaucoup plus bas. Quoi donc, le fait matériel d'écrire, de creuser la cire d'une tablette, ou de mettre des signes noirs sur un fond blanc, tiendrait l'esprit dans sa dépendance ! Sans aucun doute, de même que le mécanisme vocal, matériel aussi, l'y maintenait antérieurement. On ne pense guère sans l'assistance du langage. On pense bien différemment selon qu'on a ou n'a pas l'assistance de l'écriture. Avec l'écriture, une faculté bien précieuse existe pour le penseur : c'est de revoir et de reviser l'œuvre qu'il a faite, autant de fois que bon lui semble; et, après de longs délais, de la juger comme un témoin étranger, de se corriger, et de juger encore ces corrections.

Nous savons par la biographie des grands modernes, d'un Buffon, d'un Gœthe, comment et au prix de quels amendements successifs, réitérés sur tous les points, une œuvre profonde ou parfaite finit par se réaliser, et nous apercevons aisément que ce travail était impossible avant l'écriture [1].

Si la parole a été la condition d'une première phase de la pensée, la pensée éloquente, poétique, l'écriture a créé l'esprit critique. Représentons-nous bien les conditions fâcheuses où se trouve l'homme de génie sans l'écriture. Ne pouvant écrire,

---

[1]. Telle page de Buffon est le résultat de dix et même quinze couches de remaniements successifs.

il faut qu'il parle. Il parle aux autres, ou il parle à lui-même ; j'entends qu'il compose à voix plus ou moins haute ; mais, dans l'un comme dans l'autre cas, il *improvise* toujours. Il va, il cède au mouvement de son esprit ; il suit le fil de ses idées qui se déroule, sans s'arrêter pour regarder en arrière, pour examiner la route parcourue ; il sent trop bien qu'il serait en danger de perdre la voie. Puis, quand il est arrivé au terme, son unique souci est de repasser par le même chemin, de fixer dans sa mémoire les pas successifs, afin de pouvoir redire demain ce qu'il a dit aujourd'hui. C'est un assez grand effort pour lui que de ne rien laisser échapper de ce qu'il a trouvé ; quant à refaire l'œuvre, à la corriger, il ne le tente pas. D'instinct, il sent qu'il écraserait sa mémoire sous le poids des versions multipliées.

La situation mentale que nous dépeignons n'est pas une hypothèse en l'air. Cette situation est démontrée historiquement par l'invention du vers (sous ses formes très variées) et par l'emploi presque exclusif qu'en font au début toutes les littératures, pour exprimer non seulement la pensée poétique, mais même la pensée didactique. Pourquoi cette prédominance du vers? Parce que c'est un secours pour la mémoire. Le vers remplit justement la même fonction que fera plus tard avec avantage l'écriture. Forme poétique, écriture, deux phénomènes bien différents à première vue et que lie cependant une similitude profonde.

Un homme qui porte dans son esprit quelques-unes de ces improvisations en a sa charge ; seul un génie exceptionnellement puissant peut arriver à produire une œuvre de quelque ampleur, à laquelle manque toujours forcément un certain degré de cohérence.

En résumé, là où il n'y a pas d'écriture, il est impossible au génie, si grand qu'il soit, d'atteindre un point élevé de rigueur critique, de suite, d'unité et d'ampleur dans le développement de sa pensée.

V

L'imprimerie. — Partout, et en particulier dans notre Occident, l'invention de l'écriture est séparée par un grand nombre de siècles de l'invention de l'imprimerie; n'importe, il faut rapprocher ces découvertes.

L'écriture était née du dessin; l'imprimerie proprement dite sortit de l'imprimerie du dessin : je veux dire de la gravure sur bois ou xylographie. Il n'a fallu ni une science profonde ni un grand génie pour trouver la lettre mobile, le caractère en métal. Les effets ont ici singulièrement dépassé en grandeur leurs causes. Nous n'aurons pas besoin d'appuyer beaucoup sur ces effets : ils sont évidents pour tout le monde. L'imprimerie donne à la parole humaine une portée tout à fait indéfinie; grâce à elle, l'homme, du point qu'il occupe sur la terre, peut se faire entendre jusqu'à ses extrémités. Ce qui est mieux encore, c'est que la conservation de ses paroles étant assurée par l'imprimerie autant qu'une chose peut l'être ici-bas, il se fait entendre aux générations éloignées. Plusieurs milliers d'années après sa mort, il parle, il conseille, il enseigne, il émeut, il suscite des affections et provoque des actes. La nature nous avait donné le mécanisme vocal que vous savez, un larynx portant au plus à quelque cent mètres; nous y avons ajouté ces deux appendices extraordinaires, l'écriture, l'imprimerie, et vous voyez l'accroissement prodigieux de puissance qui en est résulté.

En cherchant à caractériser la puissance que l'imprimerie a donnée à l'homme, nous venons de présenter les choses sous une image qui nous a paru propre à saisir l'esprit; et au fond, avec notre image, nous en avons donné plutôt une idée trop faible que trop forte. C'est bien mieux en effet que si la parole allait jusqu'au bout de la terre et jusqu'au bout de l'avenir; car cette parole pourrait être perdue pour l'homme sourd et pour l'homme distrait. Renouvelons ici, et avec plus de force, ce que nous avons déjà dit à propos de l'écriture. Par l'écriture, par l'imprimerie, la communication de la parole ne se fait plus par le son, mais par l'image. Le son était éphémère, l'image est fixe. Quand elle frappait les hommes au sens de l'ouïe, la parole avait bien des chances de rester sans effet; mais dès qu'il y a dévolution de sens, dès que la parole imagée va frapper l'homme au sens plus intellectuel de la vue, l'efficacité de la parole est immensément augmentée : la pensée humaine ne s'évanouit plus dans l'air avec le son; elle demeure en état d'être contemplée, méditée indéfiniment.

Cette possibilité a changé profondément le caractère même de l'intelligence. Léger, rapide, superficiel, était l'esprit humain, dans les individus les mieux doués. Le penseur obstiné, le méditatif opiniâtre devient possible. Avec l'écriture et le manuscrit, il se manifeste déjà, ici et là. L'imprimerie, le livre, multiplient partout ce type d'homme qui est véritablement le sel de la terre.

Précisons maintenant les effets propres à l'imprimerie, par comparaison avec ceux de l'écriture; voyons jusqu'à quel point le livre imprimé agit autrement que le manuscrit.

Reproduite par la main de l'homme, une œuvre quelconque coûte beaucoup de travail, de temps; elle est chère, ses exemplaires restent assez rares. L'auteur, l'éditeur ne s'attendent en conséquence qu'à une catégorie assez étroite de lecteurs. On ne pense pas, on n'écrit pas pour tout le monde comme on le fait pour quelques-uns, pour une classe restreinte de lecteurs. D'ailleurs, l'imprimerie par son bon marché permet de s'adresser à telle classe qu'on veut. Ainsi, l'auteur a le choix de viser tout le public, ou cette catégorie de lecteurs, ou cette autre. Et voilà un phénomène bien considérable introduit par lui dans la littérature, la diversité des genres, des styles et des tons. Une littérature s'exprimant par le manuscrit copié et recopié, toujours rare, toujours cher, et ne s'adressant forcément, par cette cause, qu'à une catégorie d'hommes, ou à deux au plus, est condamnée à une monotonie, à une pauvreté relatives.

On ferait certainement un livre rien qu'en suivant les conséquences de l'imprimerie dans notre littérature française. C'est ainsi qu'il faut lui attribuer principalement l'abandon définitif du latin par les auteurs, l'emploi exclusif du français, grand événement au point de vue esthétique, car l'usage d'une langue morte détermine une littérature froide, sans éloquence, sans originalité de style, sans empreinte personnelle, en un mot sans vie.

Si la littérature croît en diversité à proportion de l'étendue du public, la liberté de l'écrivain augmente de même : il peut se libérer au moins de tous les préjugés qui sont particuliers à une classe et n'est plus dominé que par les préjugés communs à tous.

Ces assertions que nous venons de présenter, et dont beaucoup sont nécessairement déductives, il faut les confronter un instant avec les faits, avec l'expérience historique.

Au lieu de nous astreindre à l'ordre des temps, comme on le fait dans l'histoire narrative, procédons par une méthode plus convenable quand il s'agit de démonstration ; allons, non de l'ancien au moderne, mais de ce qui est plus clair, plus incontestable, à ce qui l'est moins. Or nous avons dans le voisinage (historiquement parlant) un phénomène déjà très étudié, suffisamment connu, ou du moins connaissable : je veux parler de ce brusque progrès accompli il y a trois siècles, et qu'on nomme la « Renaissance ». En disant brusque progrès, je viens de caractériser essentiellement ce phénomène. Contemplez un instant l'allure de l'esprit humain, chez les nations occidentales, à partir du II° siècle de notre ère. A cette date déjà, la décadence scientifique, artistique et industrielle est manifeste. Quelles causes amenèrent cette décadence ? Ce n'est pas ici le lieu de le chercher. Notons seulement qu'elle existe, et cependant l'invasion des barbares dans l'Empire Romain n'a pas encore eu lieu ; elle n'arrivera que

dans trois siècles. On continue à déchoir lentement jusqu'au
v° siècle. Après cette date, la décadence se précipite. On descend très bas jusqu'au x° siècle; à partir de là on commence
à remonter; mais comme c'est long, comme c'est lent jusqu'à
la fin du xv° siècle! Maintenant, dans le temps qui suit, isolez
une période, une tranche de cent cinquante années, entre
1500 et 1650, et examinez-la; vous êtes saisi du nombre et
de la grandeur des changements qui se sont opérés. Je ne
veux parler ici que des modifications profondes, de celles qui
semblent indiquer dans l'homme un esprit, un moral tout
autres; et j'en parlerai brièvement, quitte à y revenir plus
tard. Entre la façon dont les hommes contemplaient la nature
extérieure, et interprétaient ses phénomènes à la fin du
xv° siècle, et celle dont Galilée par exemple la questionne, la
soumet à de rigoureuses épreuves, il y a une distance
énorme, à peine franchissable en vingt siècles qui s'écouleraient à la vitesse du moyen âge. Entre les auteurs des mystères et soties du moyen âge d'un côté, et Shakespeare ou
Corneille de l'autre, il n'y a pas moins de distance. Comparez
les meilleurs esprits du xv° siècle avec Rabelais, Montaigne,
Hobbes, Bacon, Descartes, jamais vous ne croiriez, si vous
ne le saviez indubitablement, que les uns soient si peu éloignés des autres dans le temps. Je n'insisterai pas sur une
impression si universellement sentie. Lire une page de ceux-là après une page de ceux-ci suffit à la donner, vive et frappante. Le langage seul vous avertit que l'esprit humain a singulièrement marché dans un court intervalle. Quelle fut la
cause? Elle est évidente. Prenez Rabelais, ou Ronsard ou
Montaigne. Ils ont un trait commun qui fait saillie et saute
aux yeux. Ils portent en eux, comme un double esprit, la tradition du moyen âge, la révélation récente de l'antiquité
grecque et romaine. Leurs prédécesseurs ne savaient qu'une
langue, la maternelle; ils ne savaient qu'une manière d'envisager la nature et l'homme, de raisonner sur ces deux sujets,
qu'une manière de les sentir. Ceux-ci savent, peu ou beau-

coup, deux ou trois langues. Ils connaissent deux manières au moins de raisonner, de philosopher, de sentir, celle du moyen âge, celle de l'antiquité. Je ne crois pas pour ma part que l'antiquité, toute supérieure qu'elle soit au moyen âge, ait agi et développé l'intelligence humaine exclusivement ni même principalement par sa supériorité. Ce qui a fait plus que cette supériorité, c'est la comparaison, c'est le conflit sourd ou manifeste, dans l'esprit humain, des deux civilisations. Il en est résulté dans tous les genres d'activité intellectuelle, science, art, philosophie, religion, un développement forcé du jugement, de la critique. La première condition du progrès intellectuel, c'est de douter, c'est de se déprendre de ses opinions et de ses sentiments antérieurs, de les balancer avec d'autres différents; il est rare qu'il ne sorte pas de là une composition, faite en partie de débris anciens, mais nouvelle en partie.

On voit assez aisément que les institutions politiques, les mœurs et la religion légués par le moyen âge furent tout de suite et profondément atteints dans le respect et l'attachement qu'ils avaient pu inspirer auparavant. Il faut y regarder un peu plus près pour voir que cette tradition, à son tour, passé le premier moment de vogue aveugle, réagit contre l'antiquité et lui rendit ses mauvais offices, si l'on peut dire. La critique de l'antiquité commença, dans les sciences, dès le XVI° siècle. Des esprits comme Palissy, comme Ramus, mirent en doute la validité des connaissances chimiques, physiques, anatomiques et psychologiques des anciens. Un peu plus tard, Bacon, Descartes, s'élevaient contre leur manière générale de philosopher.

En littérature, en art, on attendit plus longtemps pour les contester, surtout en France, où tant de gens encore aujourd'hui croient aveuglément à la supériorité antique. Mais en Angleterre, en Allemagne, l'esprit protestant, qui n'est après tout que la tradition du moyen âge refaite et renouvelée, libéra très suffisamment et de bonne heure les grands artistes de la dévotion aux anciens. Shakespeare, par exemple, n'est pas un ancien (d'intention) comme notre Corneille, notre Racine; il n'est pas non plus un médiéviste, mais quelque chose qui contient les deux et les dépasse.

Ce qui confirme notre explication de la Renaissance, c'est la comparaison avec quantité d'autres mouvements semblables qui ont eu lieu, et qui sont seulement moins éclatants. Au fond, la Renaissance du xvi° siècle est identique à notre mouvement philosophique du xviii° siècle par exemple. La connaissance de la manière de penser et de sentir des Anglais, devenue à la mode parmi nous, donna alors aux Français le bénéfice de ce double esprit que nous avons constaté pendant la Renaissance, et avec les mêmes conséquences. Montesquieu, Voltaire, Diderot, sont tous imbus de l'Angleterre. Rousseau a la chance d'être à la fois Suisse et Français. Peu après, devenant nous-mêmes à la mode en Allemagne, nous doublions l'esprit allemand de l'esprit français. Les Allemands sont en train de nous rendre semblable office. Ce qui fait certainement que l'Europe depuis trois siècles ne se repose pas, comme il est arrivé aux anciens, dans une production antérieure trop contemplée, trop admirée, mais donne coup sur coup des floraisons nouvelles, c'est que sa division en États distincts et différents lui permet de se féconder sans cesse elle-même par l'introduction dans chaque peuple de l'esprit d'un peuple voisin. L'antiquité gréco-romaine, soumise à l'unité de l'Empire Romain, n'a pas eu cette condition favorable. Elle a encore fait défaut bien plus complètement à la Chine, ce trop grand empire, si malheureusement isolé et replié sur lui-même.

Nous voilà, ce semble, bien loin de l'imprimerie; il n'en est rien; elle a été la condition indispensable de la Renaissance. Avant elle, les manuscrits anciens existaient certes; et il ne faut pas s'imaginer qu'on ait tout d'un coup aperçu leur existence, ou du moins ce n'est vrai que dans un certain sens. Mais, avant l'imprimerie, quelques rares privilégiés connaissaient, et seuls pouvaient connaître, les œuvres de l'antiquité. L'imprimerie mit ces œuvres à la portée d'une multitude d'hommes. De ce détail purement matériel, quel fut le résultat? Un grand fait : c'est qu'on parla de ces œuvres, qu'on en écrivit, qu'on en disserta et qu'on les discuta tout autrement, avec un entrain, une verve, une diversité d'opinion et de sentiment, absolument proportionnels à l'aire, excessivement et brusquement agrandie, du public lisant.

Il faut le répéter, la spéculation intellectuelle, qui se passe entre gens spéciaux, confinés dans des milieux étroits, que ce soit cloître, église, académie ou classe sociale, ne ressemble plus du tout à la spéculation sur les mêmes objets, quand celle-ci s'agite entre personnes venues de tous les points de l'horizon, savants, artistes, moines, militaires, hommes du monde, et les femmes mêmes.

Rien que l'intervention des femmes dans ces discussions suffirait à tout changer. Or, s'il y a quelque chose d'incontestable dans la Renaissance, c'est précisément ce trait : l'universalité (au point de vue des classes) de l'émotion, goût sérieux ou engouement, que l'antiquité suscita. Sans l'imprimerie, cela n'eût pas existé.

Je désire qu'on comprenne bien le fond de ma pensée. Ce qui a tant profité à l'esprit humain, ce n'est pas précisément la spéculation antique en elle-même, qui est souvent si faible, c'est la fureur universelle d'en raisonner, et la diversité des raisonnements proportionnels à cette universalité.

A présent, cherchez, en dehors de l'imprimerie, dans les institutions du temps ou dans les événements de quelque genre que ce soit, une cause explicative; vous n'en trouverez pas. Alléguer la découverte de l'Amérique, ou la prise de Constantinople, avec sa suite, le transport de quelques œuvres encore inconnues en Occident (œuvres fort peu essentielles), me paraît, je l'avoue, très insuffisant.

Certes, la découverte de l'Amérique a agi, surtout dans le domaine des faits économiques; l'émigration des derniers savants grecs, et l'acquisition de certains manuscrits ont agi aussi, dans une mesure estimable; mais vraiment, entre l'influence de ces causes et l'influence de l'imprimerie, il n'y a pas de comparaison possible.

Il est une préoccupation que les hommes de ce temps-ci manifestent peut-être avec excès : c'est celle de l'instruction des jeunes.

On semble croire que la conservation des connaissances acquises et leur accroissement futur dépendent principalement, sinon entièrement, de l'instruction distribuée dans les écoles. Aussi les moindres conditions du régime scolaire sont-elles un objet de débats et d'essais d'amélioration. Que dirait-on si quelqu'un venait aujourd'hui nous proposer de supprimer aux enfants tous les livres élémentaires qu'ils ont entre les mains, et s'il ajoutait encore le conseil de supprimer les cahiers, le papier, les plumes, partant les notes prises en classe, et la rédaction des devoirs faits à l'étude, à la maison, et les compositions? Évidemment, on s'écrierait que l'instruction est perdue, que le monde va retourner à la barbarie. C'est reconnaître que, si cette instruction, à laquelle nous tenons tant, que nous apprécions si haut, n'est pas précisément impossible à donner avec la parole seule, elle est au moins bien imparfaite sans l'existence de l'imprimerie et de l'écriture.

Chez les Gaulois, les Druides faisaient apprendre à leurs disciples de longs poèmes didactiques; c'était là toute leur méthode d'enseignement. Les Brahmanes hindous, négligeant systématiquement le secours de l'écriture, ont fait jusqu'à ces derniers temps ce que faisaient les Druides. Plus près de nous encore, chez nos ancêtres du moyen âge, nous pouvons considérer un enseignement presque exclusivement oral, et ce dernier exemplaire est particulièrement intéressant pour nous, en ce qu'il nous montre que des conditions très secondaires en apparence peuvent avoir une grande influence sur le développement de l'esprit humain. Quoi de plus subalterne en effet, à première vue, que l'existence d'un objet fabriqué, tel que le papier? Si le moyen âge ne connut guère que l'enseignement oral, il le dut en effet, non à un préjugé contre l'écriture, comme celui des Brahmanes, mais à ce fait que le papyrus, fabriqué en Orient, n'arriva plus en Occident après la conquête musulmane, et que, le papier n'étant pas encore inventé, on fut réduit à se servir exclusivement de parchemin, matière rare et coûteuse. Et remarquons ici, en passant, l'impuissance des institutions gouvernementales. Le moyen âge aurait eu nos institutions démocratiques, notre sentiment démocratique, il aurait voulu comme nous l'instruction des classes les plus nombreuses, avec tout le zèle que nous manifestons aujourd'hui pour cet objet, qu'il n'aurait pu, en l'absence du papier, organiser l'instruction primaire sur le même pied que la nôtre. J'écarte les livres imprimés, qu'il n'aurait pu donner à aucun prix, bien entendu, puisqu'ils n'existaient pas; mais je dis qu'il aurait reculé devant les frais énormes qu'aurait coûté, avec le parchemin, ce gaspillage de la matière à écrire que comporte nécessairement un enseignement tel que le nôtre.

Un esprit qui connaît un peu les choses pédagogiques concevra ici aisément les formes inévitables que prit alors l'enseignement. En l'absence de livres d'un côté, et de papier à consigner les leçons de l'autre, l'enfant fut tenu à apprendre toute chose par cœur, sa mémoire fut exercée presque à l'exclusion de son jugement et de sa réflexion personnelle. Après cela, qu'on se pose l'importante question de savoir si, par les habitudes contractées dans la jeunesse, l'esprit humain ne prenait pas un pli capable de produire des conséquences étendues et profondes dans l'âge mûr.

Le lecteur me rendra cette justice que j'ai absolument négligé le côté utilitaire de l'imprimerie et de l'écriture. Pour cette dernière cependant, il serait bien excessif de ne pas indiquer brièvement à quelle impuissance, sans elle, on serait réduit dans toutes les branches de la pratique. Vous figurez-vous ce que serait le négoce, au sens le plus large du mot, et l'industrie, sans écriture d'aucune espèce, réduits à enregistrer leurs opérations dans la mémoire et faisant tous leurs comptes de tête? J'admets un instant ce que certains sociologistes affirment très haut, que la civilisation n'est pas chose purement extérieure, que nous avons l'esprit et le cœur, en soi, civilisés. Supposons cependant que demain un gouvernement défende à tous l'usage de l'écriture et du chiffre, écriture spéciale, et qu'il ait le pouvoir de faire observer cette prohibition : qu'arriverait-il au bout d'un temps assez court? Dans tous les métiers, toutes les professions, toutes les pratiques humaines, une simplification, un abandon de toute opération compliquée, le resserrement d'une activité qu'on ne peut plus soutenir dans son ampleur antécédente. Il arriverait cette déchéance qui caractérise les siècles postérieurs à l'établissement des barbares dans la Gaule romaine. En effet, la décadence de cette époque ne peut s'expliquer autrement que par la perte de la faculté d'écrire. Je ne dis pas chez tous les hommes, mais chez la plupart des contemporains; je l'explique ainsi, du moins quant à moi. Les barbares qui vinrent s'établir chez nous n'étaient pas si nombreux qu'ils aient changé la constitution de l'esprit humain, par l'infusion de leur sang. Qu'ont-ils donc fait? Ils ont, par leurs mœurs, leurs habitudes constantes de guerre publique et privée, introduit dans l'existence générale une insécurité et une pauvreté telles, que l'instruction élémentaire a été négligée, mise en oubli. Au bout d'un temps, très peu d'hommes, même dans les hautes classes, ont su lire, écrire; le très grand nombre s'est trouvé totalement illettré. La barbarie dans les arts et métiers a suivi nécessairement.

Les inventions de communication, celles d'enregistrement et de commémoration, tiennent visiblement dans une assez étroite dépendance la sensibilité humaine.

Un sentiment, quel qu'il soit, l'affection d'une mère pour son fils, ou d'un ami pour son ami, dure et se maintient par l'exercice. S'il y a impossibilité à ce qu'il se manifeste par des actes ou des paroles, il diminue jusqu'à s'anéantir parfois; s'il y a difficulté, le même effet se produit avec moins d'intensité. Ce sont là des vérités psychologiques incontestables.

Le premier moyen de communication inventé, le langage, en permettant d'exprimer les affections avec une précision très supérieure à celle de la mimique, a dû développer singulièrement les facultés sentimentales du genre humain. Malheureusement, cet effet ne se laisse pas mesurer.

L'affection étant tenue, pour durer, de s'exercer en manifestations, force est que l'absence de la personne aimée soit le grand réducteur. « Loin des yeux, loin du cœur », vieux proverbe et proverbe universel, je pense. La domestication des animaux rapides, comme le cheval, le chameau; l'invention du traîneau, du char à roues; celle de la barque à rames, puis à voile, sont venues au secours des affections, tout autant que des intérêts économiques. Elles ont permis d'abréger, d'interrompre la durée de l'absence. Le papier, l'écriture, la poste, ont eu une bienfaisance un peu différente : ces inventions ont diminué l'épaisseur de l'absence, percé à moitié ses voiles, éclairci ses ombres. Avant l'écriture, l'absence est muette comme la mort. Si vivement ressentie que vous le voudrez au premier moment, cette séparation complète décourageait au bout d'un temps la pensée affectueuse et conduisait à la somnolence du sentiment. A cet égard toutefois, l'écriture a été longtemps, pour la masse humaine, un bienfait plus virtuel que réel. Il y a fallu l'assistance d'autres moyens.

Il fut un temps, pas bien loin de nous, où, lorsqu'un membre d'une famille peu aisée la quittait, le garçon pour aller à l'armée, la fille pour se mettre en service, l'absence était presque aussi complète qu'aux temps antérieurs à l'écriture. Les lettres coûtaient cher à cent lieues de distance; elles constituaient une dépense telle, que le soldat, la domestique se la permettaient rarement. La famille et le membre détaché d'elle ne correspondaient qu'à de longs intervalles. Quant à faire un voyage dispendieux et d'une durée de plusieurs jours pour aller revoir momentanément ses parents, il y fallait encore moins songer. On n'avait pas non plus pour entretenir ses sentiments la ressource du portrait. Il n'existait alors que sous la forme du tableau peint, un vrai luxe dont la bourgeoisie aisée elle-même se passait le plus souvent; au bout d'un temps, les images des personnes chères, emportées dans le souvenir, se brouillaient, puis s'effaçaient presque, accident fâcheux, dont on est trop disposé à méconnaître l'influence.

Il faut rendre justice à qui de droit, c'est une invention gouvernementale qui a inauguré la série des changements favorables, par la lettre à bon marché, à tarif unique, constant, le timbre-poste en un mot.

Le chemin de fer et la photographie ont fait le reste. De Paris à Orléans, pour prendre un exemple, l'étendue cultivable est fort heureusement restée ce qu'elle était : il y a toujours en ligne droite 120 kilomètres de champs propres à porter du blé. Mais comme obstacle séparant les hommes, les empêchant de se voir et de se parler, la terre s'est rétrécie : elle est devenue, en ce siècle, quatre fois plus petite au moins, puisqu'on traverse l'espace séparatif quatre fois plus vite. Cette économie de temps, à laquelle se joignent une économie de frais et une commodité aussi dont il faut tenir compte, a multiplié les déplacements dans une proportion énorme. On a exposé assez souvent les résultats industriels, agricoles, commerciaux de ce progrès; on n'a point assez songé à cette foule de maris, d'épouses, de mères, de pères et d'enfants, qui voyagent dans l'unique but de se revoir, de renouveler par la vue, par l'embrassement des êtres affectionnés, leur puissance d'aimer, leurs facultés de fidélité et de constance.

Gardons-nous également de ne pas apprécier à sa haute

valeur l'influence morale de la photographie. On dit bien « la mémoire du cœur »; mais celle-ci n'est pas sans se ressentir beaucoup de la mémoire proprement dite. La photographie a créé, pour la grande masse de l'humanité, le souvenir exact, fidèle, qu'on peut maintenir contre les efforts du temps. Le télégraphe, en permettant d'être informé à propos des dangers de ceux que nous aimons, ou de leur sécurité, a supprimé le tourment de bien des inquiétudes vaines : ce qui n'est pas un mince bienfait; et, d'autre part, il nous a encouragés à la sollicitude. Il faut bien voir l'homme comme il est; il en vient toujours à s'épargner la peine inutile; là où il ne peut rien, il contracte toujours à la fin une résignation, d'ailleurs salutaire. On pense aux malheurs qu'il est possible de secourir; on détourne sa pensée de ceux où l'on ne peut rien. A ce point de vue, c'est assurément une invention de très grande conséquence que celle du téléphone. Quand on pourra à toute distance entendre de ses oreilles la voix même de l'absent, il n'y aura presque plus d'absence. L'enfant, le mari, même éloignés, ne cesseront pas d'être près de leur mère, de leur femme. Le bon conseil, les représentations raisonnables ou tendres, seront toujours présents, si les corps ne le sont pas. Il faudrait vraiment être bien peu psychologue pour ne pas comprendre que ces inventions, en défendant la nature humaine contre l'inconstance et l'apathie sentimentale, qui hélas! lui sont trop naturelles, préparent une évolution de l'espèce la plus profonde. Et qui pourrait en calculer les effets derniers? Qui oserait affirmer, par exemple, que le ton des rapports entre les nations ne s'en trouvera pas à la longue modifié, par la protestation croissante de la sensibilité humaine contre la guerre, ce reliquat honteux de la sauvagerie primitive?

Continuons, et voyons jusqu'à quelle profondeur le moral humain a été atteint par l'invention de l'écriture. J'ai pensé à me figurer ce que devait être, avant l'écriture, une vaste région de la moralité, celle qui consiste dans l'exécution des promesses faites et des contrats convenus. Quand la nomination d'un héritier, la vente d'un objet, la stipulation d'une créance, bref, quand tout engagement était exclusivement confié à la mémoire de quelques témoins, il ne me paraît pas possible que la probité existât au même degré qu'aujourd'hui. Les souvenirs de ces témoins, fondement de tout l'édifice du droit d'alors, s'altéraient avec le temps, et se désaccordaient, par une loi inévitable de notre esprit. La conscience de ces témoins — à moins que la nature humaine ne fût tout autre alors qu'aujourd'hui, ce qui est à prouver — subissait elle-même le contre-coup de cet état; la cupidité, la vengeance, vingt passions différentes, avaient beau jeu pour les corrompre. L'acte écrit est un témoin incorruptible. Par nature, il reste invariable dans ses dispositions. Il rend le succès de l'improbité cent fois plus difficile; j'incline à penser qu'il l'a rendu plus rare exactement dans la même proportion. Il a sans doute donné ouverture à un crime nouveau, le faux; mais il est bien plus facile de saisir et de convaincre ce crime que la subornation des témoins, leur connivence avec les plaideurs, crime impalpable, aérien, si l'on peut dire, qui de plus a tant de formes et tant de degrés. L'acte écrit a supprimé la sollicitation réciproque du plaideur qui veut corrompre et du témoin qui veut être corrompu. Il n'a guère moins moralisé le juge ou l'arbitre en éclairant bon gré, mal gré, et fixant son opinion, tandis que la contrariété des témoignages le livrait à l'incertitude, et mettait ainsi fort à l'aise toutes ses passions.

Combien de velléités de fraude ou de violence, combien de procès, de conflits, l'écriture a coupés par la racine! Il est douteux qu'aucun dogme religieux ou philosophique ait, sur ce terrain, agi avec une efficacité comparable.

Il est certain que le genre humain est d'accord avec nous sur ce point, quand il agit. Partout où l'écriture s'est suffisamment répandue, l'usage général s'est établi de ne point prêter son argent ou livrer son bien sans tirer du débiteur un écrit en bonne forme. Deux contractants, sectateurs d'une même religion, ont rarement, je pense, négligé de mettre à profit l'invention de l'écriture, et confié le sort de leur contrat à la foi commune.

L'écriture a modifié semblablement cette sorte de contrat commun et public qu'on appelle la coutume. Elle l'a dégagé de l'incertitude des souvenirs, de la contradiction des témoignages. La coutume est passée, grâce à elle, à l'état de législation.

Je ne doute pas que les injonctions de la loi écrite n'aient été plus exactement observées que celles de la coutume, par cela même qu'elles étaient formulées d'une manière précise, et qu'elles n'admettaient plus la contestation au même degré.

Chose singulière! et qui paraîtra contradictoire à première vue, mieux obéie d'un côté, la coutume est devenue de l'autre plus malléable, plus perfectible. Tous les peuples qui n'ont pas l'écriture montrent une répugnance extrême à changer quoi que ce soit dans leurs coutumes traditionnelles. Ils paraissent avoir peur qu'en touchant au moindre détail, le tout ne vienne à s'évanouir. Leur instinct est juste, et le danger pressenti est fort réel; quand la loi n'est pas écrite, toute modification ouvre forcément la porte à la confusion des souvenirs, à la contestation universelle de toute règle, et à l'anarchie sociale.

L'écriture ne modifie pas seulement les caractères généraux de la coutume; son influence descend jusqu'aux derniers détails. Il est singulier que la célèbre législation de Rome n'ait jamais été interrogée à ce point de vue. Aucun romaniste ne s'est demandé quels changements l'usage de l'écriture avait apportés, quant à la forme et quant au fond, aux contrats privés ou publics, vente, échange, louage, testament, mariage, constitution de dot, et à l'organisation des tribunaux du droit romain. Sans doute, ils ont tous répugné à penser qu'un détail aussi matériel que l'écriture ait pu jamais exercer une influence considérable. Ce serait tout un ouvrage à faire que d'essayer de les détromper. Bornons-nous ici à quelques observations qui feront peut-être réfléchir.

J'imagine un Romain, possédant une fortune considérable et très diversifiée dans sa forme, — la civilisation romaine était assez avancée pour cela, — ayant, par exemple, des propriétés rurales, divisées en cultures d'espèces différentes, des maisons à la ville, maisons d'habitation, maisons de rapport, des ateliers serviles, des esclaves appartenant à des professions diverses, grammairiens, médecins, pantomimes, enfin des meubles nombreux, bijoux étrusques, vases grecs, statues, etc. Ce Romain prétend distribuer tout cela par testament entre ses enfants, de la façon la plus convenable. Il veut de plus faire des legs. On ne meurt pas, en ce temps-là, sans léguer quelque chose à ses amis, sans donner même au prince régnant et au personnage en vogue.

Supposons que l'écriture n'existe pas. Comment ce Romain va-t-il s'y prendre? Énoncera-t-il à haute voix, suivant la coutume qui précéda l'écriture, son testament si long, si détaillé forcément, devant le peuple assemblé en armes (*in procinctu*) ou devant un certain nombre de licteurs chargés de figurer le peuple absent? Il faudra donc plus tard confronter ensemble les témoignages de tous ces gens. Et puis, on n'a pas pu inventorier, aussitôt après le décès, les mobiliers, les ustensiles, les esclaves et le reste; comment faire en conséquence pour retrouver et reconnaître avec certitude les objets spécifiés? L'exécution des volontés du testateur, sans l'existence de l'écriture, sera chose bien malaisée parmi les compétitions et les chicanes inévitables, — elle n'est pas même toujours aisée avec cette assistance, comme le savent bien les hommes de loi, — disons mieux, elle sera impossible, on y renoncera, ou plutôt le testateur y aura renoncé d'avance; c'est-à-dire qu'il n'aura pas même osé concevoir le projet d'une distribution un peu détaillée de sa fortune. Savez-vous ce qu'il aura fait dans ce dénûment de moyens commémoratifs? Le voici : il aura institué purement et simplement Stichus ou tout autre pour son héritier, et il s'en tiendra là.

Le mariage, lui aussi, ne serait pas devenu ce qu'il a été. Ce n'est pas qu'à Rome, pour être valable, le mariage ait dû être écrit; la volonté des parties, qui suffisait seule à former ce lien, se prouvait de toutes les manières. Rome, chose bien remarquable, conserva toujours à cet égard les habitudes contractées au temps où l'on ne savait pas encore écrire. Mais l'institution de la dot, accessoire presque obligé du mariage et qui influa tant sur le principal, ne se serait pas tant développée sans l'écriture. Comment aurait-on fait pour constater les biens nombreux et divers apportés par la femme dans la maison conjugale, pour établir que ces biens provenaient du père ou d'un étranger, différence importante en droit romain?

Considérez l'une après l'autre toutes les distinctions profondes et subtiles qui constituent un droit compliqué, un droit savant (comme, par exemple, les démembrements de la propriété, usufruit, usage). En réfléchissant un instant, vous verrez que sans l'écriture elles n'auraient jamais été imaginées, parce que cela n'aurait servi à rien. Il eût été impossible de faire passer ces distinctions dans la pratique, de combiner une procédure aboutissant à l'exécution.

Ce mot de procédure me conduit à une dernière observation. Tout le monde sait que le droit romain se divise, à ce point de vue, en trois périodes ou phases : la phase des actions de la loi, celle de la procédure formulaire, celle de la procédure extraordinaire. Seules les deux premières me paraissent bien tranchées. J'appelle donc l'attention des historiens du droit sur les causes qui ont fait évoluer le droit romain des actions de la loi à la procédure formulaire, et je les sollicite à examiner si l'introduction de l'écriture à Rome, si la diffusion de la faculté d'écrire, n'a pas été la cause principale de cet important changement.

A présent, dépassons l'Empire Romain ; considérons le mariage à notre époque. Chez nous, c'est un contrat solennel : tout le monde le sait. Il n'existe pas s'il n'est écrit, et encore dans des conditions spéciales. Supposez que demain on abolisse la nécessité juridique de dresser un acte, qu'on se marie sans constater le fait par un écrit irrécusable, qui ne voit que la solidité de ce lien en sera singulièrement amoindrie? Et, d'autre part, peut-on dire que l'institution de la famille soit un édifice achevé tant que la filiation, le lien naturel, unissant chaque enfant à ses auteurs, n'est pas pleinement démontrable? Or qu'est-ce qui le met, autant que c'est possible, hors de conteste? L'état civil, c'est-à-dire l'écriture.

L'examen des faits historiques confirme pleinement ces vues déductives. On ne rencontre nulle part des institutions familiales, une constitution de la propriété, un droit relatif aux contrats privés, qui soient d'un ordre un peu relevé alors que l'écriture fait défaut.

Il faut en dire autant des institutions politiques. Considérons, par exemple, ce type de gouvernement si fameux, si vanté sous le nom de gouvernement représentatif, ou de régime parlementaire. On peut, si l'on veut, reconnaître l'existence de ce régime chez les tribus germaines, qui sont censées nous l'avoir transmis en germe, à nous Européens, par l'intermédiaire de l'Angleterre. En effet, chez les sauvages [1], il y a — et chez les Germains, il y a eu — des assemblées populaires, où tout le monde semble appelé à donner son avis. Mais quand on examine de près cette institution,

---

[1]. Il y a toujours dans l'état de sauvagerie, ou de barbarie, des apparences avantageuses ; les sujets y peuvent être fort indépendants ; ils peuvent même n'être pas dépendants du tout ; est-ce là la liberté politique? La liberté politique vraie est une transaction entre les gouvernements qui s'engagent à ne pas dépasser certaines limites, et les gouvernés qui, dans ces limites, promettent d'obéir ; c'est un contrat tacite ; mais tacite, ou même oral, a-t-il les mêmes effets, la même force que lorsqu'il est écrit? voilà la question. En tout cas, les gouvernés, dès qu'ils ont eu l'écriture à leur disposition, ont attaché la plus grande importance à obtenir des chartes écrites. Ils savaient sans doute pourquoi.

en apparence si libérale, on voit qu'elle n'offre aucune solidité, aucune sincérité. En fait, la plupart du temps, chez des sauvages où nous pouvons observer directement les choses, l'assemblée est admise à consacrer par ses acclamations ce que les chefs ont déjà décidé, et c'est tout.

Bientôt d'ailleurs, en suite précisément du développement de la société, cette primitive liberté, cette démocratie originelle, se fond dans une aristocratie très autoritaire ; et celle-ci disparaît à son tour, dans la plupart des cas, devant l'autorité absolue d'un seul. La marche générale va donc de cette démocratie primitive, qui est plutôt absence de gouvernement, à la monarchie plus ou moins absolue. Puis, dans certains pays, sous l'empire de certaines circonstances favorables, il se produit, comme cela a eu lieu en Angleterre, une sorte de retour. Le gouverné recommence à demander des comptes au gouvernant. Demander des comptes, et en rendre, c'est bien là l'expression la plus juste qu'on puisse employer pour caractériser le régime parlementaire. Car, au début, il s'agit pour le gouvernement d'obtenir des impôts, et pour la nation de n'en accorder que sur le compte rendu de l'emploi des impôts passés, en même temps que sur le compte préventif des dépenses à venir. A la rigueur, il est possible de lever des impôts sans faire aucune écriture ; mais ce qui n'est pas possible, c'est de savoir exactement ce qui est perçu, ce qui est dépensé, et pour quelles choses. Ce qui est encore moins possible, c'est d'établir d'avance un budget.

Dès que la liberté politique, la responsabilité des gouvernants devant les gouvernés se manifeste, il y a encore autre chose. Il intervient toujours entre gouvernants et gouvernés une convention : une charte est concédée. Le gouvernement, dans cette charte, promet de ne pas faire certaines choses, et en retour on lui reconnaît le droit d'en faire certaines autres. Ce serait une erreur grave que de penser ici exclusivement à l'Angleterre. Dans tous les pays de l'Europe, et notamment en France, bien que la liberté politique n'y ait pas paru avec autant d'éclat que chez nos voisins, il y a eu de ces choses que le gouvernant promettait de ne pas faire : il y a eu des chartes concédées. Il y en a eu même ici en plus grand nombre, parce qu'elles ont été concédées, non à un corps stipulant pour la nation entière, mais séparément à chaque province, à chaque ville d'importance. Au moyen âge, ces chartes s'appellent des privilèges; et ces privilèges remplissent de nombreux in-folio!

À présent, la possibilité de dresser ces actes si nombreux, et d'espèces très diverses, a-t-elle eu son influence? Si l'on n'avait pas eu la faculté d'écrire tous ces actes, les pratiques de la politique, les actions réciproques des gouvernants et des gouvernés, les procédés de l'administration, ne s'en seraient-ils pas ressentis? Cette question étonnera nombre d'historiens habitués à ne jamais s'enquérir du comment, je veux dire des conditions matérielles auxquelles est soumis le jeu des institutions; elle est pourtant à poser et à résoudre.

Par un concours de causes, trop longues à exposer ici, l'Angleterre avait conservé, jusque dans ces derniers temps, la manière primitive de voter pour les députés. L'électeur donnait sa voix oralement. Sur ce point, on n'avait pas mis à profit l'invention de l'écriture. Qu'arrivait-il? Qu'un grand nombre d'électeurs, fermiers, journaliers, fournisseurs, débiteurs des classes riches, donnaient un vote de complaisance ou de peur. On s'est décidé, sous la pression de l'opinion publique, à réformer cet état de choses. On a reconnu ainsi une vérité évidente, que le vote, pour être indépendant, sincère, doit être secret, et que, pour être secret, il doit être écrit.

L'écriture est si bien nécessaire à la pratique sérieuse du régime parlementaire, que l'écriture originelle elle-même n'y suffit pas. Il y faut le complément moderne de l'écriture, c'est-à-dire l'imprimerie. Croyons-en le témoignage des historiens anglais sur le développement de leurs institutions, beaucoup trop admirées de loin. On a écrit souvent en France que le parlementarisme était né en Angleterre dès le xiii° siècle; c'est confondre, avec l'arbre tout venu, le faible germe en danger d'avorter et qui restera longtemps un chétif arbrisseau. De Hume à Cornewal Lewis, tous les historiens anglais déposent dans le même sens. Le régime parlementaire n'a donné jusqu'au xviii° siècle que des bénéfices assez incertains, mêlés à des résultats scandaleux, à des traits sans nombre de platitude, de corruption, de connivence avec le pouvoir. Cet état de choses, assez laid à regarder de près, ne commença à s'améliorer que lorsqu'on rendit publiques les séances du Parlement, qui étaient secrètes. La responsabilité des députés vis-à-vis de leurs commettants prit alors naissance; mais cette responsabilité n'est devenue vraiment sérieuse et efficace que par l'imprimerie; grâce à elle, l'Angleterre, le monde entier, sont entrés dans la Chambre des Communes, ont pu entendre et juger.

Examinez d'un peu près la besogne d'une Chambre des Députés, d'un Parlement. Il fait des lois; mais réservons la question des lois; il fait des interpellations, il fait des enquêtes.

S'enquérir, c'est entendre des témoignages, toujours contradictoires, des dépositions souvent longues et détaillées, qui peuvent s'élever à un nombre considérable. Puis il faut les recorder, les comparer, les condenser et conclure. Tout cela se fait, parfois très malaisément, avec le secours de l'écriture; supprimez-la, je défie qu'on s'en tire. On s'en tirera d'autant moins que les témoignages, en l'absence de l'écriture, ne seront plus de même qualité. Appellera-t-on des témoins pour témoigner sur des témoignages? Vous voyez d'ici l'inextricable confusion, et le néant final.

Le Parlement vote les impôts, il règle les recettes, et décide les dépenses de l'État; bref, établit le budget. Un budget est un système immense de détails, de chiffres et de comptes impossible sans l'écriture, je n'ai pas besoin de le dire.

Il est possible qu'il y ait trop de lois; cependant notre code civil, notre code commercial, notre code pénal, notre code d'instruction criminelle, ne sont pas trop longs, ils ne sont pas trop explicites. On leur trouverait plutôt le défaut contraire. Ne gardons que ceux-là, éliminons tout le reste, supposition évidemment excessive. Qui voudrait même, dans cet état, confier la garde de la législation française à la mémoire? On ne sait pas assez que les règles détaillées, nombreuses, — les longues et explicites procédures, judiciaires, administratives, qui constatent l'exécution des règles, — que les formalités en tous genres, qu'on appelle volontiers des noms péjoratifs de chicane, paperasserie, etc., sont les conditions de la responsabilité humaine. L'ancien dicton: *Verba volant, scripta manent* va infiniment loin.

En tout, la responsabilité humaine n'existe presque pas tant que l'homme ne sait que parler.

VI

Machines de précision. — La machine est faite en général pour donner à quelqu'un de nos sens ou de nos membres une puissance extraordinaire; mais, à côté de ce machinisme dynamique, l'homme a inventé, pour explorer, sonder le milieu où il vit, des machines qui sont, immédiatement du moins, de purs instruments d'enquête.

L'homme a bientôt senti qu'il avait besoin de mesurer l'espace et le temps, de compter les objets, de les peser. Il s'est aperçu que ses membres, dont il s'était d'abord servi pour mesurer, étaient inégaux, et il a inventé la coudée, le pied, la palme, en bois ou en fer, invariables et fixes. Il s'est aperçu que chacun de ses sens avait une sensibilité variable, et que, par cette variabilité, la vue, l'oreille, le tact, l'induisaient également en erreur. Il a créé des machines qui remplacent le sens sensible et faillible par une sorte de sens insensible, et par suite d'une constante véracité.

Nous avons eu ainsi la balance, donnant rigoureusement le poids; la clepsydre, le sablier, l'horloge, la montre, donnant exactement la durée. Plus tard, on a pu, grâce à une machine, mesurer la température des corps et même mesurer le poids variable de l'air qui pèse sur nous, résultats auxquels nos sens n'auraient pu atteindre.

Ce n'est pas ici le lieu d'exposer avec plus de détail l'histoire de ce machinisme spécial. Relevons seulement ce qui nous importe. Ce que nous appelons d'un mot la raison humaine, est fait à sa base de deux éléments, l'un mental, l'autre moral : 1° les notions précises d'égalité et de différence des objets sous les rapports de l'étendue, de la durée, du poids, du nombre, de la température, du mouvement; 2° l'habitude et le besoin contractés de ces connaissances précises.

Ce qui distingue le sauvage du civilisé, avant tout, c'est le goût de la précision en toutes choses, suite d'un certain ensemble de précisions déjà acquises. Il y a toute l'épaisseur de la civilisation entre l'homme qui, pour savoir où en est le jour, regarde le soleil et se contente d'une heure approximative, et l'homme qui veut savoir le temps à une minute ou même à une seconde près; entre l'homme qui, allant d'une île à une autre en barque, sait à peu près la distance par la durée variable de la traversée, et l'homme qui n'est pas content s'il ne connaît pas le nombre des mètres. Notez bien que je néglige ici les conséquences pratiques de ces deux états mentaux, les opérations qui sont impossibles dans l'un, et qui deviennent réalisables dans l'autre; je ne considère que la constitution différente des deux esprits. Les idées d'égalité absolue, de différence exacte, de proportion définie, soit pour l'étendue, soit pour la durée, soit pour le nombre, soit pour le poids, soit pour le mouvement ou la force, sont le fondement de tout ce qui a pu s'élever au-dessus et achever l'édifice de notre raison. Or ces idées, et le goût de ces idées, ont eu pour condition absolue l'invention de notre machinisme spécial. Jamais, sans un mètre en matière insensible, l'homme ne se serait élevé à la notion et au sentiment de la longueur exacte, et ainsi du reste.

Pour s'expliquer la différence mentale du sauvage au civilisé, comme d'un civilisé à un autre, on se forme un concept imaginaire très simple : on allègue une capacité mentale différente, qui fait tout. La différence de capacité alléguée est un thème oiseux; à supposer qu'elle existe réellement, les choses se passent comme si elle n'existait pas; car, en fait, la supériorité du civilisé se manifeste juste à proportion des machines, des habitudes et des notions acquises par le moyen de ces machines. Supposez un bon esprit de civilisé, un excellent même, Newton si voulez, vivant dans un milieu où l'on n'a que ses doigts pour compter, ses bras pour mesurer l'espace, sa main pour peser : aucune des découvertes qui sont, pour nous, les seuls signes réels de l'existence du génie de Newton ne seront produites. Il n'y aura pas objectivement de Newton. Ce qui me l'assure, c'est l'analyse même du Newton historique. Plus je le fouille, plus je découvre en lui une quantité considérable de connaissances, de raisonnements, de procédés méthodiques, d'expériences typiques, acquises avant lui, et dont il s'est emparé grâce à une éducation laborieuse et à un travail obstiné. Ajoutons à cela quantité d'outils, sans lesquels il serait bien empêtré, tout Newton qu'il est. J'aurais voulu le voir privé seulement de papier et de plume, sans parler des autres instruments qui l'ont servi[1].

---

[1]. Assurément les engins ne font pas de la science tout seuls, il faut qu'ils soient employés par un esprit humain. Mais on imagine, sans preuve aucune, qu'un esprit humain est quelque chose d'existant absolument en soi, indépendamment des idées reçues, des notions acquises. On parle de la netteté, de la précision, de l'exactitude d'un esprit, comme si on était sûr que cela répond à des réalités bien définies; bref, de ces termes qualificatifs on fait sans hésitation des entités. Tout ce que nous pouvons saisir avec certitude sur le compte d'un esprit, est précisément d'un tout autre genre que ces innéités ou virtualités qu'on lui prête. Nous voyons assez distinctement, en un savant donné, qu'il a appris telles choses, acquis telles notions, surtout qu'il s'est pénétré de raisonnements faits par d'autres avant lui; nous voyons, par exemple, qu'il s'est imbu, pour ainsi parler, de la manière dont d'autres avant lui ont mesuré l'espace, ou la vitesse de la lumière, ou

Autrement dit encore, la raison humaine contemplée dans un individu (ou en grand dans une génération historique), n'a pour nous de réalité saisissable que par les notions et les procédés de raisonnement, lesquels, je le rappelle, sont eux-mêmes devenus possibles grâce à un outillage spécial.

Et je m'aperçois enfin que ce résultat répond à un trait constitutionnel de notre esprit, à une loi de l'intelligence. L'opération la plus élevée de l'esprit, l'assimilation abstraite qui fait la découverte d'une vérité générale, comme par exemple celle de la vitesse régulière du son dans l'atmosphère, est dans la dépendance des opérations plus humbles, des opérations élémentaires de nos sens. Avant la découverte de la vérité générale, il fallait à tout le moins apprendre à mesurer exactement la distance en droite ligne d'un point à un autre.

Les sauvages manifestent souvent une mollesse intellectuelle, une irréflexion, une inattention qui paraissent étranges aux civilisés; mais tous les sauvages ne sont pas pareils à cet égard; ni le même sauvage pareil à lui-même, selon l'objet proposé à son attention. Tant s'en faut que l'application intellectuelle, l'attention, l'observation obstinée, soient inconnues au sauvage. Il fait bien des choses qui nous confondent, comme de suivre pendant des semaines, sur de vastes espaces, à travers marais et forêts, des traces enche-

---

la dilatation des corps, et qu'il applique cette même manière à d'autres sujets; il a dans l'esprit visiblement des idées exemplaires sur lesquelles il modèle sa conduite pour des fins nouvelles; parfois il apporte des modifications, des nouveautés; mais il ne serait pas ordinairement difficile de retrouver dans quelque chose d'antérieur le principe même de ces nouveautés, qui ne le sont d'ailleurs qu'à titre de combinaison entre des éléments anciens. Certes, il y a quelque chose en cet esprit qui fait qu'il est lui, et non un autre; cela n'empêche pas que la meilleure part de sa rigueur, de sa précision, de sa logique ne soit due aux connaissances qu'il lui a été donné d'acquérir, surtout aux exemples qu'il lui a été permis de méditer, et qui sont proportionnels au degré de culture atteint par le milieu où il vit. Ce quelque chose qui fait que d'Alembert est d'Alembert, et qu'il ira plus loin que le commun des savants contemporains, est indéniable; mais il a en lui un moindre rôle que l'acquis en tous genres, qui constitue l'état scientifique du xviiie siècle.

vêtrées, dont il tire des conséquences nombreuses, détaillées, précises. Et ce n'est pas seulement grâce à ses sens — dont il a en effet étendu la portée — qu'il obtient ces résultats, mais grâce à un genre de logique qu'un civilisé n'égalerait pas sans un long apprentissage. A présent, voici une observation finale qui rentre dans notre sujet. La portée des sens, voir plus loin, entendre de plus loin ou un moindre bruit, n'est pas ce qui influe sur l'intelligence : c'est la précision qui influe, voir, entendre, toucher, sentir, goûter avec distinction dans la quantité.

L'exercice d'un sens accroît singulièrement la portée du sens, beaucoup moins ou pas du tout sa précision. L'exercice le plus obstiné n'a jamais donné à cet égard ce que donne d'un seul coup et à tout le monde — autre considération très importante — l'invention d'un outil, appendice matériel et insensible d'un de nos sens.

Ce qui est vrai au début reste vrai sur toute la longueur du développement intellectuel de l'homme. Sans les instruments métalliques, sans le verre et la porcelaine, impossible de peser, mesurer, recueillir, observer, expérimenter, combiner, vérifier. Que devient l'astronomie sans la lunette astronomique, le télescope et ses autres outils? Que devient la biologie sans le microscope, le scalpel? Que ferait la chimie sans creuset, ni flacon, ni tube de verre? la physique sans balance de précision, sans horloge, sans aucun des nombreux engins qui lui servent à mesurer les forces dont elle s'occupe? Ouvrez du reste un livre d'histoire scientifique : de quelque science qu'il s'agisse, vous entendrez l'auteur reconnaître (implicitement en général) que les instruments ont seuls permis de constater telles et telles vérités. Il paraîtrait naïf d'insister sur ce que les hommes compétents savent si bien.

C'est que la loi mentale signalée plus haut est constante, indéfectible; aucun progrès dans la haute spéculation qui n'ait dû avoir pour antécédent un progrès de délicatesse et de précision dans nos perceptions élémentaires, par le moyen des sens artificiels que nous nous donnons.

J'ai indiqué sommairement quelques-uns des effets profonds que l'humanité doit aux inventions mécaniques. J'en ai dit assez peut-être pour avertir qu'il y a là un vaste sujet inconnu, et même jusqu'à un certain point méconnu.

On peut répondre qu'une invention, le feu par exemple, n'est pas la véritable cause des effets que j'ai indiqués; qu'il en a été seulement la condition, que la véritable cause réside dans le moral et le mental humain. Cette pensée, qui a un bel air de profondeur philosophique, revient à peu près à celle-ci : la cause de tout, c'est l'esprit humain. Vérité incontestable, mais fort peu instructive et qui n'entame pas du tout le problème. Assurément l'esprit humain (en le prenant au sens large) a tout fait; mais la question véritable est pourquoi cette cause, qui existe en tout temps, n'a pas tout fait dès la première heure, pourquoi elle s'est montrée capable de faire telle chose en tel temps, non en tel autre [1]. C'est là l'essence de tous les problèmes historiques.

La distinction de la cause et de la condition ne nous est pas étrangère, je prie le lecteur de s'en souvenir; cependant il ne faut pas lui donner un caractère absolu qu'elle n'a pas. A parler rigoureusement, selon la vraie logique, le mobile éternel qu'on voudrait appeler exclusivement cause, et la condition ou la circonstance nécessaire pour qu'un effet arrive, font à titre égal partie de la cause [2]. Il n'est pas

---

[1]. Un érudit, M. Siméon Luce, ayant dit dans son livre sur Duguesclin que l'invention de la chemise avait dû être faite et amener l'abondance de la matière à faire le papier, pour qu'on pût trouver l'imprimerie, un critique releva cette assertion, comme peu philosophique. Il était beaucoup plus philosophique, à son avis, de dire que l'invention de l'imprimerie était due aux efforts de l'esprit humain. Il arrive qu'on se croit plus profond au moment qu'on est plus naïf.

[2]. Le lecteur sait si je suis disposé à méconnaître la cause qu'on nomme l'esprit humain, laquelle revient à ce que j'ai appelé l'homme général. Le lecteur a même pu croire au début de mon livre que je ne tenais compte que de l'esprit humain. Je tâche de tenir compte de toutes les causes, mais à leur place.

permis de négliger l'élément momentané plus que l'autre, surtout en histoire.

C'est le momentané, le temporaire, qui est justement l'objet propre de la science historique. Alléguer pour toute cause, en tout, partout, la virtualité de l'esprit humain, procédé trop commode, vraiment! c'est pis encore que l'emploi du génie de race[1]; avec cela il n'y a plus de problème; toute difficulté est supprimée, mais aussi toute science.

Si une circonstance matérielle, comme l'est une invention mécanique, agit tant, c'est qu'elle a pour elle, en somme, la connivence des besoins constants, ou des lois constantes de l'esprit. Cette vue consolera peut-être les personnes qui répugnent à admettre l'efficacité de causes qu'elles jugent fort peu nobles. Revenons sur quelques-uns des effets exposés plus haut, pour faire voir que les inventions agissent par le moyen des lois générales. J'ai dit que l'usage de l'écriture avait dû étendre et fortifier les sentiments sympathiques. Mais qu'est-ce que cela, sinon un simple cas particulier de cette loi générale : Les besoins moraux croissent en raison de plusieurs causes, mais surtout en raison de leur exercice et de leur satisfaction. Les conséquences que j'ai attribuées à la photographie relèvent de la même loi.

J'ai parlé tout à l'heure de l'invention du linge de corps, et accepté l'idée qu'elle avait dû influer sur l'invention de l'imprimerie; mais, en ce résultat particulier, qu'est-ce qui opère finalement? Cette loi qu'un besoin, un désir s'avivent en raison de la proximité réelle ou imaginaire de leur objet. — L'écriture a modifié très favorablement, à mon avis, la moralité humaine; c'est l'envers de la vérité précédente : une fraude, qui devient matériellement plus difficile, équivaut au recul d'un objet qui tentait, sollicitait plus vivement auparavant, parce qu'il était plus proche.

La puissance des inventions d'enregistrement, comme le

---

[1]. Nous parlerons tout à l'heure de celui-ci.

dessin, l'écriture, l'imprimerie, tiennent à ce qu'elles constituent une mémoire artificielle, invariable, et que la mémoire est la base indispensable des opérations plus hautes de l'esprit, distinction, assimilation, etc. — Si l'invention des outils qui mesurent la quantité sous toutes ses formes a de même influé profondément, c'est que les perceptions revivent d'autant mieux dans la mémoire qu'elles sont moins à l'état homogène de bloc dans notre esprit; qu'elles sont au contraire divisées en moments ou parties distinctes, égales et numérables. Ce travail de discrimination préalable importe d'abord à la mémoire; et secondement, il est la condition de toute assimilation, c'est-à-dire de toute découverte.

En résumé, les inventions sont des circonstances vraiment capitales : elles ont eu pour fonction historique de balancer et de vaincre, plus ou moins tôt, les circonstances naturelles qui empêchent, gênent, oppriment l'humanité, un sol stérile, un climat rigoureux et le reste. L'évidence de leur suprématie à cet égard éclate dans ce fait que des civilisations très avancées ont pu s'installer en des climats tels que celui de la haute Écosse ou de la Norvège.

CHAPITRE XIII

CAUSES PSYCHIQUES ET SOCIALES DU PROGRÈS

I

Des causes psychiques qui déterminent le progrès. Du progrès déterminé par ces causes.

L'enfant a des appétits divers. Il a faim, il a soif, tous ses membres sont sollicités à l'activité par une fermentation intime; tous ses sens ont un besoin sourd d'exercice. Si vous tentez l'un de ses sens, le goût par exemple, en lui offrant un objet tel qu'une pomme, le plaisir de dévorer cette première pomme sera vif, celui de manger une seconde pomme le sera déjà moins, et après plusieurs pommes il sera nul. Moyennant un délai plus ou moins long, le plaisir, ainsi causé par l'ingestion d'une pomme, reparaîtra presque aussi vif, jamais aussi vif. C'est l'histoire de toutes nos sensations, de toutes nos impressions. En toute chose, la première fois est la plus émouvante; en toute chose, le plaisir s'émousse par la répétition. Pour maintenir le plaisir au degré déjà éprouvé, l'homme doit nécessairement recourir à deux moyens, et il y recourt d'instinct : — ou il crée par des artifices une sorte de nouveauté à l'ancien objet; notre cuisine est un bon exemple de ce dernier procédé; les femmes nous en offrent un autre, elles sont sans cesse occupées à se renouveler; — ou il tourne momentanément son activité d'un autre côté.

Le second procédé, l'exercice alternatif de tous les appétits, de tous les goûts que nous possédons, a des effets plus larges; après les plaisirs de la table, ceux de la promenade, de la conversation, de la vanité, de l'ambition, de l'amour ou de la curiosité scientifique. Ainsi s'entretient presque sans interruption le plaisir ou, pour parler plus exactement, l'émotion qui est la fin dernière de nos actes, la raison d'être de la volonté.

Il n'est pas neuf de dire que si nous n'avions qu'un sens au lieu de cinq, si nous n'avions d'émotion que d'un genre unique, l'histoire de l'humanité serait tout autre. Mais ce qui a été moins aperçu, c'est qu'avec tous nos sens, si un même objet pouvait nous causer toujours le même plaisir, si la relativité (Bain), cette loi qu'un état moral qui reste le même cesse au delà d'un certain temps d'être senti, n'existait pas, nous aurions fait probablement peu de progrès. Mais elle existe, et l'homme qui, ayant une fois éprouvé une émotion d'un certain degré, cherche à ressaisir ce degré, sinon même à le dépasser, l'homme a été lancé dans une voie où il s'efforce de varier indéfiniment l'émotion, soit en espèce, soit en degré, soit, à défaut de mieux, dans ses circonstances et ses accessoires. Voilà pour la sensibilité; passons à l'intelligence.

Toute chose déjà vue trouve dans l'esprit comme un sillon ouvert, une piste battue, un sentier par où elle va jusqu'à la conscience, avec plus d'aisance pour nous, et moins d'altération en elle-même.

Somme toute, en vivant, sans que sa volonté s'en mêle, et par le seul fait de vivre, l'homme devient moins sensible d'une part, et, d'autre part, il se forme de l'extérieur une image plus précise, il devient plus instruit. Ce n'est pas tout : la répétition agit sur nos actes corporels d'une manière analogue. Ils deviennent également plus aisés par la répétition. Leur coordination, la succession de leurs divers moments, arrive à se faire avec une aisance, une rapidité, une sûreté surprenantes. Un pianiste fait aller d'accord ses deux mains pour exécuter des exercices difficiles sans y penser, en lisant un livre. On dirait un instinct et, effectivement, entre l'habitude et l'instinct la ressemblance est essentielle.

II

Caractère du progrès individuel. Progrès social et son caractère. La cause est dans la tradition et l'imitation. Le grand cycle des peuples où la tradition-imitation s'est exercée avec un effet éclatant. Causes ou forces qui affectent la tradition-imitation.

Il y a donc pour l'individu un principe de progrès inséparable de l'existence même. Ce progrès est purement viager; il disparaît avec l'homme qui le porte en soi. Telles sont au moins les apparences.

Supposons maintenant un acte ayant abouti à la fabrication d'un objet durable, un arc par exemple; cet objet peut survivre à son auteur. Ici déjà le progrès prend un autre caractère : il est transmissible. Les objets qui ne se consomment pas tout de suite, qui durent plus ou moins longtemps parmi des hommes nouveaux, lesquels continuent à agir par cela même qu'ils vivent, ont chance de s'ajouter les uns aux autres. Le progrès social, supra-individuel, apparaît donc d'abord comme une accumulation d'objets utiles.

Cet arc, pris comme exemple, n'est pas seulement un objet, c'est un modèle. Il implique des idées d'actes à faire et des expériences acquises sur les propriétés de certains objets. Un esprit avisé peut dégager ces idées et peut produire un arc à peu près semblable. Mais en général il est aidé par les explications et par les actes exemplaires de celui qui a fait l'arc. Voilà un grand phénomène simple; on l'a nommé très bien la tradition, — tradition d'un côté, imitation de l'autre.

Tout s'imite, le tour de main qui façonne un vase, la manière de se marier et d'élever ses enfants, de mettre son habit ou sa coiffure, de se prosterner devant son dieu, de prononcer tel mot; et tout se transmet, depuis la croyance qui embrasse l'univers conçu comme un tout jusqu'à celle qui se rapporte à la réalité la plus infime.

Voici une génération de jeunes qui pousse et grandit à l'ombre des générations adultes, dans un pays donné. Chacun des jeunes gens est contraint d'imiter, en toute chose essentielle, ses prédécesseurs. Partout il y a une pédeutique. Quand le jeune est devenu adulte, l'opinion le commande en premier lieu; en second lieu, viennent les injonctions du gouvernement. Il y a donc imitation par contrainte pédagogique, par contrainte opinionnelle et par contrainte politique.

Comme il est difficile de concevoir les choses autrement qu'on ne les voit, l'adulte fait à la fin, avec conviction, à peu près tout ce qui fut d'abord chez lui imitation de contrainte.

Ce n'est pas tout : à côté de l'imitation volontaire du commun, il y a place pour l'imitation du particulier. On se modèle sur un homme qui devient votre exemple. L'imitation exemplaire joue en histoire un rôle immense. Dans les arts, les sciences, l'imitation exemplaire règne visiblement. Elle opère encore ailleurs avec puissance : Alexandre est devant les yeux de César; Napoléon suit du regard, selon le moment, César, Charlemagne, ou Frédéric. Tout se copie, depuis la grandeur d'âme jusqu'au ruban du bonnet.

On peut définir une société comme il suit : Un groupe d'hommes où l'on se contraint mutuellement et où l'on s'imite particulièrement.

Cela ne veut pas dire que l'imitation s'enferme dans les limites du groupe. De peuple à peuple, on s'est communiqué bien des choses. A-t-il existé quelque part une civilisation qui n'ait rien emprunté à ses voisins? La question d'abord ne se pose que pour quatre ou cinq peuples : les Égyptiens, les Assyriens, les Chinois, les Astèques, les Péruviens. Chacun de ces peuples que nous voyons unifiés s'est constitué, nous en sommes à peu près sûrs, par la réunion de plusieurs peuplades, sous l'hégémonie de l'une d'entre elles. Avant cette réunion, on s'est communiqué, on s'est emprunté, et il semble que c'est précisément dans cette période féconde que la civilisation est née. Peut-être même après la réunion n'a-t-elle pas fait de grands progrès. Pour la civilisation égyptienne, ce phénomène historique, étonnant à première vue, est à peu près démontré. Les œuvres remontant aux premières dynasties sont, en presque tous les genres, supérieures à ce qui s'est fait plus tard ; nous expliquerons tout à l'heure ce résultat en apparence singulier.

En dehors de ces quelques peuples, toutes les autres civilisations, mieux connues de nous, ont fait incontestablement à leurs voisins des emprunts très essentiels. Arrivons sans plus tarder à un phénomène qui semble être le plus considérable de l'histoire *accidentelle*.

Parmi la multitude des peuples que présente l'histoire, un groupe de nations apparaît comme lié dans une sorte de destinée commune : c'est le groupe des nations occidentales. Dans ce cercle de peuples, qui part de l'Assyrie et de l'Égypte, et passant par la Grèce, par Rome, par la France, l'Angleterre et l'Amérique, va se refermer sur l'Allemagne et la Russie, un même courant de civilisation circule. Nous tous modernes occidentaux sommes finalement les petits-fils, les héritiers de l'Égypte, de la Grèce, de Rome.

D'eux à nous, on peut constater la transmission continue de mille choses influentes au plus haut point : l'herminette de nos charpentiers, la barque de nos pêcheurs, l'alphabet de nos savants, la statue, le temple, les règles sur les contrats, le drame ; je cite pêle-mêle au hasard. Ce grand cycle de civilisation est une sorte d'expérience dont il faut comprendre le sens. On peut la retourner de vingt façons et en tirer chaque fois une observation importante. En voici une : entre les membres de ce grand cycle, le lien n'est pas celui du sang, c'est celui de l'imitation.

Comme pendant et contraste, remarquons, à l'autre bout de la terre, la Chine, qui semble avoir moins imité qu'aucun autre peuple. Elle a eu en revanche l'avantage de se développer dans une même région (sans transmigration lointaine), avec une continuité, une gradation et une sécurité, non pas absolues, mais exceptionnelles. Ses révolutions ont été superficielles et les conquêtes qu'elle a subies ont été nominales, officielles, plutôt que réelles. Comparée à la civilisation occidentale, qui a été au contraire largement interrompue (de l'an 500 à l'an 1000), la civilisation chinoise apparaît notablement inférieure : c'est la petite civilisation, tandis qu'on peut appeler l'autre la grande civilisation.

« Le Chinois appartient à la race jaune », soit; mais l'Hindou appartient à la race indo-germanique, c'est notre frère. Lui aussi a fort peu emprunté; comme celle du Chinois, sa civilisation est petite.

On peut penser *a priori* que certaines choses sont imitées plus aisément que d'autres, s'épandent plus vite autour de leur berceau, et vont plus au loin. Une observation même superficielle confirme cette vue. Il semble qu'on aperçoive la loi suivante : Les choses se répandent en raison directe de l'intérêt qu'elles offrent pour le commun des hommes; en raison inverse des difficultés de l'apprentissage nécessaire pour tirer parti de ces choses; en raison inverse également de la distance géographique, qui est, en somme, une forme de la difficulté. Voici un commencement de preuve : selon les sociologistes, ce qui circule le plus vite d'un peuple aux autres, ce sont les outils, et, parmi eux, les outils guerriers. (Je remarque, au passage, que ce trait relève de l'antécédence de l'économique, de la loi d'urgence.)

Les sociologistes observent que les peuples, quand ils n'ont pas encore un clergé d'État bien organisé, s'empruntent assez aisément des pratiques de magie ou de religion, des cultes spéciaux. Tous les érudits savent que les cultes orientaux se répandirent en Grèce et que quelques-uns de ces cultes firent fortune à Rome. Rien de plus explicable : une croyance nouvelle n'exige aucun apprentissage. Un alphabet, comme celui des Phéniciens, un système de numération écrite, comme les chiffres dits arabes, vont infiniment moins vite dans leur expansion, puisque à l'heure présente il est des Français pour qui l'une et l'autre invention sont encore comme non avenues ; et il est certain que, sans la contrainte des parents ou de l'école sur l'enfant, les diffusions de ce genre seraient encore bien plus lentes.

Je vois que, née en deux foyers, l'Assyrie, l'Égypte, la civilisation gagne de proche en proche la Grèce d'Asie d'abord, puis la Grèce européenne, puis l'Italie, et ainsi de suite. Elle marche exactement comme quelque chose de matériel, de physique. La distance l'affecte visiblement ; elle obéit à la loi du voisinage. Les exceptions apparentes ne font que confirmer. Si quelque point lumineux éclate là-bas avant que rien paraisse ici, plus près, c'est que la mer a facilité la communication ; la distance par eau n'est pas la distance par terre. Quelques esprits ont élevé sur ce fait des théories bizarres. Ils ont imaginé que la marche du soleil avait influencé l'autre. Rien de moins mystérieux, rien de plus simple. La civilisation est avant tout un composé d'inventions matérielles ; certes d'autres choses, qui ne sont pas matérielles, s'y surajoutent ; mais celles-ci viennent après, et elles sont conditionnées par le début matériel. D'ailleurs il faut bien que les livres soient transportés, ou que les hommes se transportent, et ce sont là les deux dépositaires des idées. Des causes qui ont un corps subissent naturellement la loi des corps. Essayez cependant d'ajuster cette marche de la civilisation avec le génie des peuples, vous arriverez à l'absurde.

Voici des observations complémentaires qui ont peut-être

quelque importance. Situées géographiquement entre les deux sources primitives, l'Égypte, l'Assyrie, la Grèce d'Asie d'abord, puis la Grèce européenne semblent bien avoir été destinées à avoir une civilisation plus large, de même qu'un confluent l'est plus que chacun des affluents. La civilisation arabe offre également un trait à remarquer : elle s'est développée avec une rapidité extraordinaire, au moins du côté de la science (voir ce que nous en disons p. 358); et je ne puis m'empêcher de mettre en regard une circonstance particulière à ce peuple : il n'a pas reçu chez lui, peu à peu, comme tant d'autres, les apports de l'étranger, c'est lui qui s'est transporté en masse dans les régions où régnait la civilisation grecque.

III

Similitude spontanée et similitude par imitation. Opposition de M. Spencer et de M. Tarde.

Une similitude de conduite apparaît souvent entre individus vivant fort loin l'un de l'autre, soit dans l'espace, soit dans le temps et s'ignorant réciproquement; il ne peut être question en ce cas d'une ressemblance voulue, d'une imitation. Cette similitude, que nous appellerons spontanée, provient évidemment du fonds psychique commun, soumis à l'empire de circonstances pareilles. Exemple très simple : un sauvage pris en Océanie, et un autre pris dans les prairies de l'Amérique, ou dans les forêts de l'Afrique, sont également chasseurs, parce qu'ils sont tous deux tenus de manger et qu'ils n'ont encore domestiqué aucune bête, ni aucune plante.

La similitude spontanée coexistant avec la similitude voulue, souvent il y a difficulté pour l'historien de savoir à laquelle des deux il a affaire. Je n'en puis donner de plus forte preuve que le désaccord qui existe à cet égard entre

M. Spencer et M. Tarde. Ce dernier, dans son ouvrage, excellent d'ailleurs, sur l'imitation et son rôle, attribue à l'imitation toutes les similitudes qu'il rencontre entre les divers peuples; il méconnaît complètement la similitude spontanée. M. Spencer, au contraire, fait à celle-ci la part la plus large.

Des institutions en grand nombre relèvent, sans conteste pour nous, de la similitude spontanée; ce sont en général les primitives, les fondamentales, telles que la constitution de la propriété privée, mobilière et territoriale, les contrats de vente, de prêt à intérêt, d'échange, le commerce sous une forme ou une autre, le rapt et l'achat des femmes, la vie en ménage, l'autorité maritale et paternelle, les fiançailles, les institutions gouvernementales et militaires, au moins dans leur forme rudimentaire; la contrainte opinionnelle et l'assistance sympathique; les premiers essais des arts pratiques et même des beaux-arts; les premières conceptions religieuses, telles que celle du revenant. Tout cela paraît surgir de tous côtés, sans imitation réciproque, du fonds identique des besoins et des facultés intellectuelles. (On trouvera à cet égard dans la *Sociologie* de Spencer des renseignements plus précis et plus développés.)

Certaines ressemblances très spéciales nous étonnent par leur présence en des endroits fort éloignés, entre lesquels l'emprunt n'est pas admissible. On peut citer, par exemple, les dispositions sur l'adultère qu'on rencontre dans les lois d'Auguste et dans celles des empereurs chinois (la femme adultère doit être répudiée; le pardon n'est pas permis au mari, sous peine d'être traité en entremetteur). Ces concordances inattendues montrent jusqu'à quelle profondeur la similitude naturelle peut agir.

En revanche, nombre d'institutions présentent certainement à résoudre ce difficile problème : sont-elles spontanées ou imitées? Je citerai, comme exemples la monnaie, et plus particulièrement la monnaie métallique, la sorcellerie, la domestication des plantes et des animaux. Il y a des arguments pour et contre. Enfin, quantité d'inventions, d'instruments, d'idées, de pratiques et d'usages sont incontestablement partis d'un point et sont passés de proche en proche jusqu'à des peuples extrêmement distants. Je signale ce phénomène de communication civilisatrice à l'attention des partisans du génie de race.

IV

Imitation au sein du groupe; imitation de l'étranger. Obstacles considérables que l'imitation intérieure peut opposer au progrès. Exemples d'imitations extérieures, dues les unes à l'économique, les autres à l'honorifique. Ces deux sortes d'imitation s'appellent mutuellement. Loi hypothétique qui donne la priorité tantôt à l'une, tantôt à l'autre. L'imitation par contrainte et machinisme social introduit une grande contingence dans l'histoire.

La race, nous le montrerons plus loin, n'est pas une réalité saisissable. Dès que, conformément à la méthode rationnelle, on ajourne (je ne dis pas on abandonne) l'emploi d'une idée si vague, les causes explicatives d'une civilisation donnée ne sont plus à chercher que dans les circonstances. Alors, parmi celles-ci, l'imitation extérieure apparaît comme l'une des plus influentes, et peut-être même comme la plus influente.

Je n'énonce pas à cet égard une proposition dogmatique. C'est une hypothèse que je formule; sa vérification approximative, la seule possible, ne me paraît pas praticable par la méthode inductive; les faits ici donneront toujours moins que les généralités de la psychologie.

Comparons psychologiquement l'imitation intérieure, dont nous avons parlé d'abord, et l'imitation extérieure. Assurément la première est, ainsi que nous l'avons déjà dit, un principe de progrès. C'est parce qu'on conserve un objet fabriqué, ou l'idée de cet objet, laquelle sert à le fabriquer de nouveau, c'est parce qu'on conserve la leçon des tours de main et des opérations, les manières, les croyances, c'est, dis-je, par tout cela que l'accumulation des utilités d'un côté, des connaissances de l'autre, s'opère, et que l'amélioration de l'existence sociale s'ensuit. Conservation et progrès sont une même chose jusqu'à un certain point; mais prenons garde : il y a un point passé lequel la tradition, l'imitation intérieure, deviennent un obstacle au progrès.

La tradition se fait souvent impérieuse, tyrannique; l'imitation s'incline jusqu'à la soumission absolue. Un peuple en arrive à professer sur un sujet donné, artistique, littéraire, moral, une doctrine acceptée par tous ses membres. Il pense alors comme un seul homme. Cette opinion régnante d'un moment peut se transmettre à une longue suite d'autres; et alors une série de générations, des millions, des milliards d'hommes, considérés par l'historien, se trouvent encore avoir pensé comme un seul homme. Supposons qu'un peuple, dans ces conditions, communique peu ou point avec ses voisins, qu'il n'en accepte de leçons en aucun genre : ce peuple ressemblera à un homme solitaire qui ne fréquenterait pas les autres hommes, et ne recevrait pas d'eux le choc salutaire de la contradiction. Un tel homme, personne n'en fait doute, se développerait mal.

Ce sont des mobiles très puissants que ceux qui procurent d'un côté la tradition, de l'autre l'imitation. L'ancien transmet au jeune, par intérêt pour le jeune, par intérêt pour la famille, la caste, la nation dont il désire la perpétuation, enfin par orgueil personnel et collectif. L'ancien croit toujours transmettre ce qu'il y a de meilleur. Rejeter ce qu'il livre, c'est lui donner un démenti de sagesse qu'il ne tolère pas. Le jeune imite de son côté, par affection, reconnaissance, révérence, piété envers ses parents; joignez-y l'émotion des souvenirs de l'enfance; la vue habituelle et constante des choses produisant l'impuissance de concevoir ces choses autrement qu'elles ne sont; l'orgueil familial, national; la crainte de l'opinion, et enfin, par-dessus tout, la paresse intellectuelle, si commune et si profonde chez l'homme ordinaire.

L'imitation de l'étranger a ses dangers assurément, mais ils sont courts; elle peut être inconsidérée, c'est-à-dire porter sur des choses qui ne conviennent pas. La chose importée disparaît alors, en assez peu de temps. L'immense avantage de l'imitation étrangère, c'est qu'elle est libre, qu'aucune révérence ne la protège et ne la consacre : loin de là. On peut y toucher, la modifier, l'adapter, et si elle reste, c'est finalement qu'une expérience favorable a prononcé. Mais par delà les avantages spéciaux et précis que l'imitation extérieure procure, estimons à plus haut prix l'effet général, qu'elle a, de briser l'uniformité intellectuelle et de démentir la sagesse accablante des aïeux.

Il y a eu des peuples qu'on peut dire ouverts, d'autres fermés. Cette différence me paraît avoir produit beaucoup plus d'effets que la différence de race.

Après cela nous reconnaîtrons volontiers que le fond du problème n'est pas atteint; il s'agirait de savoir pourquoi tel peuple a été réfractaire, tel autre docile à l'imitation extérieure; de même au reste que, pour l'imitation intérieure volontaire et contrainte à la fois, il s'agit toujours de savoir pourquoi l'imitation s'est portée sur tels actes, pas sur tels autres; pourquoi la contrainte a réussi en tel cas et pas en tel autre. A notre avis, il n'y a pas de solution générale et commune. C'est chaque fois un problème particulier; et on peut rencontrer, en chacun, une proportion de contingence qui rend la solution simplement approximative.

On doit à M. Tarde une observation importante : un homme imite la conduite d'un autre pour l'utilité qu'il espère de cette imitation; par exemple, il voit domestiquer un cheval sauvage; il tente un essai pareil, en vue d'obtenir le même profit. Mais une personne en copie souvent une autre, dans tous les genres, par cela seul que cette dernière a obtenu des succès dans un genre très spécial, ou parce qu'elle possède des avantages naturels ou sociaux. On imite, par exemple, la manière dont un homme gouverne sa famille, parce qu'il a très bien gouverné sa fortune. Un riche, un prince, un ministre, un artiste, un savant célèbre, sont imités dans des détails de conduite qui n'ont aucun rapport avec l'avantage qui fait cependant qu'on les imite. Il y a donc une imitation pour causes intrinsèques et une imitation pour causes extérieures [1].

Les peuples, comme les individus, sont sujets à l'imitation pour causes extérieures, ce qui donne à l'observation précédente une véritable utilité historique. De grands succès militaires ou politiques, obtenus par une nation sur ses voisines, ont assez souvent poussé celles-ci à imiter non seulement les institutions militaires ou politiques de celle-là, ce qui serait de l'imitation intrinsèque, mais sa littérature, ses beaux-arts, ses usages domestiques, et jusqu'à ses modes d'habillement. Pendant la période de la suprématie espagnole en Europe, sous Charles-Quint et Philippe II, la France emprunte beaucoup de choses diverses à l'Espagne. Après Rocroy, avec Mazarin et Louis XIV, la France remplace l'Espagne dans la double situation de puissance prépondérante et de nation imitée. Après la victoire des alliés sur nous en 1815, nous importons d'Angleterre chez nous des idées, des usages, des mots, comme nous l'avions déjà fait, au reste, sous la monarchie de Louis XV, à un moment où la France se sentait baisser politiquement et militairement devant l'Angleterre qui triomphait sur les mers et étendait ses colonies. Enfin, exemple tout récent, avant 1870, on avait, dans un certain monde très étroit, reconnu la supériorité des Allemands en fait d'érudition ; mais, après leur victoire, cette supériorité a été hautement proclamée, et l'imitation a gagné du terrain.

On a vu inversement des vaincus imités par leurs vainqueurs, la Grèce par Rome notamment. L'Italie au XVIe siècle, malgré sa nullité politique, est pour les Allemands, les Fran-

[1]. Je dois rappeler qu'avant M. Tarde, M. Bagehot avait dans son livre exposé, avec humour et un peu de paradoxe, des idées qui tendaient à la même conclusion.

çais, les Espagnols, une école où ils prennent des leçons de plus d'un genre. — Il est intéressant de démêler quels objets et quels actes on imita d'abord. — Il semble que, dans les deux exemples, les vainqueurs aient reconnu et adopté premièrement les usages qui rendaient la vie plus commode, plus agréable ou plus brillante : vêtement, ameublement, architecture publique et privée, fêtes, réunions mondaines. Puis, sur la foi de cette supériorité, ils ont passé à l'adoption de choses plus sérieuses, dont ils n'ont senti véritablement le prix que plus tard, après en avoir usé, en sorte que les deux formes de l'imitation, l'intrinsèque et l'extérieure, se retrouveraient ici, mais peut-être dans un ordre inverse, l'imitation intrinsèque, utile, passant la première.

Tirons des observations qui précèdent une conclusion importante : pour une nation, avoir tel voisin au lieu de tel autre, avoir à sa frontière des peuples civilisés par exemple, ou des peuples sauvages, influe infiniment ; or le voisinage est chose de hasard, sans rapport avec le génie ou le mérite. Si les Chinois n'ont été en contact qu'avec des peuples plus barbares qu'eux, si les Grecs, au contraire, ont été en contact avec des peuples d'abord plus avancés qu'eux, ils n'en sont cause ni l'un ni l'autre ; c'est bonne chance d'un côté, mauvaise chance de l'autre.

En sus du hasard, que j'appellerais volontiers géographique, il y a le hasard biographique, celui d'un homme qui, chef politique ou religieux et par suite en position d'influer sur son peuple, l'a persuadé ou contraint d'imiter, tandis que tel autre homme à sa place aurait fait le contraire. L'exemple de Pierre le Grand pour la Russie se présente ici à tous les lecteurs. On peut y joindre l'exemple moins célèbre des premiers rois de la Prusse, qui ont fait de cette nation un État centralisé, administratif et militaire, d'après la France de Louis XIV et de Louis XV, toujours contemplée à l'horizon.

C'est ici le lieu de rappeler qu'il y a une imitation forcée.

Les institutions telles que gouvernement, administration,

armée, clergé, corps judiciaire, ordre monastique, ghilde d'artisans, sont des espèces de machines qui engrènent des masses d'hommes et les meuvent en manière de rouages. A mesure qu'une société se civilise, les institutions se multiplient (jusqu'à un certain point où leur nombre recommence à décroître) et le jeu de chacune devient plus régulier, plus entraînant. Il y a alors des positions spéciales, d'où un homme quelconque dispose des forces collectives, peut agir sur le sort d'un peuple et par celui-ci sur le sort de notre espèce. Un empereur romain du II° siècle était assurément dans ce cas. Imaginez qu'un jour la Chine, copiant l'Europe, se donne une armée de 20 millions d'hommes, pourvus d'armes savantes; mettez au poste d'empereur de la Chine un esprit entreprenant et guerrier : il est visible que l'humanité tout entière pourra bien s'en ressentir.

Il y a un point de civilisation, en effet, où nombre d'institutions disparaissent de la société, qui subit ainsi une sorte de simplification : c'est l'institution gouvernementale, toujours jalouse des autres, qui déblaye le sol à son profit. Elle tend à concentrer tout le machinisme social entre ses mains. La question intéressante serait de savoir si le machinisme diminue en conséquence de cette dévolution; mais je ne vois rien qui détermine partout et toujours cet effet.

Le résultat à relever est que, jusqu'à un certain point, la civilisation croissante aboutit à donner à l'individu un pouvoir énorme d'influence sur le destin de ses semblables.

Il n'est pas permis d'affirmer que l'influence de ces grands individus ait été plutôt défavorable au progrès ou inversement. Tout énoncé général à cet égard serait téméraire[1]. Ce qu'on peut dire, c'est que le grand individu peut être tantôt conservateur outré, tantôt novateur; tandis que l'opinion publique — sauf les réserves énoncées ailleurs — est géné-

---

[1]. On pourrait citer nombre de grands progrès dus aux individus dont il s'agit ici : notamment le droit romain.

ralement hostile au progrès. Le côté par lequel l'intervention historique des grands individus apparaît sous l'aspect le plus fâcheux, est justement celui qui intéresse l'historien dans l'exercice de sa profession. Le grand individu échappe à la science : c'est une cause perturbatrice.

Au moment où le gouvernement, vainqueur de ses concurrents, règne en maître suprême sur l'aire nationale, des forces nouvelles tendent à paraître et à lui disputer la suprématie. Nous voyons, chez les nations civilisées de l'Europe, s'accentuer de plus en plus un mouvement de choses et d'idées qui oblige le gouvernement à superposer son action sur l'action de l'opinion publique, comme un cercle dont le contour doit coïncider à peu près avec un autre cercle. A l'égard du gouvernement, l'opinion est en voie de croissance. A l'égard de l'individu, c'est le contraire. L'individu se libère de plus en plus du joug d'une opinion, devenue de plus en plus générale et par suite plus vague. Signalons le résultat final : l'homme n'imite pas moins que par le passé; c'est du moins indémontrable; mais dans la décroissance de la force opinionnelle il imite qui il veut. L'imitation *exemplaire* va grandissant.

Les historiens, qui raisonnent sur les événements politiques, sont sujets à méconnaître la force du machinisme social manié par les individus. Ils ne veulent pas admettre qu'une nation puisse être contrainte par un homme et ils attribuent au génie de cette nation, à des défauts ou des faiblesses particulières, ce qui appartient à une volonté individuelle, servie par un machinisme irrésistible. Quantité d'écrivains, par exemple, sont disposés à voir un trait du génie français dans la dépendance politique qui marque notre histoire du xiv° au xviii° siècle, et dans le long sommeil chez nous des institutions représentatives. L'Angleterre, croit-on, n'aurait pas accepté cette éclipse. Rien de moins démontré, si l'Angleterre avait eu le même machinisme social que nous. — « Mais, répondra-t-on, si elle a eu un autre machinisme, c'est la conséquence d'un génie différent. » Conclusion bien téméraire. Prenez garde que la biographie nationale a différé. Si l'Angleterre [1] avait pendant un siècle subi, de la part de l'Écosse, une demi-conquête, et la menace d'une conquête totale, on aurait vu de tout autres suites (voir, d'ailleurs, p. 347 et suiv.).

Les événements déterminent des institutions et, à leur tour, celles-ci contraignent. Or les événements qui forment la biographie d'un peuple, s'ils sont en partie le fait du mérite de ce peuple, sont pour une grande partie le fait des peuples voisins et le résultat d'une contingence incalculable.

Quand on compare deux nations — de même du reste que lorsqu'il s'agit d'individus, — pour avoir le droit d'attribuer leurs différences à un génie différent, il faudrait au préalable remplir une condition : donner à ces deux peuples une biographie parfaitement semblable.

Plus il y a d'imitation, d'acceptation contrainte, d'ascendant exercé sur les multitudes par un individu, plus il y a naturellement de contingence, puisqu'elle est toujours proportionnelle au rôle de l'individuel. On aperçoit que par ce côté les phénomènes de l'histoire politique, guerres, traités, lois et le reste, présentent un caractère extrême de contingence, variable cependant selon l'espèce des gouvernements. La contingence décroît avec le gouvernement arbitraire. La liberté politique, surtout quand elle s'accompagne de démocratie, en rendant aux multitudes une spontanéité dont elles étaient privées, élimine une mesure énorme de contingence. L'histoire de nos jours est devenue beaucoup moins accidentelle qu'elle n'était sous un Louis XIV, un Frédéric II, un Pierre le Grand.

1. On comprend que je fais allusion à ce que la France, elle, a subi de la part de l'Angleterre.

CHAPITRE XIV

L'HOMME INDIVIDUEL ET LA CONTINGENCE DANS L'HISTOIRE

I

L'individu n'est pas l'individuel. — Définition de l'individuel.

L'histoire se compose uniquement d'actes accomplis par des individus. Ces grands mots que les historiens emploient à tout instant, race, peuple, armée, noblesse et autres, expriment des conceptions de notre esprit : ce sont des entités.

La conduite qu'on prête à ces corps fictifs est elle-même en un certain sens une fiction. Il n'y a en fait que des actes individuels juxtaposés, plus ou moins simultanés et plus ou moins semblables. Jamais les individus ne se sont fondus ensemble pour former un grand corps agissant. Ayant à traiter de l'homme individuel en histoire, et du rôle qu'il y joue, nous devons prévenir que l'homme individuel et l'individu sont choses différentes. L'histoire n'a pour acteurs réels que des individus, je le répète; mais chacun de ces acteurs agit à la fois comme homme général, comme homme temporaire et enfin comme caractère singulier. Ce que j'appelle l'homme individuel, c'est l'individu historique considéré dans les effets qui partent de son caractère singulier, et non plus du fond psychique qui lui est commun avec les hommes de son temps ou de tous les temps.

Il est assez aisé de voir que les acteurs réels en histoire sont toujours des individus, mais il l'est beaucoup moins d'apercevoir que les individus n'agissent pas uniquement par leur côté individuel. Les esprits trop positifs s'y trompent. C'est pourquoi tant de gens déclarent que l'histoire ne peut être une science. Ils auraient absolument raison si l'individu et l'individuel étaient une seule et même chose, autrement dit, si l'individu ne contenait pas toujours des éléments par lesquels il est le similaire et l'équivalent des autres individus.

D'autres esprits au contraire ont une répugnance invincible pour toute contingence. Ils l'éliminent de leur histoire et imposent partout de la détermination. Ces deux classes d'esprits se provoquent mutuellement et s'entretiennent, chacune par ses exagérations donnant à l'autre une apparence de raison.

Les deux thèses ne sont pourtant pas égales à nos yeux : celle du contingent empêcherait absolument la constitution scientifique de l'histoire; l'autre réclame l'œuvre, mais en compromet la réussite. Nous prenons notre place entre les deux, plus près de la dernière.

Je viens de prononcer, presque à mon insu, les mots de contingence et de détermination. C'est qu'en effet, avec l'individuel, la contingence fait son entrée dans l'histoire, introduction aussi inévitable qu'elle est fâcheuse pour la connaissance scientifique. Arrêtons-nous sur les idées difficiles de contingence et de détermination. Pour éclaircir le sujet, je donnerai d'abord cette formule simple : Le contingent, c'est ce qui ne peut pas du tout être prévu avant son avènement, et qui après coup résiste à une explication complète.

II

L'action constante de l'individuel introduit dans l'histoire la contingence. Définition du déterminé et du contingent.

Je dois le rappeler, un phénomène a pour cause un autre phénomène qui le précède nécessairement. Si le phénomène conséquent n'avait pas besoin pour se produire de la précédence de l'autre, nous ne penserions pas à considérer celui-ci comme une cause.

A l'idée de l'antécédence nécessaire, une autre idée se lie dans une sorte de polarité, l'idée de la suite plus ou moins obligée. Nous concevons que, le premier terme s'étant présenté, le second arrivera; après la cause nous attendons l'effet, mais non plus avec la même certitude que nous avons quand il s'agit de la précédence de la cause.

L'expérience nous apprend en effet que la suite n'est pas toujours commandée impérieusement. Dans cette espèce de contrainte que l'antécédent exerce sur le conséquent, nous observons une infinité de degrés; cela va du tout à fait inévitable au probable et au possible.

Quand un effet nous semble suivre sans faute sa cause, nous disons qu'il est déterminé; quand, malgré la présence de la cause, l'effet paraît pouvoir faire défaut, nous disons qu'il est contingent. Ce sont termes subjectifs qui ont trait à nous, qui traduisent une impression à la fois intellectuelle et morale; comme nous le verrons, ces termes n'ont rien d'absolu; il n'y a pas dans la nature deux choses distinctes, le déterminé et le contingent, mais en nous une impression graduée; nous opposons le déterminé au contingent, comme nous disons le froid et le chaud.

L'idée de l'antécédent et de la conséquence a une autre formule qu'il est bon de savoir. Nous avons employé jusqu'ici le mot de cause. On peut employer le mot de condition. Tout ce qu'on nomme causes d'un effet constitue les conditions de l'arrivée de l'effet. Une condition peut s'imposer à l'effet d'une façon absolue; tant qu'elle n'est pas remplie, l'effet est impossible; mais, d'autre part, est-elle remplie, il se peut que l'effet tarde indéfiniment à se produire; elle le conditionne donc impérieusement; elle ne le détermine pas du tout; exemple : il était impossible de faire un livre imprimé sans du papier ou une substance équivalente; mais l'existence du papier ne forçait pas l'imprimerie à faire son entrée dans l'histoire.

Quand nous parlons de condition, nous regardons à la nécessité de l'antécédent; quand nous parlons de déterminé, nous regardons à la suite plus ou moins forcée.

La détermination [1] a bien des degrés; éclaircissons cette vérité par quelques exemples : J'élève une pierre dans ma main et je la lâche : sa chute à terre me paraît absolument déterminée. Avec un bon fusil chargé d'une balle, je vise un arbre à cent mètres; il est assez déterminé qu'en pressant la détente le coup parte; que la balle aille à cent mètres et au delà; mais bien moins déterminé que j'atteigne l'arbre. Je vois déjà que dans le premier exemple une seule condition suffit à la production de l'effet : retirer le support de la pierre. Dans le second, il y a un certain nombre de conditions, dont la réunion est nécessaire.

Prenons des exemples dans le monde moral. Il est très déterminé que je cherche à me procurer des aliments; il l'est moins que je choisisse le moyen de voler au lieu de travailler; moins encore que je dévalise tel passant au lieu de tel autre. Si vous considérez particulièrement ce résultat, M. X. dévalisé par moi, à telle heure, à telle place, vous l'estimez très contingent. Il a fallu, pour qu'il se produisît, un grand nombre de conditions antécédentes, tandis que je

---

1. Ou la contingence.

suis déterminé à chercher ma nourriture par une condition unique : l'existence d'un estomac dans ma poitrine.

Je viens de le dire, la cause est faite en réalité de causes : c'est autant de conditions à réunir pour l'obtention de l'effet. Plus on a de causes en concours dans un effet, ou plus il y a de conditions imposées à l'arrivée de l'effet, et plus l'effet devient contingent.

Aux conditions positives, dont la présence est requise, il faut toujours joindre les conditions négatives, ou plutôt la condition négative que des causes contrariantes ne viendront pas à la traverse. Toute cause est placée dans le monde au milieu d'autres causes rivales qui apportent chacune leurs effets en tendance. On peut se représenter ces causes comme des projectiles lancés de tous les points de l'horizon dans un même milieu, avec chance de rencontre et d'annulation réciproque. La contingence d'un effet donné apparaît donc comme proportionnelle encore à la quantité de causes en situation de traverser le camp commun.

Quand nous étudions un sujet très contingent, nous avons donc par cela même une quantité de causes à découvrir; la difficulté du travail croît avec le nombre des causes, non pas simplement, mais plutôt en progression géométrique. Nous voyons bientôt que l'espoir de restituer la causalité entière est chimérique et que l'explication de l'effet restera nécessairement très incomplète.

L'application à l'histoire des idées de contingence et de détermination constitue la partie la plus ardue de notre tâche; c'est agiter la question de savoir quel degré de certitude l'histoire accidentelle [1] comporte.

Il est très utile cependant de savoir au moins approximativement si le phénomène qu'on a devant soi est très déterminé ou peu déterminé. Un historien philosophe comme Montesquieu se persuade-t-il que le destin heureux ou mal-

---

1. Ou narrative, bref l'histoire des événements.

heureux d'un empire est très déterminé, il choisit nécessairement pour expliquer ce destin une cause large et constante, telle que les institutions séculaires, ou bien le caractère, le génie naturels au peuple, et il s'égare. Celui qui croit au contraire à une certaine contingence, ira chercher la cause dans des circonstances successives, momentanées, et concourantes en nombre. Bref, selon ce qu'on pense des choses en tant que déterminées, l'orientation de l'esprit en quête des causes diffère, et le succès de l'investigation est autre.

Nous allons à présent voir que l'individuel historique ne se prête pas à la prévision à raison du nombre énorme des conditions à la fois positives et négatives auxquelles l'entrée de tout individu dans l'histoire est soumise, et qu'après coup, le côté individuel de tout acteur historique reste en partie une énigme inexplicable, au sens scientifique du mot, parce que le caractère individuel est formé d'éléments qui échappent à nos prises.

III

Contingence de la destinée individuelle.

A... est un homme prudent, un rentier de petite ville, très en garde contre les accidents. Un matin, il sort, pour rien, pour flâner; il tourne et détourne dans les rues au hasard. Voici un échafaudage : il passe soigneusement de l'autre côté, quand une brique échappée des mains d'un aide maçon tombe sur un volet et, rebondissante, va de l'autre côté assommer A..., qui tombe le crâne brisé. Cet événement est assurément pour A... d'une importance capitale. Cependant, combien de petites causes pouvaient d'abord empêcher A... de sortir ce matin-là ! Suivez A... dans sa ligne sinueuse à travers les rues; comptez qu'il faut, pour que A... soit tué, qu'il passe à une seconde donnée, à une tierce précise, sur une place grande comme la main. Passant un peu à côté, ou passant à une tierce différente, les choses sont capitalement changées. Or sur chacun des points innombrables de cette ligne sinueuse qu'il suit, sans détermination sérieuse, le moindre incident peut produire un arrêt d'une seconde ou un écart de quelques pas, et A... est sauvé.

Les accidents qui en veulent à notre existence ou à nos membres sont souvent aussi contingents que le cas de A.... « Il y en a de mérités; notre imprudence nous en attire. » Mais aussi combien y en a-t-il qui sont dus à la faute d'autrui! Après les accidents, considérez les maladies. « Nos excès nous rendent souvent malades », soit; mais les maladies contagieuses, infectieuses, celles qui viennent du climat, de la température, qui sortent de l'air, de l'eau, du terrain, celles qui nous sont léguées dans le sang, les nerfs ou la charpente osseuse, telles que la longue et révoltante agonie du phtisique héréditaire, n'ont rien à faire avec le démérite personnel. Bien osé celui qui prétend que les maladies méritées l'emportent en nombre sur les maladies de hasard et de pure infortune.

L'idée que la destinée individuelle soit si contingente déplaît extrêmement aux hommes. Leur répugnance à cet égard les a portés à imaginer deux causes simples et permanentes, dont ils se servent pour tout expliquer; c'est : 1° la Providence, et 2° le mérite personnel. Cela nous flatte et nous rassure à la fois de penser que, pour qu'un homme meure ou éprouve un malheur sérieux, il faut qu'une puissance infinie et attentive ait résolu cet accident. Aussi l'homme est-il allé jusqu'à dire : « Il ne tombera pas un seul cheveu de ma tête, sans la volonté de Dieu ». Ceux en qui la croyance providentielle s'était effacée, ont trouvé une idée équivalente, succédanée, celle du mérite personnel; et nous avons eu la formule : « Chacun se fait à soi-même sa destinée ».

L'idée d'une Providence dans la nature est une croyance extra-scientifique. La destinée proportionnelle au mérite est, en ce qui concerne la nature, une opinion dont la fausseté partielle éclate, dès qu'on ouvre les yeux. Aussi voyons-nous qu'en général on borne les effets du mérite et du démérite à cette part d'heur ou de malheur qui vient des hommes. Ainsi confinée, la croyance que chacun se fait sa destinée a plus d'apparence; elle a même une part de vérité.

Les hommes aiment dans autrui le mérite, et ils en ont même besoin; par exemple, un chef de maison désire un bon commis et non un mauvais. Aussi n'ai-je pas dit que la destinée n'eût aucun rapport avec le mérite. Cependant, faites une réflexion bien simple : le mérite se reconnaît à l'épreuve; en général du moins, il ne se devine guère. Il faut donc d'abord qu'il soit admis à l'épreuve. Et c'est par là que le contingent et l'immérité reprennent leur empire souverain. De plus, le mérite ne naît pas tout fait; il se forme, il devient, et les circonstances fortuites ont encore barre sur l'individu par ce côté. Exemple : A... est né avec des dispositions rares pour la peinture, dans une cabane de bûcheron, sur la pente du Lioran. Il est prédéterminé à ne recevoir aucune instruction, à n'avoir jamais 50 francs pour se rendre à Paris ou dans une grande ville. Il restera toute sa vie bûcheron. Imaginez qu'il soit né à Paris, au lieu de naître à 6 kilomètres de Murat : quelle circonstance fortuite, hautement influente! Ajoutez-y le hasard d'un peintre dans la famille : quelle différence dans les chances! Le lieu et le milieu où l'on vient au monde, la situation sociale des parents, leur degré de fortune, est-ce que tout cela, qui agit si souverainement sur la destinée, est de notre faute ou de notre mérite? Suivez les effets de cette alternative : naître fils de prince ou fils de journalier. Mais ce n'est pas tout. Étudiez autour de vous une existence quelconque, la vôtre si vous voulez; et vous reconnaîtrez que vos liaisons, vos amitiés, vos connaissances, vous sont en général données par le hasard : ce sont des rencontres. Et cependant, comme, à quelque situation haute ou humble qu'on arrive, on n'y parvient jamais d'une allure purement personnelle, je veux dire sans avoir été secondé, poussé, guidé, conseillé, renseigné, bien ou mal d'une part, sans avoir été d'autre part combattu, empêché, rivalisé, traversé, déconseillé ou détourné par quelqu'un, force est de reconnaître qu'on est là où l'on est, en partie parce qu'on a agi de telle manière, en partie parce qu'on a rencontré sur son chemin telle personne, puis telle autre. Et cela implique que si, au lieu de celui-ci, on avait rencontré cet autre qu'on a manqué, le chemin et le point d'arrivée eussent été assez différents. Nous sommes donc largement le jouet de tout ce que peuvent produire le lieu et le milieu d'origine, la naissance, la fortune patrimoniale, les parents, les amis, les connaissances, les patrons, la femme, les enfants, la plupart des maladies, et presque tout le chapitre des accidents [1].

La contingence de la destinée individuelle répugne encore bien davantage quand il s'agit d'un homme historique dont l'activité éclatante bouleverse largement les choses humaines.

On est porté à croire que Napoléon devait s'ouvrir, par la force de son génie, le chemin à tout ce qu'il a effectivement atteint et qu'il y avait une forte détermination pour qu'il devînt empereur ou au moins chef de l'État. C'est là une opinion qu'un examen attentif détruit. D'abord une balle passant un peu plus à droite ou à gauche a failli supprimer Napoléon ; combien de fois ? impossible de le savoir. La peste aurait pu le supprimer en Égypte, sans parler d'autres maladies. Voilà pour la contingence naturelle. Quant à l'autre, la contingence sociale, Napoléon inconnu n'est devenu Napo-

---

[1]. Il y aurait bien d'autres observations à formuler, notamment celle-ci : L'homme aime assez souvent dans autrui le mérite utile, mais pas toujours ; car l'homme n'est pas seulement utilitaire. Il est plein d'amour-propre ; que de fois il trouve plus utile celui qui le flatte que celui qui le sert ! D'autres motifs encore, en assez grand nombre, font méconnaître ou dédaigner le mérite même utile. Pour une vétille on s'en sépare. « J'en trouverai bien un autre qui le vaudra. » D'ailleurs la destinée d'un homme est souvent entre les mains d'un sous-ordre à qui le mérite n'est pas utile personnellement, et à qui il fait ombrage.

léon historique que par la rencontre et l'assistance de beaucoup de personnes. Nommons seulement MM. de Marbeuf, Gasparin, Robespierre jeune, Carnot, Barras, Talleyrand, Sieyès. Il aurait fort bien pu ne pas les rencontrer, ou ne leur pas plaire, ou trouver à la place de ceux-ci des personnes hostiles. Qui sait s'il n'était pas indispensable à cette destinée que la citoyenne de Beauharnais fût la maîtresse de Barras? Sur la ligne qui mène Napoléon au terme effectivement atteint, combien de nœuds où la ligne a failli s'infléchir vers un autre terme! Napoléon rencontrant à Saint-Jean-d'Acre un adversaire autre, moins habile et moins opiniâtre, se dirigeait vers quoi? Vers des conquêtes extra-européennes? vers sa destruction par les armes réunies de l'Angleterre, de l'Autriche, de la Porte? Nous l'ignorons. En tout cas, l'histoire différait et de beaucoup. Plus on creuserait ce sujet, plus la contingence apparaîtrait. Que serait-ce si nous remontions dans la Révolution, si nous voulions marquer les tournants où la Révolution elle-même, prenant une autre direction, par l'existence d'un homme mort trop tôt, ou par l'entrée en scène de tel acteur au lieu de tel autre, aurait rendu Napoléon impossible!

En somme, une destinée est telle parce que A..., l'individu considéré, est A..., c'est-à-dire qu'il a un certain caractère, mais aussi parce que A... a choqué successivement, si je puis ainsi parler, les points (ces points sont des individus) C..., E..., F..., etc., dans tel ordre et sous tels et tels angles d'incidence. A chaque point, il s'en est peu fallu que l'angle d'incidence fût autre ou que B... fût remplacé par D... ou O.... Cela fait absolument penser à la ligne sinueuse parcourue par la toupie hollandaise.

Donc, l'individu, par son caractère, son esprit particulier, fait une part de sa destinée; les autres hommes fortuitement rencontrés, dans des circonstances particulières et accidentelles, font l'autre part.

Quant à déterminer une fois pour toutes si celle-ci est plus grande ou moins grande que celle-là, quant à formuler sur ce sujet un théorème d'une application générale, c'est une tentative chimérique à première vue.

Il est donc très contingent qu'un homme considéré, César ou Napoléon, fasse irruption dans l'histoire. Cependant, celui-ci entrant et jouant le rôle de capitaine, de politique, d'artiste, à la place de tel autre homme qui aurait pu venir, l'histoire est plus ou moins changée. Nous avons déjà soutenu cette proposition contre la philosophie de l'histoire. Nos raisons reviennent à deux points très simples : si l'homme agit en partie par son côté général et temporaire, il ne peut pas manquer d'agir en partie par son côté individuel, caractéristique. L'organisation sociale lui donne toujours la faculté de faire passer dans les faits une partie de son activité individuelle. Le contraire a été affirmé, non prouvé.

IV

Incertitude du caractère.

Le caractère est, je le rappelle, une combinaison particulière des mobiles généraux et un degré particulier des pouvoirs intellectuels réalisés dans un homme.

Deux ordres de causes concourent à former un caractère. D'abord cet homme arrive au monde avec ses organes pondérés d'une manière qui n'est qu'à lui. Les organes de nutrition, de locomotion, de génération, le système musculaire, le système nerveux, présentent chez cet homme des rapports dont l'ensemble est absolument unique. Dès que cet homme entre dans le monde, le second ordre de causes commence d'agir. Chaque événement fait sur lui une empreinte. Or les événements auxquels il est soumis forment dans leur suite et dans leur contexture une biographie qui n'est exactement pareille à aucune autre. Ainsi sur un sujet singulier une destinée également singulière pose sa marque.

Nous inclinons, parce que cela est simple et commode, à nous représenter l'individu comme identique dans tous les moments de sa durée, ou au moins dans des moments rapprochés; mais, en réalité, son intérieur est loin d'être aussi fixe que nous l'imaginons[1]. C'est un bouillonnement perpétuel : telle onde de souvenirs arrive à la surface à un moment donné; telle autre plonge dans les couches profondes. La maladie, l'indisposition, une substance excitante, cent petites causes indéterminables, font tomber ceci au fond, saillir cela, et la conduite du moment est différente d'une autre conduite, qui aurait pu facilement se produire. Différent aussi, à deux moments, par les mêmes causes, le jeu des facultés intellectuelles. Un homme, César ou Napoléon même, n'est pas tous les jours égal à soi; une indisposition, un chagrin, une préoccupation, modifient l'état intellectuel. Biologiquement, la cause n'est rien : un peu plus ou un peu moins d'afflux sanguin dans telle partie du cerveau. Psychologiquement aussi la différence n'est pas grande; cependant il en résulte dans l'opération politique ou militaire une erreur de calcul qui au dehors, sur le champ diplomatique ou le champ de bataille, va se traduire par des conséquences immensément différentes de celles que le même esprit aurait produites hier ou demain. « Mauvaise inspiration », — « admirable inspiration », dit-on souvent devant ces inégalités en bien, en mal, qui sont manifestes pour l'observateur.

Si je prends un homme à un moment donné, je puis assurément me faire une idée de son caractère particulier, mais une idée très vague et très approximative. Rien de contestable comme une peinture de caractère. La langue même dont nous disposons pour cela est d'une imprécision étrange.

Quant à connaître les causes qui ont formé le caractère, c'est une tâche vouée à l'imperfection. Impossible de savoir ce que cet homme apporta en naissant; son innéité est insai-

---

[1]. Le phénomène des doubles vies alternées est un fait assez fréquent. Voir Taine, l'*Intelligence*, t. I, p. 180 et suiv. — Duval-Jouve.

sissable, et d'autre part sa biographie nous échappe toujours en grande partie.

V

L'individuel apporte l'innovation ou invention. Du déterminé dans les inventions et dans l'imitation. — Loi générale à ce sujet.

Le sujet que j'aborde maintenant est le plus important qu'il y ait, à mon avis, dans l'histoire. Il s'agit de démêler autant que possible le contingent et le déterminé, qui se croisent toujours dans la trame historique, et s'y fondent l'un dans l'autre, au grand embarras de notre esprit.

Ce que l'individuel apporte en histoire est, considéré à un nouveau point de vue, ce que nous appellerons une innovation ou invention, termes équivalents pour nous.

Posons l'imitation et l'innovation en vis-à-vis. Ce sont les deux pôles sur lesquels se fait la rotation historique. A l'innovation répond le progrès; à l'autre, la conservation. Le lecteur remarquera de lui-même que la conservation appartient aux foules qui imitent; le progrès, aux individualités qui innovent.

Il me paraît utile de reprendre ici notre analyse de l'acte humain. Je me sers encore, comme exemple, du mariage accompli à Rome, entre A. et B. Dans cet acte, scruté d'une certaine façon, j'aperçois comme trois parties discernables : 1° Une visée, celle pour chacun des acteurs de passer sa vie avec l'autre. 2° Des moyens employés pour cette fin, l'accomplissement de certaines règles, l'observance de certaines coutumes. Remarquons en passant que les moyens répondent à ce que j'ai appelé des institutions [1]. 3° Un résultat, qui pour le public serait l'acte proprement dit. J'observe ensuite que la visée est la partie capitale, celle qui commande

---

1. On pourrait donc, de ce point de vue, définir l'institution comme il suit : Un moyen employé communément par un nombre d'hommes, plus ou moins grand, pour atteindre une fin générale.

l'existence des deux autres. Enfin, en réfléchissant à d'autres actes, je reconnais que tous comportent la distinction en ces trois parties; qu'on retrouve en tous les mêmes parties et avec les mêmes rapports entre elles.

Je relève à présent le trait qui nous importe : la visée est dans tout acte un antécédent nécessaire pour les deux autres termes de l'acte. Or cet antécédent relève lui-même de l'urgence. L'urgence du besoin décide souverainement si la visée se présentera avant ou après telle autre; si elle se présentera souvent ou à de longs intervalles; si, dans le conflit avec les autres visées, elle vaincra ou sera vaincue. C'est par là que l'urgence agit sur les innovations et leur donne chance plus ou moins grande d'exister.

Une invention ou une innovation qui est faisable, a d'autant plus de chances de se faire effectivement qu'elle appartient à un ordre de faits où l'urgence du besoin se fait plus sentir. Prenons des exemples pour être clairs. L'invention [1] de l'imprimerie aurait pu avoir lieu dans l'antiquité grecque et romaine; les anciens avaient le papyrus équivalent au papier; ils avaient de l'encre, et ils gravaient des poinçons. Elle ne s'est pas faite. Si le besoin de posséder des livres avait eu la force de sollicitation d'un besoin économique, tel que le besoin de posséder une monnaie, par exemple, il est probable que l'invention de l'imprimerie se serait produite dès l'antiquité.

Certes, une invention qui répond à un besoin urgent réclame elle-même, si je puis dire, de l'individuel, et par suite du contingent; il faut qu'un ou plusieurs hommes exceptionnels arrivent, pour la faire, à telle place, tel métier, tel milieu; mais cette invention est en instance d'apparaître plus que celles qui répondent à un besoin moins urgent.

---

1. Innovation, invention sont termes pour nous équivalents, quant à leur fond essentiel. Mais c'est, je crois, se conformer au sentiment du lecteur que de réserver le mot invention pour les découvertes d'ordre économique, artistique ou scientifique, innovation pour toutes les autres nouveautés, et particulièrement pour les politiques.

Nous devons admettre, au moins à titre d'hypothèse probable, la proposition qui suit : les phénomènes historiques sont quant à leur existence de moins en moins déterminés en allant de l'économique au scientifique.

Cette gradation est généralement inconnue aux philosophes de l'histoire, surtout à ceux qui sont imbus de l'idée de race. Ils vous parleront, par exemple, de la science grecque, ou de l'art grec, comme de choses qui ne pouvaient pas faillir d'arriver. Une telle assurance est tout à fait déplacée quand il s'agit de phénomènes appartenant à ces deux ordres.

Il faut voir comment l'innovation dépend des institutions d'une époque. Il est trop clair que si on n'a pas le feu, on ne peut avoir la métallurgie. Dans un autre ordre de faits, si on n'a pas la liberté des femmes, si les femmes sont recluses au sérail, au gynécée, on n'aura pas une certaine nuance d'opinion publique, et intimement, en chaque homme, un point d'honneur fait d'une certaine manière (le point d'honneur chevaleresque, par exemple).

On voit que certaines institutions sont plutôt une condition préalable à réaliser; elles conditionnent, mais elles ne déterminent pas. Voici que le ciseau d'acier est inventé. Sculpter le marbre, faire une statue, comme celles de Phidias, devient possible; mais le ciseau, qui est une condition absolue de la statue, sera-t-il suivi en fait de la statue? C'est peu déterminé, parce que le besoin de statues n'est pas urgent, tandis que, par la raison contraire, toutes les applications industrielles qu'on peut faire du ciseau ont grande chance de se produire.

Voici maintenant la part de l'individuel. Tel homme arrivant avec ses facultés propres, en un milieu qui l'excite, produit l'événement que sans lui on aurait pu attendre longtemps. En revanche, l'événement aurait été produit déjà, si tel homme, mort inconnu, avait reçu l'éducation, l'excitation, qui ont été le privilège de l'autre.

En résumé, l'innovation tient beaucoup aux hasards d'une

destinée individuelle; elle est conditionnée par les ressources propres au temps, au lieu (ressources naturelles ou industrielles) et n'a de détermination que dans sa visée primordiale. Là elle est proportionnelle à l'urgence du besoin d'où sort la visée.

L'innovation une fois produite par l'individu, la collectivité entre en scène; son rôle est d'accepter ou de refuser l'innovation, d'imiter ou ne pas imiter, de répondre à l'événement par telles impressions intellectuelles et morales ou par d'autres.

Un acte qui est fait volontairement par une quantité d'hommes, même quand c'est d'après un modèle fourni par un individu, témoigne d'un fonds commun d'où l'acte part. Il manifeste toujours à quelque degré l'homme général et temporaire, besoin commun, utilité commune, conception commune des moyens. Et proportionnellement à ce caractère l'acte s'offre comme déterminé chez les acteurs, comme déterminable pour l'historien. Cela revient à dire qu'il y a plus de déterminé dans l'acceptation des multitudes que dans l'invention de l'individu.

La diffusion d'une idée nouvelle devient de plus en plus déterminée. Le premier adepte d'une religion, d'une institution ou d'une machine, est infiniment contingent, comparé à l'adepte qui vient le cent-millième. Cette gradation nous est assurée par l'homme général, sur qui la tradition pèse d'un poids proportionnel au nombre de ses anneaux.

Arrivons au dernier terme du processus. L'innovation une fois bien établie, transformée en institution, ses conséquences se produisent; les conséquences sont ce qu'il y a en histoire *de plus déterminé*.

Il me semble que ces indications peuvent être très utiles à l'historien. Un événement, une invention, qui a été le point de départ de choses très importantes, exerce sur l'esprit humain un pouvoir de fascination, et par cela même induit l'esprit à imaginer une cause certaine, générale, infaillible, là où précisément ces sortes de causes font défaut. Sachons-le, au contraire, la naissance des choses est en grande partie fortuite. La détermination croît à mesure que les choses se développent et durent. Enfin elle réside au plus haut point dans les effets que les choses établies exercent autour d'elles.

La conclusion à laquelle nous arrivons ici, si elle était entièrement prouvée, constituerait une acquisition très considérable, et mériterait à coup sûr de figurer parmi les *lois* de l'histoire; elle ne serait pas indigne de ce titre, trop souvent prodigué.

Pour que le lecteur puisse apercevoir la liaison des idées émises au cours de cet ouvrage, je dois faire ici plusieurs remarques. Observons que ce que j'appelle à un endroit innovation est la même chose que j'ai nommée ailleurs événement, mais vue sous un autre angle. L'innovation acceptée est même chose que la tradition ou l'imitation. Je remarque encore que, les événements se transformant en institution par l'imitation ou l'acceptation, on peut distribuer les événements en classes exactement correspondantes à celles que nous avons faites pour les institutions.

Il y aurait lieu de poursuivre l'étude de la détermination dans chaque classe d'événements et de reconnaître à quel degré particulier elle s'y trouve. Mais ce serait presque un livre à faire; et, je l'avoue, je n'ai encore que des observations éparses sur ce sujet, où la recherche me paraît singulièrement pénible.

VI

Exemple : l'invention de l'imprimerie.

Application des idées précédentes à un exemple. — L'imprimerie fut inventée par des hommes qui visèrent à imiter le manuscrit, à produire à bon marché son équivalent. L'intérêt économique figure donc parmi les causes. Mais cette cause existait dans les hommes en général, depuis bien des siècles, sans donner cet effet. Pour qu'il pût se produire d'ailleurs, il fallait certaines conditions : que l'invention de l'écriture existât; que l'invention de la gravure sur pierre, sur métal ou sur bois existât; qu'il y eût une substance artificielle telle que l'encre; et un autre artifice tel que le papyrus, le vélin, le papier de soie, de coton, ou de chiffe. Ces conditions ont été présentes pendant un temps assez long sans que l'effet se produisît. Il y fallait l'appoint d'autres causes : il fallait que, par suite de circonstances nouvelles, le manuscrit fût plus demandé; que des hommes puissants et riches cherchassent des copistes de tous côtés, et les payassent cher. Ce fait avertissait l'intérêt économique qu'il y avait là de l'argent à gagner en satisfaisant à un besoin vif. Cette circonstance une fois arrivée, comme après avoir trouvé l'écriture, la gravure sur bois, le vélin et le papier de chiffe, il n'y avait plus une grande difficulté intellectuelle à inventer le reste, je veux dire les caractères mobiles, l'imprimerie devait être réalisée, à une dernière condition toutefois : que quelque homme, d'une intelligence et d'une persévérance exceptionnelles, fût conduit par sa destinée dans le milieu industriel où l'on s'occupait de faire et de vendre des livres.

Je remarque donc que la cause se compose de plusieurs causes. L'intérêt économique se détache d'abord à nos yeux, comme élément constant. Volontiers on lui réserverait le titre de cause. Je n'y contredis pas. Toutefois, ce qui importe à l'historien, c'est moins précisément cette cause que les conditions qui font que l'événement, sollicité inutilement par la cause, se réalise finalement en tel lieu, à telle date.

Par l'exemple de l'imprimerie (je pourrais multiplier les exemples), je vois que les conditions répondent aux circonstances extérieures, et que la cause répond à une visée psychique, constante en soi, mais temporaire quant à un certain degré d'excitation. Autrement dit, ce qui détermine, c'est un besoin psychique; mais ce qui permet la réalisation du besoin, ce sont les circonstances. Cependant celles-ci font plus que de permettre : elles agissent sur le besoin même, en lui donnant un degré voulu d'excitation. Ici, par exemple, une circonstance (la demande plus grande de manuscrits) a surexcité l'intérêt économique, cause existant d'ailleurs depuis longtemps.

Ne négligeons pas, à la fin de notre exemple, de relever la part du contingent : c'est l'arrivée de l'homme exceptionnel dans un certain milieu.

La croyance à la possibilité d'une chose encore inexistante, l'espérance au succès d'une innovation, joue également un rôle. Cette confiance de l'esprit est déterminée par des inventions antérieures; elle est proportionnelle à des succès précédents. Quel rapport direct y a-t-il entre l'invention de l'imprimerie et la découverte de l'Amérique? Aucun de visible, et cependant il est probable que celle-là a influé sur celle-ci, en remplissant les esprits de certains hommes d'un étonnement joyeux, d'une chaude confiance dans la volonté et l'audace humaines [1].

Toute invention, outre ses effets directs, a cette influence sourde. Le progrès, en tant qu'il dépend des inventions, devient en conséquence plus déterminé à mesure qu'une invention s'ajoute à une autre. C'est le spectacle que nous avons aujourd'hui sous les yeux.

[1] Lire Rabelais.

CHAPITRE XV

DE LA LOI DU PROGRÈS

I

Le progrès général est une question autre que celle des progrès spéciaux. Cette question soulève un débat : quelle est la fin suprême de la vie ? Cette fin suprême, c'est le bonheur. La poursuite du bonheur, but de la vie individuelle, est également le but de l'histoire, et impose à celle-ci comme à l'autre le caractère d'un art pratique. On pourrait définir sommairement l'histoire la poursuite des émotions agréables sous la condition du travail, de la justice et de l'équilibre intime. Il en résulte que l'histoire ne peut pas être considérée partout comme un processus, mais plus souvent comme une oscillation autour d'un point cherché. Loi suprême du conflit, ou de la lutte pour la vie sous une triple forme. Cette loi, universelle en histoire, semble n'être elle-même qu'un cas de la *conservation de la force.*

De tout temps, quelques esprits, plus larges que les autres, se sont demandé vers quel terme le monde se dirigeait. Pendant bien des siècles, l'opinion de ces esprits d'élite fut que le monde allait en déchéant. Cependant des découvertes se firent qui amélioraient avec évidence notre condition. Ces progrès éclatants retournèrent l'esprit humain, qui du pessimisme, brusquement, s'orienta vers l'espérance. Sous l'empire de ce sentiment vif, l'esprit, comme toujours, forma une conception excessive et débordante. Parce qu'il y avait eu des progrès incontestables, on imagina, par delà toute logique, l'idée du progrès général, du progrès en tout. Puis enfin on professa que ce progrès avait été continu dans toutes les époques, tous les pays, qu'il était une loi de l'histoire, une force indéfectible. Visiblement ce concept n'est pas le résultat d'une induction, formée après une étude sérieuse de l'histoire universelle. C'est une hypothèse, à la lueur de laquelle on commence à étudier, au contraire, l'histoire universelle. Là n'est pas le mal; mais trop souvent on violente les faits pour les faire témoigner en faveur de l'hypothèse.

La question du progrès, tout autre que celle des progrès particuliers, demande qu'on débatte d'abord des problèmes de la plus haute gravité, celui-ci entre autres : Y a-t-il parmi nos fins divergentes une fin suprême, à laquelle nous tendons en dernier résultat? et cette fin, si elle existe, est-elle bien la fin à laquelle il est bon de tendre effectivement?

L'observation montre que l'homme se propose universellement pour but l'émotion agréable. La poursuite de l'émotion agréable souffre des exceptions apparentes. L'homme assez souvent s'inflige des douleurs positives; mais toujours c'est pour acheter à ce prix quelque bonheur futur, plus vif ou plus durable. Le but est reculé; il n'est pas changé. Le plus complet sacrifice des joies terrestres cache mal le calcul d'où il procède. Si je crois qu'être aimé de Dieu dans le Paradis l'emporte infiniment en durée sur tous les amours passagers d'ici-bas, je suis encore un poursuivant du bonheur : ce que je sacrifie, c'est le bonheur moindre. Jamais la douleur n'a été acceptée pour elle-même, sans espoir de compensation.

Selon bien des moralistes (les kantistes par exemple), le but serait autre. On vivrait pour faire son devoir. Mais en quoi consiste le devoir? Si c'est à faire le bonheur d'autrui, je remarque que le bonheur reste le but. Illégitime quand on l'applique à soi, la recherche du bonheur serait non seulement justifiée, mais commandée à l'égard d'autrui. Il y a là une contradiction fondamentale. Au point de vue de la pratique, une autre critique est à faire. Chacun se trouverait chargé du soin de faire le bonheur d'autrui, sur lequel il a chance de se tromper, plus encore que l'intéressé; l'accomplissement d'une besogne fort délicate serait donc enlevée au plus compétent et remise aux mains du moins compétent.

Une humanité qui se conduirait suivant la formule du devoir présenterait probablement un spectacle assez étrange, celui d'une multitude de maladresses et de malentendus commis à bonne intention. Dans l'intérêt du progrès de notre espèce, il n'est pas à souhaiter que chacun, oubliant un jour totalement son intérêt propre, poursuive uniquement celui d'autrui. Au reste, cette révolution est peu à craindre.

La recherche du bonheur, sous la condition du devoir, nous semble la seule formule scientifique. Il ne faut pas prendre une condition, si essentielle qu'elle soit, pour la fin même.

Acceptons la fin de la vie individuelle, telle qu'elle nous est indiquée par la conduite générale et telle qu'elle est assurément déterminée par la constitution de l'homme. Mais il faut voir ce que c'est que le bonheur, et dans quelles conditions l'individu le poursuit.

La diversité des besoins et la loi de la relativité lui imposent de varier l'émotion agréable. Il faut qu'il poursuive tantôt l'une, tantôt l'autre. Le bonheur n'est donc pas un objet simple, mais une alternance d'émotions diverses.

Si encore ce n'était qu'une alternance, la difficulté ne serait pas grande; mais il s'agit de bien autre chose.

L'homme cherche l'émotion à travers un milieu résistant : d'abord le milieu naturel. Celui-ci détient une partie des objets qui recèlent l'émotion agréable, et il faut les lui arracher : le conflit constant de l'homme avec la nature est une vérité banale. Un autre milieu résistant consiste dans l'homme lui-même; l'homme offre à l'homme un copartageant des biens naturels, un antagoniste-né, en même temps qu'un coopérateur indispensable : le conflit de l'homme avec l'homme est aussi constant qu'avec la nature.

De l'existence du double milieu résistant il résulte que la conquête de l'émotion agréable impose à l'homme ce qu'on peut appeler, d'un mot, l'art de la pratique. On est tenu toujours d'employer des moyens, d'observer des conditions, sinon il y a échec, défaite certaine.

Comme la vie individuelle, l'histoire est constituée en somme par la poursuite de l'émotion agréable avec emploi de moyens, observation indispensable de conditions; il s'en suit qu'elle est essentiellement le développement d'un art pratique et qu'elle en porte avant tout le caractère. Cette déduction forcée nous mène loin de ceux qui veulent, comme Spencer, que l'histoire soit un développement organique.

Si nous appelons richesse tous les objets capables de nous procurer l'émotion agréable qu'il faut butiner sur la nature, une grande portion de l'histoire peut être définie : le résultat de la recherche de la richesse par un ensemble de moyens variés, mais cependant ramenable à deux, travail et savoir. Ajoutons : l'histoire est le résultat de l'observation, toujours imparfaite, de ces deux conditions.

Nous l'avons déjà dit, l'homme a en face de lui son propre semblable, détenteur d'émotions agréables, mais aussi d'émotions éminemment désagréables. Il ne s'agit pas ici de vaincre d'une façon définitive; triompher sans retour du semblable serait au fond une défaite pour le vainqueur. Il s'agit évidemment d'une transaction, d'une composition. Nous pouvons définir cette condition d'un mot : c'est l'équité ou la justice. L'homme ici cherche l'émotion agréable sous la condition de la justice, et l'histoire est, pour une large part, le résultat de l'art d'être juste, et de sa pratique toujours imparfaite.

Lutte avec la nature, lutte avec le semblable, est-ce tout? Non. Le conflit le plus profond nous reste à connaître. Supposez la nature vaincue, supposez établi l'accord de nation à nation, de classe à classe, d'homme à homme, l'histoire demeure encore le résultat d'une bataille, celle des différentes fins poursuivies par la volonté humaine, par une même volonté.

Deux visées dans une même tête sont essentiellement deux antagonistes, par ce fait qu'elles sont inévitablement des copartageants. Ce qu'elles ont à se partager, c'est le temps d'abord, cette étoffe dont la vie est faite; c'est la force d'activité, toujours très bornée; ce sont enfin les chances de réviviscence dans les souvenirs, dans les retours émotionnels, et les renaissances de volonté. Ce que l'une des visées prend est nécessairement de moins pour l'autre. Cela va bien plus loin encore. Une visée longtemps suivie ouvre dans l'esprit de larges canaux où l'idée et la volonté coulent aisément; mais du même coup elle ferme d'autres canaux, si bien que souvent de ce côté l'afflux de la volonté et de l'idée devient impossible.

La concurrence intérieure se traduit toujours à l'extérieur : telle condition réalisée à grand'peine, pour la satisfaction d'un besoin, peut devenir un obstacle à la satisfaction des autres besoins de l'homme; exemple : la division du travail, favorable en économique, est un obstacle au développement intellectuel de l'ouvrier. Une organisation militaire, très bien faite pour surexciter les goûts glorieux chez un peuple et pour les satisfaire en même temps, est généralement un obstacle au développement commercial et industriel qui satisfait aux besoins économiques.

Le conflit intime peut-il finir? Il ne le semble pas. On ne prévoit pas que l'homme puisse un jour exterminer totalement en lui la partie animale à laquelle correspondent l'intérêt économique et l'intérêt génésique. Et s'il le pouvait, resterait encore la question de savoir s'il serait bon d'user de cette puissance. Cela aboutirait probablement à ruiner le support des facultés mêmes qu'on aurait trop voulu favoriser, à détruire la tige par un amour inconsidéré des fleurs. Il ne peut donc être question que de réduire plus ou moins la part de l'un au profit de l'autre. Bref, c'est une question de conciliation, et cette condition ne nous est pas nouvelle. Nous avons déjà vu qu'elle était la fin de l'art de vivre, dans le conflit de l'homme avec son semblable. En ce dernier ordre de faits, l'équilibre porte un nom connu que nous avons énoncé : la Justice. Mais, dans le conflit intérieur de l'homme, la composition à trouver n'a pas de nom spécial, tant ce sujet immense et difficile a passé jusqu'ici inaperçu. Nous l'appellerons provisoirement : l'équilibre moral.

L'histoire est donc encore ici le résultat de la recherche du bonheur sous la condition d'un équilibre à trouver entre les diverses parties de l'homme, et j'ajoute de nouveau : elle est le résultat d'une observation infiniment imparfaite de cette condition.

De compte fait, sur trois aspects principaux présentés par l'histoire, un seul, la lutte avec la nature, porte un caractère relativement simple, en ce sens que l'homme y va indéfiniment dans une même direction, sans avoir à se retenir nulle part, libre d'ajouter toujours un pas nouveau au processus accompli, de prolonger sa ligne sans que, *jusqu'ici du moins*, apparaisse aucun inconvénient, aucun danger.

Mais quant aux deux autres aspects, il n'en est pas de même. Il ne s'agit pas là d'aller toujours plus loin dans un sens. L'image symbolique d'un processus ou progressus ne convient plus, mais celle d'une balance instable qui oscille perpétuellement entre deux poids, avec des arrêts à telle position dans tel temps, à telle autre position dans tel autre temps. Et suivant que l'oscillation se fixe à ce point-ci ou à cet autre, le résultat, quant à la somme totale de bonheur, pour l'humanité, est favorable ou non. Reprenons un exemple déjà donné : l'intérêt économique demande en chaque homme la plus haute aptitude économique possible; et celle-ci s'obtient par le phénomène bien connu de la division du travail. Mais la division qui, dans l'ordre économique, reste excellente et produit des œuvres merveilleuses, a été poussée, en bien des cas, si loin, qu'elle fait de l'homme une machine, dispensée d'effort intellectuel, destituée de tout amour-propre et de tout entrain professionnel. L'aptitude mentale et morale de l'homme a été diminuée par ce qui augmentait l'aptitude économique. Donc l'oscillation s'est fixée à une situation pernicieuse. Que faire? Y remédier, en conservant dans une certaine mesure les bénéfices de l'aptitude économique, procurée par la division du travail. Autrement dit, il s'agit de trouver un autre point d'équilibre, une autre conciliation. Nous donnerons tout à l'heure plusieurs exemples de cette sorte de nécessité, et l'on verra que bien peu de parties historiques y échappent.

Conflit, concurrence, ou lutte pour la vie, quelque nom qu'on lui choisisse, cette circonstance est universelle, sous sa triple forme. Et c'est la seule circonstance parfaitement universelle que nous connaissions en histoire.

Circonstance par rapport à tout ce qui n'est pas elle, la lutte pour la vie est, considérée en elle-même, ce qu'on peut appeler une loi. Et c'est la seule loi dont l'ascendant porte sur l'histoire tout entière. Le progrès dont on veut faire une loi, nous le verrons tout à l'heure, n'a pas à beaucoup près les mêmes caractères d'universalité et de constance.

Le conflit intérieur que chaque homme apporte avec soi semble être la manifestation humaine, la traduction psychique de la loi naturelle la plus haute qu'on ait constatée jusqu'ici, celle de la conservation de la force, qui se transforme, mais ne peut pas plus augmenter que diminuer. Cette observation n'est pas inutile : elle fait sentir à quel point l'empire de la loi du conflit est inéluctable.

II

Exemples des contrariétés à résoudre, des conciliations à trouver; par suite, de la loi inévitable du conflit.

On ferait un ouvrage particulier si on voulait poursuivre et relever dans toutes les directions les conciliations que l'humanité est tenue de réaliser, comme condition de son progrès futur; nous devons nous borner à quelques exemples.

J'ai déjà signalé dans l'économique des circonstances qui sont très favorables à la production de la richesse et exercent une fâcheuse influence sur la répartition. J'ai constaté ces deux effets notamment dans la division du travail. L'effet bienfaisant est assez connu, il faut insister sur l'autre. L'ouvrier qui a contracté une dextérité extraordinaire, mais exclusive, dans une opération partielle, dépend bien plus étroitement du milieu économique que l'ouvrier capable d'une besogne totale; et nous connaissons les suites malheureuses de la dépendance.

Les inventions mécaniques, si puissamment bienfaisantes d'un côté, produisent d'autre part des résultats pareils à ceux de la division. Elles amènent avec elles l'instabilité dans l'industrie, des renouvellements qui infligent au travailleur des chômages forcés, souvent définitifs. Attaché d'ailleurs au service d'une machine, l'ouvrier devient un manœuvre; son travail baisse de prix, comme lui-même baisse de valeur, en tant qu'agent intellectuel et volontaire. C'est ainsi que se manifeste l'opposition fondamentale qui existe entre les intérêts de tout homme comme consommateur et ses intérêts comme producteur, opposition qui revêt quantité d'autres formes.

Je vais prendre assez loin de l'économique un autre exemple. La condensation de la population dans les villes provoque parmi les hommes une activité intellectuelle, une tension de volonté qui profitent à la création de la richesse et à l'accumulation des connaissances; mais la répartition s'en trouve bien mal, et la moralité aussi.

Le régime des classes, qui découpe une société totale en groupes distincts et engendre dans chacun d'eux un système d'opinion étroit, mais très contraignant, profite à l'accomplissement des devoirs, à la moralité; mais quels obstacles, en revanche, ces classes constituent pour le progrès des connaissances et même pour celui de l'industrie! Inversement, quand l'empire de l'opinion décroît, par la ruine des classes tranchées, bien des progrès se manifestent, tandis que la moralité diminue.

Voici les institutions familiales. Au début elles se présentent avec des traits que nous ne leur voyons plus. D'abord la famille englobe un grand nombre de membres; il y a tout un petit peuple de parents. Des devoirs d'assistance mutuelle, des habitudes de sympathie, une solidarité étroite devant l'étranger, tiennent tous ces membres ensemble. Graduellement la famille se réduit, la solidarité et la sympathie se rétrécissent. Enfin le groupe se réduisant aux parents et enfants immédiats, la famille n'a plus que l'étendue d'un ménage. Avec la grande famille, de fâcheuses conséquences économiques ont certainement disparu, un certain communisme familial qui nuisait à l'essor individuel. Chaque ménage ne travaillant plus que pour soi, la responsabilité individuelle a progressé et avec elle l'ardeur au gain. Mais aussi bien des choses regrettables sont parties : la sympathie a baissé; l'égoïsme, le particularisme, si vous voulez, a envahi une vaste région. Ces exemples suffisent à montrer que telle condition, bonne pour un effet, devient préjudiciable à un autre.

Donnons quelques exemples des grandes oppositions, et, par suite, des conciliations à chercher dans l'intérieur même de l'homme. L'homme intérieur est un objet de conquête et de guerre entre les diverses émotions, chacune voulant avoir tout l'homme.

On peut distribuer les émotions en classes : l'émotion est sensuelle, sentimentale ou intellectuelle. Le conflit est surtout entre les deux premières; et celles-ci se réunissent trop souvent contre la troisième. Celui qui donne trop à la poursuite de la richesse, moyen indispensable des émotions sensuelles, manque tout le reste. A l'autre extrémité, un caractère intellectuel à l'excès fait de l'homme une non-valeur économique et souvent aussi un débiteur infidèle qui ne rend pas, en fait de sentiments et de devoirs, ce que la famille ou l'amitié lui donnent. La tendance sentimentale excessive produit à son tour des effets bien connus, infériorité dans l'économique, incapacité relative dans l'ordre intellectuel. Jusque dans la profondeur de l'activité intellectuelle le conflit exerce son empire. Deux opérations essentielles constituent cette activité : distinguer d'un côté, assimiler de l'autre. Toujours l'une des deux facultés l'emporte et produit le défaut de l'autre; tout esprit finit par verser dans l'analyse ou dans la synthèse.

Retenons cependant une chose déjà dite, afin de bien comprendre la nature de ce que nous appelons le progrès : c'est qu'il y a deux formes de progrès. Il se présente tantôt sous la forme simple d'une accumulation de richesse d'un côté, de connaissances de l'autre; tantôt sous celle d'un équilibre plus habile, d'une conciliation mieux réussie. La différence entre les deux formes est grande au point de vue de la contingence et de la détermination, nous le verrons tout à l'heure.

Tout cela revient en somme à dire : le meilleur pour une besogne peut ne pas être et n'est pas généralement le meilleur pour une autre besogne. Que cette vérité capitale soit méconnue par la plupart des hommes qui rêvent d'une harmonie naturelle établie entre toutes les choses, cela n'est pas fait pour étonner; mais il y a des oublis ou des contradictions qui surprennent. Spencer, dans sa *Sociologie*, établit à un moment les institutions militaires et les institutions économiques, face à face, sur le pied d'une contrariété fondamentale, et avec raison; mais ailleurs il professe l'idée que la guerre a eu son rôle utile, qu'elle a opéré une sélection profitable et donné la victoire au meilleur; il entend par là le meilleur au sens absolu, c'est-à-dire en tout et pour tout. L'idée ne me paraît pas acceptable. (Outre que dans le système de Spencer elle est une contradiction.) Le peuple auquel Spencer a surtout pensé, c'est le peuple grec. Sans doute ce peuple a su faire autre chose que la guerre; mais ce n'est pas parce qu'il a su faire la guerre qu'il a fait les autres choses. Loin de là : sans la guerre il aurait fait mieux encore.... L'exemple des Grecs ne prouve qu'une chose : c'est qu'en un peuple assez nombreux pour supporter la division du travail social, des activités contrastées peuvent coexister, qu'elles ne sont pas incompatibles; mais cela ne prouve rien au delà. Voici d'ailleurs la réponse topique : meilleur pour la guerre, le Romain a vaincu le Grec qui était meilleur pour quantité d'autres choses; et le monde s'en est assez mal trouvé, comme il apparaît par la fin de la civilisation antique. La victoire militaire déclare tout au plus celui qui est le meilleur pour la guerre.

Ainsi donc, pendant que je goûte une émotion d'un certain genre, je me prive moi-même, inévitablement, d'une émotion d'un autre genre. Ce que j'ai fait pour atteindre tel plaisir et pour en jouir, devient toujours, dans quelque mesure, un obstacle à tel autre plaisir que je vais à présent poursuivre. Souvent c'est un obstacle absolu. Toute poursuite me met en lutte avec la nature, en concurrence avec mes semblables : la loi du conflit se dresse de toutes parts devant moi. Cela fait de la vie une perpétuelle délibération. Il faut peser à chaque instant l'émotion qui s'offre, la balancer avec la peine qu'il en coûtera pour l'obtenir, avec le plaisir qu'elle rendra plus tard impossible. Plus on est réfléchi, prévoyant, plus on aperçoit la difficulté de ces calculs qu'impose — et pour arriver seulement à des probabilités — la poursuite du bonheur, l'art de vivre.

L'historien qui veut savoir si l'homme d'un temps a été plus heureux que celui d'un autre temps, s'empare de signes extérieurs; mais ces signes ne sont pas des preuves certaines de bonheur : ce sont de simples probabilités. Le sentiment intérieur de l'homme peut les démentir. C'est ce sentiment qu'il faudrait pouvoir saisir, et il échappe à nos prises. Voyez la richesse. L'habitude nous rend bientôt insensible à son accroissement. La satisfaction de besoins économiques compliqués bientôt ne donne pas plus de bonheur que celle de besoins plus simples. En tout cas, elle nous fait sentir l'aiguillon de plus de désirs, nous impose ordinairement plus de travail, et nous met plus souvent en conflit avec nos semblables : c'est une grave compensation. La simplicité des goûts, la frugalité primitive, équivalent absolument pour le bonheur à une augmentation de richesse. La médiocrité heureuse d'elle-même à côté de l'opulence besogneuse n'est pas un spectacle rare.

Le progrès en moralité diminue les occasions de conflit avec nos semblables, et il apparaît par cet aspect comme un progrès certain en bonheur. Mais la moralité consiste essentiellement en une restriction volontaire de soi-même, ce qui ne peut jamais constituer une émotion agréable. Tout au plus peut-on espérer qu'elle aboutisse à une émotion désagréable, peu sensible et presque neutre. « La satisfaction du devoir accompli » est une phrase dont le mensonge nous flatte. Quand le devoir est réellement pénible, la satisfaction de l'accomplir constitue une satisfaction amère, acceptée comme un mal moindre qu'un autre ; il y a paradoxe à dire que ce mal moindre est un bien positif.

Le progrès intellectuel lui-même ne va pas sans une déperdition. L'insouciance, l'imprévoyance ont du bon [1]. La prévision lointaine nous fait goûter d'avance les maux comme les biens ; elle décuple le sentiment des uns comme des autres [2].

---

[1]. La question de savoir si le civilisé est plus heureux que le sauvage s'éclaire par cette autre : l'homme adulte est-il plus heureux que l'enfant ? Beaucoup résoudront celle-ci en faveur de l'enfant par des raisons qui seraient la plupart du temps applicables à l'homme sauvage. En tout cas, c'est un fait que nombre de sauvages ont rejeté la civilisation après l'avoir connue. Quantité de civilisés, mis en contact avec la sauvagerie, l'ont préférée.

[2]. La prévision plus claire de la mort inévitable suffirait seule à balancer, chez les intelligences très développées, un grand nombre d'avantages. L'homme un jour apercevra peut-être de si bonne heure, avec tant de netteté, de vivacité, ce terme fatal, que le caractère humain en sera assombri, malgré tout le progrès environnant.

Ces observations sur le dedans de l'homme nous conduisent à une conclusion. Il est bien malaisé à l'historien de savoir si l'homme d'un temps donné calculait son bonheur mieux que l'homme d'un autre temps, et en tout cas s'il posséda plus de bonheur réellement senti.

Mais nous sommes encore loin de compte. Sortons de l'abstraction. Une société n'est pas un tout simple et homogène. Prenons une époque qui est assez avancée, en tout cas la mieux connue de nous, la nôtre. Nous y voyons clairement une chose qui a toujours été : c'est qu'en ce temps il y a des hommes de tous les temps; il y a des barbares, des sauvages même, des hommes au niveau de l'antiquité, d'autres à celui du moyen âge. L'évolution intellectuelle et morale, qu'on peut dessiner d'une façon générale et abstraite dans un livre d'histoire philosophique ou scientifique, ne s'est réalisée en fait que dans quelques exemplaires de l'homme, relativement rares. Elle est le bénéfice d'une élite, une sorte de privilège.

Quand on parle de progrès général, on est tenu de distinguer le sort des masses de celui de l'élite, et ce sont même les masses qui s'imposent plus particulièrement à la considération. Puisque nous venons d'évoquer notre temps, posons la question à propos de lui. Les masses d'aujourd'hui sont-elles plus heureuses que celles d'un autre temps? Bien des gens l'affirment sans hésiter. Je ne dis pas qu'ils aient tort; je dis qu'ils sont beaucoup trop assurés, et que la preuve n'est pas faite aussi convaincante qu'ils l'imaginent. Nous l'avons dit plus haut nous-même : nous jouissons d'une accumulation de richesse supérieure à celle d'une autre époque; mais c'est une richesse virtuelle. Pour me faire entendre, je dois distinguer dans l'homme le consommateur et le producteur.

En tant que consommateur, l'homme moderne paraît avoir quelque avantage. Dès que je possède un franc, cette somme minime me donne, dans certaines directions, des facultés que l'homme du moyen âge n'avait pas. Par exemple, je puis faire 20 kilomètres en quelques minutes, etc., mais il faut que j'aie ce franc. A mesure que je possède un plus grand nombre de francs, je participe davantage à la supériorité économique qui, dans les directions indiquées, distingue mon temps. Cette supériorité, on le voit, n'est pas absolue, mais conditionnelle, et finalement proportionnelle à la fortune de chacun.

Elle n'est pas non plus complète. Mon franc vaut moins, sous certains rapports, qu'il n'aurait valu peut-être au moyen âge (ou il vaudra peut-être moins demain). En effet, il n'est pas du tout sûr que la même valeur en argent procure aujourd'hui autant de certaines denrées, de viande par exemple, qu'elle le faisait autrefois.

Comme producteur, le sort de l'homme s'est-il amélioré? Je vois bien que l'esclavage a cédé la place au servage, et celui-ci au salariat libre. Un progrès en indépendance, et par suite en dignité morale, a dû suivre : on peut l'admettre avec une quasi-certitude; mais le progrès en bonheur réel a été souvent contesté, et il apparaît effectivement contestable. L'ouvrier libre fatigue ses bras, tout semble l'indiquer, bien autrement que ne faisait l'esclave, au moins en général; surtout, il connaît de bien autres soucis. L'inquiétude de l'avenir, pour lui, les siens — d'autant plus grande en chaque ouvrier qu'il vaut moralement et intellectuellement plus — est un faix bien lourd. Pour balancer ces désavantages, il faut imaginer une condition servile passablement dure. Mais, sans plus tarder, allons au fond.

Ce qui fait tout en réalité, c'est le sentiment qu'on a de son sort. L'ouvrier moderne sent-il plus, sent-il moins tout ce qui lui manque et qu'il voit chez d'autres, que ne faisait le travailleur servile? Bien téméraire est l'esprit qui nous propose une réponse sûre d'elle-même.

Que l'habitude et la croissance du besoin tendent à atténuer, ou même à annuler, les progrès de la richesse comme bonheur senti, que le progrès en moralité soit un progrès de contrainte sur soi, qui aboutit tout au plus à des sensations neutres, c'en est assez pour prouver que la nature ne seconde pas précisément nos vœux : elle ne nous dirige pas complaisamment vers le bonheur.

Mais le travail, condition de la richesse, l'effort, condition de la moralité, la peine, la douleur — pourvu qu'elles n'atteignent pas un certain degré — produisent du progrès intellectuel. Donc, ce qu'il y a de plus déterminé dans la vie des sociétés, c'est que l'intelligence aille s'élargissant et s'approfondissant. Si on pouvait croire que la nature vise pour nous un but, on dirait : ce but c'est l'accroissement de l'intelligence humaine.

Cette sorte de loi a des conséquences qu'il faut examiner au point de vue du bonheur.

Les émotions, je le rappelle, peuvent être classées en émotions sensuelles, sentimentales et intellectuelles. Exemple : les plaisirs de la table, ceux de l'affection paternelle, ceux de l'invention artistique ou de la recherche scientifique.

A mesure qu'on va des émotions sensuelles aux intellectuelles, l'émotion affecte de plus en plus certains caractères qui appellent notre attention. Les émotions intellectuelles ont généralement une vivacité moindre que les émotions sensuelles et sentimentales; mais elles l'emportent par un autre côté. La durée et la répétition ne les affaiblissent pas; le bonheur faible et tranquille qui vient d'elles, peut être continu et remplir presque tous les instants. Le moyen d'acquisition imposé est toujours le travail; mais, incomparable avantage, le travail ici constitue la source capitale de l'émotion agréable. Ce réducteur ordinaire du bonheur, ici l'accroît.

Les jouissances de cet ordre se communiquent sans diminution pour personne, ce qui réduit à rien le conflit entre individus et entre groupes. Quant au conflit intime, il demeure certes, mais réduit au minimum possible. La poursuite de ce bonheur, en devenant prépondérante, ne nuit qu'à une autre visée, celle de faire fortune, et supprime seulement les jouissances d'un certain luxe. La poursuite de la fortune, au contraire prépondérante, empêche en général les émotions de l'intelligence et celles mêmes du sentiment, par le travail, les soucis et les luttes qu'elle impose.

En résumé, l'homme qui dans son existence fait une part considérable à la poursuite de l'émotion intellectuelle, perd sur la vivacité, gagne sur la durée. La loi du conflit, qui nous impose la peine du travail dans notre lutte avec la nature, la peine du discord et de l'antipathie dans la concurrence avec nos semblables, n'est pas totalement supprimée pour cet homme; mais son joug est réduit au minimum possible.

Une première conclusion s'offre à nous : la règle la plus sûre de l'art de vivre, ou art du bonheur, consiste à poursuivre dans une large mesure l'émotion intellectuelle. L'art de vivre reste encore assez difficile, parce qu'il n'est pas permis d'adopter un précepte absolu. On ne peut en effet donner tout même à l'émotion intellectuelle. Une conciliation reste nécessaire, condition inévitable de l'inévitable loi du conflit : il faut vivre économiquement parlant; il faut être époux, père, concitoyen, ami.

Une seconde conclusion très importante, c'est que le cours des choses, en nous dirigeant à l'élargissement indéfini de l'intelligence, s'il ne seconde pas nos vœux, ne les contrarie pas non plus positivement. Le point final vers lequel nos destins sont orientés, n'est pas le pôle précis où vise notre nature; mais il n'en est pas trop éloigné. Notre sort n'est donc pas si déplorable, à la condition toutefois de le reconnaître et de l'accepter.

Une société, ou même l'humanité entière, se résolvant en individus, ne peuvent avoir une règle de vie qui diffère de celle de l'individu. Pour un groupe, grand ou petit, l'équilibre qui favorise le progrès en bonheur est donc celui qui donne une part considérable à la poursuite de l'émotion intellectuelle. Il n'en saurait être autrement.

Par une conséquence évidente, l'historien qui veut mesurer

la distance des sociétés entre elles sur la voie du progrès, n'a pas de mètre plus sûr à employer que la part faite, en chacune de ces sociétés, aux émotions intellectuelles, à l'art et à la science. Le lecteur doit le remarquer, si nous constatons en ce livre la priorité de l'évolution économique, en tant que vérité expérimentale, ce n'est pas l'économique qui nous sert à juger la hauteur relative des civilisations.

Il s'en faut que ce mètre, proposé plus haut, soit absolument sûr et qu'il soit surtout facile à manier. Une société, je le rappelle, est faite de couches étagées, et toute évolution qu'on considère offre pour chacune d'elles un point d'accomplissement bien différent. Le mètre n'est guère applicable qu'à la plus haute des couches.

D'autre part, nous avons réellement deux mètres, la culture artistique et la culture scientifique. Sous peine de confusion inextricable et de résultat négatif, il faut choisir entre les deux.

Je n'aurai pas besoin d'insister beaucoup sur le rôle de la science considérée au point de vue de l'utile. Il est clair pour tout le monde que l'homme, économiquement parlant, vit bien ou mal, suivant le degré d'empire qu'il exerce sur la nature; il est également clair que ce degré dépend de la connaissance que l'homme a de la nature. Il se peut qu'une notion vraie reste longtemps ou toujours sans emploi; mais en revanche l'ignorance ou la méconnaissance ne sauraient rester sans suites fâcheuses; l'homme en est toujours et nécessairement puni. Bref, bien-être et mal-être économiques dépendent de l'état de la science qui a pour objet la nature.

La conduite d'un homme envers ses semblables, fût-elle inspirée par les meilleures intentions, ne saurait aboutir, dans l'ignorance de la vraie nature des hommes, à des résultats favorables. Ici comme en face de la nature, l'action utile est nécessairement fondée sur le savoir.

Il y a de notre temps des esprits si purement éthiques ou

esthétiques que les considérations précédentes ne les toucheront pas. On peut leur offrir peut-être de quoi les satisfaire.

Dans ce qu'on nomme la raison humaine, celui qui considère rigoureusement les choses n'aperçoit de nettement saisissables que quelques tendances ou habitudes, aisées à définir : la tendance à croire ce qui doit être cru effectivement ; à refuser sa créance à ce qui est en effet incroyable ; à compter sur le retour des phénomènes naturels ou humains dans la mesure de leur constance prouvée. Or ces tendances, qui constituent la raison du genre humain, sont visiblement attachées à la possession des connaissances scientifiques. Cherchez historiquement ou géographiquement par toute la terre, vous ne trouverez de la raison, définie comme nous venons de le faire, en aucun lieu d'où la science soit absente; et vous n'en trouverez jamais qu'à proportion de ce qu'il y a de science. La corrélation se montre jusque dans le détail. Comme les phénomènes n'ont pas la même constance dans les divers départements de la nature, la science s'est constituée assez tôt dans les uns, tardivement ou pas du tout dans les autres. On peut observer, et l'observation a déjà été faite bien souvent, que la raison humaine n'est pas non plus partout la même. Elle a acquis une solidité différemment graduée, et sa solidité varie justement selon les départements naturels, toujours plus grande là où la science a conquis plus de terrain. Exemple : A l'heure présente, les sciences morales sont moins avancées que les sciences de la nature ; aussi voyons-nous ici l'esprit humain accorder souvent sa créance à des propositions pour lesquelles on n'apporte pas même un commencement de preuve.

Les espérances vaines ou exagérées, les terreurs vaines ou exagérées, sont nécessairement deux pôles entre lesquels l'homme oscille violemment, tant que son esprit ne distingue pas la limite des phénomènes possibles et impossibles. Il est évident que cet état mental a pour suite inévitable une forme de caractère d'une instabilité, d'une mobilité et d'une violence en rapport avec celles des suggestions mentales.

Rasseoir la créance de l'homme, c'est rasseoir également et modérer son caractère. J'aime à croire que cette utilité purement éthique sera goûtée par les esprits excessivement désintéressés dont je parlais tout à l'heure.

En allant des émotions artistiques aux émotions scientifiques, on voit certains phénomènes très avantageux s'accuser toujours plus. D'abord les diverses formes artistiques et littéraires, sans s'exclure absolument, sont cependant réductrices les unes des autres, dans une mesure assez fâcheuse. La vogue d'un maître, d'une école, arrête souvent le développement d'une autre. Les savants disputent sans doute quand une vérité n'est pas encore prouvée; mais, une fois prouvée et acquise, une vérité, loin de prévenir la naissance d'une autre, la seconde et la précipite. C'est sur ce terrain que le conflit universel disparaît presque, ou au moins voit son empire rigoureux réduit au minimum possible. Une autre face de la même vérité, c'est que la science connaît à peine, dans son expansion, ces barrières de nationalité ou d'époque qui sont trop efficaces contre la littérature et les arts. Il n'y a pas de science nationale.

Si nous consultons l'idée de mérite, c'est-à-dire de difficulté vaincue, et par suite de rareté, l'avantage reste encore à la science. En tout temps, en tout pays, l'artiste a eu un public quelconque; il a été sollicité, encouragé, récompensé par la gloire. Le savant a généralement dû se contenter d'être connu et apprécié par un bien petit nombre de personnes.

Il est un mot sur lequel on a beaucoup discuté, faute de comprendre qu'il ne désigne pas une classe d'objets déterminés, ni même un élément distinct qui serait dans les choses : c'est celui de beau.

Ce terme exprime non une classe d'objets extérieurs, mais une émotion intime, quelque chose de subjectif, propre à l'homme, différent en chacun, relatif au plus haut degré.

Nous trouvons du beau dans la position symétrique des objets, dans la pureté de leurs lignes, dans la vivacité de leurs couleurs, dans les mouvements aisés et forts des êtres vivants, dans les passions véhémentes, dans les constructions d'événements bien imaginées, que sais-je? Il y a du beau ou il peut y en avoir partout.

L'utilité et la beauté ne s'excluent pas; il ne leur est pas interdit de se trouver dans le même objet. Il n'y a là qu'une différence de considération et d'émotion de la part du spectateur. Sans doute l'oubli momentané de l'utile est une condition pour la perception du beau; mais oublier n'est pas annuler. Oubliez un instant l'utilité suprême de la science, et ce qu'elle contient de beauté vous apparaîtra.

Il y a d'abord un trésor infini de beauté dans ses résultats purement théoriques. On l'a dit, bien souvent déjà, le monde tel qu'il est révélé par la science dans son ampleur illimitée, dans sa profondeur insondable, dans l'accablante diversité de ses formes, dans la dépendance infiniment variable et complexe de ses parties qui cependant s'entretiennent toutes, dans la modification incessante et le développement absolument continu qui porte sur toutes les parties et a en chacune sa loi, sa forme et sa vitesse différentes; le monde, dis-je, peut être considéré comme un poème, une épopée; et c'est alors une époque mille fois plus gigantesque, plus émouvante, hélas! plus tragique, mais plus belle aussi qu'aucun poème humain et que tous les poèmes humains réunis, car il contient ceux-ci mêmes, et il déborde bien loin au delà.

Presque aussi belle, et plus attachante pour nous autres hommes, est la science vue en voie de formation, de création dans l'esprit des savants. Ici les idées de difficulté vaincue, de mérite, de force de caractère ou d'intelligence, constituent le fond essentiel de la beauté.

Considérons la voie longue et laborieuse qui mena Newton à sa découverte. Des travaux, des efforts d'esprit, des mérites intellectuels, voilà ce qu'on y cherche et qu'on y relève uniquement; ce sont les émotions éprouvées qu'il faudrait aussi recueillir et comprendre. Il y a eu sur cette longue route des heures pour la foi. Il y a eu des heures aussi pour le doute et pour la désespérance. Il advint même une fois que Newton, convaincu d'avoir trouvé la vérité la plus haute qui pût échoir à une tête humaine, se vit arracher brusquement cette persuasion [1] : se figure-t-on que ce fut une légère contrariété? Comme intensité douloureuse, cela valait peut-être bien un chagrin d'amour. Mais attachez vos regards sur le dernier épisode, le dernier acte. On en est aux calculs suprêmes. Encore un chiffre, un seul : on sait ce qu'il doit être pour que l'hypothèse soit vérifiée.... Ce chiffre, c'est le juge sans appel. S'il vient tel qu'il doit être, les cieux sans bornes sont pénétrés et compris; elle est connue et mesurée la force par laquelle les mondes en nombre infini volent dans l'éther, effrayants de vitesse et de silence. Mais si le chiffre est autre, la vision splendide ne sera plus dans l'esprit de Newton qu'un souvenir amer. A l'extérieur le nom de Newton restera attaché à la plus grandiose des chimères qu'on ait conçue, à la plus profonde des déceptions. Newton avait certes une volonté bien ferme, dans un corps robuste. Il se sentit pourtant défaillir devant la terrible alternative. Ses mains tremblantes étaient incapables de tracer un chiffre. Pauvre et cher grand homme! Il passa la plume à un ami qui l'assistait. Celui-ci dut achever. J'imagine dans quelle angoisse Newton attachait ses yeux sur le visage de son ami. Il y lut certainement le chiffre avant son énoncé. Et la minute qui suivit, croyez-vous qu'elle n'eut pas sa façon d'étreindre le cœur du pauvre savant? N'est-il pas des joies poignantes? Il faudrait un savant qui fût un poète pour écrire ce drame sans égal.

Descendons plus bas : devant telle machine, oubliez seulement le but utile, les résultats avantageux; maintenez votre

---

[1]. La science d'alors livra à Newton une mesure fausse qui démentait son hypothèse.

esprit sur le rapport des fins à atteindre et des moyens employés ; sur les merveilles de justesse et d'ingéniosité qui éclatent ici, et vous aurez le sentiment d'un beau particulier. Si vous me dites : Je ne vois rien de beau ; je vous réponds : Il y a des hommes pour qui le beau n'existe pas dans les œuvres de l'art, dans une peinture, une sculpture, c'est-à-dire là où vous placez sa résidence exclusive. Concluez de vous à eux.

Les géomètres parlent de démonstrations élégantes, et ils ont raison. Quand un Léotard, d'un mouvement aisé et sûr, semble voler d'un trapèze à un autre, vous vous récriez, et avec raison, vous dites : Il est beau ; — et quand je vois le mouvement, sûr et gradué, d'un esprit qui s'avance par la route de la logique vers la prise de possession d'une vérité, et qui s'en empare invinciblement, j'aurai tort de me récrier à mon tour et de dire : Cela est beau? Non, je dirai mieux : Cela est d'une beauté suprême. Le tout est de la sentir.

Je demande que les civilisations soient mesurées entre elles d'abord au mètre de la science que chacune a contenue, quitte à leur tenir compte, en seconde ligne, des supériorités artistiques, littéraires ou morales que l'une d'elles peut avoir sur les autres.

CHAPITRE XVI

DE LA LOI DU PROGRÈS (SUITE)

Les hommes ont sans conteste progressé, si l'on considère l'état original. Il ne s'ensuit pas qu'ils progressent nécessairement d'une époque à une autre. Décadences passées. Décadence possible.

Tous les peuples ont progressé. Tous les hommes aujourd'hui connaissent le feu (les habitants des îles Mariannes seuls l'ignoraient quand ils entrèrent en contact avec les Européens). Or on ne peut douter qu'il y ait eu un moment où le feu était inconnu de tous. C'est là un progrès d'importance capitale. Tous les hommes ont quelque outil, quelque arme; nous sommes tenus de concevoir un temps, si court qu'il soit, où cet outil, cette arme n'étaient pas inventés. Tous les hommes parlent, et il faut supposer un temps où ils ne parlaient pas encore.

C'en serait assez pour montrer que l'humanité, eu égard à son point de départ, a universellement progressé.

Les faits saillants que je viens d'alléguer et d'autres qu'on y pourrait joindre appartiennent, remarquons-le, au progrès en forme simple, c'est-à-dire en forme d'accumulation. Je rappelle ici les causes psychiques et sociales dont nous avons parlé plus haut, et qui indiquent ce genre de progrès comme assez fortement déterminé. Les faits d'expérience et la déduction hypothétique sont donc d'accord sur ce point. Mais là où l'amélioration consiste dans un équilibre, une conciliation à trouver, la détermination est-elle la même?

Y a-t-il, par exemple dans la pratique des relations familiales, civiques et mondaines, quelque chose qui sollicite l'homme à devenir chaque jour plus sympathique et plus juste avec ses semblables?

Toutes ces relations changent de formes selon les temps; ces formes extérieures constituent des circonstances favorables ou défavorables, qui rendent la sympathie, la justice, tantôt plus faciles, tantôt plus difficiles. Exemples : Le militarisme du moyen âge, la coutume des guerres privées de seigneur à seigneur, était une condition défavorable à l'équité et à la sympathie entre voisins territoriaux. L'esclavage était une condition très défavorable à l'exercice de ces qualités entre maître et serviteur ou travailleur. La domesticité libre, le salariat, qui ont remplacé l'esclavage, sans être parfaits assurément, valent un peu mieux, comme conditions suggestives de sentiments.

La question se présente finalement sous cette forme : Y a-t-il quelque cause qui détermine des formes institutionnelles de plus en plus favorables? On serait assez enclin à le penser d'après le spectacle de l'histoire occidentale. Il suffit de rappeler quelques faits très saillants : la guerre moins quotidienne et, quand elle a lieu, reportée généralement aux limites des grands États combattants, dont l'intérieur reste indemne; l'esclavage, le servage abolis; l'arbitraire du mari sur la femme, l'arbitraire du mari sur les enfants, remplacés par des rapports beaucoup plus doux.

Ce n'est encore là cependant que de l'expérience empirique. Si, pour interpréter l'expérience, on regarde aux causes immédiates, historiques, de ces progrès, on aperçoit que chacun a : 1° des causes multiples; 2° que chacun au moins a quelques causes qui lui sont particulières et ne se retrouvent pas parmi les causes des autres progrès. Cela exclut une détermination générale et simple (au moins relativement), comme celle constatée pour le progrès en forme d'accumulation. Dès qu'un effet est soumis à des conditions nombreuses et spéciales, il est contingent à proportion; nous devons le rappeler.

Cependant, même dans la forme simple du progrès, c'est-à-dire dans l'accumulation des richesses et des connaissances, il faut reconnaître une vérité expérimentale qui a paru fâcheuse à bien des esprits. A certaines heures, en certains lieux, l'accumulation a cessé et fait place même à une déperdition. En un mot, au lieu de progrès, il y a eu régression. Les sociologistes ont constaté un grand nombre de ces retours dans l'histoire récente des peuples sauvages. Ce qui est bien autrement significatif pour nous, c'est que les peuples que nous appellons antiques, égyptiens, grecs, romains, ont subi une régression évidente.

On a fait tout ce qu'on pouvait pour se persuader que cette décadence était purement apparente. Ce travail d'imagination et de rhétorique est curieux à observer, particulièrement chez Comte et ses disciples. Ils ne pouvaient pas, ne voulaient pas nier des faits éclatants, que par exemple tout le travail industriel avait baissé en qualité; que les arts avaient déchu, la culture scientifique cessé, la sécurité individuelle grandement diminué; mais, en cherchant bien, ils ont trouvé de prétendus progrès dont l'apport équivalait au moins aux pertes faites. Comte estimait que toutes les déperditions étaient plus que compensées par ce qu'il appelait la séparation du pouvoir temporel et du pouvoir spirituel; autrement dit, par la coexistence des princes d'un côté, de l'Église catholique et du pape de l'autre. Il aurait fallu au moins démontrer le caractère bienfaisant de cette coexistence; mais c'est une tâche qui n'a pas été remplie.

Acceptons l'évidence : il y a eu, au moyen âge, régression certaine au moins sur quelques points. C'en est assez pour qu'il soit illégitime de considérer le progrès comme une loi constante, car si la régression a eu lieu sur certains points, elle pourrait, moyennant des circonstances inconnues, porter un jour sur d'autres points ou même sur tous.

Si nous tenons compte d'un côté des régressions effectives que les peuples sauvages présentent assez souvent, que les peuples civilisés de l'ancien monde ont présentées eux-mêmes, nous devons nous rappeler aussi des vérités acquises d'autre part. Il y a dans l'homme individuel des principes de progrès viager; il y a, en toute société, des causes constantes qui transforment ce progrès viager en progrès héréditaire. Tirons de ces vérités une conclusion rigoureuse qui n'excède pas leur portée. La voici, ce me semble : une société quelconque tend à progresser tant que les circonstances ne touchent pas aux causes de progrès que nous avons reconnues, imitation des devanciers par les successeurs, des étrangers par les indigènes. Il est des circonstances qui peuvent porter atteinte à l'activité de ces causes (les régressions historiques mettent ce point hors de doute); en ce cas, il y a arrêt, et même déperdition possible. Il n'est donc pas permis d'affirmer qu'une société, prise à un moment, sera nécessairement et toujours supérieure à ce qu'elle a été à un moment antérieur. Ce qu'il y a de déterminé, et ce qu'on peut affirmer, c'est que toute société, arrêtée ou refoulée dans sa marche progressive par des circonstances empêchant la tradition, l'imitation intérieure, la communication internationale, reprendra infailliblement sa marche dès que les circonstances prohibitives auront cessé.

Je demande à me permettre ici une prévision qui fera bien saisir ma pensée. L'allure progressive, si marquée en ce temps-ci, se prolongera-t-elle infailliblement? Rien ne nous le garantit absolument. Il y a eu des moments où, au sein d'un peuple civilisé, une disposition redoutable d'esprit et de volonté s'est répandue parmi les masses : c'était une haine, un dégoût violent pour l'état social, pour la civilisation acquise. Le christianisme naissant a manifesté cette horreur de l'actuel : désir du bouleversement général ou de la fin du monde, cela revient au même. Probablement le bouddhisme naissant eut le même esprit. Supposons que le nihilisme russe, dont les dispositions sont pareilles, se communique graduellement aux masses laborieuses de l'Europe, visiblement impatientes de leur sort. Il peut arriver un jour où les foules, excédées du joug du travail quotidien, insensibles et aveugles à tout ce qui nous paraît civilisation précieuse, éprises d'un désir furieux de renouvellement total, abattront les gouvernements, briseront les machines, jetteront au vent et aux flammes les livres, les statues, les tableaux, effaceront dans la mesure du possible toutes les traces d'un passé odieux, et recommenceront la vie sociale sur des modes qu'on ne peut prévoir. Supposez que ce jour arrive, une immense régression sera le résultat immédiat de cette rupture tragique avec le passé.

Pendant une période dont on ne peut calculer la durée, l'état social se présentera comme très inférieur à ce qu'il aura été ; mais une chose dont nous pouvons être certains, c'est que, dans cette infériorité même, un mouvement progressif se prononcera de nouveau à partir de la minute où une génération nouvelle, acceptant l'exemple de la génération antérieure, sera rentrée dans les voies de la tradition et de l'imitation [1].

---

[1]. Voir, d'ailleurs, p. 409.

CHAPITRE XVII

LA QUESTION DU PROGRÈS ORGANIQUE

L'homme progresse-t-il organiquement? Examen d'une thèse de M. Spencer.

Le fond de l'homme progresse-t-il? On s'est posé souvent cette question. Le pour et le contre ont été produits. Buckle affirme que le progrès est purement intellectuel, tient à l'abondance de nos idées vraies, ou connaissances; ce qui revient à dire qu'il est social, extérieur. Spencer assure qu'il y a un progrès organique, et ne fait guère compte que de celui-là.

Buckle n'est pas absolument convaincant, Spencer l'est encore moins. Nous sommes en présence de deux hypothèses; mais, à mon avis, elles ne s'équivalent pas. Je tiens celle de M. Spencer pour indémontrable et dangereuse; en suivant celle de Buckle, on n'aboutira probablement jamais à prouver que le progrès est exclusivement extérieur; mais on verra que le progrès extérieur va beaucoup plus loin dans l'âme de l'homme qu'on ne le soupçonnait. Cela ne résout pas le problème, mais cela le réduit notablement.

Nous savons que tout besoin tend à croître comme force sollicitante à raison de sa satisfaction pressée. Mais qu'y a-t-il au fond de ce phénomène? Une accumulation de souvenirs intellectuels, d'images précises. C'est à la netteté, à la précision, à l'abondance de la représentation imaginaire que la sollicitation du besoin vers l'objet doit son degré d'acuité, ou du moins nous n'en pouvons pas saisir, avec certitude, une autre cause. Demandez vous en effet si, en dehors de l'influence des souvenirs, un besoin quelconque, le génésique, le sympathique, ou l'artistique, a augmenté fondamentalement dans l'organisme : je ne vois pas où vous trouverez les éléments d'une réponse. Prenons l'artistique comme exemple. Le Français actuel a plus de littérateurs, d'artistes que son ancêtre le Gaulois; l'émotion artistique est en conséquence chez lui un fait plus journalier, et par suite le besoin des émotions de ce genre tient plus de place dans sa vie. Je remets le Français dans les conditions du Gaulois; j'abolis tous les souvenirs de la culture artistique; à la première génération d'hommes, pour qui cette déperdition sera complète, verrons-nous encore se manifester un besoin d'art, tel que le Gaulois ne l'a pas connu? L'affirmative me paraît être ici bien hardie : où serait, en tout cas, la preuve? Il faut convenir, je pense, que la question est insoluble.

Passons des besoins aux émotions. Prenons des émotions bien tranchées, comme la peur ou l'espérance, la haine ou l'affection. Chacune d'elles est susceptible de plus ou de moins en fait d'intensité; elle est d'autre part plus ou moins susceptible de durée (à un certain degré de persistance on la nomme sentiment). Spencer et Bain ont très bien expliqué à quoi tient l'intensité de l'émotion. La présentation d'un objet qui inspire de la peur ou de la haine, remue en nous le souvenir confus d'une foule d'objets qui ont suscité auparavant la même nuance d'émotion. Cela fait comme un flot mémorial, une onde dont le volume enveloppe et dépasse beaucoup le noyau d'émotion strictement actuel. La tendance des émotions est de devenir excessives eu égard à leur objet du moment; la peur est ordinairement plus grande que le danger réel ne le comporte, la colère l'est plus que la contrariété ne le mérite. Cette part d'intensité, qui tient au bouillonnement des souvenirs confus, diminue chez le sujet, à mesure qu'il est plus intellectuel. Habitué à observer la nature extérieure et soi-même, celui-ci aperçoit mieux ce qui appartient au présent, en fait de danger ou d'hostilité réelle, et il y proportionne sa réaction.

La comparaison de l'homme fait avec l'enfant, du civilisé avec le sauvage, nous éclaire sur ce point. L'enfant et le sauvage manifestent une disproportion frappante entre leurs émotions et les causes de ces émotions. La différence du sauvage au civilisé peut être conçue comme deux oscillations où la balance se fixe, là-bas plus loin, ici plus près du repos émotionnel.

Examinons ces phénomènes par l'aspect de la durée. C'est encore un trait caractéristique du sauvage et de l'enfant que les émotions ont chez eux moins de durée, de solidité, qu'on ne leur en voit chez l'homme fait et le civilisé. Avec une rapidité surprenante, les premiers passent des larmes au rire, de la fureur à l'effusion; ils rappellent souvent le fou dans son inconstance, qui déroute la prévision. Au contraire un homme très intellectuel présente une sorte de fixité rassurante; quelque mobile apparaît en lui plus continu que les autres, quelque sentiment, plus ordinaire, donne comme un ton général à son être moral. Cet effet me paraît intimement lié au précédent. Dans la tiédeur des émotions diminuées, un tel homme se forme d'après ses souvenirs, érigés en expériences, un système de prévision et de conduite. Il se peut sans doute que les passions le tirent de la ligne préméditée et le rendent infidèle à son propre système de conduite, mais ce système vaut toujours pour les conjonctures ordinaires.

Si les besoins tendent à croître, les sentiments tendent à diminuer en vivacité et à croître simultanément en durée. Telle est pour les sentiments la formule du progrès. Ce qui nous importe ici, c'est la cause du progrès. Je n'affirmerais pas qu'il n'y ait dans cette cause aucun élément organique. Je dirai qu'en tout cas cet élément est invisible, insaisissable.

J'aperçois très nettement au contraire que le progrès sentimental, défini comme nous l'avons vu, va toujours de pair avec un résultat intellectuel, l'acquisition expérimentale. En passant de la sauvagerie à la civilisation, l'homme fait acquiert des notions plus précises, plus vraies et sur la nature et sur l'homme même. L'enfant civilisé, en passant d'un âge à un autre, obtient toujours à quelque degré le même résultat par la tradition, l'imitation, imposées ou volontaires à la fois. Enfin ce qui achève de frapper notre esprit, l'adulte civilisé lui-même manifeste plus ou moins le progrès sentimental (en général), ou, si vous voulez, se montre plus ou moins éloigné du sauvage, selon que sa classe et son éducation le font participer plus ou moins à l'acquisition intellectuelle de son temps. La démonstration heureusement ne s'arrête pas là ; nous avons encore quelque chose de très important à ajouter après la constatation de ces deux processus parallèles : c'est qu'il est dans la nature de l'acquisition intellectuelle de produire précisément le double effet dont le progrès sentimental est constitué. Si je prends plus juste la mesure d'un danger ou d'une contrariété, c'est une suite inévitable que je réponde à l'une et à l'autre par des sentiments mieux proportionnés. Si mes souvenirs expérimentaux sont mieux liés, mieux classés, si ma mémoire a plus d'étendue et plus de discernement à la fois, force est que ma conduite apparaisse plus systématique, plus constante, puisqu'elle est modelée sur des vérités extérieures qui ne changent pas ou changent peu.

Constatons ce qui semble être le progrès de la volonté : l'homme, entre les émotions qui le sollicitent, tend à choisir celle qui l'emporte en durée de préférence à celle qui l'emporte en vivacité, ou, en forçant un peu les termes, il va vers l'émotion faiblement agréable, mais continue.

Considérons maintenant les rapports de la volonté avec l'acquis intellectuel.

Nous venons de dire ce qu'est la volonté : peser des résultats différents, les balancer et préférer l'un d'entre eux. Cette opération est sous l'ascendant évident des facultés intellectuelles. Plus l'esprit contient de notions acquises d'ordres divers, plus les files distinctes d'idées, à comparer entre elles, deviennent longues; plus la volonté devient laborieuse et lente. Le progrès des notions accumulées tend à rendre l'homme plus indécis, mais d'autre part on voit plus loin en avant et avec plus de netteté; les objets désirables, rapprochés par cet effet d'optique intellectuel, sollicitent plus. Ce phénomène, que nous connaissons, relève la volonté : c'est lui encore qui la soutient, quand l'objet visé est éloigné dans le temps ou l'espace. A cette imagination préventive, à cette sensibilité préventive, qui font savourer d'avance les émotions désirées, nous sommes redevables d'un autre phénomène, hautement bienfaisant, la création des fins intermédiaires. Nous arrivons à travailler pour le plaisir de l'activité même; à agir pour nous sentir agissants; à chercher le vrai, sans intérêt autre que l'émotion de la recherche. Cette disposition, qui est le point culminant du progrès intérieur, se contracte par l'habitude des travaux à long terme, des entreprises à longue échéance qui ne seraient pas possibles sans la longue prévision.

En résumé, la seule chose qui apparaisse clairement, c'est que le mental transforme le moral. Nous ne pouvons constater que les sentiments aient en eux-mêmes de quoi se perfectionner. Tout le progrès que nous leur voyons semble avoir son principe en dehors d'eux. Même observation en d'autres termes : le seul progrès déterminé directement est le progrès en forme d'accumulation; le progrès en forme de conciliation, quand il se produit, se montre comme une suite de l'autre.

Il y a dans l'humanité, selon Spencer, un progrès organique. Une génération d'hommes, subissant l'influence d'un milieu fait d'une certaine manière, y conforme sa conduite et contracte des habitudes déterminées. A ce phénomène extérieur, un phénomène intérieur se lie : c'est dans le système nerveux de ces hommes une modification correspondante au système des habitudes extérieures. La modification nerveuse est transmise par cette première génération à celles qui sortent d'elle. Si les générations successives continuent les habitudes ancestrales, les modifications nerveuses s'ajoutent dans le même sens à chaque génération, et produisent à la fin des instincts qui présentent une grande solidité. C'est grâce à ces habitudes longuement continuées, et à la transmission héréditaire des impressions de ces habitudes sur l'organisme, que l'homme est devenu plus intelligent, plus sympathique et plus prévoyant, moins prompt et moins cruel. M. Spencer semble faire bon marché du progrès externe; il croit peu à l'influence de l'instruction proprement dite, peu aussi à celle de l'éducation que donne le milieu immédiat, ou du moins il croit que chaque génération, dans le cours de sa vie mortelle, n'est que bien peu modifiable.

Chaque génération apporterait donc une innéité à soi, quelque peu différente de celle des générations contiguës. Ce quelque chose de particulier à chaque génération, peut-on le saisir et le démontrer? Évidemment non, et ni Spencer, ni personne, n'a fourni à cet égard une preuve expérimentale, qui n'est pas possible.

On remplace la probation directe par une argumentation indirecte. L'idée est d'abord présentée comme une déduction de la théorie sur l'évolution et sur l'origine des espèces. Avec Spencer, avec Darwin, nous admettons la formation lente et graduelle des espèces par l'adaptation au milieu, par la sélection, par la transmission des caractères contractés. Sommes-nous pour cela contraints d'accepter la théorie du progrès humain par l'effet de modifications graduellement déposées dans l'appareil nerveux? Je ne le pense pas.

M. Spencer essaye de rattacher tels faits de progrès à telles expériences organisées et transmises, ce qui serait une manière de preuve; mais je vais montrer, par un exemple, si les explications essayées sont bien propres à nous convaincre. L'homme aujourd'hui, dit M. Spencer, a la capacité de se livrer spontanément au travail, à quoi le sauvage, l'homme primitif, répugne absolument. Cette acquisition est le résultat d'une longue expérience, l'esclavage. Des hommes en grand nombre ont été contraints par la force à travailler. Leurs descendants, pendant des siècles, ont subi la même discipline. A la fin s'est organisée chez eux l'aptitude à faire spontanément ce qui dut être imposé d'abord. Je réponds : Forcé de travailler, l'esclave travaillait incontestablement avec dégoût, en sorte que deux choses ont dû s'organiser spontanément dans son appareil nerveux : l'habitude physique du travail et le dégoût mental du travail. C'est une première objection. Je vois un paysan très laborieux, et un autre qui l'est beaucoup moins; il est vrai que celui-ci est métayer, et que l'autre cultive son propre champ. Je suis obligé, dans la théorie de M. Spencer, de supposer que le premier a eu moins d'ancêtres esclaves que l'autre. J'aimerais mieux m'expliquer la différence par celle des intérêts et des sollicitations immédiates. Enfin, je vois un même paysan qui était assez négligent comme métayer, ou fermier, devenir fort diligent le jour où il travaille pour lui-même et pour lui seul. En ce cas, je ne sais plus que faire des ancêtres esclaves dont le nombre ne peut varier pour ce même homme. J'en suis réduit à l'intérêt immédiat; et cela me conduit à penser que la cause qui explique ce dernier cas pourrait aussi bien expliquer les autres, sans le secours de l'esclavage, du travail forcé et de l'aptitude organisée.

Il y a dans le raisonnement de M. Spencer une imprudence : il se saisit d'une loi (que j'admets), mais il lui donne une extension indéfinie, alors que, étant donnée la complexité des faits biologiques, il y a lieu de penser que la loi est limitée, rétrécie en son empire par d'autres lois concurrentes.

En passant de la vie animale à la vie proprement humaine et sociale, l'homme paraît échapper en grande partie à la loi invoquée par Spencer. Je vais m'expliquer.

Sauf de rares exceptions, l'animal subit purement le milieu ; il ne l'exploite pas ; il ne le modifie pas ; il ne crée pas un milieu nouveau et artificiel. Économiquement, par exemple, l'animal use de la richesse toute faite ; un bison sauvage broute l'herbe ; il n'en fait pas venir. Dès que l'homme parle, dès qu'il invente des instruments, qu'il modifie la nature, qu'il crée de la richesse, une immense différence est jetée entre lui et l'animal ; et cette différence a pour effet immédiat, à notre avis du moins, de changer le caractère de son mode évolutif. D'interne, d'organique qu'il était exclusivement, ce développement devient, je ne dis pas exclusivement, mais capitalement extérieur, artificiel et social. Et pour tout dire il semble que la modification artificielle empêche, arrête l'autre. Exemple : le sauvage développe sa puissance visuelle : le télescope, le microscope suppléent à ce développement et l'empêchent parce qu'ils le rendent inutile. Un homme dépourvu d'instruments de mensuration s'exercera à mesurer du regard et y deviendra singulièrement apte. Donnez-lui un mètre et cette éducation de l'œil sera supprimée. J'en pourrai dire autant de l'appréciation du poids, etc.

Dans un ordre d'idées tout à fait différent, il est clair qu'un gouvernement stable, réglé, appuyé de gendarmes, de juges, de geôliers, de prisons, empêche le développement de l'énergie individuelle, de cette énergie qu'il faut pour défendre sa vie, ses membres, ses biens. Nous pourrions multiplier ces exemples à l'infini. On l'a remarqué, il y a longtemps (voir César et ce qu'il dit des Druides), l'emploi de l'écriture arrête court un certain développement de la puissance mémoriale.

La vie sauvage fortifie, affine les sens, vue, tact, odorat, ouïe. La vie civilisée semble bien produire le résultat opposé. Tous les civilisés sont de ce côté inférieurs aux sauvages ; et il y a une ancienne organisation — à parler comme M. Spencer — qui s'est visiblement perdue. Si elle a été remplacée par une organisation différente, équivalente, cela n'apparaît pas. Ce qui distingue certes le plus le civilisé du sauvage, c'est la pratique des métiers, c'est le travail matériel. Peut-on cependant affirmer que le civilisé soit plus adroit de sa main, en général, que le sauvage? Je n'aperçois pas sur quelles preuves on appuyerait l'affirmation. Prenez dans un pays quelconque un métier déterminé; d'une époque à une autre il y a souvent dans l'exécution de l'ouvrage un progrès incontestable; par exemple en métallurgie, et pour préciser, dans l'art de faire des épingles de laiton. Le progrès est-il dû à ce que l'homme de la dernière génération considérée est né plus adroit? Rien ne l'indique. Une autre cause explique suffisamment le progrès tout entier : c'est une organisation d'atelier, c'est le phénomène si connu sous le nom de division du travail, cause assurément supra-organique. Donnez-moi autant de progrès, évidemment procurés par votre organisation nerveuse, que je puis vous en offrir d'évidemment procurés par la division du travail ou par les machines, et je me range à votre avis.

D'autres progrès industriels procèdent d'autres sources : par exemple, un ouvrier exceptionnellement doué trouve un tour de main; il fait école, il l'enseigne, et des hommes acquièrent extérieurement, par la communication sociale, une habileté qui ne s'est pas trouvée dans leur organisation propre. On dira que l'auteur du tour de main a eu plus d'ancêtres ouvriers que les autres. Quand cela serait, — et on a bien de la peine à l'admettre, — les autres qui deviennent plus habiles par l'enseignement attestent un phénomène avec lequel on est tenu de compter.

Les aptitudes les plus simples de l'homme ayant augmenté, non par la capacité héritée, mais par la capacité apprise, ou par la méthode dans le travail, ou par la puissance de l'instrument, de l'outil, de la machine, est-il à croire que les aptitudes les plus hautes et les plus complexes suivent la loi que les premières ne suivent pas? Il y a ici encore moins de preuves, si c'est possible. Toute opération intellectuelle, perception présente, remémoration d'un état passé, distinction, assimilation, correspond à un état physique du cerveau; un phénomène matériel est présent, dont l'opération intellectuelle n'est qu'une sorte d'envers; et celle-ci n'existerait pas sans celle-là : telle est la thèse des physiologistes modernes. Loin d'y contredire, je partage leurs convictions cet égard : mais les phénomènes dont il s'agit sont encore bien peu connus. Me voici écoutant une leçon de physique. Il s'agit des lois de la pesanteur. Le professeur m'explique comment croît d'un côté la vitesse de la chute, et de l'autre comment croissent les espaces parcourus. Je m'embarrasse dans ces deux idées; je ne saisis pas; j'emporte de la leçon le sentiment d'une difficulté inextricable. Je rencontre un ami qui m'explique à son tour : sur une phrase ou un mot, je ne sais pas même bien lequel, il se fait dans mon esprit une clarté; je vois tout, je saisis tout dans la distinction, et à la fois la connexité voulue; que s'est-il passé physiquement dans mon cerveau? Impossible de le savoir. Mais ce qui m'importe ici, c'est de mettre en relief le côté accidentel et extérieur de ces choses de l'intelligence. Qu'on ne dise pas que j'étais comme prédestiné à rencontrer tôt ou tard le précepteur ou le livre qui me donnerait la clarté. C'est une supposition indémontrable. Il semble bien que j'aurais pu l'attendre un temps indéfini, assez pour me détourner de ces études; que devenait alors en moi l'aptitude acquise par les expériences ancestrales?

On m'accordera peut-être assez aisément que ces aptitudes virtuelles et sourdes ne sortent leur effet qu'au moyen de certaines conditions actuelles. C'est déjà beaucoup en faveur des conditions actuelles et de leur étude préalable. Mais on ajoutera : « Il reste que les meilleures conditions ont besoin à leur tour de ces aptitudes déposées dans l'organisme. Un fils de sauvage, même avec le professeur le plus lucide, ne comprendra jamais. » Je réponds : « C'est une hypothèse, et jamais l'expérience n'a été faite dans des conditions probantes ». Il y a des faits qui paraissent bien la démentir. On a vu des nègres apprendre toutes les sciences demandées à un médecin français. Remarquez qu'un seul fait de ce genre suffirait pleinement pour démontrer que l'aptitude peut s'acquérir autrement que par la modification lente de l'appareil nerveux. On peut bien prendre pour type de l'acquisition intellectuelle celle du langage. Acquérir sa langue, pour les trois quarts des hommes, constitue une somme de travail mental telle, qu'ils n'en assument pas une autre égale dans le reste de leur vie. Ce progrès se fait dans les premières années au moyen de la discipline directe, extérieure; et j'ajoute : beaucoup de sauvages, dont les ancêtres n'ont parlé qu'une langue très pauvre, ont parfaitement appris à parler une des langues complexes des peuples civilisés.

Poussons à bout cet exemple : Il y a des enfants civilisés qui apprennent leur langue avec plus de précision et plus d'étendue dans le vocabulaire que d'autres; des fils de paysans deviennent orateurs ou poètes. Est-ce que leurs ancêtres ont plus parlé ?

La thèse de Spencer conduit à l'idée d'une certaine égalité innée entre les hommes d'une même génération. Enfants, ils se montrent cependant fort inégaux, sous tous les rapports. L'homme exceptionnel, l'homme extraordinaire, doit s'expliquer aussi, si on est logique, par une organisation, particulièrement abondante chez ses ancêtres, d'une certaine expérience. C'est vraiment bien dur à admettre, en présence des hommes de génie ou de talent sortis brusquement d'une famille d'ouvriers ou de paysans. Voici Newton, il dépasse en certaines aptitudes, et de beaucoup, la moyenne de sa génération, on en conviendra. Peut-on montrer dans ses ancêtres une supériorité d'expérience spéciale, correspondante aux aptitudes de leur descendant? Le plus souvent, après l'homme de génie, la famille retombe au degré commun. Cela est bien singulier. D'après la thèse, la descendance d'un homme de génie devrait forcément l'égaler, sinon même le dépasser quelque peu.

Entre générations, il y aurait une gradation peu marquée, lente, mais immanquable. L'histoire ne concorde pas avec cette vue. On ne comprend pas du tout des régressions comme celle qui se prononce au II° siècle de l'Empire Romain, avant toute infusion de sang barbare. On comprend encore moins une période, comme celle de la Renaissance, où le progrès prend une allure si accélérée.

Les admirables études de Spencer en biologie ont eu cet effet de l'égarer en sociologie; il a raisonné pour l'homme comme il avait le droit de le faire pour les animaux. Et toutefois, pour les animaux mêmes, il n'admet pas que l'expérience s'organise inévitablement, puisque, dans l'explication évolutive, il appelle à son secours une autre loi, celle de la sélection, j'allais dire de la responsabilité. L'animal qui ne profite pas de l'expérience, qui s'adapte mal au milieu, ou moins bien qu'un autre, meurt tué par le milieu ou affamé par le concurrent; ou encore il n'est pas admis à se reproduire. Les inventions de l'homme, ou sociales, comme la famille, — ou industrielles, comme le fusil par exemple, — tendent précisément à annuler, ou au moins à altérer la loi de sélection, la dure responsabilité par laquelle les organismes le plus heureusement modifiés survivent seuls. La famille nourrit celui qui de soi serait inapte à vivre, et elle lui permet même de se perpétuer. La possession du fusil permet à une tribu moins brave et moins adroite non seulement de vivre, mais de tuer les autres.

Admettons enfin qu'il y ait dans la thèse de M. Spencer une proportion de vérité : le point est de savoir quelle proportion. Or l'innéité qu'il invoque est directement insaisissable. Nous pouvons au contraire saisir (je ne dis pas facilement) les agences extérieures et sociales, telles que les institutions, les inventions d'instruments, de machines, d'artifices, la création des théories scientifiques, et l'intercommunication de tout cela par le langage, l'exemple, la discipline. Suivons aussi loin que possible l'ascendant de ces agences visibles, et quand nous leur aurons attribué tout ce qui paraîtra avec certitude leur appartenir, s'il nous reste quelque chose d'inexpliqué, si nous avons un résidu, nous pourrons l'attribuer à l'innéité, et acquérir ainsi quelque idée approximative du rôle qui lui appartient ; mais déclarer tout d'abord que cette cause inconnue fait tout ou à peu près, me semble imprudent. C'est une faute de méthode, et un danger de même espèce que la théorie du génie de race [1].

[1]. Nous n'ignorons pas la thèse des gros cerveaux, ni celle du cerveau grossissant, à mesure que l'homme se civilise davantage. Ces théories ont avec celle de Spencer une parenté évidente. Nous sommes pleinement d'accord avec les physiologistes sur le point fondamental : Le cerveau organe spécial de l'intelligence ; la pensée traduction psychique d'un phénomène physiologique, envers d'une vibration de la matière nerveuse, due elle-même à une décomposition chimique. Nous convenons encore avec les physiologistes qu'au-dessous d'un certain poids du cerveau il n'y a plus que des esprits très faibles, semi-idiots ou tout à fait idiots. Mais ce qu'on a prétendu au delà de ces faits, n'a plus de certitude à notre avis, et n'a pas été démontré. Il n'a nullement été prouvé que le degré d'intelligence soit en rapport simple et constant avec la grosseur du cerveau. La plupart des physiologistes conviennent que d'autres causes influent : le nombre, la forme des circonvolutions ; la qualité de la matière, la qualité du sang et le rythme de l'afflux sanguin, etc. Il n'a pas été démontré avec une précision satisfaisante que, chez un peuple qui se civilise toujours plus, le cerveau grossisse toujours plus et à proportion. Peu importerait d'ailleurs pour le sujet qui nous occupe en ce chapitre. Car finalement la question se poserait en ces termes : Quand un degré de civilisation élevée s'est manifesté, l'enfant naît-il avec un cerveau plus gros ? ou bien est-ce l'homme adulte qui, aux prises avec une civilisation plus avancée, exerçant davantage son intelligence, acquiert ce grossissement, de même que l'homme obtient des muscles plus développés en les exerçant ? Cette question ne serait pas résolue, on le voit, quand bien même on aurait prouvé avec certitude que le Parisien du XIXe siècle a un cerveau plus lourd que celui du XVIIIe.

CHAPITRE XVIII

LE RACE, L'HÉRÉDITÉ

Discussion des idées de race, du génie différent des races ou des peuples. Discussion de la transmission héréditaire des traits psychiques.

Une erreur qui a fait fortune de notre temps sera le sujet du présent chapitre; erreur presque inévitable, suscitée par le désir de trouver en histoire des déterminations larges et simples, et par cette aversion pour la contingence, qui nous sont comme naturels.

Le rôle que ces sentiments ont joué dans la conception des œuvres de la philosophie historique, nous l'avons signalé. L'erreur dont il s'agit à présent diffère sans doute à la surface des théories de Bossuet ou de Montesquieu, mais a avec elles une parenté profonde, puisqu'elle tient aux mêmes fibres du cœur humain.

Celui qui a lu les ouvrages de Renan, et en particulier son étude sur les langues sémitiques, sait que l'humanité, selon lui, se partage en races d'une valeur intellectuelle et affective très inégale; il y a des races supérieures et des races inférieures, des races nobles et des races non nobles. Cette inégalité est originelle et semble par conséquent irrémédiable; les aptitudes et les incapacités que possède chaque race tissent la trame de son histoire, lui font sa destinée. L'histoire générale de l'humanité n'est guère que le conflit ou le concert des divers génies de races.

Avec cette vue, l'histoire philosophique devient aisée. Vous demandez pourquoi le peuple hébreu a atteint l'idée d'un Dieu unique avant le peuple athénien, si supérieur sous tous les autres rapports; un mot y suffit : c'est que le génie sémitique était monothéiste. Vous voulez savoir pourquoi Athènes a fait de la sculpture incomparable; apprenez-le encore d'un mot : Athènes eut le génie de la sculpture.

Le génie de race est entré dans l'histoire assez récemment; mais le génie de peuple l'y avait précédé. Ce sont les découvertes de la philologie moderne, celle notamment de la parenté linguistique des peuples européens, qui ont conduit à élargir l'entité primitive. On se félicite beaucoup du nouveau concept, comme si l'esprit humain témoignait par là d'une ampleur nouvelle. On se sert largement du génie de race pour l'explication de toutes choses, littérature, beaux-arts, histoire sociale, religieuse, politique [1].

Je ne le nie pas, les auteurs en général recourent simultanément à d'autres causes explicatives; celles-ci sont employées comme des sujettes, la cause génie gardant une sorte de suzeraineté incontestable. C'est que l'explication des choses au moyen du génie a un défaut : elle est courte à donner; elle soutient, il est vrai, le style, et prête à l'éloquence; mais elle ne fournit aux auteurs que des passages brillants. Pour faire un livre, il faut en revenir à l'exposé des conditions; on donne donc ces conditions en même temps que les considérations sur le génie, et on ne s'aperçoit pas qu'il y a entre les deux une contradiction.

Le génie de race implique une supposition singulière : « Athènes eut le génie des arts »; ou cela ne veut rien dire, ou cela signifie que virtuellement, en tout Athénien, il y avait un bon sculpteur possible, et qu'il n'en était pas de même en

---

[1]. Voir comme exemple l'*Histoire de la littérature anglaise* de M. Taine.

Chine ou dans l'Inde : là le fond latent manquait, tandis qu'à Athènes le fond latent a affleuré dans tels et tels grands sculpteurs; et ceux-ci démontrent l'existence de la veine qui courait en dessous.

En réponse à ces suppositions implicites, voici les faits : Les Athéniens ont vécu d'abord quelques siècles sans posséder aucun sculpteur bon ou mauvais. D'où vient cela? Que faisait alors leur génie? Puis ils ont eu quelques sculpteurs malhabiles, auteurs de grossiers ouvrages; puis de moins mauvais, puis d'assez bons, puis quelques-uns d'excellents, parmi un plus grand nombre de médiocres. Je me demande ce qui a pu faire que les sculpteurs d'Athènes ne fussent pas tous de même force, et particulièrement dans une même période. Puis la sculpture a déchu, et enfin elle a disparu tout à fait, sans que le peuple athénien ait péri, ou subi un fort mélange. Ce peuple restant le même, avec son génie, je ne comprends ni la période de nullité primitive, ni le progrès jusqu'à un point culminant, ni la décadence jusqu'à la nullité finale. On me dira : « Le génie n'est pas tout; certaines conditions sont nécessaires pour qu'il se manifeste. Et même il dépend visiblement de ces conditions qu'il se manifeste à tel ou tel degré. » J'en tombe d'accord, et je vais plus loin que vous. Si certaines conditions font que le génie n'apparaît pas et l'annulent, si d'autres font qu'il se montre un peu, d'autres qu'il se montre avec éclat, tout se passe comme si le génie n'était rien et que les conditions fissent tout. Alors pourquoi cette supposition du génie?

Qu'est-ce qui l'autorise? « C'est que d'autres peuples, la Chine, l'Inde par exemple, n'ont jamais fait que de la mauvaise sculpture. Il faut bien leur supposer un génie différent? » Je ne vois pas que la logique m'y oblige; au contraire. Vous m'accordez forcément que, dans Athènes même, la bonne sculpture n'a eu qu'un moment, grâce au concours d'un certain nombre de circonstances. Avant que ce concours éphémère se soit réalisé, et après qu'il a pris fin, la bonne sculpture fait défaut à Athènes elle-même. Je remarque que la Chine présente tout le temps l'état de médiocrité que je rencontre dans Athènes pendant les trois quarts de son existence; j'en conclus qu'en Chine le concours voulu ne s'est jamais réalisé. C'est un fait à vérifier d'abord. C'est seulement dans le cas où les circonstances temporaires d'Athènes se montreraient également réalisées en Chine, sans produire le même effet, qu'une autre hypothèse deviendrait logiquement nécessaire.

Nous pourrions demander si le génie sculptural d'Athènes s'est tiré d'affaire tout seul, s'il n'a pas été à l'école de quelque autre génie; mais cette question rentre dans une autre plus large.

A supposer que le génie d'une race soit quelque chose de réel et non une entité commode, il faut, pour déterminer ce génie, réduire strictement son observation aux œuvres originales de la race. Quand un peuple emprunte quelque chose qui influe sur sa marche, l'expérience que nous voulons instituer sur ce peuple est troublée, comme le serait une expérience chimique sur une substance par la combinaison imprévue de cette substance avec une autre. Impossible de savoir désormais de quoi le génie eût été capable par lui-même. Si les emprunts se multiplient, le génie nous échappe tout à fait. C'est ce qui nous arrive justement avec les peuples les plus intéressants, les Grecs, les Romains, les Germains, les Gaulois. Cinq peuples à peine semblent s'offrir à nous dans les conditions d'un développement original : l'Assyrie, l'Égypte, l'Amérique, le Pérou, la Chine. Mais, même à l'égard de ceux-ci, les origines sont trop obscures pour que nous ayons une certitude.

Des peuples dont le génie est particulièrement brillant, aucun ne s'est élevé par ses seules forces. Tous ont reçu de leurs voisins les institutions, les inventions les plus décisives. Voici, par exemple, les Grecs; les éloges qu'on a donnés à ce génie si spontané, si souple, si varié, etc., etc., remplissent des volumes. Cependant il a fallu que les Phéniciens lui communiquassent l'écriture, et, chose frappante, immédiatement leur civilisation a commencé. Restés barbares jusqu'à cet emprunt, pendant un nombre de siècles que l'historien malheureusement ne peut compter, rien ne nous dit avec certitude ce qu'ils auraient fait sans cet emprunt. Ils seraient restés peut-être barbares bien des siècles encore. Qu'on ne se récrie pas trop. Les Germains sont aussi un peuple à génie supérieur. Or ceux-ci, mille ans plus tard que les Grecs, en étaient à apprendre l'alphabet égypto-phénicien qu'ils n'avaient pas trouvé d'eux-mêmes non plus que les Grecs. Peut-être abandonnés à eux-mêmes, les Grecs eussent-ils inventé quelque chose d'imparfait comme l'écriture chinoise. Je sais que je m'expose à l'indignation; mais je fais remarquer que des milliers de peuples ont composé la race humaine historique; que quelques-uns seulement ont inventé des écritures et qu'il n'y a qu'une écriture qui ait été bien faite.

Combien de choses encore, avec l'alphabet, les Grecs ont reçues du dehors! Plus on étudie leur histoire, plus la part des emprunts apparaît. Certainement, les éléments des métiers, ceux des beaux-arts, ceux de l'arithmétique et de la géométrie, leur ont été donnés par l'Assyrie, par l'Égypte. En tout genre, le plus difficile c'est de trouver l'entrée du chemin; on peut tâtonner autour pendant des siècles : témoin les Germains (auxquels je joindrais volontiers nos propres ancêtres, les Gaulois, si notre génie n'était pas pour le moment en baisse chez les personnes qui cultivent la thèse du génie [1]).

---

[1]. Si quelque peuple peut être considéré comme ayant plus qu'aucun autre, parmi les dons de son « génie », le don de la musique, c'est sans conteste le peuple allemand. Voilà ce qu'on appellerait volontiers un trait de race. Sa musique est sans doute très supérieure à ce que les Grecs ont jamais produit en ce genre. Cependant, au temps des Grecs, on n'aurait jamais deviné cela. La musique allemande valait sans doute à peu près autant que celle de certains peuples nègres; et deux mille ans après les Grecs de Périclès, le génie allemand, si supérieur en musique, n'avait pas encore pris la peine de se manifester.

En résumé, un peuple à génie brillant peut rester des siècles sans manifester aucun génie. Un autre peuple ou une autre race vient lui apporter une invention, une œuvre ou une idée : le premier génie se met à l'école du second, et bientôt des œuvres se produisent, d'abord médiocres, je le rappelle, puis graduellement meilleures. « Tout ce que vous prouverez, me dira-t-on, c'est qu'il y a peut-être nécessité à ce qu'un génie entre en contact avec un autre génie. » Cette fécondation des génies les uns par les autres nous apporte une nouvelle métaphore (nous en avions abondance). Mais de preuves positives, aucune; et il reste que la connaissance d'un génie particulier, à l'état originel et pur, nous est absolument refusée.

J'ai indiqué déjà la contrariété qui existe entre l'hypothèse du génie et un phénomène réel de l'histoire, celui des phases, qui apparaissent chez tous les peuples. A ces phases sont liées les idées de progrès et de décadence. Contradictoire aux phases, le génie des races est par suite nécessairement contradictoire aux idées mêmes de décadence et de progrès. On l'a senti et on a inventé une entité de plus pour faire l'accord. On a imaginé que les peuples avaient une enfance, une jeunesse, une maturité, une vieillesse. Le procédé est simple : on transporte les âges successifs, le cursus vital de l'individu réel à un individu fictif. Cependant un peuple n'avance pas en âge comme l'individu; chacun de ceux qui le forment va de l'enfance à la vieillesse, mais quand l'un atteint le terme, un autre commence la vie, un autre en est à son milieu. Je vois que, dans l'individu réel, le développement intellectuel a pour condition la croissance générale de l'organisme et en particulier du cerveau, et que le processus intellectuel suit le processus organique. Mais, dans votre individu fictif, le processus organique fait défaut; or il n'est pas permis de supposer l'effet là où les conditions de l'effet n'existent pas.

Libre de la condition du développement graduel de l'organisme, à laquelle le génie individuel est soumis, le génie de race devrait se manifester tout entier dès que la première génération arrive à l'âge d'homme. Il ne devrait y avoir dans l'histoire d'un peuple ni phases, ni ce qui va ordinairement avec les phases, aucun progrès, et de décadence, pas davantage.

Le génie d'un peuple, ou son caractère national, ne se manifeste avec éclat, avec effet, que dans certains hommes; le même fond reste latent dans la masse; c'est chose convenue. Cependant, voyons de près comment les choses se passent. On nous donne le génie arabe comme étant essentiellement monothéiste; ce génie se manifeste par Mahomet. Je m'étonne d'abord qu'il n'y ait qu'un Mahomet; je m'étonne que Mahomet tente dans l'isolement, seul parmi les Arabes, une œuvre qui est justement en lui l'effet du génie commun de sa race, et ce qui met le comble à mon étonnement, c'est que Mahomet est obligé de convertir par force les Mecquois, qui, de tous les hommes, lui sont le plus apparentés. Le génie arabe de Mahomet est généralement méconnu par les hommes en qui repose, à l'état le plus pur, le même génie. L'aventure n'est pas unique, tant s'en faut. Bouddha, Jésus, exemplaires exceptionnels, l'un du génie hindou, l'autre du génie hébreu, manquent, parmi leurs compatriotes, la fortune brillante que d'autres peuples leur accordent ensuite. Nous voyons ainsi ces spectacles corrélatifs : le génie d'une race acceptant les œuvres d'un génie différent et rejetant ses œuvres propres. Les aventures du génie, on en conviendra, sont singulières.

Mais, sans plus nous attarder, allons à ce qui est la base de l'idée. La nécessité ou au moins la commodité du langage nous induit à désigner d'un mot, « peuple », ce qui est en réalité la juxtaposition d'un grand nombre d'hommes parfaitement distincts. Aussitôt l'entité peuple se forme dans notre esprit; nous voyons, des yeux de l'intelligence, un grand être unique, puis comme les êtres uniques réels ont chacun son caractère, ses aptitudes propres, l'analogie opère, et nous sommes induits à doter le grand être d'un caractère, d'un génie individuel. Ce qui avait été fait pour le peuple se fait naturellement pour la race, quand cette entité, plus large, s'est établie dans les esprits. Il semble, à première vue, que l'existence réelle du caractère et du génie, propres à l'individu, justifie l'idée analogique du caractère et du génie, propres à un peuple. La réflexion montre qu'il n'y a aucune parité. Il n'est de réellement individuel que l'individu ; quand par une abstraction vous tirez de l'individu ces propriétés qui lui sont jointes, un caractère, un génie, et que vous les appliquez à des êtres purement idéaux, vous pouvez compter que le caractère, le génie, seront également des fictions.

Prenons un peuple de quelque étendue : le Français par exemple. Ce qui ressort au premier coup d'œil, c'est qu'il est en soi fort inégal. Des extrêmes moraux et des extrêmes intellectuels apparaissent d'abord. Ce peuple contient des hommes de génie et des imbéciles; des savants et des ignorants; il a des héros et des lâches; des dévoués et des égoïstes; des saints, des martyrs, des assassins. Entre ces extrêmes, toutes les nuances du caractère, tous les degrés d'aptitude pour chacune des besognes humaines.

Je demande qu'on me montre entre le peuple français et le peuple anglais, considérés comme grands individus, une différence quelconque, ayant une importance égale à celle qui existe entre le Français féroce et le Français dévoué, entre telle brute et tel génie, également français.

Aucune aptitude, aucune qualité, aucun trait un peu précis de la nature humaine ne peut être dit français, en ce sens qu'il serait commun en France, nul ou rare ailleurs; c'est la même vérité que ci-dessus, sous un autre aspect.

On a dit souvent : « Ce qui constitue un caractère national, c'est que la nation offre plus fréquemment qu'une autre tel trait humain, ou qu'elle présente ce trait d'une manière plus accusée ». — Cette formule est plus modeste; essayez cependant de la justifier. Indiquez d'abord avec précision un trait qui serait plus commun ou plus accusé chez les Français que chez les Anglais ou les Chinois; je dis avec précision, parce que cette première condition n'est pas déjà facile à remplir [1]. — Et puis apportez la preuve; apportez la double statistique qui seule peut nous convaincre. — « Vous demandez l'impossible. » — J'en conviens, mais là où la preuve n'est pas faisable, le parti à prendre est indiqué, il faut ajourner l'affirmation. — « Et cependant le sentiment général proteste, vous n'en triompherez pas. » — C'est absolument ma conviction, au moins si je m'en tiens à ce que j'ai dit; mais il me reste à présenter la question sous une autre face.

Quelque chose joue le génie aux yeux peu attentifs; quelque chose le simule et y fait croire. Il y a réellement entre les membres d'un même peuple une certaine communauté : essayons de la définir et de montrer en quoi elle consiste.

D'abord des conditions naturelles : latitude, climat, position internationale. Puis, en grand nombre, des conditions artificielles, venant des hommes : un même gouvernement, un même code civil et criminel, un même langage. Puis quelque chose dont l'influence considérable a été bien moins reconnue par les historiens, un passé historique commun; une biographie nationale avec les souvenirs, les expériences, les conclusions, les leçons qui en sortent, avec les regrets, les espérances, les haines et les affections qui s'y rattachent. Est-ce tout? Pas encore. Il y a entre compatriotes une sorte de trésor commun : ce sont les hommes du pays qui se sont distingués en tous les genres, ceux qui ont laissé des œuvres de toute espèce : guerriers, artistes, savants, écrivains. En même temps que ces nobles mémoires sont des sujets de jouissance intellectuelle et sympathique, ce sont des maîtres qui donnent des exemples et des leçons.

---

[1]. Les essais du genre demandé ne manquent pas; la condition de la précision n'y est jamais réalisée, même à un degré médiocre.

Sous la littérature consacrée s'étend une littérature populaire, un monde de contes, de narrations, de proverbes, de dictons : c'est encore là une table commune où chaque nouvelle génération s'assied; enfin, il y a la langue; je ne veux pas parler de la syntaxe; je parle des acceptions dérivées, des sens figurés, des comparaisons, des métaphores, des analogies, tout un travail d'esprit déposé dans le langage, et qui n'est pas le même dans un autre pays[1].

Que de choses capables de produire entre les membres individuels d'un même peuple une similitude d'idées et de sentiments, et la produisant en effet. Mais en tout cela je ne vois rien qui soit naturel, qui soit organique; tout est extérieur, social, artificiel au sens favorable du mot. La thèse du génie, il est vrai, s'obstine; et je sais qu'elle peut ici répondre : « Les grands hommes qui offrent des exemples d'un certain genre, qui donnent des leçons d'une certaine espèce, et en quelque mesure façonnent par là les Français postérieurs, ont incarné ou manifesté le génie français. Par eux, c'est encore lui qui agit. Par exemple, il y a dans Molière un fond français irréductible. Aucune autre nation n'a un Molière, pas plus que nous n'avons un Shakespeare. » — Soit, raisonnons sur Molière. On ne prend pas garde que tout homme, considéré d'une certaine façon, est unique. Si les étrangers n'ont pas de Molière, nous n'en avons qu'un. Dites-moi pourquoi le génie national qui a suscité un Molière n'en a pas suscité deux? Cet homme unique aurait pu mourir en bas âge. Est-ce qu'alors le génie français sentant la perte faite se serait manifesté par un Molière de rechange? L'admettre serait, ce me semble, élever le génie national à la hauteur d'une providence. Cependant si le génie français n'avait pas créé un autre Molière, si Molière nous manquait, est-ce que notre conception du génie français ne serait pas un peu différente?

---

[1]. Je citerai par exemple pour la France des mots comme *se prélasser*, *moineau*, *béat*, *benêt*, etc.

J'ai supposé un homme en moins. Nous pouvons en supposer beaucoup en plus. Bien des hommes sont morts jeunes, qui auraient produit, dans leur maturité, des œuvres dont nous n'avons aucune idée. D'autres, plus nombreux encore, nés dans le peuple, voués à l'inculture, à la pauvreté, à la recherche du pain quotidien, ont emporté avec eux des talents restés sans effet. Si les premiers ne fussent pas morts jeunes, si les seconds eussent pu percer, qui sait la physionomie qu'aurait notre littérature? Il est à croire qu'elle présenterait un aspect général sensiblement différent, et que nos jugements, à l'égard du génie français, différeraient à proportion.

Ce que je dis des hommes littéraires s'applique aux politiques, aux gouvernants; il y a quelque profit à rapprocher les deux cas. — Les événements politiques ont laissé dans la mémoire nationale des souvenirs, des sentiments, des principes de conduite, qui sont une part de ce que nous croyons être notre génie. Or ces événements auraient bien différé si tel homme avait manqué tel jour, et qu'un autre eût agi à sa place. Supprimez Napoléon. Vous n'avez certes pas l'Empire, avec son amas de victoires et de conquêtes. Qui peut dire jusqu'à quelle profondeur ces souvenirs d'une gloire militaire, si exceptionnelle, ont enfoncé chez les Français un certain orgueil national, une certaine confiance excessive, un certain dédain à l'égard des voisins? Sans l'Empire, on ne trouverait pas dans notre génie quelque chose qui y est bien apparent et qui y tient, hélas! une assez belle place : le chauvinisme, puisqu'il faut l'appeler par son nom, est un excellent exemple du caractère aléatoire et historique de ces traits qu'on veut à toute force faire organiques [1].

---

1. Dans un ouvrage anglais que je ne retrouve pas, j'ai lu les deux assertions suivantes : « Molière, le premier des comiques, est né en France par hasard; au lieu que Shakespeare est un produit de race, et ne pouvait naître qu'en Angleterre ». La rencontre de ce passage m'a égayé un moment. Tout lecteur français aurait fait comme moi. Mais prenons garde à nous-mêmes. Je n'en veux pas dire davantage.

Supposons que Molière fût né par rencontre à Berlin, et qu'il y eût vécu toute sa vie; il est clair que ses comédies auraient notablement différé, quant aux thèmes, aux sujets, aux actions mises en scène, et même aux caractères, car la matière comédiable qu'il aurait eue sous les yeux aurait fort différé dans la capitale du Brandebourg de ce qu'elle était à Versailles, à la cour de Louis XIV : on peut arriver à démêler dans Molière ce que la cour et Paris lui ont donné.

C'est cela qui est vraiment dû à la France; mais entendons-nous, cela est dû au milieu social, extérieur. Ce fonds français aurait été remplacé à Berlin par un équivalent. Il me convient tout à fait d'admettre que l'équivalence n'eût pas été parfaite, le milieu prussien d'alors n'étant peut-être pas aussi favorable à la bonne comédie que le milieu français.

Cependant il y a en Molière un élément important qui n'a certes rien à démêler avec le génie français. Ce sont les leçons qu'il est allé prendre à l'école des anciens. Les empreintes que Plaute, Térence, Aristophane, Ménandre, ont laissées sur cet esprit sont bien visibles. Moins manifestes, mais reconnaissables encore, sont d'autres traces, celles des auteurs italiens par exemple. Comme tout grand esprit, Molière est une sorte de confluent. Changez les sources, c'est-à-dire figurez-vous Molière né quelque part dans le haut Orient, et élevé à l'école de la littérature hindoue ou chinoise; il eût été certainement moins grand. Cela nous autorise-t-il à dire que Molière eut le génie grec et latin?

En résumé, j'aperçois dans l'œuvre d'un homme comme Molière des influences venant de différents côtés de l'horizon. Parmi elles domine jusqu'à un certain point l'influence du milieu immédiat. Tout cela est mis en œuvre par une capacité native d'un certain degré. Le talent, le génie individuel n'est pas niable; il est lui une réalité positive; mais le génie national, considéré comme quelque chose d'organique, de distinct du milieu extérieur, je demande où il se montre, et quels sont les signes irrécusables de sa réalité.

A première vue, les physiologistes semblent les auxiliaires des partisans du génie de race; eux aussi parlent de races. Mais si l'on y regarde, on voit que ce mot n'a pas pour ceux-ci le même sens. Les physiologistes constatent que telle race se distingue par la couleur des cheveux, celle des yeux, par la taille, la conformation de tel os crânien ou du tibia ou des mâchoires. Ils ne vont pas au delà. Ce qu'ils ne disent pas, parce qu'avec leurs visées ils n'ont pas à le dire, c'est qu'en dépit de ces différences partout la charpente osseuse, le système musculaire ou vasculaire sont essentiellement les mêmes, et que les fonctions sont identiques. Si donc on veut s'appuyer des différences physiologiques pour conclure à des différences psychologiques, il faut logiquement donner aux secondes la même étendue qu'aux premières, d'où elles dérivent par hypothèse. Autrement dit, il faut conclure que les différences psychologiques ont une très petite importance, comparée à celle des similitudes. On voit combien les physiologistes demeurent loin de cette idée que la race fait le caractère, les aptitudes, bref, tout l'important psychologique.

Cependant scrutons l'idée de race telle qu'elle est chez les physiologistes. Nous rencontrons immuablement au fond l'idée du milieu ou de la condition (c'est même chose). Voici en effet la définition scientifique de la race : « Un ensemble de caractères contractés par un groupe d'hommes qui ont été soumis longuement à certaines conditions. Ces caractères une fois solidifiés ont pu être transmis par les pères à leurs enfants. » — J'observe que la condition précède la race, qu'elle la fonde et la soutient. La contrariété n'est pas entre la race et la condition, mais entre la condition et la transmission des caractères ou, d'un mot, l'hérédité. L'hérédité et la condition s'opposent réellement l'une à l'autre, dans tout le champ de l'histoire naturelle. On voit facilement en effet que les caractères, contractés dans un milieu, peuvent être transmis plus ou moins longtemps, alors que le milieu, devenu autre, tend à modifier la race, à lui faire contracter des caractères nouveaux. Remarquez que la victoire finale du nouveau milieu est une vérité logique, nécessaire. Elle n'est qu'une question de temps.

Si nous allons encore plus au fond, nous rencontrons cette autre idée équivalente : la fonction fait l'organe, qui naturellement varie au gré de la fonction. Mais la fonction n'est pas autre chose que la réponse de l'être à la sollicitation du milieu. (Il faut que l'être réponde assez juste ou qu'il meure.) L'être saisissable, l'être connaissable, n'est rien de plus qu'une réaction dictée par un milieu. Et on arrive ainsi invinciblement à l'idée de l'identité originelle, ou, comme dit Spencer, de l'homogénéité primitive des êtres, lentement différenciés ensuite, et de plus en plus, par la diversité des milieux. Cette identité originelle est pour la biologie le postulat sans lequel elle ne peut dérouler ses thèses et ses expériences. Ces idées ne sont pas inutiles à l'histoire. L'histoire a un postulat analogue d'où nous sommes tenus de partir, l'identité originelle de l'individu humain [1].

Examinons l'hypothèse de l'hérédité. Un père tend à se transmettre tout entier à son enfant; mais la mère tend également à se transmettre tout entière. Il y a ici un premier conflit, d'où résultent forcément des annulations réciproques ou des combinaisons qui donnent des individus différents à la fois du père et de la mère. Cependant chacun des auteurs de l'enfant a eu lui-même deux auteurs, et ici s'élève une question capitale : L'hérédité n'agit-elle qu'au premier degré entre les auteurs immédiats et leur enfant? La réponse una-

---

[1]. Sans doute il y a en biologie une autre hypothèse possible et qui a longtemps régné : celle des différences originelles, fixes, indestructibles; bref la différence des espèces. Cette conception est en voie de disparaître. La différence fixe des races humaines, au point de vue mental et moral, répond visiblement en histoire à la différence des espèces. Elle est devenue à la mode parmi les historiens, juste au moment où les biologistes renoncent à la différence des espèces, qui a pour elle cependant bien plus d'apparence. Ce qu'il y a de plus curieux encore, c'est que tel qui est darwinien en biologie, professe en histoire l'idée du génie des races et ne s'aperçoit pas de la contradiction.

nime est que l'hérédité agit de bien plus loin. La ressemblance physique entre oncle et neveu, entre petit-fils et grand-père, est très commune; ce qu'on appelle les cas d'atavisme est très fréquent; nous sommes donc tenus de considérer l'hérédité comme une tendance de réviviscence déposée par tout auteur dans son enfant, puis dans les enfants de celui-ci, et ainsi de suite jusqu'à une limite inconnue. L'hérédité est sinon infinie, au moins indéfinie. Tout ce que nous pouvons supposer logiquement à l'encontre, c'est que cette virtualité décroît en raison de la distance.

Au premier degré, nous l'avons dit, il y a déjà le conflit des hérédités paternelle et maternelle; au deuxième degré, nous avons un conflit entre quatre tendances; au troisième, conflit entre huit; au quatrième degré, entre seize; c'est déjà beaucoup, mais que sera-ce si la virtualité héréditaire agit sourdement pendant dix ou vingt générations?

Précisons encore, analysons toujours. Je suppose qu'il s'agisse de la transmission d'un trait simple, d'une conformation physique de l'oreille, possédée par un auteur A et qui le rend spécialement apte à la musique. A épouse B qui a une conformation auriculaire autre et d'un effet contraire au point de vue de l'aptitude musicale. Dès ce premier moment, il faut bien admettre pour les enfants de A autant de chances à l'inaptitude musicale qu'à l'aptitude. Si du côté des ascendants ramifiés du père et de la mère, pendant seulement quatre générations, il ne se trouve que des conformations auriculaires tout à fait communes, il faut bien admettre que les chances à l'aptitude deviennent très faibles : nous en avons une contre 26 contraires.

Le cas que nous venons d'imaginer est cependant un cas relativement simple. Au lieu d'une aptitude musicale tenant à un trait particulier d'un organe corporel, supposons une aptitude littéraire, celle de Victor Hugo par exemple.

Nous sommes ici évidemment en présence d'un effet qui est, en Victor Hugo, le résultat d'une combinaison très complexe, à ce point qu'il est impossible de la résoudre avec précision en ses divers éléments : on ne peut espérer d'analyser complètement le génie de Victor Hugo. Distinguons cependant quelques-uns de ces éléments : l'imagination, au sens précis, ou aptitude à regarder, à voir, à se rappeler les images physiques, — le tact psychologique ou aptitude à noter les effets des sentiments, des passions, — l'aptitude à trouver des analogies saisissantes, émouvantes, entre les images physiques et les effets des passions, ce qu'on pourrait appeler l'imagination comparative, — la mémoire du langage, — un vif sentiment de l'approbation et de la gloire, — une volonté obstinée et une application au travail, sans lesquelles toutes les aptitudes précédentes seraient restées stériles. — Voilà une analyse très incomplète, et cependant chacune des aptitudes nommées est elle-même le résultat d'une combinaison.

Je le rappelle, tout tend à reparaître, par suite de la transmission; mais précisément parce que tout tend à cela, chaque trait particulier, en conflit avec une foule d'autres, a bien de la peine à vaincre et à revenir. — C'est une forme de la lutte pour la vie, il importe de ne pas le méconnaître.

A présent, pour éclaircir ce difficile sujet, je recours à une comparaison. L'hérédité sera pour nous une loterie : s'il s'agit d'un trait paternel simple, comme cette organisation auriculaire dont je parlais tout à l'heure (ou bien la démarche, la tournure, un tic nerveux), nous pouvons le considérer comme un numéro parmi 20, 30 ou 100 autres. Ce numéro a toujours quelque chance de sortir. Mais supposez qu'il s'agisse d'une qualité morale ou d'une aptitude intellectuelle, comme celle de Victor Hugo, effet d'une combinaison d'éléments qui peuvent être assez nombreux : celle-ci est représentée, non plus par un seul chiffre, mais par plusieurs, 1, 3, 6, 9, 12, 15 et disposés précisément dans cet ordre. Sentez-vous combien il y a peu de chance pour que cette combinaison de chiffres sorte?

En résumé, au point de vue d'une transmission donnée,

l'hérédité est une force qui se combat, qui se détruit elle-même. Quand la qualité demandée est le résultat d'une cause simple (comme l'oreille musicale), elle peut cependant reparaître. Quand la qualité est en réalité le résultat d'une composition de causes nombreuses, il ne faut pas s'attendre à son retour. Et c'est bien là ce que l'expérience confirme.

Dans un livre très bien fait M. Ribot a recueilli un certain nombre d'exemples de talents artistiques demeurés, comme en patrimoine, dans une famille durant quelques générations (le talent de peindre, par exemple, chez les Vernet); mais s'il a voulu prouver par là que les aptitudes particulières se transmettent à l'ordinaire, ces exemples en tant que preuves sont insuffisants.

Il manque au livre toute l'instance contradictoire. Il aurait fallu relever, à côté des cas de talents transmis, tous les cas connus où les talents paternels n'ont pas été transmis, et on aurait vu la différence. (Au reste, je ne dis pas qu'un tel livre eût été possible.) Ce n'est pas tout. M. Ribot, dans les exemples qui paraissent favorables à sa thèse, ne prend pas garde à un défaut de raisonnement fort grave. Plusieurs Vernet, à la suite l'un de l'autre, deviennent peintres; M. Ribot attribue tout le talent de chacun d'eux à l'hérédité. Mais des causes autres ont agi évidemment. Un Vernet est un enfant placé de bonne heure à une école excellente, exceptionnelle. Il a un motif particulier de s'appliquer, de travailler : son nom. Il trouve aussi, grâce à ce nom, des encouragements et des facilités particulières. Quelle part du talent d'un Vernet est attribuable à ces causes? quelle à l'hérédité? Impossible de décider la question avec sûreté. — Pour que l'exemple des Vernet fût concluant, il faudrait que le second Vernet eût été élevé loin des Vernet, et même qu'il ne sût pas un Vernet; et ainsi de suite des autres. Alors, mais alors seulement, nous reconnaîtrions sans incertitude l'ascendant de l'hérédité. Tous les autres exemples donnés par M. Ribot sont sujets aux mêmes observations.

Entre la race et le génie de race, je fais une grande différence. Une peuplade peut présenter des traits corporels qui la distinguent, petitesse ou grandeur de la taille, grandeur ou petitesse de la main, les doigts fins et longs, ou le contraire, etc. Ces particularités ont leur effet. Elles rendent telle besogne plus aisée ou plus difficile aux hommes qui les possèdent; mais cela ne va jamais jusqu'à rendre ces hommes aptes à faire des choses que les autres races ne peuvent faire, ou à l'inverse. Il n'en résulte en définitive que des différences, aisément effacées par un peu plus d'application. L'excitation produite par des institutions sociales qui font travailler beaucoup, annule sans peine l'influence de ces particularités. L'excitation sociale triomphe d'influences vraiment bien plus fortes, puisqu'on la voit vaincre des climats rigoureux, des sols stériles, installer la civilisation dans des pays comme l'Écosse ou la Norvège.

Je reconnais donc l'existence de la race comprise comme je viens de le dire; mais le génie de race, cette virtualité qui ferait tout en un peuple, jusqu'aux productions les plus complexes de l'esprit, je la tiens pour douteuse jusqu'à nouvel ordre. Cette hypothèse devait se présenter à l'esprit humain; elle est très naturelle, nous avons dit pourquoi; mais jusqu'ici elle n'en est pas moins dénuée de preuve.

Admettons d'ailleurs qu'il y ait quelque chose de réel dans cette idée du génie [1], par quelle voie s'en assurer et le prouver?

---

1. On trouve l'idée du génie jusque dans les manuels qui se piquent le plus d'exactitude et le moins d'idées générales. Il n'est pas inutile de montrer comment ces partisans du génie raisonnent quand ils sortent de leur tâche spéciale.

Dans l'un d'eux je relève cette phrase : « On n'explique rien en attribuant les qualités au milieu; par exemple, on répète que les Grecs ont été de grands sculpteurs parce qu'ils voyaient des éphèbes nus dans les gymnases; mais il est des peuples d'Afrique chez qui le vêtement est chose inconnue et qui n'ont pas produit de Phidias ».

S'il y a eu quelqu'un d'assez absurde pour dire que l'Art sculptural est le produit d'une condition unique, celle de voir de beaux corps nus, l'auteur du manuel a raison contre ce quelqu'un; sa logique suffit à le battre. Mais une condition unique ne fait un milieu pour personne; un milieu est, de

Question de méthode totalement inaperçue. Le génie supposé est directement insaisissable, comme toutes les forces intimes, comme toutes les innéités que nous supposons; on ne va à la connaissance de cette cause que par celle de ses effets; mais les effets propres du génie, quand on ne sait rien de la cause même, comment les discerner sûrement?

C'est un cercle sans issue. Les institutions ayant au contraire un caractère objectif, nous pouvons les connaître directement; en tant que causes, celles-ci ont l'avantage d'avoir une existence certaine. En bien étudiant chacune de ces causes, nous pouvons savoir quel genre d'effets elle est apte à produire. Nous pouvons par un nouveau travail constater que les effets ont été réellement produits. Si cela n'est pas toujours aisé, cela est au moins possible. Supposez que les institutions ou, si vous voulez, les circonstances importantes d'un milieu donné aient été toutes examinées, et qu'on ait suivi chacune d'elles aussi loin que possible dans les effets produits, dans les influences exercées, nous avons ainsi un

---

l'avis de tout le monde, une conjoncture de conditions, en nombre plus ou moins grand.

Les nègres n'ont pas de sculpture quoiqu'ils aillent tout nus, parce que d'autres conditions nécessaires leur font défaut.

L'auteur du manuel devrait nous dire avec netteté ce qu'il prétend. Veut-il affirmer que la contemplation journalière des éphèbes nus en Grèce n'a eu aucun effet, et que la sculpture grecque aurait absolument été la même en l'absence de cette condition? Je lui ferai observer où cela conduit. Pour rester conséquent, il doit penser qu'il est indifférent que l'artiste travaille avec des modèles vivants devant les yeux ou sans modèles. Et après la circonstance du modèle vivant, chacune des circonstances constituant le milieu devra être prise à part et déclarée insignifiante et de nul effet; celle, par exemple, d'avoir pu étudier, copier d'abord les sculptures assyriennes et égyptiennes. Par cette voie, on arrive forcément à une conception fort curieuse: c'est que le génie grec, dans un Phidias ou un Polyclète, était quelque chose qui arrivait tout formé, tout achevé, et n'avait plus besoin, pour produire son effet, ni du travail, ni de l'étude, ni même du secours des sens et de la réalité extérieure.

Cette conclusion, évidemment déraisonnable, est strictement obligatoire pour qui pense que la race fait tout. Si on croit sauver la situation en disant que la race fait seulement le plus important, on se trompe. Une assertion si vague n'est qu'un semblant d'idée. Il faudrait au moins la délimiter quelque peu, nous dire quelques-unes des choses que la race fait, et surtout les choses qu'elle ne fait pas. Quand toute indication d'effet précis manque, on parle vraiment pour ne rien dire.

tableau d'ensemble de tout ce que le génie ne fait pas. C'est beaucoup que d'avoir obtenu ce résultat, d'avoir circonscrit ainsi le problème. Si alors nous avons un reliquat d'effets qu'aucune institution, aucune circonstance extérieure n'explique, il sera légitime, jusqu'à plus ample informé, de l'attribuer à une innéité, au génie de race. Nous prendrons quelque idée de ce que ce génie peut être par la nature de ce reliquat. En résumé et pour parler un instant la langue de Stuart Mill, l'hypothèse du génie, si elle a quelque vérité, n'est démontrable que par la méthode des résidus. Et comme le travail préalable de déterminer en histoire ce qui appartient aux institutions est loin d'être accompli, c'est dire que l'idée du génie est actuellement d'un emploi tout à fait prématuré.

CHAPITRE XIX

LES PROBLÈMES HISTORIQUES

Application des idées émises à quelques problèmes de l'ordre Politique et de l'ordre scientifique.

I

Rappelons-nous d'abord que la contingence entre à chaque instant dans l'histoire par l'action individuelle.

L'homme historique consiste, avons-nous dit, en un certain degré de civilisation, et en certaines modalités institutionnelles. Nous avons traité avec quelque développement des moyens de déterminer le degré de civilisation. Il nous reste à parler des modalités. Les questions qui s'élèvent sur les causes d'un changement dans une institution donnée constituent le second ordre des problèmes afférents à l'histoire science.

A propos des causes qui font ces changements institutionnels, nous avons déjà, je le rappelle, énoncé quelques propositions. Une institution change, avons-nous dit, parce que l'une des visées psychiques qui ont présidé à sa formation vient d'être excitée différemment par quelque circonstance extérieure, ou parce que dans l'intelligence humaine il s'est formé quelque croyance nouvelle quant aux moyens propres à atteindre la fin visée. Mais il s'en faut de beaucoup qu'avec l'aide de ces généralités on puisse espérer résoudre les problèmes un peu concrets. Il y faut d'autres préceptes.

Si peu étendu que soit le fragment de réalité historique qu'on considère, il présente quelque événement mêlé à des institutions. A mesure que le regard s'espace, le premier de ces éléments se multiplie avec une abondance extrême. Je considère, par exemple, la littérature française. En un moment même très bref de sa durée, un certain nombre d'hommes apparaissent qui y apportent leur personnalité contingente et exercent sur les institutions littéraires une influence décisive.

Qu'est-ce que cela devient, si je prétends embrasser toute l'évolution de la littérature française, ou, tentative plus téméraire encore, un *cursus* d'une ampleur extraordinaire, tel que la destinée de Rome, le développement du Christianisme ou celui de l'Islam? Quelle simultanéité alors, et quelle succession accablante d'actions individuelles! Quelle énorme quantité de contingence finalement combinée avec l'élément institution, l'élément déterminé!

J'ai dit cursus, parce que l'image qui me hante est effectivement ici le cours d'un grand fleuve, qui fait des coudes, des détours au milieu de paysages très divers, et qui modifie le volume, la couleur de ses eaux, sa rapidité, sa direction, au gré des accidents géologiques et d'une quantité d'affluents lui arrivant de tous côtés. Assurément le cours, si irrégulier qu'il paraisse, est déterminé ; mais il l'est de proche en proche ; c'est une série de déterminations très courtes qui s'ajoutent tantôt dans un sens, tantôt dans un autre. Pour l'observateur, cela fait à chaque fois un problème. Et pour qui veut expliquer le cours de la source à l'embouchure, cela fait une quantité de problèmes successifs, — non un problème unique, résoluble en une fois par quelques causes simples, telles, par exemple, que les qualités de la source originelle.

La multiplicité réelle des problèmes que renferme un sujet en apparence unique est journellement méconnue en histoire. On a entendu des historiens affirmer que la littérature française et l'anglaise, dans leur développement immense et divergent, ont été, chacune de son côté, l'effet d'un simple trait moral constamment dominateur et d'une opération intellectuelle indéfiniment répétée [1], qui différaient d'un pays à l'autre. L'histoire devient ainsi de toutes les sciences la plus facile; comme la géographie le serait, si on pouvait expliquer réellement tout le cours de la Garonne par la source qui sort de la Maladetta. Mais aucun géographe ne s'est jamais avisé de concevoir avec cette simplicité l'objet de sa science.

Il se peut, et cela arrive tous les jours, qu'on soit tenté par un problème assez complexe. Sachons bien qu'un problème de cette nature est toujours enveloppé dans un autre ou dans d'autres, plus larges. Souvent le premier relève des seconds d'une manière absolue. En ce cas, le problème complexe résistera sûrement à nos efforts, tant que les autres plus abstraits n'auront pas été pénétrés. On est souvent obligé de remonter ainsi jusqu'aux premiers principes, à la psychologie générale du sujet. A vrai dire, il serait prudent de commencer toujours par l'établir, cette psychologie du sujet, c'est la marche la plus sûre.

Les questions ou problèmes historiques doivent donc être traités dans l'ordre de généralité décroissante, les plus généraux en premier, les moins généraux ou les plus complexes à la fin. C'est la lumière fournie par la résolution des premiers qui sert à pénétrer les derniers. Par exemple, si on étudie les modalités diverses affectées par un ordre d'institutions, il faut tâcher de dégager d'abord, par l'observation historique, ce que cet ordre offre de plus large, de plus étendu, en fait de modalités. Je ne dis pas que ce premier ouvrage soit aisé : l'obser-

---

[1]. Ç'a été la thèse de Taine. Ce très brillant écrivain abordait les problèmes historiques avec des conceptions d'une simplicité effrayante.

vation des faits naturels présente déjà assez de difficultés, et toujours par la même cause ; les phénomènes se tiennent ; l'observation doit se circonscrire ; il faut faire une coupure, et la coupure peut être bien ou mal faite. En histoire, la difficulté est plus grande encore : les limites, je dirai volontiers les bords, d'une modalité sont encore moins nettement dessinées, elles se fondent encore plus dans les parties circonvoisines. Acceptons par force les choses telles qu'elles sont.

Une fois les principales modalités d'une institution bien comprises, c'est-à-dire rattachées aux principes psychiques fondamentaux agissant dans les circonstances les plus générales, nous pouvons nous mesurer avec des problèmes plus étroits. Nous aurons quelque chance de succès si nous savons mettre à profit les indications acquises dans l'explication des modalités générales.

Cet ouvrage-ci ne prétend nullement à constituer l'histoire, je l'ai déjà dit ; je n'y aborde aucune question avec le dessein de la résoudre complètement, du moins dans la mesure de mes forces. Toutefois les idées émises dans ce livre sur les vraies causes historiques, et sur les méthodes propres à démêler les causes, sont de leur nature difficiles à saisir. Pour me faire entendre autant qu'il est possible, je dois joindre à l'exposition de mes idées une mesure d'application, une mise en pratique poussée jusqu'à un certain point. C'est ce que je vais tenter de faire pour quelques questions, d'ordres divers, mais qu'il soit bien entendu que je ne prétends nullement à donner des solutions définitives. Ce que je veux en somme, c'est indiquer comment je chercherais les solutions, par quelles voies je me dirigerais, surtout quelles voies je me garderais de suivre.

II

J'agiterai en premier lieu deux problèmes de l'ordre politique, dont l'un très vaste, presque abstrait, l'autre, au contraire, particulier et concret : 1° Les nations dont l'aire géographique est grande sont-elles plus déterminées que les petites nations à avoir un gouvernement despotique, comme les faits historiques semblent l'indiquer? 2° La constitution du gouvernement dit parlementaire, qui a été spéciale à l'Angleterre, est-elle un résultat dû au génie de la race, à une innéité quelconque qui serait commune aux hommes anglais, ou le résultat de circonstances?

III

Quand on jette sur les institutions politiques un regard large qui embrasse les temps, ce qui saisit les yeux c'est que le pouvoir gouvernemental est le plus souvent héréditaire par un côté, arbitraire et absolu par un autre côté. L'irresponsabilité du gouvernant vis-à-vis du gouverné constitue une modalité des plus étendues. Le nombre des pays libres, on l'a souvent remarqué, est petit dans l'histoire, comparé a celui des États qui ne le sont pas.

Ce résultat, inquiétant pour l'esprit, prend un caractère encore plus grave en suite d'une autre observation. Si l'arbitraire était propre aux peuples sauvages et barbares, on serait moins ému; mais il appartient tout autant aux nations les plus avancées. La liberté politique, qui serait mieux appelée la responsabilité politique, semble n'avoir rien à gagner aux progrès de la civilisation.

Je vois l'Égypte ancienne, l'Assyrie ancienne, la Chine, l'Inde, le Mexique, le Pérou atteindre des degrés de civilisation assez différents, mais tous fort estimables avec des constitutions politiques qui n'ont certes rien de libéral. C'est d'autant plus remarquable que l'indépendance est forcément, par la nature des choses, l'état primitif.

La civilisation, dans les pays grecs, commence, il est vrai, par coïncider avec l'établissement de républiques où le gouvernant est responsable, bien que le citoyen soit singulièrement lié à l'égard de tous, à l'égard de l'État. Mais la civilisation croissant, toutes ces républiques tournent à leur perte.

Rome, à l'état de république, gouvernée par des magistrats électifs, légalement responsables, assujettit une grande partie de l'Europe, l'Afrique septentrionale, l'Asie Mineure. Puis, parvenue à ce point d'extension, elle passe à la monarchie irresponsable. Le phénomène coïncide avec un état éclatant de civilisation.

La domination romaine, brisée, fait place à des États divers, mais semblables en ce point que les gouvernants y sont tenus de compter en fait avec les gouvernés, au moins avec certaines classes, les vassaux militaires et les vassaux ecclésiastiques, souvent même avec les populations urbaines. En dehors des limites de l'ancien Empire Romain, l'Europe nous montre des nations nouvelles qui sont encore plus libres : l'Islande, le Danemark, la Suède, la Hollande, la Pologne sont des républiques ; l'Italie, l'Allemagne contiennent des républiques où le gouvernant, à forme très variable d'ailleurs, répond de ses actes devant des assemblées plus ou moins nombreuses.

Cependant la civilisation progresse partout à pas inégaux.

Simultanément, les gouvernements européens s'acheminent vers l'irresponsabilité. La France devient monarchie absolue au xv° siècle, l'Espagne au xvi°, ainsi que les principautés allemandes et la monarchie autrichienne. Plus tard, le Danemark, la Hollande suivent la même route. La Suède elle-même touche à l'étape fatale à la fin du xviii° siècle. Les villes libres d'Allemagne, les républiques italiennes ont alors diminué en nombre jusqu'à disparaître presque. Au moment de 1789, il n'y a plus guère de responsabilité en Europe que dans quelques cantons suisses et en Angleterre.

Et cette évolution vers le despotisme se dessine en Europe, comme une sorte de réitération d'autres pareilles accomplies dans l'antiquité! Elle ne pouvait pas manquer de frapper les esprits spéculatifs; aussi l'a-t-on souvent commentée ou interrogée. Une connexion a paru saisissante : il a semblé que les États perdaient d'autant plus vite et plus complètement leur liberté qu'ils avaient une aire plus étendue.

Pour traiter cette question avec quelque chance de succès je crois utile de remonter à la psychologie générale des rapports entre gouvernants et gouvernés.

L'intérêt du gouvernant et celui du gouverné s'accordent jusqu'à un certain point (voir chapitre VI, p. 110). Passé ce point, il y a opposition d'intérêts et par suite tendance au conflit entre gouverné et gouvernant.

L'accomplissement d'une fonction étant la raison d'être du gouvernant, il faut s'attendre que la fonction, selon ce qu'elle est, influe beaucoup sur les formes du gouvernement, surtout dans les premiers temps, quand le gouvernant n'a pas encore pu se créer de moyens de contrainte. Soit, par exemple, la fonction de conduire une expédition de guerre; il est probable que le gouvernement prendra fin avec l'expédition même. Et c'est en effet ce que nous montrent nombre de peuplades africaines. Là, tel homme qui était chef hier, qui le redeviendra peut-être à la prochaine occasion, n'est, en attendant, que l'égal de tous les autres.

Puisque ce qui fait un homme chef est une fonction qu'on attend de lui, il faut qu'il soit apte à la remplir. L'aptitude personnelle est chose fragile : l'âge, une infirmité, une blessure, une maladie, peuvent l'ôter. Encore une cause d'inconstance dans le gouvernement de ce degré. Il n'est donc pas toujours viager; à plus forte raison, n'est-il pas héréditaire, bien qu'en fait un fils puisse succéder parfois à son père. Pour que le gouvernement se consolide, il faut d'abord que la fonction devienne constante. C'est ce qui arrive quand un groupe passe du régime chasseur à la pastoralité.

Voici maintenant que les hommes entretiennent, nourrissent, exploitent un animal domestique : chevaux, bœufs, lamas, chameaux, etc., suivant les lieux. Nous savons d'ailleurs que le groupe est une famille dont les membres se regardent tous comme parents, et nous savons qu'économiquement parlant il en résulte une solidarité étroite. Les animaux domestiques forment plutôt un grand troupeau commun que des troupeaux particuliers. Il y a lieu de s'entendre sur la gestion de ce bien commun. Ici encore, on n'obtiendrait pas ce qu'on souhaite, si, après débat entre les intéressés, quelqu'un n'avait pas finalement le pouvoir de trancher; aussi le groupe a-t-il quelqu'un à qui ce pouvoir est dévolu. Cette fois la fonction est de sa nature permanente; tous les jours il y a lieu de la remplir. Nous voyons chez les pasteurs des chefs qui généralement restent chefs durant toute leur vie. Les patriarches de la Bible sont des chefs de cette espèce. L'âge, les blessures, les infirmités, font ici beaucoup moins. Sauf exception, elles n'empêchent pas d'être prudent, avisé, économe. L'âge, loin de nuire à l'exercice du gouvernement, y sert plutôt. Les hommes, à ce degré, ont confiance dans le vieillard; ils choisissent de préférence le plus âgé.

Le groupe fait encore une évolution : il passe de la pastoralité à l'agriculture. Et il commence, c'est la loi universelle, par une certaine communauté, une certaine indivision dans la jouissance ou au moins dans la propriété du sol. Il y a donc lieu de régler cette jouissance, de défendre cette propriété; il y a lieu de faire et de refaire les distributions de terre, de prescrire quand on sèmera, quand on moissonnera, comment on exploitera la forêt, le pacage. La fonction étant stable et plus compliquée qu'auparavant, le gouvernement acquiert un nouveau degré de consolidation.

Nous savons d'autre part que la richesse croît à mesure qu'un groupe passe de l'état chasseur à l'état pastoral et de celui-ci à l'état agricole. Par cela même, il y a une tendance de plus en plus marquée à l'inégalité de fortune entre les membres du groupe, à moins qu'il ne se produise une répartition parfaitement égale, ce qui est un phénomène impossible.

A proportion que la richesse totale augmente, l'inégalité économique des particuliers tend à croître; on voit bientôt dans le groupe des familles riches et des familles pauvres. Voici un mérite nouveau aux yeux des hommes qu'un particulier peut présenter : c'est d'être riche. Y a-t-il dans ce genre de mérite quelque tendance qui rapproche son possesseur de la fonction gouvernementale?

Le mérite personnel ne se communique pas; la fortune a sur lui cet avantage qu'elle se communique. Un homme qui a du superflu peut aisément assister un autre homme qui n'a pas le nécessaire; et il le fait. Mais généralement ce n'est pas à titre gratuit. L'homme assisté devient le client, le serviteur, l'esclave ou le satellite de l'autre. Il n'est pas même nécessaire pour cela qu'il soit assisté réellement; la seule espérance suffit déjà à l'attacher.

L'homme riche agit sur ses concitoyens doublement, par ce qu'il fait, et par ce qu'il pourra faire. Si l'homme riche désire gouverner, il a des chances d'obtenir ce qu'il souhaite, en vertu de ce trait psychique simple, incontestable et général, que chacun préfère son intérêt particulier à l'intérêt commun. Celui-ci dicterait de choisir l'homme capable; en lisant les sociologistes et les voyageurs, l'on voit que partout chez les sauvages rien ne donne plus sûrement le pouvoir et n'y maintient plus solidement que la possession de la fortune, sous une forme quelconque.

Mais la forme elle-même influe. Un troupeau est une forme de fortune assez peu solide. L'épizootie, la razzia, enlèvent en un moment ce qui faisait la prééminence d'une famille.

Quand la fortune vient de la possession du sol, elle n'est certes pas imperdable; cependant elle n'a pas la fragilité du troupeau. Le gouvernement qui suit la fortune immobilière, territoriale, demeure plus ferme en la main qui le détient que celui qui vient du grand troupeau.

Un autre avantage de la fortune sur le mérite personnel, c'est qu'il est transmissible, après la mort du détenteur. Au reste, ce n'est qu'une autre forme de la communicabilité déjà signalée. Là où la fortune peut donner le gouvernement, il est logique que l'héritier de la fortune vienne à hériter du gouvernement.

Il y a sans doute dans les sujets quelque tendance à se choisir pour chef le fils du chef décédé ou quelqu'un de ses proches, c'est-à-dire à constituer le gouvernement héréditaire. Les hommes supposent que l'individu du même sang ressemblera plus au chef regretté que tout autre individu; mais cette présomption ne tient pas devant l'expérience contradictoire, et souvent l'expérience est contradictoire. Il y a donc lieu de supposer *a priori* que l'hérédité gouvernementale a été principalement l'ouvrage de cette force économique : l'ascendant de la fortune.

Constatons ici un antagonisme entre la fonction et la fortune : Exclusivement mus par l'intérêt de la fonction, les hommes n'auraient cherché que le mérite personnel, courage, intelligence, prudence, etc., et le gouvernement *aurait été partout électif*. L'ascendant de la fortune est venu à la traverse; et on peut juger qu'il l'a emporté, puisque le gouvernement héréditaire a été en somme plus général que l'autre.

Chez une multitude de peuples, je signale une combinaison très intéressante, qui se présente au début de leur civilisation. Le gouvernant est choisi, il est élu, mais dans une même famille. Le membre de cette famille qu'on préfère en général, c'est le plus âgé. On voit souvent, dans cette combinaison, le fils du chef écarté au profit d'un oncle ou d'un grand-oncle, s'il en reste. J'ai dit que l'âge était une présomption de capacité. Nous voyons donc ici une tentative de conciliation, avant la victoire définitive du principe d'hérédité. Ce qu'on accorde à ce dernier, c'est de prendre le chef dans une famille, et ce qu'on donne au principe d'élection, c'est de prendre le plus âgé ou le plus méritant parmi les membres de la famille. Plus tard, le fils prime tous les autres membres : la victoire de l'hérédité est complète.

Les historiens, je le sais, attribuent volontiers ce résultat à une autre cause : ils supposent que le public a imaginé l'hérédité du gouvernement pour écarter les compétitions, les guerres intestines, et pour se procurer des passages paisibles d'un chef à un autre. En fait, l'hérédité ne donne ce résultat qu'après une pratique séculaire, quand ce principe est entré dans les idées et dans les mœurs. Et alors, on fait la théorie des avantages du gouvernement héréditaire, comme on fait toute théorie, d'après les faits accomplis. A y regarder de près, je n'ai vu nulle part ni un peuple, ni même une assemblée, adopter l'hérédité à la place de l'élection par les vues de prudence qu'imaginent les historiens modernes. L'expérience immédiate aurait d'ailleurs démenti ces vues, car les héritages princiers ont donné lieu à autant de guerres que les choix électifs.

Revenons sur les traits essentiels : La gestion des intérêts économiques, qui sont de leur nature permanents, quotidiens, urgents, a beaucoup influé pour consolider le gouvernement. La possession de la force économique, c'est-à-dire de la fortune, a énergiquement coopéré dans le même sens.

L'institution gouvernementale — à part les dictatures transitoires, peu solides, données par les intérêts de la guerre, la chasse, les émigrations — semble donc être un effet dérivé de cette activité humaine que nous avons nommée la création de la richesse.

La fortune possédée par le gouvernant agit réellement, si je ne me trompe, dans des cas où l'on serait tenté, d'après les apparences, de supposer une autre cause, la force guerrière par exemple. Un peuple en conquiert un autre ; il s'élève au sein du premier une classe de gouvernants ou un monarque, héréditaires et solidement établis. Effets de la conquête, dira-t-on volontiers. Si on y regarde de près, on voit que la conquête opère seulement parce qu'elle enrichit, et à cette condition. Voici quelques expériences, positives et négatives.

Les patriciens de Rome apparaissent tout d'abord comme des propriétaires, vis-à-vis de la plèbe. Non seulement chaque famille patricienne a un domaine, plus ou moins étendu, à la campagne, mais toutes les maisons de Rome appartiennent à l'ensemble de ces familles. Les plébéiens (riches ou non de fortune mobilière), les plébéiens étaient tous locataires; cette circonstance nous est expressément donnée par les historiens. C'est comme créanciers de fermage, terre ou maison, que les patriciens visiblement dominent, et tout à la fois exaspèrent la plèbe. Là est le nerf de leur pouvoir. Les plébéiens ont pour eux le nombre; ils arrachent des concessions d'ordre politique, des magistratures et des comices où ils élisent à ces magistratures; mais l'ascendant de la force économique, qui appartient aux patriciens, annule ces concessions politiques; longtemps il n'y a qu'eux qui soient portés aux magistratures. D'autre part, ce peuple conquiert les autres au dehors. Chaque nouvelle conquête n'a pas d'effet plus régulier que d'augmenter la fortune territoriale des patriciens. Leurs larges domaines deviennent toujours plus larges; et la petite propriété démocratique du sujet romain, c'est-à-dire du vainqueur, s'engloutit dans les latifundia, aussi bien que la propriété des sujets conquis. Auprès de ce résultat si irrécusable du pouvoir aristocratique, qu'est-ce que les apparents succès de la plèbe dans la politique? Les patriciens, après sept siècles d'empire, ne sont matés que par un des leurs.

Un flot de Mongols, au XIII° siècle, envahit, subjugue la Russie. Les conquérants sont issus d'un peuple pasteur. Ils ne se séparent pas; ils restent réunis autour de leur bannière, en corps de troupe. Tout le monde connaît l'histoire de la horde d'Or. C'est là, ce semble, une condition favorable pour le maintien de la domination des conquérants. On jugerait à première vue que, restant armés, restant soldats, ils doivent aussi rester les maîtres. Le résultat est tout autre. Ils n'ont pas pris racine dans le sol, ils ont négligé de se faire propriétaires, et la domination sur les hommes leur échappe bientôt. De même les Mongols inondent la Chine ; en ce pays comme en Russie, ils demeurent soldats permanents. Tout le résultat c'est qu'ils font de leur chef un empereur, et que les descendants de cet empereur gouvernent ; mais les empereurs de la Chine, entourés plus immédiatement des vaincus, gouvernent selon les intérêts, les institutions du peuple subjugué : la masse des conquérants est vraiment déshéritée de la domination. La Chine par un retour offensif subjugue même le pays d'où partirent ses conquérants.

Nous savons à peu près par quelle psychologie le pouvoir devient héréditaire, cherchons comment il devient arbitraire et absolu.

On paraît ne rien dire quand on dit : « le gouvernant n'est qu'un individu ou au plus quelques individus, le gouverné est nombreux ; » cependant cette remarque porte fort loin.

Le nombre semble si bien être une force, qu'on admettrait *a priori* la dépendance constante du gouvernant vis-à-vis du gouverné. L'expérience historique cause une surprise profonde, tant la réalité se montre différente de ce qu'elle devrait être. Rudement averti par elle, on abandonne, pour cette fois au moins, l'investigation allant des causes aux effets ; on adopte le point de départ des effets vers les causes.

L'étude des effets fait bien reconnaître que le nombre est sans doute une force, une force de l'ordre matériel, physique ; mais en même temps on aperçoit qu'il est une faiblesse, une infériorité morale et intellectuelle, tellement grave que la supériorité physique, qui lui est inhérente, disparaît annulée, sauf en de rares occasions. Le nombre, en effet, n'est une force physique que par l'action simultanée, coordonnée, des individus, ou d'un mot par le *concert* : le concert est la condition absolue de la puissance du nombre.

Aucune œuvre sérieuse, littéraire, artistique, ou scientifique, n'est sortie jamais du concert de vingt personnes. Sans doute, on peut citer telle œuvre qui semble l'effet d'une collaboration; telle découverte scientifique a été accomplie par plusieurs savants; il se peut que les poèmes homériques aient été faits, chant par chant, par des rapsodes; mais, ici et là, chaque auteur a travaillé seul sa partie, qui a été comme un ouvrage séparé. Il y a eu seulement un plan commun, qui a été donné ici par un événement historique connu de tous, là par la réalité extérieure. Qu'une multitude soit incapable d'un poème, d'une statue ou même d'un vaudeville médiocre, c'est une vérité tout à fait reçue. On est moins disposé à croire la multitude incapable d'une œuvre politique. Cependant, quand on regarde de près aux mouvements populaires, aux révolutions qui ont réussi et qui d'ailleurs n'impliquent pas souvent une bien longue prévoyance, on finit toujours par y trouver des chefs, qui ont donné une expression, une direction, aux sentiments vagues de la foule.

La meilleure preuve de l'incapacité mentale du nombre est dans l'histoire des assemblées politiques ou religieuses (conciles), qui pourtant ne sont jamais très nombreuses. Faisons particulièrement attention à l'histoire contemporaine, la plus certaine et la plus claire. Nos parlements européens s'imposent des règles sans lesquelles ils aboutiraient à la plus complète confusion de leurs efforts, et toutes ces règles ne tendent en somme qu'à remettre le travail effectif aux mains de quelques-uns ou même d'un seul. Exemple : il y a le président chargé de maintenir la délibération sur le terrain convenu; il y a les commissions qui élaborent un projet à l'exclusion du reste de l'assemblée, et qui souvent s'excluent elles-mêmes du véritable travail, en le confiant à un rapporteur. En sorte que, finalement, l'assemblée écoute, accepte, ou n'accepte pas, l'opération d'un cerveau individuel. Encore a-t-on remarqué bien souvent que les projets de lois, après les améliorations proposées (par des individus encore) et adoptées, après discussion, par l'assemblée, ne se trouvaient rien moins qu'améliorées. Ce n'est pas tout : pour qu'une assemblée puisse suivre une ligne de conduite même médiocre, d'autres conditions ont été reconnues nécessaires ; il faut qu'il y ait un ministère, que ce ministère s'incarne à peu près dans un homme, et que l'assemblée suive à peu près les inspirations de cet homme, lui imposant seulement par ses critiques, ses intérêts ou ses préjugés des combinaisons, des concessions, funestes en général quand l'action est nécessaire, mais excellentes en cela qu'elles suppriment une grande somme d'action et tournent le gouvernement vers la prudence, vers l'inertie. Par ce que nous savons avec certitude, par ce que nous voyons de nos yeux, interprétons les événements du passé, si douteux et si obscurs. N'allons pas croire, en dehors de toute véritable preuve, à la sagesse de l'aréopage d'Athènes, ou à la longue et habile prévoyance du sénat romain.

Ces inductions reçoivent une force nouvelle des considérations déductives. Quand on les rapproche en effet des vérités reconnues en psychologie, on voit que tout manque à une assemblée pour accomplir une bonne opération mentale. Généralement, elle ne s'accorde pas sur les fins : c'est comme un cerveau de malade où les mobiles se battent. La responsabilité, divisée, s'affaiblit à proportion et bientôt elle devient nulle. Une assemblée de quelques centaines de membres manque de ce sentiment de la responsabilité qui stimule l'individu à l'attention, à la concentration de la volonté, à l'effort intellectuel, longuement soutenu. Et ce dernier est, on le sait, indispensable pour toute besogne quelque peu difficile.

Au point de vue du moral et du caractère, l'infériorité des collectivités est encore plus profonde. Les corps collectifs n'ont pas d'amour-propre, pas d'honneur ; nous en avons déjà dit la cause : La responsabilité, divisée, n'existe plus. En l'absence de leur réducteur naturel, l'honneur, les mobiles intéressés se précipitent librement vers leur but. Nous savons encore qu'en vertu des lois de la sympathie, chez les hommes en présence les uns des autres, toute émotion se propage, avec une intensité croissante, particulièrement les émotions vives, telles que la peur, la colère : celles-ci atteignent immédiatement, dans un corps, un degré d'intensité étrange.

La rapidité de la propagation achève de rendre l'émotion irrésistible; aucune considération n'arrête, l'évidence même n'est pas aperçue.

Ce qu'un corps restreint, tel qu'une assemblée, est capable de faire et de ressentir nous éclaire sur le moral des foules; et réciproquement les actions de celles-ci nous font voir, portée seulement à l'extrême, la débilité morale et intellectuelle qui est dans les corps. Mille fois, dans l'histoire, je dis dans l'histoire des peuples civilisés, on a vu une foule se porter au meurtre, par un intérêt tellement léger, par un mobile si faible, qu'à peine les brigands les plus vindicatifs, les plus sanguinaires, y eussent cédé. Si on considère les choses par le côté de la raison, du sens critique, on trouve que cette foule a accepté comme évidente quelque accusation fausse ou même absurde, avec une légèreté qui rappelle non l'homme adulte, fût-il mal doué, mais l'enfant, ou l'idiot, ou le fou. Dans les circonstances accessoires, on découvre qu'elle a apporté à l'exécution de sa prétendue justice un raffinement de cruauté, une recherche de torture, une verve de férocité tels, qu'ici l'homme particulier est tout à fait dépassé, à l'exception du monomane. L'animal de proie le plus féroce, le chat, quand il joue avec la souris, est ce qui représente le mieux une foule jouant avec de Launay, Bailly ou Vincenzini.

L'impuissance mentale des collectivités, leur caractère moral très bas, ce sont là des vérités qui jouent dans l'histoire un rôle de premier ordre. Beaucoup d'historiens l'ignorent ou, par un prétendu respect pour notre espèce, qui n'est au fond que de la vanité collective, ne veulent pas l'admettre. Ils se condamnent ainsi à l'impuissance d'expliquer le cours général des choses politiques.

Nous pouvons à présent aborder les deux problèmes proposés au début de ce chapitre, en commençant par le moins concret.

Il est clair que l'aire, l'étendue insensible et morte, n'agit pas directement sur les gouvernements. Si elle agit, ce doit être par l'intermédiaire de quelque sentiment qui naît dans l'âme des hommes en conséquence de l'étendue de l'État. Mais de cette cause, l'étendue, des sentiments divers peuvent naître; il faut choisir entre eux, essayer par hypothèse celui ou ceux qui sont propres à produire les effets donnés. Cette marche logique étant assez indiquée, il se trouve qu'effectivement on a fait des hypothèses; j'en vais discuter une.

Un livre de M. H. Passy, intitulé *Des Formes de gouvernement*, consiste tout entier dans le développement de la supposition suivante : « Les nations, afin de durer, doivent accorder et accordent à leur gouvernant tout le pouvoir nécessaire pour étouffer les divisions intestines. Les divisions étant plus à craindre dans un grand État que dans un petit, les grands États sont voués à un gouvernement plus impérieux par l'assentiment même des gouvernés. » J'aurai beaucoup à dire contre cette hypothèse, je me bornerai à la critique principale. Une psychologie tout à fait invraisemblable est impliquée dans la thèse de M. Passy. Il suppose que les nations voient ce qu'elles doivent accorder de pouvoir et qu'elles l'accordent, par une soumission raisonnée à la nécessité aperçue. Je ne connais pas dans l'histoire un seul exemple d'une nation qui ait agi incontestablement avec la prévision et la raison que M. Passy allègue. D'ailleurs un ou deux exemples ne suffiraient pas.

Les monarchies absolues de l'ancienne Égypte, de l'Assyrie, de la Perse, du Mexique, du Pérou, de la Chine n'ont pas laissé d'elles une histoire assez explicite pour que nous en tirions quelque chose. Mais nous savons suffisamment comment le gouvernement de Rome est devenu monarchie absolue, comment le gouvernement féodal de Philippe-

Auguste a abouti à Louis XIV, comment les gouvernants de l'Espagne, du Danemark, de la Hollande, ont acquis un pouvoir arbitraire ou à peu près. Ces diverses histoires ne nous offrent pas, même approximativement, l'image d'une nation donnant un consentement de prudence et de raison.

Il faut essayer une autre hypothèse. Regardons d'abord du côté du gouvernant. On ne contestera pas, je crois, l'énoncé psychologique que voici : En général le gouvernant n'aime pas à rendre de compte, il a une préférence décidée pour l'irresponsabilité et l'indépendance absolue; il ira naturellement à ce résultat si on le laisse aller.

Il n'y a rien d'agréable dans l'obéissance, et on peut admettre que le gouverné est naturellement indocile; mais il faut éviter une confusion d'idées très préjudiciable. Il n'est pas contradictoire que le sujet soit indocile, et que cependant le gouvernant devienne irresponsable. Demander des comptes à un homme qui a en main la force, toujours inséparable à quelque degré de la possession du pouvoir, exige autre chose du gouverné que le penchant naturel à l'indocilité. Pour demander, obtenir des comptes d'un gouvernant, il faut d'abord le concert d'un assez grand nombre de personnes. Pour chacune de ces personnes il y a toujours de la peine et des soins à prendre, des dangers à courir. On est tenu de négliger plus ou moins ses intérêts particuliers pendant qu'on s'occupe des intérêts communs. J'aperçois donc tout de suite deux conditions psychiques imposées au gouverné : avoir une vue nette des intérêts communs; calculer que l'irresponsabilité du gouvernant amènera probablement des abus préjudiciables à chacun; enfin, chose très difficile, après les prévisions, il faut encore la résolution. On est tenu de secouer énergiquement la paresse ou la lâcheté qui porte à accepter le mal éloigné, fût-il plus grand, pour s'épargner un mal moindre, mais immédiat. On conviendra que l'homme ordinaire n'a guère le moral voulu pour exiger la responsabilité du gouvernant, si celui-ci a de son côté force et résolution.

Supposons que l'homme ordinaire d'un pays ait le moral voulu, il faut se souvenir de l'autre condition : la possibilité du concert. Cette condition est, nous le savons, très difficile à réaliser en tout état de choses; mais il peut y avoir tel état où le concert soit absolument impossible.

Le moral humain et la difficulté du concert sont bien des agences ayant pour effet naturel de produire la passivité qui laisse faire. Nous savons d'autre part où tend le gouvernant qu'on n'arrête pas. Je ne saurai rien de l'histoire, que je dirai : « Il doit arriver ordinairement que le gouvernement se rende irresponsable », et effectivement l'histoire, consultée après-coup, ne me donne que trop raison. Cependant nous n'avons pas encore réponse précise à la question posée. Nous savons que le gouvernement doit être plutôt irresponsable que responsable; nous voyons qu'en fait il l'a été dans une multitude de petits États; mais que ce résultat soit plus déterminé dans les grands États, voilà le sujet précis de l'investigation présente.

Je ne vois rien qui puisse m'induire à penser que le moral humain, dans les grands États, soit plus particulièrement disposé à la passivité; mais, en revanche, je crois voir avec certitude que le concert y est plus difficile : il est certainement plus difficile de se concerter à trente personnes qu'à vingt, et ainsi de suite. Il est plus malaisé de se concerter à travers de grandes distances qu'à travers de petites.

Ce résultat est tout à fait propre à causer le phénomène historique constaté par M. Passy après tant d'autres. Et d'autre part il suffit peut-être à le causer tout entier. Je n'en dirai pas davantage pour le moment [1].

Cependant à cette marche générale qui conduit les nations

---

[1]. Les modalités institutionnelles et les problèmes concrets qui relèvent d'elles seront plus résolument abordés dans d'autres ouvrages, qui suivront celui-ci. Nous consacrerons probablement un volume particulier à chacune des institutions analysées dans le chapitre VI du présent livre. Nous publierons donc, si le temps nous en est accordé, *l'Évolution des institutions économiques*, *l'Évolution des institutions morales*, etc.

au despotisme, une autre évolution fait pendant et contraste.

Les agences ou corps chargés d'accomplir les opérations qu'on nomme administration, police, justice, changent dans le même sens chez tous ces peuples. Le personnel des corps augmente; c'est le trait le plus visible, mais non le plus important. L'action que chacune de ces agences exerce devient plus constante et plus liée; la fonction que chacune se propose est mieux remplie; les fins visées sont plus régulièrement atteintes. Par exemple, en France, sous Louis XIV, tandis que la responsabilité gouvernementale a décru par comparaison à ce qu'elle était sous Philippe-Auguste, toutes les opérations qui incombent aux divers organes du gouvernement, sont accomplies avec une plénitude supérieure, depuis la rentrée de l'impôt jusqu'à la punition des crimes individuels. Ce que je dis de la France est vrai des autres nations. C'est qu'ici l'intérêt du gouvernant et celui du gouverné s'accordent la plupart du temps.

Puisqu'il faut subir l'impôt, qu'il soit au moins également réparti et régulièrement levé, tel est le vœu du sujet comme celui du prince lui-même. Que tous les actes injustes soient réprimés, que les procès civils soient instruits avec promptitude et décidés avec équité; on se rencontre également sur ces points. Donc pas de conflit, pas de lutte où le sujet soit tenu d'apporter des vertus civiques. Le goût de l'ordre et le soin des intérêts communs agissent ici avec efficacité, malgré leur faiblesse naturelle, parce qu'ils n'ont pas d'adversaires. On comprend que le progrès, dans cet ordre de faits, se soit accompli généralement : il était fortement déterminé.

Mais finalement, observons-le, ce qui s'est passé là dans une région paisible où le concert des gouvernés n'est pas nécessaire, constitue une sorte de confirmation indirecte de nos idées sur la nécessité du concert là où le conflit naturel du gouverné et du gouvernant se déploie.

IV

Jamais on n'a tant allégué le génie de race qu'à propos du parlementarisme anglais. Montesquieu a commencé, Guizot a appuyé, M. Taine est entré en de longs développements. Malgré toute la révérence que j'ai pour ces grands esprits, je conseille de tourner le dos résolument à la route qu'ils indiquent, elle ne mène qu'à des fondrières. D'après la psychologie générale de l'homme politique, la solution doit être, selon moi, cherchée dans l'étude des conditions que l'histoire anglaise présente relativement au concert possible des gouvernés, et à la force de résistance des gouvernants.

Je suis tenu, je crois, à fournir au moins quelque idée de ce que pourrait être cette étude. M. Guizot, MM. Gneist, Freeman, d'autres encore, font remonter la liberté anglaise par delà la conquête normande, dans les institutions anglo-saxonnes. Aussi bien informé qu'eux, M. Stubbs ne voit au contraire dans ces institutions qu'obscurité, indécision. Il note en plus des similitudes sérieuses entre ces institutions et celles de la France sous les Carolingiens. Effectivement, plus on y regardera, je pense, plus ces similitudes s'accuseront. Il y a plus : quand les historiens seront des sociologistes, ils sauront que les Whitenagemots et les Shire-moots ont leurs analogues chez tous les peuples, à un certain degré de civilisation. Des assemblées nationales, des assemblées régionales, c'est un substratum qu'on rencontre partout quand on va creusant à la recherche du sol primitif. C'est assez sur ce débat, inutile en somme, parce que l'Angleterre connaissable ne commence qu'avec la conquête normande.

Dans une région quatre fois et demie moins spacieuse que la France — notons cette circonstance — et appartenant à une île — circonstance encore notable — arrive, sous la conduite d'un chef très impérieux, une armée d'envahisseurs. Le pays est conquis : le chef distribue à ses lieutenants et soldats les domaines confisqués sur les vaincus. Mais ce ne sont là à aucun degré des souverainetés féodales — comme celles qui couvrent la France au même moment. — Il est bien entendu que dans la personne du roi le chef reste, et que dans la personne du baron le subordonné politique et militaire demeure. Les institutions que le conquérant établit ne laissent aucun doute : la présence du shérif ou vicomte, agent du roi, dans tous les comtés ; la centralisation judiciaire et administrative réalisée dans la cour du roi ; ces mêmes juges allant distribuer à intervalles réguliers la haute justice dans les provinces ; toutes les villes directement régies par le roi ; les sujets des barons tenus au serment direct de fidélité à l'égard du roi ; les barons eux-mêmes soumis à l'impôt pour la partie personnellement occupée de leur domaine ; l'interdiction à peu près observée qui leur est faite de guerroyer entre eux ; tout cela constitue à la nationalité anglaise un point de départ fort différent de celui qu'eut la monarchie française. Bien avant la France, l'Angleterre offre un degré considérable d'unité territoriale et de centralisation politique. Le gouvernant peut y être plus absolu, plus tyrannique ; et tous les premiers successeurs de Guillaume manifestent en effet ce caractère. Mais, d'autre part, la classe puissante et guerrière sur laquelle tombent les effets de l'arbitraire, présente une cohésion également exceptionnelle. Les barons sont entre eux sensiblement égaux. Ce n'est pas ici la féodalité française qui compte des souverains aussi puissants que le roi ; d'autres souverains moindres ; des petits seigneurs, des hobereaux ; état absolument défavorable à une entente, surtout par la présence des grands. Non seulement suffisamment égaux sont les barons anglais, mais ils sont, les uns pour les autres, des voisins ayant des rapports fréquents. Le Conquérant a eu dans sa distribution des domaines une prudence politique : il a donné à chacun, non une étendue considérable de terre d'un tenant, mais des domaines séparés, et souvent situés dans des cantons très distants. Le riche propriétaire de ces domaines est un homme qu'on voit toujours à cheval, allant d'un de ses manoirs à un autre, fréquentant sur toute la route ses pareils, et les fréquentant encore en chacun des lieux où il séjourne. Entre les membres de cette classe, le concert n'est pas difficile. Si on les opprime, ils s'entendront, d'autant plus qu'aucun n'est de force, comme en France, à concevoir l'espérance d'une résistance effective à lui tout seul. On les opprime en effet; ils se liguent et se révoltent : c'est la première apparition certaine de la liberté anglaise; elle ne me plonge pas dans l'étonnement. Je ne vois pas que l'intervention d'un génie particulier y soit nécessaire.

Après cela, ce qu'il y a eu de succès du côté des barons a fort bien pu être contingent, tenir à la capacité de quelques individus comme Simon de Montfort, à l'incapacité de quelques autres comme Jean sans Terre. Malgré leur contingence, ces événements n'en sont pas moins décisifs; ils constituent désormais une tradition, un exemple, et un lien pour la classe qui les fit.

Aucun pays d'Europe n'a eu, au moyen âge, aussi peu de militarisme que la nation anglaise. Enfermés dans leur île, comme dans un champ clos, avec un seul autre peuple, celui de l'Écosse, peuple de force visiblement inférieure, capable de faire des excursions dommageables sur la frontière, et rien de plus, les Anglais n'avaient pas besoin d'être militaires. S'ils soumirent dans le même temps une grande partie de la France, ce fut au moyen de troupes volontaires, formées d'un côté par les barons, d'autre côté par une infanterie mercenaire. L'attrait du pillage et des fortes rançons pour les premiers, une solde très élevée pour les seconds, amenaient ce monde exceptionnel sur le continent. Dans l'Angleterre même l'esprit était plus pacifique que partout ailleurs. La classe des chevaliers, correspondante à ce qu'étaient en France nos petits seigneurs, nos hobereaux si militaires, répugnait au service, s'en était exemptée et ne demandait qu'à cultiver ses terres.

De là, entre la classe supérieure et les classes inférieures, une communauté de goûts, suffisante pour un concert. Rappelons que déjà il y a communauté d'intérêts, puisque tout le monde est astreint à l'impôt.

Obligés à repousser l'étranger, à reconquérir leur sol, les nobles français demeuraient ce que tant d'autres invasions antérieures les avaient faits, soldats avant tout. La guerre anglaise, se terminant à notre avantage, nous laissait néanmoins la crainte d'un retour offensif. Pour le prévenir, on donnait à notre gouvernant une armée permanente et un impôt régulier, tout ce qu'il fallait pour dompter les résistances du gouverné, tandis que d'autre part l'existence de cette armée déterminait la destinée future, le caractère futur de la noblesse française. Tout ce qu'il devait y avoir à l'avenir de plus remuant dans cette classe était voué à suivre la carrière des armes, à attendre du service militaire, c'est-à-dire finalement du prince, et le profit économique et l'honneur. Au XVIe siècle cependant, l'aristocratie française éprouva une forte velléité d'indépendance, qu'elle couvrit du prétexte religieux : elle fit les guerres dites de religion. — La monarchie triompha d'elle (non sans quelque peine d'ailleurs); le roi était trop bien armé, trop bien pourvu d'organes de répression. Et puis, la noblesse rebelle ne fut pas suivie; elle était trop militaire aux yeux des classes subalternes, et elle avait surtout des intérêts opposés. L'exemption de la taille seule eût suffi pour empêcher le ralliement.

Ce fait que, pendant deux siècles du moyen âge, tandis que la France devait se défendre chez elle, la nation anglaise, tranquille chez elle, pouvait à son gré poursuivre ou cesser une conquête sans utilité, ce fait, dis-je, a mené droit à une conséquence capitale : 1° en 1642, quand le conflit entre le gouvernant et le gouverné éclate, toutes les classes ont le même intérêt à défendre leur bourse; 2° le gouvernement ne dispose pas d'une armée permanente valablement constituée.

Parlement et royauté sont à cet égard sur le pied d'égalité. La guerre civile commence. Ici je relève de nouveau la contingence. La première rencontre fut favorable au Parlement : si le contraire avait eu lieu, qui peut dire que la suite eût été la même ?

J'ai noté quelques circonstances qui se présentent dans l'histoire anglaise, et ne se présentent pas en tout cas au même degré là où l'évolution a été très différente, comme en France. Nous aurions bien d'autres circonstances à signaler, également particulières à l'Angleterre; mais il faut s'arrêter.

Celles que nous avons relevées suffisent à infirmer la thèse d'un génie qu'aurait eu l'Angleterre et qui aurait manqué ailleurs, parce qu'elles ont en elles de quoi expliquer la direction des événements dans ce pays. Transportez par la pensée les conditions anglaises en France, les conditions françaises en Angleterre, et vous sentez que des deux côtés la suite sera considérablement changée.

Après cela, si nous voulions traiter à fond le problème, nous n'irions pas oublier que nous avons affaire à ce que j'ai appelé un *cursus*. Et ici c'est un vaste cursus. Quantité d'hommes y ont apporté l'influence de leurs personnalités. Il y a eu par suite beaucoup de contingence et à des heures décisives les choses auraient pu tourner tout autrement, si tel acteur avait été autre qu'il ne fut : si Jacques Ier n'avait pas été un roi ridicule; si Cromwell fils avait un peu plus ressemblé à son père; si Jacques II avait eu un peu plus de bon sens, et Guillaume d'Orange moins de froide lucidité; si seulement il lui avait manqué la qualité de gendre. Que d'endroits où le cours du fleuve aurait pu s'infléchir dans une autre direction ! Et puis (nous l'avons déjà dit ailleurs, p. 219) n'allons pas prendre pour la liberté toute formée ce qui n'en était que la semence, ces principes du moyen âge, qui auraient fort bien pu avorter et que les temps modernes seuls, avec la tribune, avec la presse, ont amenés à fruit.

La création du véritable organisme ne date que du xviiiᵉ siècle et s'est achevée en celui-ci.

Il y a deux faits incontestables que le génie national n'explique pas. Ce peuple a eu des temps de servilité monarchique. En tout temps, l'une de ses parties a été animée de cet esprit et a lutté contre la partie libérale. Celle-ci était-elle anglaise et l'autre non? Si toutes les deux sont anglaises, je demande laquelle représente le génie de la race. « Celle qui a triomphé, me répondra-t-on volontiers; sa victoire montre de quel côté était le génie. » Voyez comme l'hypothèse du génie vous oblige à d'autres. Nous devons accepter maintenant une idée très chimérique : la force de l'opinion, du nombre, serait passée du côté où les idées répondaient au génie. Et nous arrivons à cette conclusion que le génie se déclare à la majorité des voix, dans une sorte de suffrage irrégulier. Et cela ne supprime pas même la difficulté; ma question reste : la minorité, qu'est-elle? anglaise ou pas anglaise?

Dans ces temps de servilité dont nous avons parlé, que penserons-nous de la majorité servile? Déclare-t-elle un génie momentané, ou bien le génie est-il quelque chose qui tâtonne, ânonne?

Historiquement, d'ailleurs, il n'est pas démontré que la victoire appartienne sans faute à la majorité. Il y a trop d'exemples du contraire.

Problèmes relatifs à la science. — Quand l'homme s'est trouvé en possession d'un certain nombre de notions précises, et qu'il a eu contracté un certain goût pour la connaissance précise dans la longue pratique des arts utiles, un phénomène nouveau s'est produit : savoir pour savoir, sans utilité ni application immédiate, est devenu la visée de quelques hommes; la science désintéressée, ou simplement la science, a fait son entrée dans le monde.

Recherche de vérités sans application immédiate, la science ne peut par cela même nourrir celui qui s'y livre. Il faut que le savant vive d'autre chose.

Rappelons, d'autre part, que la curiosité, mobile spécial qui crée de la théorie désintéressée, est très faible. Il ne devient fort que par l'assistance du point d'honneur spécial. Il faut donc s'attendre que la science sera un phénomène relativement rare en histoire. Quand il s'agit de science, il y a historiquement un premier problème qui se pose. Pourquoi en tel lieu, tel temps, a-t-il paru quelque science, alors qu'il pouvait si bien arriver qu'il n'y en eût pas? L'investigation qui se propose la solution de ce problème devra, conséquemment à nos principes, passer par un premier moment; il faudra chercher d'abord : 1° ce qui a fourni au savant sa subsistance; 2° comment le milieu spécial, nécessaire pour fournir le stimulant honorifique, s'est formé aux temps et lieux donnés [1].

Faiseur de théories à certaines heures, le savant a été largement, jusqu'à nos jours, un homme qui pratiquait, à d'autres heures, un métier lucratif. On peut aisément rattacher ainsi chaque science à une ou deux professions spéciales, et par un double lien : la profession a fourni une pratique sur laquelle la théorie a été formulée après coup, et elle a nourri le théoricien. L'astronomie est née entre les mains des astrologues qui faisaient métier de prédire la destinée individuelle, de tirer l'horoscope; la mathématique est née aux mains des géomètres et des architectes; la physique et la chimie, aux mains des sorciers ou des alchimistes, chercheurs d'or et de recettes pour les maladies; l'histoire naturelle, aux mains des médecins et des médicastres. Les sciences morales ont eu pour auteurs les gouvernants et les orateurs; plus tard, le prêtre moraliste, directeur, confesseur.

Il est évident *a priori* que l'existence du milieu spécial tient à quelque qualité du milieu plus vaste qui l'environne;

---

[1]. Qu'il y ait toujours un milieu spécial là où il y a de la science, je n'en fais pas doute. Tout le monde reconnaît que l'homme, économiquement parlant, ne peut vivre seul; il faut savoir qu'il ne le peut pas davantage au point de vue scientifique.

mais c'est peu que savoir cela : le problème consiste à trouver quelles sont précisément les circonstances du milieu général qui ont donné l'autre.

C'est ici qu'il importe plus qu'ailleurs d'avoir présente à l'esprit l'idée des forces concurrentes. Les causes positives qui font la science étant faibles, tout est presque à la merci des causes négatives. Je m'explique par des exemples : Les Chinois, remarquablement industrieux, n'ont pas eu de science physique; les mathématiciens mêmes, qu'on a voulu quelquefois leur accorder, ne sont que des plagiaires de la science arabe, hindoue ou européenne. Cela ne suffit pas, à mon avis, pour pouvoir affirmer qu'il y a eu là une incapacité générale. Par des circonstances qui ne sont pas de notre sujet, l'activité intellectuelle des Chinois s'est dépensée à des besognes concurrentes : jamais peuple n'a produit une abondance pareille de livres de morale, d'histoire, n'a tant commenté son ancienne littérature, ses annales et ses lois.

Ce que je combats, j'ai à cœur de le préciser, c'est le penchant si commun à expliquer l'existence de la science chez tel peuple, son absence chez tel autre, par ces idées sans preuves : l'aptitude d'un côté, l'inaptitude de l'autre. Je crains bien que ce préjugé ne soit très fort quand il s'agit d'un peuple de race jaune, comme les Chinois. Il est bon de faire quelques rapprochements historiques qui avertiront au moins les esprits prévenus.

La nullité scientifique des Chinois n'est pas si étonnante qu'une autre qui nous touche d'assez près[1]; je veux parler des anciens Romains. Dans les sciences de la nature, ce peuple ne présente pas un seul homme qui soit digne d'être compté. Pline n'est qu'un compilateur, d'un criticisme très faible. Celse répète Hippocrate et Asclépiade. Cependant on peut leur passer à la rigueur cette faiblesse en science physique; mais la nullité mathématique !

---

1. Puisque nous sommes de même race.

Les Romains n'ont eu en propre ni un arithméticien, ni un géomètre, ni un astronome. Personne chez eux n'a pris une théorie quelconque aux Grecs et ne l'a portée plus loin. Aucun Romain ne paraît même avoir possédé toute la science qui existait de son temps chez les Grecs. Voici qui est encore plus fort : il ne paraît pas qu'aucune traduction en latin des grands savants de la Grèce ait été faite. Je prends, par exemple, les deux ouvrages qui, chez les Grecs, contenaient à peu près toutes les connaissances acquises en géométrie et en astronomie, les Éléments d'Euclide, la Syntaxe mathématique de Ptolémée. Le premier ouvrage est du III° siècle avant J.-C., le second est du II° siècle de notre ère. Les Romains ont commencé à connaître la civilisation grecque après la seconde guerre Punique et ils lui ont fait immédiatement des emprunts littéraires (Plaute, mort en 570 de Rome, ou vers le début du II° siècle av. J.-C.). On peut bien, d'autre part, faire aller leur civilisation propre jusqu'à la fin du v° siècle, où les Barbares arrivent; ils ont donc eu 700 ans pour s'assimiler la science grecque et pour l'accroître. En ce qui concerne particulièrement nos deux livres, les Éléments d'Euclide existaient lorsque les Romains commencèrent à communiquer avec la Grèce; ils sont donc restés 700 ans environ sans traduire cet ouvrage fondamental. A la fin du v° siècle seulement, Boèce, un Romain christianisé, songe à traduire Euclide et il n'achève pas l'entreprise. Sur les 13 livres que contiennent les Éléments, il en traduit à peu près 4. Pour l'ouvrage de Ptolémée, paru au II° siècle, les Romains n'ont eu qu'un délai de 300 ans, il est vrai, mais il y a d'autres choses à dire. Ptolémée résume les ouvrages des savants antérieurs, et notamment d'Hipparque, le père de l'Astronomie (du II° siècle avant J.-C.). Les Romains avaient à leur disposition les manuscrits d'Hipparque, que nous n'avons plus; et du milieu du II° siècle av. J.-C., à 500 ans après, c'est-à-dire pendant 650 ans, ils n'ont pas songé à traduire Hipparque; leur incurie scientifique ne nous a pas fait perdre Euclide, mais elle nous a privés d'Hipparque.

Je ne serais pas étonné si quelque érudit, spécialement voué aux Romains, nous donnait précisément pour raison que tout le monde était à Rome versé dans le grec, qu'on lisait les savants grecs dans leur langue, et que trop de science grecque a éloigné l'idée de faire des traductions. A première vue, l'excuse paraît plausible; mais j'ose la trouver invraisemblable. Les nations occidentales actuelles, Français, Allemands, Anglais, ont certes, chacune dans leur sein, nombre de gens connaissant les langues des nations voisines; on ne laisse pas pour cela de se traduire réciproquement avec beaucoup de fréquence. Il y a maintenant près de quatre siècles que les classes aisées en France font apprendre le latin à leurs enfants, à peu près comme à Rome elles faisaient apprendre le grec. Comptez cependant ce que nous avons de traductions de Virgile, d'Horace, de Cicéron, etc. On me dira que le jeune Français apprend assez mal le latin au collège, et que les Latins savaient supérieurement le grec, grâce aux esclaves grecs, nombreux dans les maisons. Les Arabes, dont je parlerai tout à l'heure, ont eu, eux aussi, des esclaves grecs; ils ont su le grec, et ils l'ont prouvé; nous verrons combien ils traduisirent. Mais laissons cet argument général. L'explication érudite tombe devant un fait bien simple : ces Romains, qui n'ont pas traduit du grec, parce que, nous dit-on, ils le savaient trop, ont précisément fait des traductions; mais il faut voir lesquelles. A une époque où depuis plusieurs générations les enfants de bonne famille apprenaient le grec, comme nous apprenons le latin au collège, Pompée fit traduire par le grammairien Lenæus, son affranchi, les écrits du médecin Mithridate. A qui s'adressait donc cette traduction? Ne nous attardons pas, allons droit à un autre exemple, particulièrement apte à éclairer notre sujet. Il y a eu justement un ouvrage scientifique qui a été traduit, non pas une fois, mais à trois reprises : c'est le poème d'Aratus. Il l'a été par Cicéron d'abord, puis par Germanicus César et enfin par Rufus Festus Avienus (au IV° siècle). L'ouvrage d'Aratus n'était qu'une paraphrase en vers d'un livre d'Eudoxe sur le cours et l'influence des astres; ce n'était que de la pseudo-science [1]. Ce qui lui valut d'être si exceptionnellement communiqué aux Romains, ce fut son mérite littéraire; on y appréciait surtout une description poétique du zodiaque.

Traduire trois fois Aratus et ne traduire ni Hipparque, ni Euclide, ni Ptolémée, cela est décisif.

Dirons-nous que les Romains étaient dénués de génie, d'aptitude naturelle pour la science? Cette conclusion me paraît valoir pour les Romains juste ce qu'elle vaut pour les Chinois.

Les Grecs ont manifesté le génie scientifique, pour parler un instant comme nos adversaires. Mais ce sont seulement les Grecs d'une certaine période. Passé le V° siècle, il n'y a plus de savants ni à Athènes, ni à Alexandrie, ni à Constantinople, nulle part enfin. Il existe pourtant quelques millions d'hommes de race grecque. Et ce qui aggrave singulièrement ce résultat négatif, c'est que ceux-ci ne sont pas comme les Chinois, sans maîtres, sans initiateurs; ils possèdent encore des œuvres que nous n'avons plus, et ils peuvent lire ces œuvres directement, sans intermédiaire. Est-ce que l'homme de race grecque, doué du génie scientifique pendant sept à huit siècles, vient désormais au monde destitué de cette aptitude?

Continuons nos rapprochements. Les Arabes, unifiés par Mahomet, sortent de leur pays vers 632. En 690 ils sont maîtres de l'Asie occidentale, de l'Égypte et de la Perse. Les voici amenés dans la Syrie, l'Égypte, en contact avec la civilisation grecque. Il leur faut quelques années de plus pour

---

[1]. Voir le résumé de cet ouvrage, au point de vue scientifique, dans Delambre, *Astronomie ancienne*, t. I, p. 61.

constituer une monarchie ayant une certaine stabilité. Enfin les khalifes Abbâsides commencent en 752 ; immédiatement et dès leur second khalife, Almançur, les Arabes font ce que n'ont pas fait les Romains, entreprennent la tâche à laquelle les Romains ont failli. On réunit de toutes parts des manuscrits qui contiennent la science grecque; des bibliothèques sont formées ; on appelle des maîtres grecs ; on apprend leur langue et une belle série de traductions commence à paraître : Aristote, Hippocrate, Galien, Dioscoride, Euclide, Théodore, Hypsicles, Ménélaus, Diophante, Archimède, Apollonius, Ptolémée et d'autres encore. Les grands ouvrages comme ceux d'Euclide sont traduits plusieurs fois; ils ont des éditions successives. Ils sont commentés, parfois amendés, comme l'Almageste et la Syntaxe de Ptolémée; et un observatoire est fondé (y en eut-il jamais à Rome?).

Les Arabes ont-ils ajouté à la science grecque? C'est un sujet de grands débats entre les érudits. Admettez qu'ils n'aient rien fait de plus que conserver, entretenir ; réduisez leur rôle scientifique à celui de n'avoir été que des traducteurs : il reste un phénomène historique du plus haut intérêt, quand on songe aux rapprochements suivants : 1° les Romains n'en ont pas fait autant; 2° les nations occidentales, formées sur l'aire de l'Empire Romain, sont restées mille ans sans s'élever au point qu'ont atteint les Arabes.

A partir du XIII° siècle, les Arabes eux-mêmes tombent beaucoup au-dessous de ce point, et délaissent la culture scientifique. Si la race arabe avait disparu totalement de la surface de la terre avant le XIII° siècle, que n'en dirait-on pas? En considérant son zèle, son activité scientifique si prompts, si précoces, au sortir de la barbarie, on se serait assurément récrié sur son génie. « Les Grecs mêmes, aurait-on pu dire, avaient été plus lents à entrer dans la carrière; quel dommage! et quelles grandes espérances nous ont été enlevées! »

La race arabe n'a pas disparu, mais seulement certaines

conditions dans lesquelles elle vivait; c'en est assez pour que la science arabe s'éclipse. Le milieu spécial qui suscite la science est en général si borné, que le caractère personnel de tout homme compris dans ce milieu exerce une influence qui ne se voit pas à ce degré dans les autres activités. Tel homme en plus, tel homme en moins — et notamment un souverain, qui arrive ou qui s'en va, selon qu'il est curieux de science ou indifférent, — cela fait dans cette sphère étroite une différence décisive.

Renonçons à mettre dans les choses un accord optimiste qui n'existe pas. Détermination et importance n'ont pas de rapport. La chose du monde la plus importante peut être en même temps exposée à une extrême contingence.

Il faut étendre sa vue sur un cercle plus large. Qu'ont produit en fait de science les peuples éloignés, tels que les Hindous et les Chinois? Pour ces derniers, il n'y a presque plus de doute. Ils ont eu quelques hommes fort espacés (comme Co-Chéou-King) qui ont cultivé une science reçue de l'étranger. Les Hindous paraissent avoir fait plus. En tout cas, jamais ils n'ont eu une simultanéité de savants, ou une succession comparable à ce que présentent les Arabes. Si l'on veut résumer à grands traits l'histoire de la science, on peut la faire tenir tout entière en trois moments : l'un grec, qui fut véritablement brillant, principe et cause d'ailleurs des deux autres; le moment arabe, moins original, moins fécond, très important encore; enfin le moment moderne, qui commence au xvi° siècle, celui-ci tout à fait incomparable par son développement ample et continu.

L'impression finale, c'est que la science a été réellement bien peu cultivée parmi les hommes. Elle apparaît comme une activité rare, intermittente quant au temps, très bornée quant à l'espace. Elle apparaît surtout comme très contingente jusqu'aux temps modernes.

Il y a, ce me semble, des causes qui, de nos jours, ont introduit dans cet ordre de faits un degré de détermination nouveau : 1° On s'est aperçu qu'une théorie pure pouvait conduire à des applications imprévues, inconcevables même d'abord. L'espérance d'une utilité future plane ainsi maintenant sur toute la science désintéressée : le mobile de l'intérêt économique, qui est un si puissant auxiliaire, est entré dans la combinaison, réduite d'abord à la curiosité et à l'honorifique. 2° D'autre part, le besoin de l'émotion scientifique pure a pris en beaucoup d'hommes une consistance toute nouvelle, à raison précisément de la satisfaction continue que ce besoin reçoit depuis trois siècles; c'est un cas de la loi, déjà plusieurs fois énoncée, sur l'accroissement des besoins [1].

C'est seulement après avoir élucidé des problèmes larges comme celui-ci, que nous nous risquerions à traiter un problème plus concret, tel que de savoir pourquoi la culture scientifique a en tel temps pris telle direction principale, ou contracté telle forme exclusive : par exemple, pourquoi le moyen âge a cultivé exclusivement, ou à peu près, la science morale et en particulier la logique de la conséquence, la logique syllogistique.

On va voir à quels principes précédemment posés nous aurions recours.

La chute du pouvoir impérial en Gaule livra ce pays aux compétitions sanglantes des chefs barbares; la paix disparut pour les hautes classes et les moyennes, au moins la mesure de paix nécessaire à la culture intellectuelle. Un milieu spécial resta assez en dehors des luttes pour que la spéculation y fût encore possible, un seul, celui des monastères.

L'antiquité disparue léguait au moyen âge une littérature brillante et une science commencée. Quelle suite le moyen âge allait-il donner à l'une et à l'autre?

La raison d'être du moine chrétien, c'était de louer Dieu,

---

[1]. Que la culture scientifique soit désormais bien plus déterminée, grâce à l'excitation de l'économique, c'est le grand fait de l'histoire moderne, et probablement le fait le plus important de toute l'histoire.

de l'intercéder, de vivre selon une morale commune à tous les fidèles, et en sus d'observer une règle particulière. Il y avait là assez de préoccupation et de soins pour absorber la spontanéité de la plupart des membres de la classe. Il était à parier que la littérature et la science seraient peu cultivées. Cependant il existe toujours des esprits plus actifs et des personnes désireuses de se distinguer. Il devait donc se produire quelque littérature et quelque science. Laissons la première pour le moment. Quelle science dans ce milieu avait chance d'être cultivée principalement? Chargés de montrer en eux-mêmes le modèle des mœurs, de les répandre au dehors par la parole, les moines devaient avant tout produire des développements oratoires sur la théorie morale. Avec la science morale, à peine est-il besoin de nommer la théologie; les moines y étaient voués par profession. Le rôle social de la classe cultivée nous donne donc ici bien aisément le genre de science qui devait prédominer. Mais il y a eu plus : il y a eu exclusion presque absolue des sciences naturelles et même, ce qui est plus fort, des sciences mathématiques. Quant aux premières, voici quelques observations explicatives. L'antiquité avait en somme trouvé peu de chose et par conséquent peu légué. Secondement, les connaissances antiques de ce genre étaient dues à l'esprit grec, et elles étaient déposées dans des manuscrits écrits en langue grecque. Or, si les moines savaient le latin, ils ignoraient le grec, sauf exception rare.

L'esprit le plus curieux de science, le plus apte à la spéculation scientifique qui se soit manifesté jusqu'au xii° siècle, Gerbert, paraît bien n'avoir su que le latin. Les notions déjà acquises étaient donc pour les Français de cette époque comme si elles n'existaient pas. Il aurait fallu tout recommencer. Je ne dis pas que la théologie défendît directement ces recherches; elle n'y songeait pas à cette époque; elle en détournait, comme de choses inutiles d'abord, et de choses véritablement trop humbles. Les sciences physiques n'importaient pas du tout au salut ; elles étaient même une diversion évidente à cette visée jugée capitale.

Comment voulez-vous d'ailleurs qu'un homme qui croit connaître le principe moteur de tout, qui raisonne journellement sur l'âme et son immortalité, sur son mode de couture avec le corps, etc., un homme, dis-je, adonné à tous ces nobles problèmes, condescende à étudier des questions aussi subalternes que les propriétés des figures géométriques, ou même les mouvements des astres matériels ? Qu'est-ce que le soleil pour qui contemple la lumière incréée ?

En dépit de certaines apparences abstruses, le raisonnement théologique ou ontologique sur Dieu, sur l'âme, sur la création des corps, est peu pénible. Il demande une discipline intellectuelle bien moins rigide que ne l'est celle du mathématicien ou de l'astronome. Celui-ci est tenu de soumettre son esprit aux leçons de la réalité, de le contenir dans une direction donnée, où il ne doit marcher que pas à pas ; tandis que le spéculatif n'a qu'à lâcher la bride à son imagination. D'ailleurs, quel auditoire a-t-on quand on s'occupe de science positive ? Personne. Tandis que l'homme qui spécule sur Dieu intéresse tout le monde ; à la rigueur, les servantes mêmes s'en mêlent. La paresse, l'indocilité naturelle à l'esprit humain, furent donc ici merveilleusement d'accord avec les intérêts de l'orgueil intime et de la réputation extérieure. Cela forma une association de mobiles, beaucoup plus forte qu'il n'était nécessaire, contre la tentation de la culture scientifique, qui en général est si faible.

Les besoins de la vie ne permettent pas de négliger absolument les mathématiques. La religion d'ailleurs a ses événements mémorables qu'il faut célébrer à certaines dates. Quelques études étaient obligatoires pour la supputation du temps. Les mathématiques furent cultivées tout juste dans la mesure indispensable. Jusqu'à Léonard de Pise au XIIIe siècle, les quelques rares esprits qui s'occupent de la science des nombres répètent les notions assez pauvres déposées dans les manuscrits latins, dans Boèce particulièrement.

Le premier des mathématiciens originaux, Léonard, n'appartient pas au milieu clérical. Fils de marchand, élevé à Bougie, instruit par son père dans l'art de calculer avec les chiffres arabes, il parcourt l'Égypte, la Grèce, la Sicile [1]. C'est donc un produit du milieu arabe.

Cependant, en France, un milieu nouveau, plus étroit, plus spécial que le clergé, s'est formé à côté du clergé et d'ailleurs dans sa dépendance : c'est l'Université de Paris, qui a bientôt des exemplaires à Toulouse, Montpellier, Orléans, etc., puis chez les nations voisines. Chaque université a ses chaires de mathématiques, parce que la nécessité de la science du calcul, ne fût-ce que pour régler les cérémonies religieuses, se fait reconnaître, je l'ai déjà dit. Dans ces universités, on fait une œuvre utile; on traduit les Arabes, et on s'assimile par leur intermédiaire la science grecque. D'ailleurs, rien d'original. La véritable originalité des universités se manifeste dans une direction indiquée par le caractère du milieu. Prédicateur, moralisateur et disputeur, l'universitaire développe avec subtilité et parfois avec profondeur la dialectique reçue de Platon et d'Aristote. La concurrence triomphante du genre de science uniquement estimé empêche à peu près toutes les autres formes. Ce n'est que dans les pays en contact avec le monde arabe, l'Espagne, l'Italie, la Sicile, que s'élèvent des hommes comme Léonard au XIII° siècle, comme *Regiomontanus* et Nicolas de Cusa au XV° siècle. Les régions méridionales paraissent alors posséder le *génie* scientifique, par comparaison avec les nations du Nord, dont le génie semble aujourd'hui à cet égard bien supérieur. C'est qu'il ne s'agit pas de génie; c'est que tout simplement les pays du Midi ont des relations avec le peuple où la culture scientifique est plus vivace à cette

---

1. *Pour compléter son instruction.*

époque que partout ailleurs. Remarquons-le, c'est la répétition du phénomène qui s'est présenté au vii⁰ siècle avant Jésus-Christ : tandis que l'Italie, la France, l'Allemagne, restent barbares, la Grèce alors se civilise, d'abord dans ses îles, puis dans sa partie continentale, parce qu'elle est plus voisine des foyers lumineux, l'Égypte et l'Assyrie; puis, de proche en proche, la Grèce civilise l'Italie, celle-ci la Gaule et l'Espagne.

Le moyen âge cependant a fait des tentatives en physique, en chimie, botanique, histoire naturelle. On reconnaît les propriétés de certaines plantes; on invente des composés minéraux; mais c'est qu'il y a des médecins qui veulent guérir, qui cherchent la panacée ou l'élixir de longue vie; il y a des hommes qui cherchent à faire de l'or. Ce que le moyen âge a trouvé de plus valable, de plus effectif, relève de la recherche pratique et intéressée, et n'appartient pas au scientifique tel que nous l'avons défini. Il n'en suit pas les lois. C'est une épreuve qui montre combien il importe de distinguer les phénomènes historiques d'après les phénomènes internes qui les produisent.

Si nous n'avions pas à craindre de grossir outre mesure ce volume, nous pourrions ici expliquer de même par la seule présence des causes contrariantes certaines lacunes de la civilisation grecque dans le domaine de la science. Les Grecs ont eu assez de médecins. Ils auraient pu faire en anatomie, en physiologie, des découvertes qui leur ont manqué. Les partisans du génie me sauront gré de mettre cette fois le génie grec hors d'accusation. S'ils avaient pu se résoudre à disséquer journellement le cadavre, les médecins grecs auraient assurément fait quantité d'observations précieuses. Le respect religieux pour les morts, si vivace en eux, ou autour d'eux, leur barra cette voie. On conviendra que certaines absences s'expliquent ici suffisamment par les causes contrariantes; ce que je voudrais, c'est qu'on se souvînt des causes de cet ordre, quand il s'agit de s'expliquer les défaillances de quelque autre peuple que le Grec et le Latin.

Je dois enfin signaler une erreur dans laquelle on est tombé assez souvent. Sans doute, il se peut que telle science, à son début, nous apparaisse comme cultivée exclusivement par un clergé : exemple, l'astronomie, ou plutôt l'astrologie, par les prêtres égyptiens. Tel théorème géométrique peut à la rigueur avoir été trouvé à l'occasion d'un temple à édifier. Ce sont là des rapports purement superficiels. La religion est une chose, et le clergé en est une autre. Dans le prêtre, il y a deux hommes bien distincts : celui qui professe une théorie, qui entretient dans le peuple des sentiments d'un certain ordre, qui accomplit les cérémonies d'un culte, bref le prêtre — et il y a l'homme d'une classe libérée du travail quotidien, oisive relativement, qui peut se livrer à la curiosité, à la recherche spéculative, bref le savant possible. Les clergés ont fourni, et pouvaient seuls fournir les premiers savants. Mais, en tant que savants, ceux-ci n'ont rien reçu de leur religion, ni idée, ni notion, ni excitation. Prenez toutes les conceptions eschatologiques ou ontologiques qui avaient cours parmi le clergé égyptien sur le double du mort, sur les pérégrinations de ce double, ou encore sur la nature et sur les aventures d'Osiris, vous n'en tirerez pas une notion conforme à la réalité des choses. Il ne peut pas aujourd'hui y avoir de discussion sur ce point. Ces conceptions erronées, on le reconnaîtra également, n'ont pas été conquises par l'observation, l'expérimentation, le raisonnement inductif ou déductif, opérant sur l'expérience. On n'a eu que la peine de les imaginer, ce qui ne coûte guère. Ainsi la discipline intellectuelle du savant n'est pas davantage venue par cette voie; elle n'en pouvait pas venir.

La culture humaine, dans sa forme la plus haute, la forme scientifique ou véridique, est issue directement de la pratique des métiers, de l'économique, de la création de la richesse. C'est là, qu'on me passe la figure, c'est là son père; et de ce père, la science tient les moyens qui ont fait sa fortune : les premières notions exactes sur le monde; les premiers instruments de mensuration ; enfin les premières habitudes méthodiques, l'observation, le recours à l'expérience. Quant à la mère de la science, ce sera, si vous le voulez bien, l'excitation, donnée par le désir de l'estime et de la considération ; non pas l'estime publique, car le public ne s'est jamais soucié beaucoup de pareilles recherches, mais celle d'un groupe spécial au sein duquel le savant vivait. La science est née d'un accouplement de l'économique et de l'honorifique. Je ne vois pas que, dans aucune religion, la divinité ait jamais prescrit d'observer, d'expérimenter, de constater l'ordre et la succession des phénomènes.

Reste ce que j'ai déjà noté, que le groupe spécial dans lequel s'est produite l'excitation, a été quelquefois un milieu clérical. C'est ce qui se voit, par exemple, en Égypte, en Gaule, chez les Hindous, au Mexique, ailleurs encore. Cependant la preuve que la culture n'a pas tenu au caractère religieux de ces milieux, mais à l'autre qu'ils avaient en même temps et que j'ai dit, — cette preuve nous est fournie par les Grecs. A Syracuse, à Athènes, à Alexandrie, des milieux scientifiques, des écoles ou des ateliers de savants se sont constitués, qui n'eurent rien de clérical, rien de religieux. Et ceux-ci, justement, ont été de beaucoup les mieux inspirés et les plus féconds : la supériorité des Grecs en fait de science est incontestable.

Que faudrait-il maintenant pour pousser aussi loin que possible la *discussion* de ces problèmes? D'abord assembler plus de faits, faire un examen d'érudition beaucoup plus complet; c'est bien entendu. Mais, après cela, il faudrait appliquer aux faits les méthodes précises d'induction, la méthode de concordance, de différence, des variations concomitantes, ou séparément ou toutes ensemble, selon les cas. Je reprends, par exemple, le problème de la liberté anglaise.

Rappelons la cause supposée : facilité particulière de concert entre les gouvernés. Nous essayerions d'abord de la méthode de différence, la seule qui soit décisive. Sur la même aire, dans le même sujet, c'est-à-dire en Angleterre, nous regarderions s'il y a quelque période de l'histoire anglaise qui tranche sur le libéralisme général par ce fait que le pouvoir a été absolu durant cette période. Supposé que cette période existât en effet, nous verrions si cet absolutisme répond à un changement radical dans les conditions du concert. Faute d'une période si tranchée (que nous ne trouverions pas, je crois), nous chercherions si au moins il n'y en a pas quelqu'une où le pouvoir gouvernemental se soit exercé avec moins de ménagements (par exemple la période des Tudors), et dans cette période nous chercherions une variation correspondante de l'état du concert. Mais une variation correspondante n'étant pas une preuve absolue, même après avoir trouvé la variation requise, nous devrions demander un complément de vérification à d'autres méthodes. Il faudrait parcourir le monde historique, voir les autres peuples, d'abord les plus rapprochés ou les moins différents de l'Anglais par leur état de civilisation, France, Allemagne, Espagne, et puis les plus lointains, jusques aux peuples sauvages. Nous relèverions d'une part les institutions politiques qui auraient quelques similitudes avec celles des Anglais, et d'autre part les institutions foncièrement différentes à ce point de vue de la liberté. Chaque fois nous examinerions en regard les conditions favorables ou défavorables du concert ; chaque fois aussi, avant de conclure, dans le cas particulier, nous prendrions soin de voir si quelque individualité exceptionnelle n'a pas apporté une mesure de contingence capable de balancer l'effet des causes régulières et de rendre ainsi le problème insoluble. Par cette esquisse infiniment brève, où nous supprimons la mention de bien des soins précautionnels, on peut comprendre quelle serait la longueur de cet ouvrage de vérification ; quelle serait aussi sa difficulté. Je ne parle pas d'impossibilité : je n'admets pas cette idée décourageante.

Supposons enfin que l'hypothèse conçue ne nous apparût pas à la fin comme vérifiée, au moins en tant que cause unique : il est très probable que les observations recueillies au cours de l'épreuve nous suggéreraient l'hypothèse d'une autre cause, agissant seule ou agissant comme auxiliaire. Et nous recommencerions alors la vérification sur un nouveau pied (voir ce que nous avons dit p. 55).

Je dois le dire enfin, il ne faut pas que les esprits, prévenus par le degré de certitude qu'offrent les sciences mathématiques et physiques, se laissent aller à rêver pour l'histoire quelque chose de pareil. La nature de la science historique s'y refuse; elle est trop complexe pour cela. Je parle surtout de certitude *démontrable*; car d'ailleurs on pourra arriver, je le crois, sur certains sujets, à une certitude intime qui ne sera pas une illusion[1].

1. J'ai cru devoir alléger mon ouvrage; j'ai ôté de ce chapitre xix des développements et des problèmes que j'y avais d'abord insérés. Tout cela se retrouvera dans les volumes suivants.

CHAPITRE XX

LA PRÉVISION

De la prévision en histoire. Essai de prévision dans l'ordre économique et application à cette tâche de quelques idées précédemment émises.

I

Toute science nous met en mesure de prévoir; pas de science sans quelque prévision. C'est le sceau, la signature même de la science. Mais d'une science à une autre, à cet égard, la différence est grande. En histoire, science complexe au plus haut degré, qui prête tant à l'influence des grands individus [1], il ne faut pas espérer une prévision infaillible et surtout une prévision circonstanciée. De même que dans le passé les larges tendances ont été seules complètement déterminées, et beaucoup moins les formes précises que ces tendances ont finalement affectées, de même comptons que, pour l'avenir, nous arriverons au plus à entrevoir des courants portant dans certaines directions. Si nous connaissons bien le présent, et si nous l'interprétons avec une méthode sûre, nous pourrons induire que certains événements, de

---

1. La prévision doit d'abord faire cette réserve : « sauf l'action des hommes particuliers », c'est-à-dire : « sauf les nouveautés, les inventions », ou, autre formule : « toutes choses restant ce qu'elles sont ».

forme très générale, très abstraite pour ainsi dire, sont en instance d'arriver, mais jamais affirmer qu'ils arriveront effectivement. Si vague qu'elle doive paraître aux esprits exigeants, cette sorte de prévision n'est pas à dédaigner. Elle peut fournir des indications précieuses pour notre conduite.

Ce livre-ci ne serait pas logiquement complet s'il ne contenait une tentative de prévision.

II

L'économique a influé avec force sur tout le reste : l'évolution s'est faite en grande partie sous son ascendant, voilà l'expérience historique. Il est conséquent de penser que les semences principales de l'avenir sont déposées dans les phénomènes de l'ordre économique. Qui veut prévoir l'avenir doit, avant tout, scruter la constitution économique des sociétés actuelles.

L'économique a deux grandes parties : la création de la richesse, la répartition. Nous avons dû, pour comprendre le passé dans sa marche progressive, insister presque exclusivement sur la première. Préoccupé de l'avenir, et par suite de la solidité sociale, nous avons à considérer ici plutôt la répartition. Il s'agit de savoir si le partage des richesses acquises se fait de telle sorte qu'il contente les masses et intéresse à la conservation de la société ceux qui la supportent.

III

La production de la richesse met les hommes en rapport de conflit avec la nature, mais en rapport d'assistance et de concours entre eux. La répartition met inévitablement les hommes en rapport de conflit, puisque ce que l'un des copartageants prélève est toujours de moins pour les autres.

La coutume, la loi, sont souvent intervenues pour régler ce conflit; souvent aussi la force matérielle. Écartons de la scène pour un moment la force sociale et la force violente. Les copartageants sont posés en face l'un de l'autre, paisiblement, librement (au sens extérieur). Demandons-nous quel genre de cause ou de force règle le débat, en procure la résolution. Il ne s'agit pas de partager le produit d'un travail égal en durée et de même nature fourni par chacun; c'est un cas que j'écarte, comme historiquement peu intéressant; il s'agit d'un partage entre gens dont l'apport a été très différent, l'un ayant fourni le capital, l'autre la direction ou le savoir, l'autre le travail manuel. On n'aperçoit pas aisément un principe de raison ou d'équité par lequel on puisse décider que les trois espèces d'apport méritent une part égale, ou qu'elles méritent telle proportion déterminée.

Dans toute affaire de répartition d'ailleurs, le problème d'équité n'est pas abordé. Chacun tente d'obtenir la part la plus grande possible. J'admets des exceptions; mais nous n'avons pas à raisonner sur des exceptions. L'intéressant pour nous est d'apercevoir quel genre de force, — j'emploie ce mot légitimement, puisqu'il s'agit pour chacun d'obtenir ce que d'abord les autres ne veulent pas accorder, — quel genre de force, dis-je, est ordinairement mis en usage. Ne nous trompons pas aux apparences : sans doute les contendants peuvent employer, à tour de rôle, des arguments visant à intéresser la sensibilité ou la raison pratique, ou l'équité des autres; ils peuvent alléguer les besoins de leur famille, les services rendus dans l'affaire, promettre ou dénier leur collaboration pour l'avenir, et ces moyens ne sont pas toujours destitués d'efficacité. Mais la force qui résout ordinairement le débat est ailleurs. Les besoins respectifs des contendants — pourvu que ces besoins soient réciproquement connus — règlent l'affaire. Celui des contendants qui, pour vivre, a le besoin le moins urgent de toucher sa part, n'emporte pas tout, ne prévaut pas absolument; même pour lui, il y a nécessité de transaction à l'égard des autres; mais pour lui l'écart entre ce qu'il demande et ce qu'il obtient est moins grand que pour les autres : *chacun obtient à proportion qu'il est moins soumis à l'urgence des besoins économiques*. Le nom de la force en économique, c'est provision ou capital.

On peut contester; rien de plus facile quand il s'agit d'états psychiques. On peut nous accuser de calomnier l'homme, cela donne toujours l'air généreux. Le vrai est que, sauf exception rare, quand on vend, on vend le plus cher possible; quand on achète, on veut avoir au moindre prix possible. La psychique que l'homme manifeste dans le contrat de vente et que personne ne contestera, il la porte dans tous : les différences superficielles de ces contrats n'ont pas la vertu de changer la nature humaine. Celui qui loue du travail tâche d'obtenir ce travail à plus bas prix possible. Dans chaque siècle, l'argent a été prêté au taux le plus élevé que les prêteurs pouvaient obtenir.

Observons-le au passage, le besoin urgent qui opère si merveilleusement pour la création de la richesse, a pour effet ultime, dans la répartition, la dépendance à peu près illimitée du faible. D'un même fond partent des conséquences avantageuses et d'autres qui ne le sont pas.

La répartition s'est donc faite, sous l'empire de ce que j'ai appelé la force économique, toutes les fois qu'elle a été libre, au sens extérieur. Elle ne l'a pas toujours été. La coutume, le législateur ont largement agi dans le passé à l'encontre de la force économique, imposant des maxima et des minima aux salaires, limitant le prix du louage d'argent, réglant le taux de l'intérêt ou même le prohibant tout à fait. Des religions comme le Judaïsme, le Christianisme, le Bouddhisme, l'Islamisme, ont tenté, d'accord avec le pouvoir civil, d'atténuer les résultats du conflit économique par la prédication ou même par des peines canoniques. Tout le monde sait que le Catholicisme a interdit pendant des siècles le prêt à intérêt et que l'Islamisme le prohibe encore. C'est que le législateur civil, le législateur religieux, furent parfois émus des conséquences rigoureuses auxquelles allait le conflit laissé à lui-même. Quand, dans l'ancienne Assyrie, l'ancienne Égypte, ils voyaient le taux de l'intérêt s'élever à 20, à 30, 40 pour 100 et plus, ils jugeaient avec raison ce taux écrasant, et le réduisaient légalement à 12.

A Rome, ils assistèrent longtemps, sans y prendre garde, à des spectacles douloureux : le père vendant sa femme, ses enfants, se vendant lui-même ou vendu par force, pour acquitter des dettes impayables, grâce au taux excessif de l'intérêt; mais enfin l'excès des maux les contraignit d'intervenir : ils le firent timidement d'ailleurs, car dans notre haut moyen âge le débiteur insolvable se vendait encore ou était vendu.

En sens inverse, les classes riches, qui étaient en même temps les classes gouvernantes, ont bien souvent employé la loi à la défense de leurs intérêts économiques. Le travailleur a été forcé de travailler à des conditions déterminées, à un prix obligatoire. Défense de se concerter pour obtenir plus; défense plus sévère de se défendre par la grève du travail. Tantôt on attache le travailleur au sol, tantôt on l'en chasse vers la manufacture, selon les convenances et les visées momentanées du capital. Ces phénomènes doivent être étudiés dans le pays où l'inégalité économique est très prononcée, comme l'Angleterre. Là on peut voir les grands propriétaires législateurs faire, à peu d'intervalle ou même ensemble, des lois sévères contre le vagabondage, la paresse — qu'on punit de la prison, du fouet, de la mort même (sous Élisabeth), — pour retenir le cultivateur sur le sol, dans son village; et d'autres lois qui, en attribuant au seigneur local la faculté de s'approprier les communaux, ont en sens contraire l'effet d'expulser les masses agricoles vers les villes. Les écrivains socialistes ont relevé exclusivement les atteintes portées à la liberté du travailleur. Nous avons indiqué un peu plus haut qu'on avait touché également à la liberté du capital. La vérité est qu'on s'est servi de la loi pour amortir le conflit économique, tantôt au profit de l'un, tantôt au profit de l'autre.

Quand on y regarde bien, on voit que la force économique, combattue par la force des lois, a pu être atténuée dans ses effets, retardée dans sa marche naturelle, mais n'a jamais dévié de sa direction. Les lois qui étaient faites pour avantager le riche ont en réalité bien moins agi pour lui que la force propre de sa situation; et les lois faites pour borner sa force, n'ont pas eu une efficacité durable. En résumé, dans l'histoire, la force gouvernementale a été vaincue par la force économique. Un exemple suffirait à le prouver. Pendant dix siècles, dans les pays chrétiens, le gouvernement, assisté et poussé à la fois par les croyances religieuses, a prohibé ce qu'on appelait l'usure, c'est-à-dire l'intérêt de l'argent : mais la force économique voulait ce résultat, et elle a fini par l'établir.

Les économistes ont été unanimes à un moment pour demander l'absolue liberté du conflit; une grande école la réclame encore. Toutefois, pratiquement, on n'a pas pu se résoudre à accepter jusqu'au bout la logique de la liberté. Elle aboutissait à des conséquences intolérables pour notre sensibilité et notre moralité. Par exemple, on a réglementé l'entrée des enfants, des femmes, dans les manufactures, touché même au régime des hommes faits. C'est que l'exercice libre de la force économique faisait accepter au faible des conditions fatales à la moralité de la femme, à la vie de l'enfant, à la santé de l'homme mûr. Si le législateur a bien fait ou mal fait d'intervenir, cela ne me regarde pas pour le moment. Mon sujet se borne à indiquer jusqu'où va l'ascendant du fort économique sur le faible. Les économistes ont souvent remarqué, dans leur optimisme ordinaire, que cet ascendant s'était beaucoup réduit; et ils ont raison en partie. Cependant, à mon tour, j'observerai que nous ne sommes pas dans le cas d'une expérience parfaitement concluante. Il faudrait pour cela que toute liberté fût laissée à la force économique. Par exemple, notre code défend à l'homme d'aliéner sa liberté, de vendre lui ou les siens. — Je n'ai jamais rencontré un économiste intrépidement conséquent jusqu'à demander l'abolition de cette défense. — Faites un essai, effacez de notre code les articles qui prohibent les contrats qualifiés de dangereux ou immoraux, comme celui de se vendre, et dans quelques années nous serons en mesure de connaître avec précision l'ascendant de la force économique dans sa véritable étendue.

Écartons de ce sujet, comme nous l'avons fait jusqu'ici, toute pensée d'amertume. En esquissant à grands traits la société telle qu'elle s'est constituée sous l'empire de la force économique, gardons-nous d'une aberration sentimentale. Il y a eu, il y a encore des classes fortes et des classes faibles. Il est permis de plaindre les unes; il serait peu sensé de s'indigner contre les autres. Le faible n'a pas choisi son rôle; il l'aurait échangé, s'il l'avait pu, contre celui du fort — et il en aurait fait précisément le même usage. Tout ce qu'on peut dire d'amer ou d'indigné n'a de sens qu'appliqué à un seul personnage, l'homme général, fondamental; et alors ce n'est plus qu'une de ces plaintes vaines, comme le monde en a tant entendu, sur la corruption de notre nature.

Pour comprendre cependant la société économique qui s'est formée sous l'ascendant irrésistible de l'intérêt individuel, il est des circonstances capitales que nous devons examiner, parce qu'elles ont énergiquement coopéré avec lui : ce sont la multiplication et le militarisme.

Ceux qui raisonnent sur le progrès économique ne regardent trop souvent qu'à la production. Quand ils voient qu'on produit plus chaque jour, ils se récrient de satisfaction : c'est se contenter à la légère. Voici une table mieux pourvue aujourd'hui qu'hier. Faut-il féliciter l'hôte et s'attendre à un meilleur repas? Cela dépend du nombre des invités. Si ce nombre s'est accru plus encore que celui des plats, la belle apparence de la table est une déception.

Il ne faut jamais oublier que la fin cherchée n'est pas une somme de production, mais un quotient de satisfaction. Étendons notre empire sur la nature, c'est lui qui donne le dividende ; mais si nous augmentons le diviseur, le quotient de satisfaction, c'est-à-dire l'aisance de chacun, restera le même, ou deviendra plus petit, malgré l'accroissement du dividende.

C'est la multiplication humaine qui, à chaque instant, fournit le diviseur ; elle a donc sur le résultat ultime une influence égale à celle de la production. Entre les deux termes, il existe par force un perpétuel balancement.

De l'état de sauvagerie à l'état actuel, nous avons remporté sur la nature bien des victoires ; cela se connaît au dividende, à la production ; elle est étonnamment supérieure dans les pays civilisés. Avec cela, beaucoup d'hommes, dans ces pays mêmes, manquent des choses à peu près indispensables. Le travailleur de terre, dans une contrée comme la France, n'a trop souvent pour boire que l'eau des sources, à l'égal du sauvage. D'où il suit que, si l'eau n'était pas fournie gratuitement par la nature, il ne boirait pas ; le même homme mange de la viande de loin en loin. Le quotient de chacun évidemment n'a pas crû comme le dividende ; il n'y répond pas. C'est si sensible que tous les économistes en ont été frappés. Ils ont cherché et trouvé en partie l'explication de l'énigme. La plus manifeste supériorité d'un pays civilisé sur un pays sauvage, après celle de la production ou avec elle, consiste dans la densité de sa population. Dans un pays civilisé, l'homme existe en bien plus grand nombre. Et aussitôt la liaison des deux phénomènes se fait invinciblement dans l'esprit. Il est clair que l'immense surcroît de la production a eu pour principal effet le surcroît immense de la population. Cela a abouti à ceci et s'y est dépensé, du moins en très grande partie. Un éminent économiste, M. Leroy-Beaulieu, le répétait encore tout récemment : « Le progrès économique a servi principalement à augmenter le nombre des vivants ». Avant lui, Mill avait donné une formule équivalente : « La multiplication a toujours suivi la production de si près, qu'à peine un surcroît de subsistances était produit, qu'un surplus de population naissait pour le dévorer ».

Cette formule abstraite, l'histoire est là pour la remplir, la combler de ce qui lui manque, la réalité vivante et colorée. L'Inde, ancienne et moderne, l'Égypte antique, l'Assyrie des monuments babyloniens et ninivites, les empires du Nouveau-Monde, ceux du Mexique et du Pérou apparaissent subitement évoqués. Ces peuples, distants entre eux quant à l'espace et quant au temps, se ressemblent par des traits fondamentaux. Tous ils sont pourvus d'un assez beau commencement de civilisation. Ils connaissent l'agriculture; ils possèdent plusieurs plantes ou plusieurs animaux domestiques; ils savent fabriquer les outils, les ustensiles, les meubles indispensables. Ils ont des métaux qu'ils travaillent, ils bâtissent superbement. Ils sculptent et peignent. Ils ont l'usage de la monnaie, d'une écriture imparfaite, mais suffisante. — La richesse est donc parvenue chez ces peuples à un point où l'homme après tout aurait pu s'arrêter, sans en souffrir sérieusement. Des signes irrécusables dénoncent simultanément dans tous ces empires l'existence de multitudes épaisses. Les pyramides et les temples d'Égypte, les palais d'Assyrie, les Téocalli mexicains, n'auraient pu être bâtis dans un milieu où le peuple aurait été rare.

Il y a deux genres de misère. Il y a celle du sauvage, absence positive de richesses qui tient au travail peu outillé, peu productif. Mais là où existent évidemment la civilisation, le travail outillé et l'industrie, la misère qui se montre est un indice certain de l'épaisseur des foules. Or deux choses nous attestent l'état misérable du peuple en Égypte, en Assyrie : le taux élevé de l'intérêt de l'argent et le genre de luxe. Quand un objet, comme le bijou égyptien ou étrusque, comme le coffret ou le châle de l'Inde, contient en soi une quantité énorme de façon, des mois et des années de travail, il démontre une série de faits inéluctables; c'est que beaucoup d'hommes ne trouvaient pas d'emploi dans les besognes vraiment utiles. Ils étaient de trop à cet égard. Étant de trop, ils manquaient de ressources et ont dû solliciter des détenteurs de la richesse un travail inutile, ou du moins fort peu nécessaire à ces derniers. N'ayant pas un besoin urgent du travail en question, les riches n'ont pu que faire la loi, payer très peu, en général; donc salaires très bas, qui à leur tour ont sollicité, encouragé les riches à persister dans cette voie du luxe inutile, mais à bon marché.

Les républiques grecques, du temps de leur indépendance et de leur apogée, paraissent avoir péché aussi par l'excès de population. Leurs révolutions fréquentes ont un caractère social, plus encore que politique; elles sont au fond la lutte du pauvre contre le riche. Pas de doute pour qui lit Aristote. Ces cités avaient donc aussi de la misère; et cependant, la richesse en soi y était suffisante, comme dans les empires dont nous venons de parler. La multiplication disproportionnée reste en conséquence la cause évidente de leur état économique.

Rome, au temps de sa splendeur et de sa densité, présente des phénomènes équivalents : ce sont les agitations séculaires de la plèbe, la réclamation toujours renaissante des lois agraires; et cette espèce de loi des pauvres, la loi frumentaire, qu'il fallut accorder finalement, et qui fut un dérivatif, non un remède.

La misère qui est propre aux derniers siècles de l'Empire Romain, celle du haut moyen âge, en revanche, semblent tenir principalement à une autre cause. Partout la densité de la population a beaucoup diminué. Mais malheureusement la sécurité sociale a diminué aussi, et, par une suite forcée, la richesse a décru dans une proportion considérable. La guerre entre les milliers de petits rois qui occupent le sol, la guerre privée entre particuliers, sévissent cruellement. Les provisions sont à chaque instant gaspillées ou détruites, le travail est empêché ou découragé. Les inventions vont se perdant, ou se retirent dans le milieu stérile des couvents, où elles restent comme perdues. Les traditions des recettes, des tours de main, des bonnes pratiques, dans tous les métiers, ne s'opèrent plus. On redescend vers la barbarie. La pauvreté de ces temps est la pauvreté positive, l'absence réelle de richesse.

Vers le xe siècle, on remonte. L'en-avant vers la création de la richesse devient au xiie ou au xiiie siècle de plus en plus prononcé. Mais aussitôt la multiplication reprend elle aussi son crescendo; et on est bientôt beaucoup plus nombreux qu'on n'a le droit de l'être d'après les ressources.

Nous en sommes là; il n'y a pas à dire. Quand, dans une société, des multitudes laborieuses (nos paysans par exemple), avec un travail de tous les jours et avec une rigoureuse économie, arrivent strictement à s'alimenter, se loger, se vêtir, et n'ont ni loisir ni argent pour une culture sérieuse de leur esprit, c'est qu'on est trop nombreux eu égard au pain, au vin, à la viande, aux meubles, aux vêtements, à toutes les choses nécessaires ou utiles, qu'on est en mesure de produire.

Les écrivains socialistes ne veulent pas admettre la multiplication déréglée parmi les causes de la misère; il leur convient d'attribuer tout cet effet à la répartition, parce qu'ils souhaitent de la modifier. Je ne défends pas la répartition opérée sous l'empire à peu près absolu de la force économique. Je ne la trouve pas non plus bien faite et je crois qu'elle a sa part de responsabilité; mais la multiplication imprévoyante me paraît la cause la plus effective. Prenez une utilité, la viande par exemple. Relevez la quantité produite, divisez par le chiffre des copartageants et vous obtiendrez un quotient ridiculement exigu. La démonstration est simple et péremptoire. « On pourrait produire aisément beaucoup plus de viande. » — Aisément? Alors, pourquoi ne le fait-on pas? « L'art de la zooculture n'est pas assez avancé;

mais on voit qu'il pourrait accomplir des progrès considérables. » Je ne répondrai pas que l'art de la zooculture dépend pour ses progrès d'institutions politiques, économiques et morales difficiles à modifier; je dirai simplement : l'art de la zooculture fera demain tel progrès que vous voudrez; il reste certain qu'aujourd'hui il n'est pas en mesure de satisfaire au besoin de la population; donc celle-ci a provisoirement excédé.

Si le pauvre ne mange pas tous les matins sa côtelette, ce n'est pas parce que les riches, infiniment moins nombreux, mangent et leur côtelette et celles qui reviendraient aux pauvres; les riches n'y suffiraient pas, si la côtelette des classes pauvres existait; mais cette côtelette n'existe pas encore. Je veux bien que les riches consomment de certaines choses avec quelque excès, des vêtements par exemple; mais je défie bien qu'on couvre confortablement la masse des pauvres avec l'excédent des riches.

Les écrivains socialistes sont ou des mystiques conscients, comme Henry George, ou des mystiques qui s'ignorent. Ils croient à la Providence sous forme personnelle ou à une sorte de providence infuse dans les lois naturelles. Pour eux les hommes peuvent naître en telle quantité qu'ils voudront, quelque chose d'infaillible fera aussitôt pousser tout le surplus de blé nécessaire. Seulement on ne voit pas où réside ce quelque chose.

Ce qu'on voit très clairement en revanche, c'est que tel ménage, qui vivait suffisamment avec un enfant, devient progressivement misérable, parce qu'il en a deux, trois, quatre et plus. Je demande comment il se peut faire que ce qui arrive pour chaque particulier n'arrive pas pour l'ensemble de ces particuliers. Cela rappelle la plaisanterie vulgaire [1].

Donnons un exemple de raisonnement socialiste. H. George (*Progrès et Misère*) prétend prouver l'innocuité ou même le

---

1. « Je perds sur chaque article; mais je me rattrape sur la quantité. »

caractère avantageux de la multiplication en rapprochant les trois faits suivants : chez les peuples sauvages, l'homme est rare et pauvre; chez les peuples très civilisés, il est nombreux et riche; dans les colonies et pays nouvellement peuplés par la civilisation, Californie, Australie, l'homme est encore rare, et il est riche, mais moins que dans les États denses et civilisés; donc densité et richesse vont de pair. Puis tout à côté il nous dit — c'est le fond même de son livre : Les masses deviennent plus misérables à mesure qu'on progresse. C'est que M. Henry George emploie les mêmes termes tantôt dans un sens, tantôt dans un autre, sans s'en apercevoir. Le sauvage est rare et pauvre, d'accord. Les vieux pays denses et civilisés sont plus riches que les colonies neuves, d'accord, si l'on considère la somme totale de la richesse qui est la richesse apparente; non, si on a égard au nombre des copartageants, qui donne la vraie mesure : alors l'Angleterre, absolument plus riche que la Californie, apparaît relativement plus pauvre parce qu'il y a moins pour chacun. Henry George, en relevant le haut prix des salaires, de la rente, et l'aisance générale dans les colonies neuves, ne s'est pas aperçu que sa thèse tombait précisément sous le coup de ces faits qu'il rapproche. Le sauvage est pauvre, quoique rare, parce qu'il manque de l'outillage qui crée la richesse; on est là peu de copartageants, mais aussi l'on n'a rien à se partager. Chez les vieux civilisés, on a un bel outillage et beaucoup de produits; mais on est trop de convives. Dans les colonies neuves, l'homme apporte toutes les ressources de la civilisation sans apporter le nombre, et alors éclate une période de prospérité singulière, qui dure jusqu'au moment où, la multiplication opérant de nouveau, on retombe au niveau des vieux pays civilisés. Rien ne prouve mieux, à l'encontre de H. George, que la multiplication diminue la richesse réelle, c'est-à-dire la richesse partagée.

On croit répondre en disant : « La nouvelle bouche apporte ses mains »; soit; mais avant que ces mains nourrissent cette bouche, quinze, vingt ans se passent. Il faut en faire l'avance ; beaucoup de bouches meurent avant ce terme, et l'avance est perdue. Quand les mains ont atteint leurs vingt ans, il leur faut nourrir la bouche, rembourser l'avance faite à ladite bouche, et rembourser aussi l'avance faite aux bouches mortes : le tout pour balancer le compte sans perte; au delà commence le bénéfice. Existe-t-il généralement ce bénéfice ? Nulle part je ne l'ai vu démontrer. On fait voir très bien, comme l'a fait H. George, que les peuples les plus nombreux sont les plus riches, résultat très simple qui n'a aucun sens dans la question : vingt ouvriers produiront toujours, absolument parlant, plus que dix ; mais produisent-ils toujours et nécessairement le double des dix ? Le peuple français, passant de dix millions d'hommes à vingt millions, produirait-il le double de tous les objets nécessaires ? puis de vingt millions à quarante, encore le double, et ainsi de suite ? Telle est la question, où l'affirmative a été bien souvent répondue, mais jamais prouvée.

La philosophie de la multiplication tient dans une formule courte et décisive : La multiplication a annulé presque entièrement le bénéfice énorme que l'humanité faisait d'un autre côté par une multitude d'inventions, dans tous les arts de la pratique.

La multiplication, qui détruit la richesse en la consommant, n'en a pas moins agi avec efficacité pour sa création. Quand la population sur un territoire donné arrive à un certain degré de densité, sa distribution contracte une sorte d'inégalité. Il y a des points sur lesquels les excédents se rassemblent, bref il se forme des villes. Phénomène très important que la ville. La ville est nécessaire à la division du travail ; et réciproquement, elle provoque, suscite la division, sans laquelle le progrès industriel était impossible. Pays sans ville, pays arriéré, économiquement parlant.

A l'exception de la moralité, que les villes ne favorisent nullement, une file d'effets avantageux se produisent consécutivement aux progrès industriels. L'intelligence positive, l'esprit critique est né dans les villes de l'aspect des activités diverses, du frottement et de la communication d'un grand nombre d'esprits, venus de points différents. Les beaux-arts presque toujours, presque nécessairement, résultent à quelque degré de la condensation : ce sont là les beaux fruits de la multiplication, qui en a tant d'autres amers.

Si la multiplication a puissamment servi la création de la richesse, elle a nui à sa répartition. Plus les hommes sont nombreux sur un point, plus il en est qui offrent leur travail, sous l'empire d'un besoin urgent; et plus le prix auquel tous obtiennent du travail est médiocre, plus il faut qu'ils peinent et qu'ils s'ingénient pour vivre : stimulation, surexcitation, ingéniosité, souffrance et misère, cela éclate à la fois dans ces villes où la multiplication condense ses effets.

Dans les effets, les uns bienfaisants, les autres funestes de la multiplication, je reconnais un cas de la loi du conflit; cette loi se manifeste ici avec un éclat sinistre.

La multiplication et la guerre sont ensemble dans des rapports étroits. En multipliant, les peuples arrivent en contact les uns avec les autres et généralement ce contact est un choc guerrier. Pour le trop-plein de population la guerre est en quelque sorte l'émissaire naturel. Que de choses dans les luttes des peuples anciens nous seraient expliquées si nous connaissions, par des statistiques à la moderne, les mouvements de leur natalité!

Réciproquement, la guerre toujours en perspective, redoutée ou voulue, donne un air de sagesse politique et de patriotisme aux habitudes de multiplication illimitée.

IV

Dégageons à présent les traits essentiels de la société qui s'est formée sous l'ascendant de la force économique, en concours avec les circonstances de la multiplication et du militarisme. Elle a visiblement, pour pierres d'angles, l'appropriation privée du sol terrestre, l'héritage, l'intérêt de l'argent et du sol.

L'humanité débute par le régime de la communauté du sol : c'est aujourd'hui l'opinion unanime des sociologistes, combattue seulement par quelques érudits confinés dans l'étude spéciale des Grecs et des Romains. Nous ferons ailleurs l'exposé de ce débat; nous montrerons alors à qui revient l'initiative de l'évolution, dont l'appropriation privée de la terre a été le terme. Ici nous dirons sommairement : C'est le gouvernant qui a commencé. Je ne suis pas au reste le premier à le nommer.

C'est le gouvernant qui d'abord enleva son lot au régime de la possession éphémère et en fit une propriété fixe. Ce fut là le cristal primitif autour duquel tout le reste contracta une forme similaire. L'origine gouvernementale de la propriété explique seule la suite des choses. De très bonne heure, partout on aperçoit de grandes propriétés, des latifundia : on ne peut les expliquer sans absurdité par le résultat du travail et de l'industrie individuelle, là surtout où il n'existe pas encore d'industrie. Ce qui existait, c'était partout autour d'un noyau plus ou moins mince de terre cultivée une large zone de communal qui fut administré d'abord, puis accaparé par le gouvernant; le communal a fourni l'étoffe des latifundia primitifs. Plus tard des similaires ont été constitués, par des causes différentes, dont nous parlerons tout à l'heure.

Ce qui a influé dans l'histoire, c'est moins l'appropriation du sol en soi que l'accumulation de beaucoup de sol dans une même main, que la grandeur des fortunes territoriales. Il en est résulté naturellement l'existence d'individualités extrêmement fortes, économiquement parlant, et de masses extrêmement faibles.

Cela nous conduit à parler de l'héritage, circonstance qui a permis au latifundia primitif de durer, de se maintenir jusqu'à nos jours. L'héritage est, lui aussi, on peut le dire, l'œuvre du gouvernement. Sans doute, l'homme possesseur d'un bien quelconque désire, quand il meurt, transmettre ce qu'il ne peut retenir à la personne qu'il affectionne, ou qu'il considère comme un autre soi; mais ce vœu d'un mourant, et bientôt d'un mort impuissant, aurait été bien rarement accompli, si le gouvernant n'avait prêté à ce vœu l'assistance de la force publique. L'héritage n'existe à l'état d'institution réelle et vigoureuse que par l'intervention gouvernementale. Une fois formée, l'institution a puissamment réagi sur le régime des latifundia. Les grandes propriétés, originairement dues à l'exercice du pouvoir, ont pu passer de main en main. Elles ont pu parfois simultanément se diviser, mais la même cause tendait à les reconstituer sans cesse. Quand, dans les sociétés plus civilisées, des manières de s'enrichir autres que l'exercice du pouvoir, quand l'industrie, le commerce, la spéculation, ont été possibles, l'héritage, appliqué à ces fortunes d'un genre nouveau, leur a communiqué le même mouvement, tantôt dispersif, tantôt accumulatif. Nous devons ici rappeler le voisinage d'une autre agence : je parle du prêt à intérêt [1] et de la rente permettant au possesseur de la fortune une fois acquise de vivre de son fonds, sans y toucher, sans l'altérer, comme si la fortune avait des émanations suffisamment substantielles. Le prêt à intérêt a singulièrement coopéré avec l'héritage pour la conservation des latifundia.

Les grandes propriétés, l'héritage, le prêt à intérêt, désormais bien établis, la multiplication toujours disproportionnée aux ressources, le militarisme persistant, la force économique s'exerçant avec une plénitude presque absolue dans le contrat privé, tout cela a concouru et convergé pour produire des résultats que nous allons apprécier au point de vue de la répartition. Mais pour apprécier il faut d'abord un principe.

Supposons le pouvoir de réorganiser la société remis aux mains d'un seul homme et d'un homme raisonnable. Quel

---

1. Nous n'avons pas ici à le distinguer de la rente, comme le font les économistes.

serait le principe générateur de son ouvrage? Pas de doute sur la règle que cet homme adopterait : honneur et richesse à chacun selon les services rendus, selon son utilité sociale, ou, si vous voulez, « à chacun suivant ses œuvres », et il organiserait ce que nous appellerons d'un mot la responsabilité économique, la responsabilité personnelle, entendez-vous bien? il n'y a que celle-là de valable[1].

Il est trop clair que la société, constituée sur le principe de la responsabilité personnelle, différerait considérablement de celle que nous voyons.

Ici nous ne discuterons pas si l'héritage est ou n'est pas finalement une institution utile à la société. Une chose évidente, c'est qu'il est contradictoire au principe de la responsabilité économique. A ce point de vue, notre société est coupée en deux. Partout où il y a héritage, la responsabilité est annulée dans son jeu. Là où il n'y a pas héritage, la responsabilité s'exerce au contraire avec la dernière rigueur.

D'autre part, comme le contrat libre, sous ses formes diverses, est régi par la loi du besoin le moins urgent, cela fait trois principes différents dont l'action se mêle à travers notre société : 1° à chacun selon ses parents; 2° à chacun selon ses œuvres; 3° à chacun selon son capital.

Les écrivains socialistes nous apportent un quatrième principe : à chacun selon ses besoins. Tout socialisme revient à cet adage : il est le sceau auquel on reconnaît le socialisme, nous le discuterons tout à l'heure. Si l'humanité est parvenue, dans ses civilisations les plus hautes, à organiser à peu près la responsabilité criminelle, que je mettais tout à l'heure — avec intention — en regard de la responsabilité économique; elle n'a organisé celle-ci que dans une mesure défectueuse, laissant jouer tout au travers le principe contraire de l'hérédité et celui de la force économique. Mais responsabilité

---

[1]. A quoi rime, je vous le demande, ce qu'on entend dire souvent : « Le père a travaillé ». C'est comme si pour la responsabilité criminelle on disait au profit d'un malfaiteur : « Le père a été un si honnête homme ».

économique et récompense du travail, c'est même chose. Dire que la responsabilité a été organisée d'une façon défectueuse revient à dire que le travail a été mal récompensé.

Nous voici précisément arrivé au point capital. Dans la société telle qu'elle s'est finalement constituée, le travail n'enrichit pas. A cet égard on se trompe, parce qu'on veut bien se tromper. J'ai souvent entendu dire : « Cet homme ne doit sa fortune qu'à son travail ». Pour être exact, il aurait fallu ajouter « et à celui des autres ». Si vous voulez mesurer exactement la puissance du travail comme cause de fortune, il faut naturellement le considérer seul, sans l'assistance du capital, et il faut considérer uniquement le travail personnel. C'est tricher que d'y joindre les prélèvements sur le travail des subordonnés. Ces principes d'observation une fois adoptés, on aperçoit que de rares personnes s'enrichissent par un travail purement personnel : quelques artistes, ou quelques inventeurs. Le reste des fortunes appartient à des entrepreneurs de travaux, qui ont fait coopérer un nombre plus ou moins grand de travailleurs; à des banquiers; à des spéculateurs; à des personnes sur qui l'héritage a accumulé ses dons. Chez le banquier la fortune est au moins pour moitié un effet du capital. La spéculation n'est pas un travail, selon notre définition, qui exige un caractère d'utilité publique : quand je revends cher ce que j'ai acheté bon marché, — des terrains ou des maisons par exemple, — il y a profit pour moi, aucun pour la société. Quant à l'héritage, pas de difficulté : il n'a rien de commun avec le travail.

Pour avoir la contre-épreuve, il n'y a qu'à considérer le sort d'un genre d'ouvriers très nombreux chez nous, et utile au plus haut degré, l'ouvrier de la terre, le journalier. Rappelons-nous que nous devons le supposer sans capital. Cet homme gagne environ 2 fr. 50 par jour de travail et travaille trois cents jours par an (en retirant seulement les dimanches et les jours de pluie, sans supposer aucun chômage), soit 750 francs par an. Établissons à peu près son budget de garçon : 365 francs de nourriture, 100 francs de logement, 100 francs pour habits, linge, souliers, blanchissage, éclairage, outils de la profession. Soit, suivant notre calcul très optimiste, 200 francs d'économie par an. Si pendant trente ans il travaille sans chômage, sans maladie aucune, s'il n'a absolument aucun vice, aucune imprudence, aucune faiblesse, pas même celle d'assister un parent, s'il réalise en un mot la perfection de l'outil humain, il aura amassé 6 000 francs, de quoi vivre pendant dix années environ de vieillesse et d'incapacité. Je rappelle que nous ne devons pas ajouter à ces 6 000 francs leur intérêt, dans un sujet où nous apprécions exclusivement la rémunération du travail. — Si cet homme conçoit l'idée imprudente de se marier, d'avoir des enfants, nos calculs ne sont plus de mise.

Le journalier qui, sans l'assistance d'un capital, ose se marier, avoir des enfants, se voue à une misère à peu près certaine.

Si, au lieu d'un homme, je prends une femme dans la même condition, je n'aurai que peu à dire : une femme, on le sait, dans cet état ne peut se suffire à elle-même, vivre seule.

Cette petite esquisse biographique me paraît plus probante qu'une accumulation de chiffres empruntés aux statistiques.

Le travail déshonore-t-il? C'est un problème, et un problème délicat, qui demande une analyse fort attentive.

Depuis deux siècles environ, l'économie politique est née, et certaines idées se sont répandues. On a philosophé sur le travail. On l'a reconnu utile, indispensable, digne de considération et d'intérêt pour les résultats qu'il donne, et pour lui-même, comme effort. Il semble donc que voici déjà le problème tout résolu : le travail est estimé, honoré. En pouvait-il être autrement et que l'homme fût irréfléchi au point de ne pas voir l'utilité du travail ou de dédaigner le travail, après avoir vu son utilité? Cependant prenons bien garde; nous sommes à côté de la question. Il ne s'agit pas de savoir ce que l'homme pense du travail, quand il le juge du haut de sa philosophie abstraite. Il s'agit de constater les sentiments de l'homme des classes aisées à l'égard des classes qui travaillent. Il se peut fort bien qu'en accordant au travail une estime platonique, on refuse, par une raison ou un prétexte, le même sentiment au travailleur.

L'homme n'est pas tout entier et toujours spéculatif; il n'est pas tout entier raison, logique, bon sens pratique. Loin de là. D'abord il a des sens, dont il est bien forcé d'écouter les suggestions. Les sens ne sont pas favorables au travailleur. Six jours sur sept au moins, le travailleur, vêtu d'habits usés, et plus ou moins salis par le labeur, ne flatte pas la vue. Il prend peu de bains, et l'odeur de la sueur humaine ne flatte pas non plus l'odorat. Les manières, le ton, le langage d'un homme qui n'a pas reçu d'instruction, qui en tout cas ne s'est pas entretenu, sont loin de lui concilier le troisième sens, celui de l'ouïe. Quand les sens sont rebutés, il n'est pas facile à la raison de réagir. Elle n'a que des impulsions très faibles à opposer à des chocs qui sont au contraire de leur nature vifs et forts. On ne se dit pas toujours que ces fâcheux dehors sont au moins en grande partie déterminés par le travail.

J'ai observé bien souvent l'attitude des personnes appartenant aux classes aisées. Quelques-unes seulement, je suis heureux de le reconnaître, poussent la sottise jusqu'à laisser voir leur dédain ou leur antipathie. La plupart dissimulent assez ce qu'elles sentent de gêne, d'inquiétude ou de répulsion, pour que les ouvriers, qui ne sont généralement pas des psychologues délicats, ne s'aperçoivent de rien. Aucun choc nettement désagréable ne les avertit de ce qu'ils inspirent. Mais un observateur de la classe lettrée ne s'y trompe pas. Le fait démonstratif est que les personnes de la classe aisée évitent autant que possible le contact des personnes vouées aux travaux matériels : je connais très peu, infiniment peu d'hommes et encore moins de femmes qui, dans la société des ouvriers, soient exempts de fierté ou de malaise.

« Il n'y a pas que les sens qui soient rebutés, le travailleur n'a pas que de la grossièreté extérieure; ses sentiments sont souvent, dans leur fond même, peu délicats. Sommes-nous répréhensibles d'aimer la délicatesse des sentiments? Le travailleur est ignorant, et nous estimons à bon droit la culture intellectuelle. Le travailleur est dans une situation toujours dépendante à quelque degré. Il dépend d'une personne ou d'une classe qui le fait vivre. Or la dépendance a bien des suites fâcheuses; il en résulte de la bassesse, de la flatterie, des déférences excessives et fausses sous lesquelles se cache assez ordinairement l'envie, l'aversion. Nous aimons à bon droit l'indépendance et la loyauté, la franchise, l'accord du langage avec les sentiments intimes. Le travailleur se dérobe trop souvent au travail. Trop souvent il est ivrogne ou débauché. Rarement il se préserve des plaisirs grossiers ou des distractions violentes. » J'abrège le discours possible. « Nous estimons donc, nous honorons le travail; mais pouvons-nous l'estimer au point que les défauts et les vices les plus choquants cessent de nous être sensibles? Et si nous en arrivions à cette insensibilité, le résultat serait-il profitable à la morale? » Je retiens au passage l'essentiel : c'est l'aveu que le travailleur est généralement choquant pour l'homme qui ne travaille pas.

Les taches morales du travailleur sont moins déterminées sans doute que les taches matérielles sur ses mains ou sur ses habits, mais guère moins. Il n'y a pas deux humanités, l'une née en haut avec une nature meilleure et l'autre née en bas avec des penchants inférieurs! C'est l'hypothèse inconsciente des personnes d'en haut; mais elle est inadmissible. Les extrêmes en bien, en mal, sont la chose de l'individu; mais ce qu'une classe présente en moyenne de traits vicieux appartient forcément à l'influence de sa condition.

C'est là encore une chose qu'on ne se dit guère, mais ce défaut de réflexion n'est pas tout; poursuivons.

Une personne que sa condition exempte du travail matériel est, sauf exception rare, très attentive à ne pas donner le change sur ce point. Je n'ai jamais rencontré aucun homme qui fût content de paraître occupé par nécessité d'une besogne matérielle, et j'en ai connu des milliers que l'idée d'encourir ce soupçon inquiétait singulièrement. Il n'est pas rare qu'on voie dans les rues un monsieur ou une dame portant au bout des doigts un léger paquet. Ils semblent dire aux passants : « Vous voyez bien que cela ne me pèse pas. Ce n'était vraiment pas la peine d'amener avec moi ma bonne, mon valet de chambre ou de requérir l'assistance d'un commissionnaire; ce que j'aurais pu fort bien faire. »

Ce qu'on ne voit pas, c'est une personne de la classe aisée porter publiquement un véritable fardeau, à moins d'accident; et alors elle est à la gêne. Cette délicatesse va en général très loin, quand la personne est exceptionnellement constituée en dignité ou en rang. Représentez-vous un préfet, un président, un ingénieur en chef portant sur l'épaule une malle, fût-elle de très médiocre dimension, et circulant ainsi dans un lieu où sa qualité est connue. « Oh, monsieur le préfet, monsieur le président, permettez que je vous aide! Laissez, je m'en charge. Ce n'est pas à vous à porter cela. » Que de fois j'ai entendu ce langage et vu des demi-bourgeois, des paysans, des ouvriers se précipitant vers monsieur le président, monsieur le juge, monsieur le banquier pour le débarrasser, non d'une malle, mais de quelque mince objet parfaitement portatif. Et ces bonnes gens agissaient avec la conviction sincère qu'ils épargnaient à la société le spectacle d'une inconvenance. Pour une personne qui a le moyen de s'y soustraire, le travail matériel est inconvenant. Cherchez pourquoi, et vous ne trouverez certainement pas, comme raison explicative, l'estime accordée au travail.

Les menus détails, les circonstances variées éclairent ce sujet; ne nous en privons pas. Un homme riche conduit très bien lui-même son attelage. On ne peut douter du motif, impossible de soupçonner la nécessité, il a son cocher auprès de lui. D'autres suppriment même le cocher, le public sait assez que l'équipage est à lui; et quand on a équipage, on a de quoi payer un cocher. Tel autre se montre sans difficulté jardinant, piochant : pas de doute, cela l'amuse ou peut-être même cela lui est commandé par le médecin. Mais le travail qui est imposé par la nécessité, ou accompli en vue d'un gain, est résolument mal vu par l'opinion. Ceci nous fixe. Ce n'est pas le travail en soi que l'opinion frappe de sa mésestime, c'est quelque chose qui est généralement concomitant : c'est la pauvreté ou la gêne.

Réciproquement je n'ai jamais vu l'oisiveté porter la plus légère atteinte à la considération, à moins que la personne ne manquât de moyens économiques pour soutenir cet état. Ce que la déconsidération publique atteint en ce cas, ce n'est pas l'oisiveté, c'est encore la pauvreté ou la gêne. Le spectacle des faits suggère donc la conclusion suivante : Il y a un vice que le travail ne rachète pas, c'est la pauvreté. Réciproquement l'oisiveté n'atténue en rien le mérite d'avoir de la fortune. Le travail en soi, l'oisiveté en soi, choses fort indifférentes au public, telle est la proposition qui résume tout.

Cependant le travail est pour l'humanité d'une utilité évidente; l'oisiveté est non moins évidemment un dommage. Comment ces vérités évidentes ont-elles si peu d'effet! A qui la faute? A deux traits fondamentaux de la nature humaine précédemment exposés.

L'opinion de l'homme, en ce sujet, n'est à aucun degré le résultat d'une opération intellectuelle, logiquement conduite en prenant l'intérêt social pour point de départ. Ce n'est pas un jugement de la raison. C'est en partie l'effet de ce sentiment involontaire et aveugle que nous avons exposé, la sympathie : l'homme se met au lieu et place de la personne qu'il juge ; et qui ne préfère être riche que pauvre?

Secondement, tout avantage possédé exerce sur le public, indépendamment de toute idée de mérite, un ascendant presque irrésistible. Considérez les avantages où l'idée de conquête personnelle fait parfaitement défaut, tels que la force physique, la beauté, la naissance, la richesse patrimoniale et héritée, la possession des objets de luxe. Vous ne voyez pas qu'ils rendent leurs détenteurs moins contents d'eux-mêmes que ne feraient les avantages acquis par le mérite, et vous ne voyez pas que le public les prise moins. Le contraire apparaîtrait plutôt. Il suffirait d'alléguer en preuve ce phénomène si curieux de la noblesse, dont le prestige croît à mesure que s'augmente le nombre des descendants, ceux-ci fussent-ils les plus inutiles des hommes. Le train du monde incontestable est ainsi fait : une personne qui boit à son déjeuner du bordeaux est convaincue de sa supériorité à l'égard d'une autre qui boit du vin à soixante-quinze centimes. Une personne qui court les routes avec sa voiture l'est de même à l'égard du piéton qu'elle rencontre. Une redingote d'un certain drap, d'une certaine coupe, vous met au-dessus d'une foule de redingotes.

Ce sont les femmes qu'il faut observer en cette occasion ; elles révèlent plus naïvement le vrai fond de l'humanité.

La conclusion est que le travail ne sera probablement jamais honoré pour lui-même [1], il ne le sera jamais que pour

---

[1]. Je ne ferai pas le tour des nations pour montrer qu'à ce point de vue les hommes se valent partout ; je rappellerai les sentiments des anciens. Ils méprisaient le travail ; c'est un point où l'on s'accorde. Comme nous cependant ils voyaient que, sans le travail, aucun des besoins essentiels de l'homme ne serait satisfait, mais comme nous ils expliquaient leur mésestime des travailleurs par les défauts de cette classe. Pour les esclaves, par exemple, ils disaient : Les esclaves sont dépendants et la dépendance entraîne une multitude de vices, la bassesse, la flatterie, le mensonge, l'envie, les distractions immorales. C'était l'équivalent de ce que nous disons des ouvriers. Les Romains admettaient le grand commerce, ils justifiaient cette exception par des raisons qui se retrouvent encore dans l'esprit moderne. Les réflexions de Cicéron sur les sentiments que l'homme contracte forcément dans la poursuite exclusive du gain et la gestion d'affaires médiocres, ont été répétées mille fois depuis par des gens qui ne connaissaient pas Cicéron. Il n'y

le compagnonnage de la richesse (comme il l'est déjà quelquefois), et dans la mesure où cette alliance sera fréquente.

Les hommes qui n'apportent en ce monde que leurs bras ont donc en partage la peine du travail, les privations, des chances particulières de mort et de maladie, des difficultés très grandes à élever une famille, le tourment des prévisions économiques, l'insécurité de l'avenir, la vieillesse lugubre. A ces maux physiques, moraux et mentaux, se joint le sentiment de la dépendance. Enfin, par-dessus tout, une chose bien sensible à l'homme, le sentiment d'une complète déconsidération.

V

Il faut voir à l'intérieur de l'homme le contre-coup de ces résultats. Je crois pour ma part que le travailleur pauvre a toujours été sourdement hostile au riche qui ne travaillait pas. Cette hostilité est, en tout cas, de nos jours un fait non seulement manifeste, mais proclamé.

On parle souvent de la résignation qu'avait le peuple jadis; et on en parle comme d'un effet de ses croyances. Sans doute; mais à mon avis les croyances qui opéraient ne sont pas celles qu'on imagine. Autrefois on croyait à la fatalité terrestre des classes riches et des classes pauvres; on croyait à l'immuabilité des conditions. La misère pour le plus grand nombre était chose qu'on regardait comme ordonnée d'en haut. L'homme se résigne à l'inévitable : aussi ne remuait-il pas en temps ordinaire. Il y eut pourtant des moments exceptionnels, où le peuple aperçut, comme dans un éclair, la possibilité d'un changement; on le vit alors sortir avec violence de l'apathie séculaire. Je citerai un de ces moments.

---

a pas longtemps qu'un noble français ruiné ne pouvait pas sans déchoir être autre chose que soldat ou laboureur, exactement comme un patricien de Rome. Quand on nous dit que nous avons changé, on nous flatte.

En France, au xiv° siècle, après Poitiers, il crut que ses maîtres étaient restés couchés sur le champ de bataille ou prisonniers aux mains des Anglais, et il fit la Jacquerie, un phénomène dont je recommande l'étude à ceux qui estiment très haut l'influence des croyances religieuses. Un grand nombre de mouvements populaires seraient à rapprocher de la Jacquerie, les Wiklefistes, les Hussites, la guerre des paysans, etc. On verrait, je crois, que tous ont eu pour point de départ ou quelque acerbation de la misère ancienne ou quelque lueur subite d'espérance, et plutôt cette cause que l'autre. La Révolution française est à cet égard profondément instructive. Ce qui la constitue essentiellement, c'est une sorte de résurrection des masses populaires.

A deux reprises, le peuple, abîmé à terre, se leva brusquement sur ses pieds : d'abord pour faire les cahiers et les élections; puis pour courir sus à la noblesse et brûler les châteaux. Ces tragédies amenèrent la nuit du 4 août, qui renferme en elle tout le résultat solide de la Révolution, ce qui s'est passé après n'ayant été qu'une bataille pour défendre ou pour détruire l'œuvre de cette nuit.

Le peuple de 89 s'était-il nourri de la lecture des philosophes? Je n'en crois rien. S'il les avait lus, qu'y aurait-il appris? « Qu'il était malheureux », il le savait, je pense, plus directement, « mais malheureux sans justice ». Naïveté!

Jamais les classes malheureuses n'ont cru mériter leur sort; cela n'est pas de l'homme. Écoutez la chanson des Wiklefistes, qui date d'avant Rousseau, elle vous édifiera à cet égard. Ce que ces classes croyaient, je l'ai dit, c'est que leur sort était immuable. Ce n'est pas sur la foi d'un homme de lettres, fût-il Voltaire ou Rousseau, qu'elles auraient adopté la conviction contraire. Le très brillant écrivain [1] qui a développé la thèse de l'influence des philosophes comme cause capitale de la Révolution, a confondu deux psychologies

---

1. Taine.

différentes, celle des classes lettrées et celle des classes populaires. Ces dernières répondirent à l'appel d'un personnage autrement considérable à leurs yeux qu'un philosophe. La convocation royale, voilà ce qui opéra. Dès ce moment, le peuple crut avoir pour lui le roi de France, c'est-à-dire l'être quasi divin qui dans les idées d'alors pouvait tout. Une espérance vague, illimitée, violente chassa dans les esprits l'hébétement morne. Il y a un fait bien singulier, certain pourtant et pas assez remarqué. Le roi exile Necker, c'était en somme démentir son appel. Le peuple de Paris, trop près des choses pour s'y tromper, réplique bien directement au roi, en lui prenant la Bastille. Mais le grand peuple rustique s'en prend aux seigneurs, les pille, les tue; et ce n'est pas pour manifester sa colère contre le roi, c'est au contraire du roi qu'il se réclame; il pense déférer à sa volonté, ou en tout cas avoir son consentement.

Voilà ce que fit alors l'espérance, la croyance en la possibilité d'une destinée meilleure. Elle opéra comme elle avait déjà opéré en d'autres occasions qui, dans l'histoire, font autant de taches sanglantes.

Si la conviction de la misère fatale et la résignation hébétée furent l'état d'esprit général dans le passé, cet état a bien cessé. La tête de l'homme s'est retournée, son visage qui s'orientait sur le passé fixe maintenant l'avenir. Au lieu de désespérance, ce sont aujourd'hui des espérances sans bornes qui hantent l'esprit des foules. Elles ne pensaient pas jadis qu'on pût rien changer; à présent, dans leur conviction, on pourrait changer tout, améliorer tout, aisément, et demain, si on voulait. Il n'y a selon elles qu'un seul empêchement, le mauvais vouloir des hautes classes. Entre le passé et le présent cela fait une coupure d'une profondeur sans égale, un abîme.

Cet état d'esprit est évidemment le contre-coup psychique des changements opérés à l'extérieur par la Révolution française, et puis par les grandes inventions du siècle. Il importe de dégager le caractère commun de ces inventions. Ce sont des engins de communication, chemins de fer, télégraphes, téléphones, journaux quotidiens, etc., mieux vaut dire encore ce sont des machines d'entente et de *concert.* Voilà l'aspect qui doit attirer notre attention. Une facilité nouvelle et extraordinaire a été donnée aux hommes d'aller, de se visiter, s'entretenir, ou, demeurant en place, de s'avertir et de s'endoctriner réciproquement. Sans doute, les gouvernements profitent de ces progrès; ils ont gagné quelque chose à l'état nouveau, absolument parlant, mais relativement, ils ont beaucoup perdu, parce que les gouvernés ont bien plus gagné. Parqués jadis dans les compartiments nationaux, provinciaux, régionaux, et tout à fait ignorants les uns des autres, les gouvernés se voient, se parlent, s'entendent aujourd'hui, d'un bout à l'autre du territoire national, et tout à l'heure d'un bord de l'Europe à l'autre.

Jamais le monde n'a connu des conditions pareilles; elles constituent un état d'une nouveauté absolue dans l'histoire. *Il faut s'attendre à des effets qui seront surprenants à proportion.* Le lecteur, j'en suis persuadé, saisit ici de lui-même le rapport qui lie ces réflexions à notre chapitre touchant la dépendance des gouvernés et les causes de cette dépendance. Les vérités acquises sur ce sujet nous servent de guide dans les prévisions que nous tentons à présent; elles nous donnent la direction générale.

Des conditions de concert tout à fait nouvelles s'étant réalisées pour les foules laborieuses, nous prévoyons des revendications dont l'énergie, la constance et l'unanimité seront incomparables avec tout ce que le passé peut offrir en ce genre. Certes, nombre de républiques anciennes ont sombré dans des luttes sociales. Si l'Empire Romain semble, à première vue, avoir péri sous les coups des barbares, un examen plus attentif découvre autre chose dans cette grande chute. L'aversion des classes laborieuses pour l'état social d'alors, leur révolte ouverte, ou déguisée sous le vêtement du christianisme, bref l'effort de ce que j'appellerai la *barbarie sous-jacente* paraît avoir secondé puissamment l'attaque extérieure. Comme la civilisation antique, quoique à un moindre degré, notre civilisation est concentrée dans quelques classes étroites; elle présente bien moins d'étendue, de solidité qu'on n'imagine : si peut-être nous n'avons plus rien à craindre d'une barbarie extérieure, la barbarie qui est sous nos pieds, en revanche, apparaît beaucoup plus redoutable. L'étendue, la profondeur de cet océan volcanique, la correspondance qui existe déjà entre ses parties et les rend aptes à se communiquer le mouvement, suggèrent, pour le cas où il y aurait mouvement en effet, l'idée de vagues immenses dont la poussée serait effroyable.

Des oscillations ont été senties, de sourds grondements ont été entendus; la preuve en est que tous les esprits élevés discutent avec ardeur les moyens de prévenir l'éruption. Le monde intellectuel est à cet égard partagé en deux.

Voici d'abord les socialistes. Nous avons énoncé tout à l'heure le principe commun à leurs théories diverses : A chacun selon ses besoins.

Une société basée sur le principe socialiste serait un milieu d'où la responsabilité économique aurait disparu. Or la création de la richesse économique s'est opérée presque absolument sous l'aiguillon de la responsabilité : cela est de toute évidence. Si vous brisez l'aiguillon, travaillera-t-on encore? On peut admettre que toute activité ne disparaîtrait pas; on doit admettre qu'elle baisserait; mais enfin, comme on travaillerait toujours par une nécessité inéluctable, ce qui serait encore l'effet le plus fâcheux serait la répartition du travail : moyennant l'organisation socialiste, le paresseux, l'égoïste ferait passer à peu près tout le faix sur les épaules du bon et du dévoué. Déjà, dans le monde actuel, la tendance à ce résultat n'est que trop marquée. On ne voit pas assez jusqu'à quel point les courageux, les meilleurs, périssent accablés sous la surcharge que leur imposent les autres. Le socialisme serait la victoire décidée des pires.

Un état social organisé par la sympathie, la pitié ou la charité (ce sont mêmes choses) ne durerait pas ou subirait une très grave déchéance. Principe de la famille, la sympathie ne peut être celui de l'État.

Avec les économistes et plus qu'eux-mêmes, nous réclamons l'application continue de la responsabilité économique : c'est la seule base acceptable.

Cependant il faut voir ce que de leur côté les économistes proposent. On peut le dire en peu de mots : ils proposent de laisser les choses s'arranger d'elles-mêmes. Ils affirment d'ailleurs qu'elles se sont toujours arrangées, quand les gouvernements ne s'en mêlaient pas; l'harmonie économique n'est selon eux pas difficile à obtenir; il n'y faut que cette condition. Ils ajoutent que les choses vont s'arrangeant toujours mieux. Admettons que l'appréciation des économistes soit vraie. Nous voilà peu avancés. Car de quoi s'agit-il? Du sentiment des foules. Or les masses humaines pensent au contraire que les choses sont mal arrangées. Supposons que ces masses, dans un accès de colère ardente, brisent le meilleur des mondes possibles : elles auront tort, mais le monde n'en sera pas moins brisé. Il est vrai qu'on espère les convaincre auparavant de leur erreur. Rien ne nous paraît plus chimérique que le succès des prédications économiques. On ne les écoutera pas, par une raison très simple. La vérité théorique la plus évidente ne peut rien sur l'homme en général, quand elle va à l'encontre d'un sentiment un peu vif. « Les choses sont aussi bien arrangées qu'elles peuvent l'être, soit : là où il y a misère ou malaise, c'est un résultat mérité. » Soit encore : voilà la misère et le malaise parfaitement qualifiés; mais ils restent, et avec eux l'état d'esprit qui fait que vous ne serez jamais écoutés. Ne comptez pas que la raison soit le lot commun des hommes qui souffrent peu ou beaucoup, quand elle est rare parmi ceux-là mêmes qui jouissent.

La liberté, principe des économistes, contient cette affirmation implicite : que l'intérêt privé de chacun, agissant à l'encontre de celui des autres, suffit à créer un monde harmonique, capable de satisfaire finalement les uns et les autres. Ce qu'il y a de vrai, c'est que l'intérêt privé suffit à l'œuvre de la création de la richesse. Mais en ce qui concerne la répartition, l'expérience est faite. Elle a été séculaire et elle prononce contre vous. N'objectez pas que l'intervention des gouvernements l'a troublée, cette expérience; cela est exact, mais sans importance, parce que les gouvernements ont été finalement vaincus, et qu'avec des difficultés, des délais, l'intérêt privé a triomphé, donnant la mesure de ce qu'il pouvait faire : la société, telle qu'elle est, porte assurément ses couleurs.

La responsabilité, second principe dont les économistes se réclament, est, nous l'avons dit, chose absolument nécessaire. Pas de société laborieuse sans cet élément; mais la société peut-elle être organisée exclusivement d'après ce principe? Voilà la vraie question. Qu'on nous permette de la prendre d'un peu loin.

Tout être vit aux dépens d'un autre être d'espèce différente, végétal ou animal. Pour que le premier subsiste, il faut que l'autre soit dévoré; c'est la forme tragique de la lutte pour la vie et de la responsabilité naturelle. Tout être a dans les membres de son espèce des copartageants, qui souvent l'étouffent ou l'affament, qui, en tout cas, amoindrissent sa part. C'est la forme sourde de la lutte. Dans l'une comme l'autre forme, la nature se montre implacable pour le faible; elle le punit de sa faiblesse par les souffrances et par la mort.

L'homme est né, comme tous les animaux, sous l'empire de cette loi; mais, tandis que les autres la subissent dans toute sa rigueur, ou ne cherchent qu'à l'atténuer temporairement (je parle des soins donnés aux jeunes, ici par la mère seule, là par le père et la mère, ailleurs par les membres mêmes de l'espèce), l'homme a révélé dans toute son histoire une tendance énergique contre la tyrannie de la loi. Jusqu'à un certain point, l'histoire est une antinature.

La famille, telle qu'elle est maintenant constituée, ne consent plus à abandonner ses jeunes (même quand ils ne sont plus jeunes) aux conséquences extrêmes de l'inaptitude pour la vie; la loi civile, expression du sentiment général, ne le lui permet même pas. On peut dire, sans exagérer, que la famille est en révolte ouverte à l'égard de la loi naturelle. Pour la famille, le membre le plus intéressant, le plus aimé, le plus choyé, est précisément le faible, le mal constitué, le moins bien pourvu pour la lutte, le vaincu de la vie.

La société est sans doute plus sévère que la famille; mais elle est cependant fort éloignée du régime impitoyable et sourd de la nature. Les incapacités physiques, héritées ou infligées par des accidents, sans démérite personnel, émeuvent l'imagination sympathique de tout le monde, alors même que l'égoïsme empêche en fait de les assister.

Pour l'homme faible, inepte, économiquement parlant, on est disposé sans doute à plus de rigueur.

Celui qui n'a pas su gagner sa vie rencontre souvent l'indifférence froide ou même le mépris. Toutefois le sentiment public ne supporte pas le spectacle du paresseux mourant de faim; c'est dire qu'il n'accepte pas les conséquences logiques de la lutte pour la vie.

Cette rébellion procède d'un fond dont la persistance est indispensable à notre bonheur. Le jour où l'homme verrait sans s'émouvoir appliquer jusqu'au bout la responsabilité économique, c'est que la sympathie aurait singulièrement baissé. Tout s'en ressentirait, la sociabilité, l'amitié, la famille même; une froideur, une dureté générale envahirait toutes les relations. La perte l'emporterait extraordinairement sur le gain. Purement industrielle alors, l'humanité ne mériterait pas l'intérêt d'un spectateur généreux.

Mais il ne s'agit pas seulement de pitié, de sentiment; il s'agit aussi d'équité et même de raison pratique.

26

Voici une assertion qui scandalisera peut-être au premier moment : La moitié au moins de la misère que les sociétés présentent, on sait hélas! sur quelle vaste étendue, est parfaitement imméritée. Elle sévit sur des irresponsables. La démonstration du fait est facile et ne coûte que quelques mots. Parmi les misérables — que je suppose absolument indignes de pitié dès qu'ils sont adultes, — les enfants comptent toujours au moins pour moitié. Je ne crois pas que personne veuille les tenir pour responsables avant seize ans au moins. C'est donc, quant à eux, de la misère imméritée. Les économistes disent : « Le père a eu tort de les appeler à la vie, sans prévoyance, sans souci de son dénuement ». Assurément; mais cette réponse ne répond pas à l'argument d'équité; car l'équité ne connaît que les fautes personnelles.

Ces enfants sont l'humanité future et pour une grande partie feront l'avenir de l'espèce. Selon qu'ils seront plus ou moins mal préparés par l'ignorance, la brutalité, la souffrance, la société sera plus ou moins imparfaite.

La solidarité sociale est un fait, antérieur à toute théorie. Vais-je proposer d'élever à frais communs tous les enfants? excellent serait le résultat par un côté. Mais ici encore l'économie politique a raison. Le jour où l'État prendrait les enfants à sa charge, le générateur irresponsable multiplierait ses mauvais offices. Les prévoyants succomberaient sous le faix de l'impôt, nécessité par l'insouciance des autres.

Les moissons terrestres disparaîtraient promptement dévorées, comme elles le sont quelquefois par les nuages de sauterelles dans le nord africain.

Je reviens à notre problème : nous savons par expérience que des dons rares, précieux pour les autres, des qualités intellectuelles ou morales, propres à faire le bonheur ou l'agrément des hommes, peuvent être un lot fatal à qui les possède. On peut être un faible, économiquement parlant, par cela même qu'on a des facultés artistiques trop impérieuses, ou une grande puissance spéculative, ou trop d'imagination sympathique, trop de générosité, trop de ménagement pour les autres, trop de douceur.

Les œuvres profondes, en fait de science, et même en fait d'art, ont chance de ne rien valoir économiquement. Un cœur délicat, qui souffre de se voir ce que les autres n'ont pas, est, à ce point de vue, moins qu'une valeur.

Donc ici l'économique est d'un côté, et de l'autre sont toutes les activités supérieures, l'activité sentimentale et l'activité intellectuelle. L'esprit, qui s'enferme dans l'économique, a raison sur son terrain, quand il conclut à l'application absolue de la responsabilité. Il aurait finalement raison si l'homme était un être purement économique. L'économiste a tort, parce qu'il y a une autre sphère où sa règle n'est plus de mise, où son principe, utile ailleurs, devient pernicieux [1].

Comme l'homme moral est un tout inséparable et qu'il faut faire marcher de front ses allures divergentes, un problème de conciliation s'impose donc entre l'activité économique et les autres activités : et c'est bien le problème le plus général, le plus constant, le plus difficile de l'histoire humaine, un problème terrible par lequel la grande loi du conflit nous fait sentir sa présence formidable.

VI

Donc des conditions inconnues au monde ancien favorisent l'entente des masses, d'un bout du monde à l'autre. Est-il certain pour cela qu'elles vaincront? Les classes adverses ont pour elles d'être moins nombreuses, d'être plus éclairées et plus habiles.

---

1. Les économistes ont été fréquemment signalés par leurs adversaires comme des caractères peu généreux, des esprits aveuglés par l'égoïsme ; je réprouve cette injuste et sotte polémique. Pour être en théorie le plus généreux du monde, il n'en coûte rien ; et réciproquement il n'y a pas d'égoïsme théorique. Les idées sont vraies ou fausses ; les actes seuls sont généreux ou égoïstes. En fait, de tout temps il s'est trouvé parmi les économistes des hommes qui pour la bonne volonté réelle et la générosité effective n'ont aucune comparaison à craindre.

La force économique, que nous savons si puissante, est dans leurs mains. Si la bataille demeurait sur le terrain de la liberté, les classes supérieures triompheraient peut-être malgré tout, comme par le passé. Le suffrage universel, établi ou en instance de l'être, chez les nations occidentales, semble, il est vrai, devoir permettre aux masses de mettre la main sur la force gouvernementale et de s'en aider contre la force économique. Elles triompheraient alors à coups de lois. Probable, à première vue, cet événement nous apparaît, d'après le passé, sinon incertain, au moins fort ajourné. L'état intellectuel et plus encore l'état moral des masses le reculent à l'horizon. Il faudra toujours qu'elles se servent de mandataires élus, qu'elles se choisissent des chefs. Il est dans le caractère des masses (jusqu'à une époque indéterminée) de prendre des chefs en dehors d'elles-mêmes : l'humeur jalouse qui dresse l'ouvrier, le paysan, contre les classes supérieures, fait aussi qu'ils préfèrent élire un monsieur que leur égal.

Leur état intellectuel les voue à de mauvais choix : l'infidélité, la trahison, plus ou moins consciente, de leurs mandataires, a été et sera longtemps pour eux une mésaventure fréquente. Les masses d'ailleurs sont très capables de se trahir elles-mêmes. Beaucoup d'individus parmi elles, sous le joug pressant des besoins, sont prêts à se laisser corrompre par une prime économique, qui peut prendre des formes très diverses, ou par un appât offert à leur vanité.

Mais ces considérations sont inutiles sans doute, car le processus pacifique sera supplanté par un autre : la force matérielle viendra se jeter à la traverse. Vaincre par une conduite obstinément sage et habile n'est pas une chose qui plaise à l'homme en général, et moins encore à l'homme des foules. C'est lent, c'est long, c'est pénible; et cela ne flatte pas ce type guerrier et glorieux que les souvenirs de tant de batailles ont constitué dans l'esprit humain : tout porte à croire qu'on préférera le recours à la force. Des écrivains optimistes ont émis souvent l'espérance que le bulletin dispenserait du fusil. Nous avons déjà tragiquement démontré, nous Français, la vanité de cette espérance. Je fais allusion à la Commune de Paris en 1871. La Commune reparaîtra chez nous et chez les autres peuples. Des tragédies incomparables se dérouleront. La tourmente sera universelle et elle mettra à nu jusqu'au roc social. Comme le bulletin de vote, le fusil a été remis aux mains des multitudes; n'espérons pas dans l'obéissance passive. C'était bon lorsque, entre l'émeute et le gouvernement, la bataille décidait du sort d'un ministère ou d'une dynastie, c'est-à-dire d'une question de forme politique. Mais quand on se battra pour décider l'antique querelle du riche et du pauvre, l'ouvrier et le paysan se réveilleront invinciblement dans le soldat sous les armes. En tout émeutier d'ailleurs il y aura un ex-soldat. L'humanité alors expiera cruellement la légèreté vaniteuse qui lui a fait jusqu'au bout aimer la guerre. On verra trop tard que régler les querelles entre peuples par les armes menait fatalement à tout décider par la guerre des rues.

On se demande avec angoisse quelle agence salutaire pourrait prévenir l'immense conflit. La modération des multitudes? Il serait trop chimérique de compter sur elle. La prudence des classes privilégiées faisant les concessions nécessaires en temps opportun? Peut-être. C'est une question d'individus, de chefs.

Comme je n'ai pas la foi qui croit aux gouvernements sauveurs, je pense moins ici à des chefs de gouvernement qu'à des guides spontanés, et à des boute-en-train d'opinion. Une force nouvelle s'est révélée dans le monde moderne, celle de l'association, du groupement volontaire et libre pour toutes sortes de fins, intéressées et désintéressées, comme les sociétés coopératives ou de tempérance, d'instruction populaire, de recherche archéologique, etc. Qu'est-ce au fond que ces sociétés? De petits gouvernements sans mandat, ou plutôt qui se sont donné mandat à eux-mêmes. Il y a là une force de nature à seconder, suppléer et borner, dans une large mesure, l'action des gouvernements officiels. Plus flexibles, plus souples, plus aptes à se modeler sur les circonstances, ces machines de ralliement et de direction me semblent destinées à jouer un rôle immense. Il y a certes des hommes, peut-être en assez grand nombre, qui au-dessus des intérêts de classe ou de nation conçoivent les intérêts généraux et constants de l'espèce. Ces hommes voient nettement les rapports de solidarité qui lient tous les membres de notre race, et qui font qu'à l'égard du péril social on se sauvera tous ensemble ou que nul ne se sauvera. Ils voient que les intérêts généraux doivent être pris en charge par quelqu'un, et que le soin même de ces intérêts constituerait cette conciliation des intérêts divers de classe ou de nation qu'il faut nécessairement tenter, sous peine de déchéance. Ils sentent encore que les activités de l'humanité, divergentes jusqu'à la contrariété, demandent une mesure quelconque d'accord et de coordination : conciliation, coordination, double ouvrage délicat et difficile que la prudence politique, l'esprit d'équité et la compassion réclament également. Il y a, dis-je, de ces hommes clairvoyants et bien intentionnés, mais la pensée qui les anime est destituée de corps, si je puis ainsi parler. Pour agir avec efficacité, il faut que la pensée de l'intérêt général de l'espèce se crée son organisme, comme l'intérêt national a le sien.

A mon avis, je le répète, cet organisme ne pourra être qu'une société libre, sans caractère officiel, fondée par quelques-uns, grossie peu à peu par l'affluence volontaire des esprits prudents, des caractères équitables, des cœurs sympathiques, se divisant et se subdivisant sans se rompre, pour parer à tous les détails de la tâche, filet souple et solide, étendu peu à peu sur toutes les nations européennes. Ce que cet organisme ferait, ce qu'il essayerait du moins, ne nous ingérons pas de le prévoir. L'organisation de la solidarité sociale est l'œuvre indiquée en gros; mais aucune tête individuelle ne doit avoir la présomption de concevoir cette œuvre dans ses détails; une tête individuelle n'enfanterait qu'un système, c'est-à-dire quelque chose qui manquerait de l'étendue, de la diversité et de la flexibilité voulues. Il est impossible de prévoir avec précision les institutions qui seraient formées. Assurément on garderait comme base indispensable le principe de la responsabilité personnelle; mais, à côté de ce principe de rigueur, quelque chose serait juxtaposé de plus large que l'ancienne solidarité de clan, de tribu ou de nation; de plus judicieux que l'ancienne charité chrétienne ou musulmane. Réussirait-on à prévenir l'explosion de la guerre sociale? Qui peut le dire? On aurait en tout cas mis de son côté toutes les chances possibles. Rien n'est certain sinon ce fait : l'homme de travail ne veut plus travailler aux conditions anciennes.

L'agence souverainement bienfaisante de l'histoire, la science, apportera-t-elle son concours à l'œuvre d'apaisement? Merveilleuse pour la création de la richesse, la science s'est montrée jusqu'ici incapable d'améliorer la répartition, de régler la multiplication. Qui peut cependant rien affirmer à cet égard? Des découvertes, non seulement imprévues, mais inconcevables nous surprennent brusquement, comme l'invention du téléphone. Par malheur, d'autres pourraient se faire qui mettraient dans la main du fou ou du méchant un pouvoir destructeur égal à celui des fléaux de la nature.

Quant à la prétendue loi du progrès, ne comptons pas sur son appui. L'existence d'une fatalité heureuse, qui nous porterait d'elle-même en avant, est une idée fausse et énervante. Sortons de cette ombre dont la douceur nous perdrait : notre siècle n'y a déjà que trop dormi. Aucune puissance bienfaisante n'existe, dispensant l'homme de résoudre les problèmes de science ou d'équité que sa condition lui impose.

Ne nous étonnons pas qu'après toutes les merveilles opérées dans la création de la richesse, après les découvertes accumulées dans les sciences, le destin de l'homme puisse être remis en question, que tant de progrès soient exposés au risque d'un brusque naufrage, par cela seul que l'une des portions de l'œuvre économique, la répartition, a été manquée au sentiment des masses humaines. Rappelons-nous que les institutions économiques ont fait la plupart des autres.

Pour les choses qu'elles n'ont pas faites, elles ont été au moins un antécédent et une base nécessaires. La société porte sur les institutions économiques : on comprend que, ce fondement venant à s'affaisser, l'édifice entier puisse tomber en ruines.

Si cet effondrement nous était réservé, autant qu'un autre mortel, je le subirai certes dans la consternation et dans l'effroi; mais être déconcerté en esprit, comme par l'arrivée inexplicable d'un accident énorme, non, je ne le serai pas. Là encore je reconnaîtrai l'empire des lois si souvent aperçues et que je nomme une dernière fois : d'abord cette loi d'urgence qui veut que les besoins corporels soient satisfaits et l'impose comme une condition préalable à tout le reste; puis la loi de solidarité qui veut que cette satisfaction, pour être valable, soit commune et n'admet que la perte ou le salut d'ensemble. Sans doute le besoin urgent, en posant les fondations, en élevant les premiers étages de notre demeure, joua dans le passé le rôle d'un pouvoir secourable, d'un génie bienfaisant, si vous voulez; et tout à l'heure il apparaîtrait avec le caractère d'une force calamiteuse! Ce serait, à première vue, une contrariété bien saisissante! Contrariété superficielle : le génie, puisque génie nous avons dit, n'opérait qu'à la condition que les vœux de tous seraient exaucés. Il a poursuivi longuement son travail séculaire avec cette fin devant les yeux. Tant qu'il a espéré de l'atteindre, il a continué. Dès qu'il n'espère plus, dès qu'il juge son œuvre impropre à remplir la condition toujours mise à sa durée, ne soyons pas surpris s'il brise l'œuvre et la rase. Je vois même une conformité profonde entre l'origine et la fin des choses, car ce n'est pas pour se reposer que le génie infatigable détruirait [1]; au contraire : un recommencement de tout serait infaillible. — Seulement la génération sur qui les débris de l'édifice immense s'abattront ne peut accepter comme une consolation bien sensible l'espoir d'un avenir meilleur réservé à quelque autre génération lointaine.

1. Voir ce que nous avons dit p. 292.

FIN

TABLE DES MATIÈRES

Préface.. VII

CHAPITRE I
LE DOMAINE DE L'HISTOIRE SCIENCE ET SES LIMITES

I. — L'histoire est un amas de faits hétérogènes. Il se pourrait donc qu'elle contînt à la fois des éléments propres à la connaissance scientifique et des éléments réfractaires. Qu'est-ce que la connaissance scientifique ou science? La science est d'abord la constatation de similitudes constantes entre des phénomènes d'un certain ordre. S'il n'y a aucune similitude reconnaissable dans la conduite des hommes, peuples ou individus, l'histoire ne se prête pas à la connaissance scientifique. Examen de cette question. Tout homme ressemble aux autres hommes et en diffère aussi. Tout être humain contient à la fois un homme général, un homme *temporaire* et un individu singulier. Et chacun de ses actes est marqué au coin de cette triplicité. Les actions historiques, comme les actes ordinaires, peuvent être considérées, soit par l'aspect qui les rend semblables à d'autres, soit par l'aspect qui les fait uniques. Dans le premier cas, ce sont des *institutions*; dans le second cas, ce sont des événements. L'événement est en soi impropre à devenir l'objet d'une connaissance scientifique, puisqu'il ne se prête pas à l'assimilation, qui est le premier pas de la science.. 1

II. — La seconde opération de la science est la recherche des causes. La cause, entendue scientifiquement, ne peut être en histoire que l'homme général ou temporaire. L'individuel ne peut être une cause. L'individuel étant toujours présent, l'histoire contient des éléments qui ne se prêtent pas à la recherche de la cause, de même qu'elle contient des éléments réfractaires à l'assimilation. La philosophie de l'histoire a méconnu l'existence de ces éléments réfractaires, et c'est pour cela qu'elle a échoué.. 11

III. — Démonstration de son insuccès par l'exemple de Montesquieu.. 13

CHAPITRE II

DES RAPPORTS DE LA PSYCHOLOGIE ET DE L'HISTOIRE

L'homme général est donné par la psychologie. Rapports de l'histoire et de la psychologie. La psychologie fournit à l'histoire les explications, au sens scientifique du mot. Elle fournit encore un critérium pour la véracité des témoignages historiques. L'histoire à son tour livre à la psychologie des faits qui la précisent et qui l'enrichissent. Les relations de la psychologie et de l'histoire ont été souvent ignorées des érudits, et méconnues par beaucoup de sociologistes. Erreurs de Vico, de Krause, de Spencer à ce sujet.................. 20

CHAPITRE III

DE L'HOMME GÉNÉRAL DONNÉ PAR LA PSYCHOLOGIE

I. — Exposition sommaire de l'homme général. Mobiles universels et constants. L'économique, le génésique, le sympathique, l'honorifique, l'artistique, le scientifique. Définitions de ces mobiles. Leurs traits distinctifs 35

II. — L'homme, sollicité par ces divers mobiles, poursuit ses fins à travers un milieu naturel et un milieu social, qui lui offrent à la fois assistance et résistance. Les circonstances du milieu conseillent une certaine conduite et en déconseillent d'autres. Ces circonstances étant perçues par l'intelligence, il faut connaître les principaux traits de celle-ci. Loi de l'association des idées. Tendance constante à l'association. La simultanéité psychique.................. 42

CHAPITRE IV

L'URGENCE

Les besoins généraux considérés comme pouvoirs de sollicitation. Théorie de l'urgence, inconnue aux historiens. Revue des besoins et caractéristique de chacun d'eux au point de vue de l'urgence....... 45

CHAPITRE V

LES MÉTHODES DE L'HISTOIRE

Pour se servir de l'homme général, et appliquer les données de la psychologie à l'histoire, il faut admettre et comprendre la méthode déductive. Le fondement de cette méthode est la certitude que l'homme général constitue un ensemble de causes indéfectibles qui ont produit des effets indubitables dans leur existence, incertains quant à leur forme. Ces effets sont donc à retrouver. La première phase du travail consiste à former des hypothèses qui doivent être vérifiées. Théorie de l'hypothèse et de sa légitimité. Quelques hypothèses à titre d'essai et d'exemple. La méthode d'induction est, quoique difficile, applicable en histoire, mais à la condition de recourir en fin de compte à la déduction.......................... 52

CHAPITRE VI
REVUE DES INSTITUTIONS

Revue des institutions, laquelle est une application de la méthode inductive. Le dénombrement des institutions doit être complet. Il doit être analytique, c'est-à-dire qu'il faut, pour chaque institution, reconnaître les mobiles psychiques qui, en se combinant ensemble, ont formé l'institution. Exposition analytique : institutions économiques, — institutions morales, — institutions de classe, — institutions mondaines, — institutions politiques, — institutions artistiques et littéraires, — institutions scientifiques, — institutions religieuses.... 65

CHAPITRE VII
L'HOMME TEMPORAIRE OU HISTORIQUE

L'homme temporaire ou historique est l'homme général, affecté d'une façon spéciale dans sa sensibilité ou dirigé intellectuellement d'une façon spéciale, par des circonstances propres à un temps et à un lieu. Il y a à étudier en lui : 1° un certain degré de civilisation, c'est-à-dire de richesse, de moralité et d'intelligence; 2° des modalités institutionnelles.. 130

CHAPITRE VIII
DES DIVERS DEGRÉS DE CIVILISATION

I. — Constatation du degré de civilisation, difficultés de cette opération. — La richesse, au sens des économistes, est impossible ou très difficile à constater. Il faut donner à ce terme une autre signification. Pour nous, la richesse est le pouvoir ou la facilité de faire un acte qui était impossible ou malaisé auparavant...................... 137

II. — Constatation du degré de moralité. Elle n'est possible que par voie indirecte, par l'examen de certaines circonstances et de leurs effets probables... 145

III. — Constatation du degré d'intelligence. Elle est moins difficile que les deux autres, à condition de distinguer : 1° la science de l'art; 2° et dans la science l'acquisition des connaissances d'avec celle des méthodes... 147

CHAPITRE IX
ROLE PRIMORDIAL DE LA RICHESSE

L'évolution progressive s'est opérée sous l'ascendant de forces probablement inégales. L'une d'elles a dû agir plus que les autres ou avant les autres. Hypothèse sur la précédence de l'économique. Essai de vérification. Effets de la richesse sur la moralité et l'intelligence.... 151

CHAPITRE X
LE TRAVAIL, LE SAVOIR, L'ÉPARGNE, CONDITIONS DE LA RICHESSE ET LEURS EFFETS

Suite de la vérification. Effets sur la moralité et l'intelligence des conditions qui accompagnent la création de la richesse : travail, savoir, épargne.. 159

CHAPITRE XI
AUTRE CONDITION : L'OUTILLAGE

Suite de la vérification. Autre condition particulière : l'outillage, les inventions. Classification des inventions. Caractère général des résultats qu'elles donnent.. 168

CHAPITRE XII
LES INVENTIONS CAPITALES ET LEURS EFFETS

Revue des inventions capitales, et esquisse des effets divers, imprévus, indélimités qui sortent de chacune d'elles : 1° le langage; 2° le feu; 3° la bête et la plante domestiques; 4° l'écriture; 5° l'imprimerie et autres machines d'enregistrement ou de communication; 6° machines de précision.. 175

CHAPITRE XIII
CAUSES PSYCHIQUES ET SOCIALES DU PROGRÈS

I. — Des causes psychiques qui déterminent le progrès. Du progrès déterminé par ces causes.. 231
II. — Caractère du progrès individuel. Progrès social et son caractère. La cause est dans la tradition et l'imitation. Le grand cycle des peuples où la tradition-imitation s'est exercée avec un effet éclatant. Causes ou forces qui affectent la tradition-imitation.................. 233
III. — Similitude spontanée et similitude par imitation. Opposition de M. Spencer et de M. Tarde.. 238
IV. — Imitation au sein du groupe; imitation de l'étranger. Obstacles considérables que l'imitation intérieure peut opposer au progrès. Exemples d'imitations extérieures, dues les unes à l'économique, les autres à l'honorifique. Ces deux sortes d'imitation s'appellent mutuellement. Loi hypothétique qui donne la priorité tantôt à l'une, tantôt à l'autre. L'imitation par contrainte et machinisme social introduit une grande contingence dans l'histoire...................................... 240

CHAPITRE XIV
L'HOMME INDIVIDUEL ET LA CONTINGENCE DANS L'HISTOIRE

I. — L'individu n'est pas l'individuel. — Définition de l'individuel..... 248
II. — L'action constante de l'individuel introduit dans l'histoire la contingence. — Définition du déterminé et du contingent........... 250
III. — Contingence de la destinée individuelle......................... 253
IV. — Incertitude du caractère.. 258
V. — L'individuel apporte l'innovation ou invention. Du déterminé dans les inventions et dans l'imitation. — Loi générale à ce sujet....... 260
VI. — Exemple : l'invention de l'imprimerie.......................... 264

CHAPITRE XV

DE LA LOI DU PROGRÈS

I. — Le progrès général est une question autre que celle des progrès spéciaux. Cette question soulève un débat : quelle est la fin suprême de la vie ? Cette fin suprême, c'est le bonheur. La poursuite du bonheur, but de la vie individuelle, est également le but de l'histoire, et impose à celle-ci comme à l'autre le caractère d'un art pratique. On pourrait définir sommairement l'histoire la poursuite des émotions agréables sous la condition du travail, de la justice et de l'équilibre intime. Il en résulte que l'histoire ne peut pas être considérée partout comme un processus, mais plus souvent comme une oscillation autour d'un point cherché. Loi suprême du conflit, ou de la lutte pour la vie sous une triple forme. Cette loi, universelle en histoire, semble n'être elle-même qu'un cas de la *conservation de la force*.. 267

II. — Exemples des contrariétés à résoudre, des conciliations à trouver ; par suite de la loi inévitable du conflit........................ 273

CHAPITRE XVI

DE LA LOI DU PROGRÈS (SUITE)

Les hommes ont sans conteste progressé, si l'on considère l'état originel. Il ne s'ensuit pas qu'ils progressent nécessairement d'une époque à une autre. Décadences passées. Décadence possible 289

CHAPITRE XVII

LA QUESTION DU PROGRÈS ORGANIQUE

L'homme progresse-t-il organiquement ? Examen d'une thèse de M. Spencer.. 294

CHAPITRE XVIII

LA RACE, L'HÉRÉDITÉ

Discussion des idées de race, du génie différent des races ou des peuples. Discussion de la transmission héréditaire des traits psychiques.. 307

CHAPITRE XIX

LES PROBLÈMES HISTORIQUES

Application des idées émises à quelques problèmes de l'ordre politique et de l'ordre scientifique... 327

CHAPITRE XX

LA PRÉVISION

De la prévision en histoire. Essai de prévision dans l'ordre économique et application à cette tâche de quelques idées précédemment émises... 369

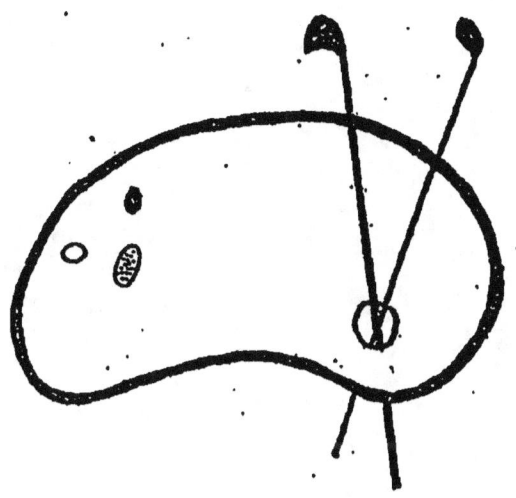

ORIGINAL EN COULEUR
NF Z 43-120-8

www.ingramcontent.com/pod-product-compliance
Lightning Source LLC
Chambersburg PA
CBHW070623230426
43670CB00010B/1625